BALTIMORE COUNTY, MARYLAND

DEED RECORDS
VOLUME THREE: 1755-1767

JOHN DAVID DAVIS

HERITAGE BOOKS
2008

HERITAGE BOOKS
AN IMPRINT OF HERITAGE BOOKS, INC.

Books, CDs, and more—Worldwide

For our listing of thousands of titles see our website
at
www.HeritageBooks.com

Published 2008 by
HERITAGE BOOKS, INC.
Publishing Division
100 Railroad Ave. #104
Westminster, Maryland 21157

Copyright © 1996 John David Davis

Other books by the author:
Baltimore County, Maryland, Deed Records, Volume 1: 1659-1737
Baltimore County, Maryland, Deed Records, Volume 2: 1727-1757
Baltimore County, Maryland, Deed Records, Volume 4: 1767-1775
Frederick County, Virginia Minutes of Court Records, 1743-1745
West Jersey, New Jersey Deed Records, 1676-1721
Bucks County, Pennsylvania Deed Records, 1684-1763
Harrison County, West Virginia, Deed Records, 1785-1810
Bergen County, New Jersey Deed Records, 1689-1801
CD: Deed Records for Baltimore County, Maryland from 1659-1775: Vols 1-4

All rights reserved. No part of this book may be reproduced or transmitted in any form or by any means, electronic or mechanical, including photocopying, recording or by any information storage and retrieval system without written permission from the author, except for the inclusion of brief quotations in a review.

International Standard Book Numbers
Paperbound: 978-0-7884-0553-2
Clothbound: 978-0-7884-7014-1

DEDICATED

to

my daughter

LAURIE ANN LEWIS

TABLE OF CONTENTS

Preface				vii
Chapter 1	Liber B.B.	No. I.	1755-1757	1
Chapter 2	Liber B.	No. G.	1757-1759	61
Chapter 3	Liber B.B.	No. I.	1759-1761	100
Chapter 4	Liber B.	No. I.	1761-1762	131
Chapter 5	Liber B.	No. K.	1762-1763	155
Chapter 6	Liber B.	No. G.	1763-1773	179
Chapter 7	Liber B.	No. L.	1763	222
Chapter 8	Liber B.	No. M.	1763-1764	244
Chapter 9	Liber B.	No. N.	1764	259
Chapter 10	Liber B.	No. O.	1764-1765	279
Chapter 11	Liber B.	No. P.	1765-1767	311
Index				343

PREFACE

Settlement of Maryland began in 1634 when the first colonists disembarked at St. Clement's Island. These early planters concentrated on the settlement of southern Maryland throughout the 1630s and 1640s. By the 1650s, attention turned to the northern Chesapeake Bay, and the unfolding of Baltimore County's recorded history began. Baltimore County was moe a geographical approximation than a defined political entity when settlers started their migration. The county consisted of a vast stretch of unexplored territory, including present-day Baltimore City, Cecil and Harford Counties, as well as parts of Carroll, Anne Arundel, Howard and Kent Counties. The first mention of formal county boundaries did not take place until 1674, when Cecil County was formed out of Baltimore County.

Under the terms of the charter of Maryland as granted by King Charles I of England, Lord Baltimore and his heirs were given all the land in the colony "in free and common socage" with power to dispose of the land in any manner they deemed fit. With such broad powers, the Lords Baltimore used land grants to create a permanent revenue source from the colony through mandatory fees connected with the system. Although early land grants were made under Lord Baltimore's supervision, by the time of Baltimore County's settlement, an extensive land office administered them. In order to obtain a land grant, a settler paid the purchase price for the amount of land desired, and he then received a "common warrant" that directed a deputy surveyor to survey the desired ground. When the deputy surveyor had returned a description of the boundaries (known as a certificate survey) to the land office, a patent was issued. This patent constituted a title to the land for the settler. At each of the successive steps, fees had to be paid to the officials administering the land.

Although a hand written deed can run several pages in a deed book, the bulk of the information is largely repetitive and can be reduced to just a few lines of interest to genealogists. The format followed in the abstraction of the deeds of Baltimore County, Maryland, is:

[Date of transaction], [Name of grantor(s) {the "&" between a male and female given name means husband and wife}], [Place of residence of grantor(s)], [Name of grantee(s)], [Place of residence of grantee(s)], [Sales price], [Area of land involved], [Location of land], [Neighbors], [Chain of deed], [Other landmarks], [Signature of grantor(s){an (X) between the given name and the surname, means that person could not write}], [Signature of witnesses],[Signature of others]

If it is not in the abstract, it can be assumed that it was not in the deed. Genealogists can draw their own conclusions from the information available. For example, a large amount of land sold for a very low price to a grantee with a surname different than that of the grantor, may be an in-law, however, if this was not stated in the deed, then the genealogist must confirm this possibility with other available sources.

The deeds were recorded by the county clerk, a man of learning, but in many cases, they did not deal well with the spelling of some of the names of that era. In many cases, they make a very creative phonetic attempt to spell the names of people and places. In addition, they vary the spelling of long standing residents of the area from transaction to transaction, (and many times, within the same deed). In all cases, each name of a person, place or thing is presented as it has been deciphered, with no attempt to change spelling to conform with today's accepted interpretation. The genealogist is invited to check all possible spellings of a name of interest and may even want to personally review the deed record.

Chapter 1
Baltimore Co., Maryland
Deed Records
Liber B.B. No. I.
1755-1757

20 Feb 1753, Benjamin & Elizabeth **Price**, planter, of Baltimore Co., Maryland to Mordecai **Price**, planter, of same, £35, 100 acres. Signed Benjamin (x) **Price**. Wit: N. Ruxton **Gay** and D. **Buchanan**.

2 May 1753, Thomas **Bond**, of Baltimore Co., Maryland to John **Chalk**, Stephen **Roberts** and William **Talbot**, for love and affection, 200 acres...south side of Winters Run. Signed Thomas **Bond**. Wit: William **Amos** Jr. and Elizabeth **Scott**.

6 Jun 1753, James **Talbot**, planter, and his mother Mary **Talbot**, (widow of William **Talbot**), of Baltimore Co., Maryland to John **Chalk**, planter, of same, 600 pounds of tobacco, 100 acre. Signed James **Talbot** and Mary **Talbot**. Wit: Stephen **Roberts** and William **Amos** Jr.

6 Jun 1753, Stephen **Roberts**, planter, of Baltimore Co., Maryland to John **Chalk**, planter, of same, £6.3, 21 acres. Signed Stephen **Roberts**. Wit: William **Amos** Jr. and James **Talbot**.

7 Jun 1753, John & Phillizana **Day**, Thomas & Elizabeth **Waltrom** and Benjamin & Elinor **Ricketts**, of Baltimore Co., Maryland to Stephen **Onion**, of same, £10, east side of the little falls of Gunpowder River...purchased of John & Alice **Love**, by James **Maxwell**, (grandfather of said Phillizana, Elizabeth and Elinor) and William **James**. Signed John **Day**, son of Edward, Phillizana **Day**, Thomas **Waltrom**, Elizabeth **Waltrom**, Benjamin **Ricketts** and Elinor **Ricketts**. Wit: N. Ruxton **Gay** and William **Lyon**.

7 Jun 1753, Isham & Keziah **Hendon**, (son of Josias **Hendon**), planter, of Baltimore Co., Maryland to Stephen **Onion**, iron master, of same, £15, fork of Gunpowder River. Signed Isham (x) **Hendon**. Wit: N. Ruxton **Gay** and William **Lyon**.

6. Oct 1747. Solomon **Sheilds**, planter, of Baltimore Co., Maryland

bond to William **Barney**, planter, of same, for land conveyed 28 Aug 1704 by John **Boring** to Henry **Sheilds**. Signed Solomon (x) **Sheilds**. Wit: Joseph **Taylor** and John **Boring**.

3 Mar 1753, Edward **Warm**, of Baltimore Co., Maryland to Benjamin **Wells**, planter, of same, £15, 50 acres. Signed Edward **Wann**. Wit: N. Ruxton **Gay** and George **Ashman**.

10 Mar 1753, Caleb **Dorsey**, gentleman, of Anne Arundel Co., Maryland to Job **Evans**, planter, of Baltimore Co., Maryland, £10, 64 acres...north side of the main west branch of Morgans Run. Signed Caleb **Dorsey**. Wit: Edward **Dorsey** and Henry **Woodward**.

6 Jun 1753, Stephen **Roberts**, planter, of Baltimore Co., Maryland to William **Amos** Jr., planter, of same, £5.55, 18.5 acres. Signed Stephen **Roberts**. Wit: John **Chalk**.

11 Jun 1753, Samuel & Catharine **Hooke**, cooper, of Baltimore Co., Maryland to Edward **Haw**, millwright and John **Haw**, mason, of same, £70, 83 acres...southwest side of Gwins Falls. Signed Samuel **Hooke**. Wit: William **Rogers** and Joseph **Ensor**.

7 Aug 1753, Michael **Gilbert**, (son and heir of Garvis **Gilbert**), of Baltimore Co., Maryland to his brother Aquila **Gilbert**, of same, for love and affection, 200 acres...Mill Run. Signed Michael **Gilbert**. Wit: John Hammond **Dorsey** and James **Preston**.

11 Dec 1752, Thomas & Mary **Cord**, planter, of Baltimore Co., Maryland to Rev. Andrew **Lendrum**, of St. George's Parish, Baltimore Co., Maryland, £65, 50 acres. Signed Thomas **Cord**. Wit: Robert **Barney**, Mary **Dick**, John **Hughston** and James **Preston**.

21 Jul 1753, Thomas & Mary **Cord**, planter, of Baltimore Co., Maryland to Rev. Andrew **Lendrum**, of St. George's Parish, Baltimore Co., Maryland, £38, 38 acres. Signed Thomas **Cord**. Wit: Richard **Dallam**, Michael **Gilbert** and James **Preston**.

1 Aug 1753, Alexander & Hannah **McComas** Sr., of Baltimore Co., Maryland to Alexander **McComas** Jr., of same, £30, 100

acres...purchased of Joseph & Dinah **Mereken**. Signed Alexander (x) **McComas**. Wit: Thomas **Bond** Jr. and Mordecai **Amos**.

8 Aug 1753, Thomas **Durbin**, (son and heir of John **Durbin**), planter, of Baltimore Co., Maryland to his brother Daniel **Durbin**, planter, of same, 100 acres...Perkins Ferry on the Susquehanna River. Signed Thomas **Durbin**. Wit: Michael **Gilbert** and James **Preston**.

8 Aug 1753, Samuel & Elizabeth **Prichard**, of Baltimore Co., Maryland to Henry **Baker**, of Cecil Co., Maryland, £35, 110 acres...above the head of Bush River. Signed Samuel **Prichard**. Wit: John Hammond **Dorsey** and John **Merryman**.

24 Apr 1753, Charles **Ridgley**, gentleman, of Baltimore Co., Maryland to his daughter Pleasance **Goodwin**, for love and affection, 300 acres... north side of the main falls of Patapsco River. Signed Charles **Ridgley**. Wit: N. Ruxton **Gay** and John **Ridgley**.

24 Apr 1753, Charles **Ridgley**, gentleman, of Baltimore Co., Maryland to his daughter Plesance **Goodwin**, wife of Lyde **Goodwin**, and their daughter Rachel Lyde **Goodwin**, for love and affection, line of Dr. **Carroll**'s mill and iron works. Signed Charles **Ridgley**. Wit: N. Ruxton **Gay** and John **Ridgley**.

18 Nov 1752, Thomas **White**, release of mortgage to William **Few**. Signed Thomas **White**. Wit: William **Smith** and Daniel **Preston**.

4 Apr 1753, William & Mary **Few**, of Baltimore Co., Maryland to Greenberry **Dorsey**, of same, £150, 200 acres...between Winters Run and Deer creek...originally granted to Benjamin **Wheeler**, deceased father of said Mary. Signed William **Few** and Mary **Few**. Wit: James **Scott** and Roger **Boyce**.

4 Apr 1753, John **Talbot**, age 30 years, of Baltimore Co., Maryland to William **Few**, of same, £60, 200 acres...north side of the little falls of Gunpowder River...patented by Edmund **Talbot**, father of said John. Signed John **Talbot**. Wit: James **Scott** and Roger **Boyce**.

4 Aug 1753, William **Hollis**, of Baltimore Co., Maryland to George **Chancey**, of same, £65, 140 acres...north side of Hollis creek. Signed William **Hollis**. Wit: James **Osborn** and Christopher **Shepherd**.

31 Mar 1753, John **Robertson**, (son and heir of Donald otherwise called Daniel **Robertson**, younger brother of Robert & Sarah **Robertson**), of Shire of Perch, Athol Co., Scotland to David **Bissett**, (younger son of Thomas **Bissett**), of Glenelbert, now in Glasgow and bound for Maryland on the ship Britannia, £50, 284 acres. Signed John **Robertson**. Wit: Alexander **Corbitt**, Thomas **Clendenning** and Alexander (x) **Stewart**.

11 Aug 1753, Thomas & Sophia **Sligh**, of Baltimore Co., Maryland to John **Summer** and Jacob **Arnseller**, late of Philadelphia, Pennsylvania, £125, 240 acres. Signed Thomas **Sligh**. Wit: N. Ruxton **Gay**.

17 Sep 1753, Emanuel **Teal**, of Baltimore Co., Maryland leases to William **Hubbard**, of same. Signed Emanuel **Teal** and William **Hubbard**. Wit: William **Lux** and James **Sanders**.

17 Sep 1753, Emanuel **Teal**, of Baltimore Co., Maryland leases to Moses **Black**, of same. Signed Emanuel **Teal** and Moses (x) **Black**. Wit: William **Lux** and James **Sanders**.

16 Apr 1753, Thomas **Bond**, planter, of Baltimore Co., Maryland to John **Ridgley**, merchant, of same, £10, 100 acres...south side of Rock Stone Glade. Signed Thomas **Bond**. Wit: William **Rogers** and James (x) **Kelly**.

1 Jun 1753, John & Elizabeth **Parish**, of Baltimore Co., Maryland to Edward **Parish**, £15, 100 acres. Signed John **Parish**. Wit: Samuel **Owings** and Benjamin **Buckinham**.

12 Oct 1753, Richard **Pinkham**, planter, of Baltimore Co., Maryland to John **Ridgley**, merchant, of same, £16, 50 acres. Signed Richard **Pinkham**. Wit: William **Rogers** Jr. and John **Robinson**.

7 Jun 1753, Isaac **Risteau**, gentleman, of Baltimore Co., Maryland

to Anthony **Guishard**, of same, £25, 150 acres. Signed Isaac **Risteau**. Wit: John Hammond **Dorsey** and Walter **Tolley**.

6 Oct 1753, John **Serjant**, planter, of Baltimore Co., Maryland mortgage to Anthony **Rhodes**, of Kingsburys Furnace, Baltimore Co., Maryland, £31, 258 acres. Signed John **Serjant**. Wit: William **Wood** and Thomas **Jackson**.

8 Oct 1753, Charles **Carroll**, of Annapolis, Anne Arundel Co., Maryland to Mabery **Helms**, of Baltimore Co., Maryland, £12, 2 acres...devised by Charles **Carroll**, to his sons Charles and Daniel. Signed Charles **Carroll**. Wit: N. Ruxton **Gay** and William **Baker**.

8 Oct 1753, Charles **Carroll**, of Annapolis, Anne Arundel Co., Maryland to William **Pontany**, of Baltimore Co., Maryland, £6, 1 acre...devised by Charles **Carroll**, to his sons Charles and Daniel. Signed Charles **Carroll**. Wit: N. Ruxton **Gay** and William **Baker**.

6 Sep 1753, William **McComas**, (son of William), of Baltimore Co., Maryland assignment of lease to John **Poteet** Jr., of same, £12, 200 acres. Signed William **McComas**. Wit: N. Ruxton **Gay** and Thomas **Horne**.

7 Jun 1753, Daniel **Deaver**, planter, of Baltimore Co., Maryland to William **Smith**, planter, of same, £57.5, 160 acres...James Run...gift from Richard **Deaver**, 29 Jun 1745. Signed Daniel **Deaver**. Wit: John **Howard** and John Hammond **Dorsey**.

25 Oct 1753, Thomas **Harrison**, merchant, of Baltimore Co., Maryland to Dr. Henry **Noll**, of same, £40, lot in town of Baltimore. Signed Thomas **Harrison**. Wit: N. Ruxton **Gay** and William **Lux**.

28 Jul 1753, Dowdell **Thompson**, gentleman, of Queen Annes Co., Maryland to Benjamin **Legoe**, planter, of Baltimore Co., Maryland, 8,500 pounds of tobacco, 100 acres...devised by Col. John **Baldwin** to his son-in-law, said Dowdell. Signed Dowell **Thompson**. Wit: P. **Bayard** and Adam **Vanbibber**.

29 Aug 1753, Bennett **Neale**, of Baltimore Co., Maryland to Benjamin **Wheeler**, (son of Benjamin), of same, £14, 18 acres. Signed Bennett **Neale**. Wit: James **Preston** and James **Scott**.

26 Sep 1753, William **Wilburne**, (son and heir of Edward **Wilburne**), of Frederick Co., Maryland to Isaac **Wood** Jr., carpenter, of Baltimore Co., Maryland, £10, 100 acres...devised by his father to said William and his sister Ann **Wilburne**, now the wife of John **Ryan**. Signed William **Wilburne**. Wit: Michael **Gash** and Michael **Gilbert**.

10 Sep 1753, Aquila & Elizabeth **Gilbert**, (son and heir of Garvis **Gilbert**), planter, of Baltimore Co., Maryland to James **Stewart**, of same, £100, 200 acres...east side of Bush River...sold by Charles **Ramsey**, planter, of Baltimore Co., Maryland to John **Gallion**. Signed Aquila **Gilbert**. Wit: James **Preston** and Clemency **Preston**.

14 Sep 1753, William & Elizabeth **Smith**, gentleman, of Baltimore Co., Maryland to John **Beaver**, stone mason, of same, £100, 100 acres. Signed William **Smith**. Wit: James **Preston** and Michael **Gilbert**.

14 Sep 1753, John & Sarah **Beaver**, stone mason, of Baltimore Co., Maryland to Isaac **Webster**, iron master, of same, £40, 50 acres. Signed John **Beaver**. Wit: James **Preston** and Michael **Gilbert**.

10 Oct 1753, John **Keys**, planter, of Baltimore Co., Maryland to Stephen **Onion**, iron master, of same, £25, 50 acres. Signed John (x) **Keys**. Wit: William **Robinson** and Hannah **Starkey**.

11 Oct 1753, David **Bissett**, gentleman, formerly, of Glasgow, Scotland, but now of Baltimore Co., Maryland to James **Preston**, of Baltimore Co., Maryland, £96.3 and 4,250 pounds of tobacco, James **Bissett** purchased of John **Robertson**. Signed David **Bissett**. Wit: William **Dallam** and James **Osborn**.

27 Oct 1753, Charles **Peirpoint**, gentleman, of Baltimore Co., Maryland to George Mitchell **Hartman**, of same, £60, lot #87 in town of Baltimore. Signed Charles **Peirpoint**. Wit: N. Ruxton **Gay** and Thomas **Sligh**.

29 Oct 1753, Dr. Henry **Noll**, of Baltimore Co., Maryland mortgage to Edward **Dorsey**, attorney, of Annapolis, Anne Arundel Co., Maryland, £160, lot #85 in town of Baltimore. Signed Dr. Henry **Noll**. Wit: John **Ridgley** and William **Rogers** Jr.

3 Nov 1753, Paul **Adams**, planter, of Baltimore Co., Maryland to John **Ridgley**, merchant, of same, £10, crop of corn. Signed Paul (x) **Adams**. Wit: William **Rogers** Jr. and Nicholas **Merryman**.

5 Nov 1753, Samuel & Martha **Shipley**, planter, of Baltimore Co., Maryland to Cornelius **Howard**, gentleman, of Anne Arundel Co., Maryland, £40, 225 acres. Signed Samuel **Shipley**. Wit: Thomas **Bond** and John **Shelmeredine**.

29 Oct 1753, Bennett **Hurst**, of Baltimore Co., Maryland assignment of lease to William **Rogers**, of same, 45 acres. Signed Bennett **Hurst**. Wit: N. Ruxton **Gay** and Josias **Bowen**.

5 Nov 1753, Thomas & Mary **Watson**, planter, of Baltimore Co., Maryland to Benjamin **Wayger**, planter, of Anne Arundel Co., Maryland, £20, 125 acres. Signed Thomas **Watson**. Wit: Samuel **Owings** and Thomas **Porter**.

5 Nov 1753, Abraham & Elizabeth **Cord**, planter, of Baltimore Co., Maryland to John **Paca** Jr., gentleman, of same, £100, 101 acres. Signed Abraham **Cord**. Wit: James **Preston** and Michael **Gilbert**.

5 Nov 1753, Thomas & Mary **Watson**, of Baltimore Co., Maryland to Hannah **Rooker**, spinster, of Anne Arundel Co., Maryland, £25, 125 acres. Signed Thomas **Watson**. Wit: Samuel **Owings** and Thomas **Porter**.

6 Nov 1753, John & Margaret **Paca** Jr., gentleman, of Baltimore Co., Maryland to Rev. Andrew **Landrun**, of St. Georges Parish, Baltimore Co., Maryland, £126, 101 acres...line of Lawrence **Taylor**. Signed John **Paca** Jr. Wit: James **Preston** and Michael **Gilbert**.

6 Nov 1753, Walter **Billingsly**, planter, of Baltimore Co., Maryland to John **Love**, planter, of same, £26.9, 95 acres...surveyed for

Thomas **Bond**. Signed Walter (x) **Billingsly**. Wit: Ignatius **Wheeler** and William **Clements**.

4 Oct 1753, John & Margaret **McLane**, planter, of Baltimore Co., Maryland to Philip **Jones**, gentleman, of same, £5, 128 acres. Signed John (x) **McClains**. Wit: William **Lux** and Thomas **Porter**.

9 Nov 1753, Henry **Quine** and Robert **Constable**, of Baltimore Co., Maryland to Roger **Boyce**, of same, 50 acres...south side of main falls of Gunpowder River...line of Walter **Smith**...Walter **James** devised that said Henry sell to said **Constable**. Signed Henry **Quine** and Robert **Constable**. Wit: N. Ruxton **Gay** and Thomas **Franklin**.

16 Nov 1753, Nicholas Ruxton **Gay**, of Baltimore Co., Maryland to Brian **Philpot** Jr., of same, £10, lot #118 in town of Baltimore. Signed Nicholas Ruxton **Gay**. Wit: William **Pontary** and Thomas **Todd**.

16 Nov 1753, Nicholas Ruxton & Ann **Gay**, of Baltimore Co., Maryland to Nicholas **Rogers**, of same, £1.75, lot in town of Baltimore. Signed Nicholas Ruxton **Gay**. Wit: William **Pontany** and Thomas **Todd**.

16 Nov 1753, Nicholas Ruxton & Ann **Gay**, of Baltimore Co., Maryland to Christopher **Carnan**, of same, £7.35, lot #32 in town of Baltimore. Signed Nicholas Ruxton **Gay**. Wit: William **Pontary** and Thomas **Todd**.

9 Nov 1753, William **Sinkler**, of Baltimore Co., Maryland assignment of lease to Thomas **Lytle**, of same, 6,000 pounds of tobacco. Signed William **Sinkler**. Wit: Nicholas Ruxton **Gay** and Thomas **Franklin**.

7 Nov 1753, Roger **Brooks** Jr., gentleman, of Calvert Co., Maryland leases to John **Holt**, planter, of Baltimore Co., Maryland, 100 acres. Signed Roger **Brooks** Jr. and John **Holt**. Wit: William **Clements** and John **Young**.

7 Nov 1753, Christopher **Shepherd**, planter, of Baltimore Co.,

Maryland to John **Atkinson**, of same, £50, 100 acres...patented by Joshua **Wood**, who devised to his son Joshua, who sold to Rowland **Shepherd**, father of said Christopher, Signed Christopher **Shepherd**. Wit: James **Osborn** and Michael **Gilbert**.

8 Nov 1753, John **Paca** Jr., of Baltimore Co., Maryland leases to Robert **Adair**, of same, Bush River. Signed John **Paca** Jr. Wit: Roger **Boyce** and John **Howard**.

27 Oct 1753, William **Bradford**, of Baltimore Co., Maryland to Aquila **Hall** and Robert **Adair**, of same, £50, adjoining an acre purchased by Isaac **Webster** of John & Ann **McComas**. Signed William **Bradford**. Wit: isaac **Webster** Jr. and Luke **Griffin**.

13 Dec 1753, Aquila **Tayman**, of Baltimore Co., Maryland to Roger **Boyce**, of same, £34.3, 150 acres and livestock. Signed Aquila **Tayman**. Wit: John **Howard** and Cornelius **Williamson**.

29 Nov 1753, John **Howard**, (son of Benjamin), planter, of Anne Arundel Co., Maryland to John **Shivers**, planter, of same, £13, 100 acres. Signed John **Howard**. Wit: Rachel **Ridgley** and Lyde **Goodwin**.

10 Dec 1753, Lyde & Pleasance **Goodwin**, gentleman, of Baltimore Co., Maryland to Andrew **Stiger**, butcher, of same, £45. Signed Lyde **Goodwin**. Wit: William **Lux** and Valentine **Larsch**.

15 Nov 1753, Andrew **Stiger**, of Baltimore Co., Maryland to Valentine **Larch**, innholder, of same, £22.5, purchased of Lyde **Goodwin**. Signed Andrew (x) **Stiger**. Wit: William **Lux** and Broad **Cole**.

8 Jan 1754, Skelton **Standford**, of Baltimore Co., Maryland assignment of lease to Henry **Adams**, of same, 64 acres. Signed Skelton (x) **Standford**. Wit: Nicholas Ruxton **Gay** and Joseph **Britton**.

8 Jan 1754, Skelton **Standford**, of Baltimore Co., Maryland assignment of lease to Henry **Adams**, of same, 67 acres. Signed

Skelton (x) **Standford**. Wit: Nicholas Ruxton **Gay** and Joseph **Britton**.

18 Jan 1754, Samuel & Elizabeth **Farmer**, (son and heir of Gregory **Farmer**), of Baltimore Co., Maryland to William **Cox**, of same, £42.5, 50 acres. Signed Samuel **Farmer**. Wit: James **Preston**, Michael **Gilbert** and Robert **Jervell**.

19 Jan 1754, Thomas & Ann **Shea**, planter, of Baltimore Co., Maryland to Alexander **Lawson**, iron master, of same, £39.4, 40 acres...south side of Deer creek. Signed Thomas (x) **Shea**. Wit: John **Cretin** and John **Skinner**.

26 Nov 1753, Thomas **White**, formerly of Baltimore Co., Maryland, but now of Philadelphia, Pennsylvania to Jacob **Lusby**, of Baltimore Co., Maryland, £9, 81 acres and 8 acres...branch of Bush River...purchased of Thomas **Harrison**. Signed Thomas **White**. Wit: Richard **Rutz** and John **Webster**.

12 Sep 1753, Benjamin & Temperance **Wells**, planter, of Baltimore Co., Maryland to Charles **Wells**, of same, £20, 100 acres...drafts of Patapsco main falls. Signed Benjamin **Wells**. Wit: Nicholas Ruxton **Gay** and William **Lux**.

22 Sep 1753, Endemeon & Katharine **Baker**, planter, of Baltimore Co., Maryland to Richard **Willmott**, planter, of same, £20, 50 acres. Signed Endemeon **Baker**. Wit: Samuel **Bull** and Nicholas **Hutchins**.

1 Mar 1754, Thomas **Harrison** receipt to Henry **Noll**.

2 Oct 1753, Mathew **Coulter**, of Baltimore Co., Maryland to George Michael **Hartman**, of same, £60, lot #61 in town of Baltimore. Signed Mathew **Coulter**. Wit: William **Lux** and John **Ensor** Jr.

5 Oct 1753, John & Margaret **Maulan**, planter, of Baltimore Co., Maryland to Solomon **Stocksdell**, planter, of same, £15, 74 acres. Signed John (x) **Maulan**. Wit: Nicholas Ruxton **Gay** and George **Ashman**.

10 Oct 1753, Samuel **Webb**, tanner, of Baltimore Co., Maryland to John **Allen**, of same, £50, 69 acres...line of James **Balsh**. Signed Samuel **Webb**. Wit: Charles **Talbot** and Andrew **Thompson**.

5 Oct 1753, John & Margaret **Maulan**, planter, of Baltimore Co., Maryland to Edward **Stocksdell**, planter, of same, £25, 115 acres of 575 acres... patented 31 Aug 1752. Signed John (x) **Maulan**. Wit: Nicholas Ruxton **Gay** and George **Ashman**.

6 Oct 1753, Charles **Wells**, planter, of Baltimore Co., Maryland to James **Chilcoat**, planter, of same, £16, 50 acres. Signed Charles **Wells**. Wit: John **Ridgley** and Stephen (x) **Wilkinson**.

24 Oct 1753, Mary **Underwood**, (widow of Samuel **Underwood**), Samuel **Underwood**, (son and heir of said Samuel), Elizabeth **Choate**, (daughter and heir of said Samuel) and her husband Edward **Choate** Jr., of Baltimore Co., Maryland to John **Ford**, planter, of same, £42, 100 acres. Signed Mary (x) **Underwood**, Samuel (x) **Underwood**, Edward **Choate** Jr. and Elizabeth (x) **Choate**. Wit: Samuel **Owings** and George **Ashman**.

6 Nov 1753, Thomas **Cotterall** and John **Cotterall**, planters, of Baltimore Co., Maryland to Thomas **Sligh**, of same, £50, 100 acres. Signed Thomas (x) **Cotterall** and John **Cotterall**. Wit: John Hammond **Dorsey** and John **Willmott**.

26 Jan 1754, Thomas & Sarah **Casebolt**, laborer, of Baltimore Co., Maryland to John **Gill**, planter, of same, £12, 50 acres. Signed Thomas (x) **Casebolt**. Wit: Samuel **Owings** and George **Ashman**.

4 Feb 1754, Charles **Ridgley** and Joseph **Taylor**, (executors of the estate of William **Fell**), gentlemen, of Baltimore Co., Maryland to James **Richards**, merchant, of same, £100, lots #23, #24 and #25 in town of Baltimore. Signed Charles **Ridgley**, Joseph **Taylor** and Eve of William **Fell**. Wit: William **Lyon** and George **Ashman**.

1 Mar 1754, Samuel **Hooker**, planter, of Baltimore Co., Maryland to Jonathan **Hanson**, miller, of same, £20, 108 acres. Signed Samuel **Hooker**. Wit: Nicholas Ruxton **Gay** and Thomas **Franklin**.

5 Mar 1754, Benjamin **Norris**, of Baltimore Co., Maryland to his son John **Norris**, of same, for love and affection, 50 acres...Gibson's Ridge. Signed Benjamin **Norris**. Wit: Samuel **Owings** and Nicholas Ruxton **Gay**.

4 Feb 1754, James **Richards**, merchant, of Baltimore Co., Maryland to Richard **Croxall**, merchant, of same, £100, lots #23, #24 and #25 in town of Baltimore. Signed James **Richards**. Wit: William **Lyon** and George **Ashman**.

15 Sep 1753, Charles **Ridgley**, gentleman and William **Arnold**, planter, of Baltimore Co., Maryland to William **Black**, planter, of same, £33.3, 100 acres. Signed Charles **Ridgley**, William (x) **Arnold** and William (x) **Black**. Wit: William **Lyon** and William **Rogers** Jr.

1 Jan 1754, William **Young** and John **Howard** post bond for said William to be sheriff. Signed William **Young** and John **Howard**. Wit: George **Young** and John **Shepherd**.

24 Feb 1754, Thomas & Johannah **Gash**, planter, of Baltimore Co., Maryland to Barnett **Oneal**, (son of Henry, deceased), of same, £45, 40 acres. Signed Thomas (x) **Gash**. Wit: Thomas **Kasey** and Stephen **Scarlett**.

1 Mar 1754, Christopher **Randell**, (widower of Hannah **Randell**), gentleman, of Baltimore Co., Maryland to his son Thomas **Randell**, of same, 100 acres. Signed Christopher **Randell**. Wit: Samuel **Owings** and George **Ashman**.

2 Mar 1754, Patrick **Gray**, of Baltimore Co., Maryland to Elinor **Lynch**, of same, £96, lots #37 and #58 in town of Baltimore. Signed Patrick **Gray**. Wit: Nicholas Ruxton **Gay** and Lyde **Goodwin**.

2 Mar 1754, Daniel **Durbin**, of Baltimore Co., Maryland to Harman **Husbands**, of same, £25, 57 acres. Signed Daniel **Durbin**. Wit: Michael **Gilbert** and Micah **Gilbert**.

2 Mar 1754, Christopher & Catharine **Randell**, gentleman, and his son Thomas **Randell**, of Baltimore Co., Maryland to William **Kelly**,

planter, of same, £65, 85.5 acres and 100 acres. Signed Christopher **Randell** and Thomas **Randell**. Wit: Samuel **Owings** and George **Ashman**.

4 Mar 1754, Patrick & Ann **Gray**, of Baltimore Co., Maryland to William **Shrider**, of same, £80, 100 acres...between William **Logsdon** and Samuel **Durbin**. Signed Patrick **Gray**. Wit: Nicholas Ruxton **Gay** and Joseph **Ensor**.

4 Mar 1754, John & Mary **Wooden** Sr., of Baltimore Co., Maryland to his son Solomon **Wooden**, of same, for love and affection, 120 acres. Signed John **Wooden**. Wit: John **Ridgley** and William **Wooden**.

4 Mar 1754, John & Mary **Wooden** Sr., of Baltimore Co., Maryland to his son William **Wooden**, of same, for love and affection, 150 acres. Signed John **Wooden**. Wit: John **Ridgley** and Solomon **Wooden**.

6 Mar 1754, Richard **Richards**, yeoman, of Baltimore Co., Maryland to Gabulon **Loveall**, planter, of same, £15, 50 acres. Signed Richard **Richards**. Wit: Nicholas Ruxton **Gay** and Thomas **Franklin**.

25 Feb 1754, Benjamin & Elizabeth **Knight** and Jabez **Morray**, carpenters, of Baltimore Co., Maryland to John **Daugherty**, blacksmith, of same, £33, 50 acres. Signed Benjamin (x) **Knight** and Jabez **Morray**. Wit: William **Lyon** and William **Lux**.

15 Feb 1754, Dulton & Dinah **Lane**, planter, of Baltimore Co., Maryland to Jacob **Shilling** Jr., blacksmith, of same, £45, 141 acres...Piney Run. Signed Dulton **Lane**. Wit: Samuel **Owings** and Thomas (x) **Cote**.

5 Mar 1754, Nicholas **Peddicoat**, planter, of Baltimore Co., Maryland to Daniel **Chamier** and William **Lux**, merchants, of same, £36, 60 acres ...northern side of the western falls of Patapsco River. Signed Nicholas (x) **Peddicoat**. Wit: William **Lyon** and James **Sanders**.

5 Mar 1754, Richard **Robertson**, planter, of Baltimore Co., Maryland to Thomas **Bond**, of same, £110, 200 acres and the negro man called Sampson. Signed Richard (x) **Robertson**. Wit: John **Bond**, Benjamin **Ryan** and James **Bond**.

7 Mar 1754, Beale **Bordley**, Nicholas Ruxton **Gay** and William **Lux** post bond for said Beale to become county clerk. Signed Beale **Bordley**, Nicholas Ruxton **Gay** and William **Lux**. Wit: Samuel **Owings** and Thomas **Franklin**.

3 Mar 1754, Samuel **Smith**, of Deer creek, Baltimore Co., Maryland to Richard **Dallam**, £45, land...line of Robert **Hawkins** and livestock. Signed Samuel (x) **Smith**. Wit: James **Osborn**, Jacob **Lusby** and Luke **Griffin**.

8 Mar 1754, Francis **Ingram**, planter, of Baltimore Co., Maryland to John **Buck**, innholder, of same, £55, 105 acres. Signed Francis **Ingram**. Wit: Samuel **Owings** and Thomas **Franklin**.

7 Feb 1754, Thomas & Sarah **Stain**, carpenter, of Baltimore Co., Maryland to John **Willmott**, of same, £25, 40 acres. Signed Thomas **Stain**. Wit: John **Merryman** and Jemina (x) **Merryman**.

6 Feb 1754, Sarah **Hammond**, (widow of Col. William **Hammond**), of Baltimore Co., Maryland to Alexander **Lawson**, gentleman, of same, £39.85, her right of dower in nine tracts. Signed Sarah **Hammond**. Wit: Mary **Lyon** and David **McCullock**.

6 Feb 1754, Sarah **Hammond**, (widow of Col. William **Hammond**), of Baltimore Co., Maryland to Alexander **Lawson**, gentleman, of same, £229.8, her right of dower in nine tracts. Signed Sarah **Hammond**. Wit: Mary **Lyon** and David **McCullock**.

13 Mar 1754, Edward **Thomas**, planter, of Baltimore Co., Maryland to John **Ridgley**, merchant, of same, £35, livestock. Signed Edward **Thomas**. Wit: Harman **Hammond** and John **Hedden**.

23 Jan 1754, Stephen **Roberts**, of Baltimore Co., Maryland leases to William **Amos** Jr., of same, 220 acres...south side of Winters Run.

Signed Stephen **Roberts**. Wit: Charles **Talbot** and Mordecai **Amos**.

8 Feb 1754, Thomas **Mitchell** Sr., planter, of Baltimore Co., Maryland to his son Edward **Mitchell**, of same, for love and affection, two tracts. Signed Thomas (x) **Mitchell**. Wit: William **Smith** and John **Mathews**.

26 Mar 1754, Edward **Wann**, weaver, of Baltimore Co., Maryland to John **Ridgley**, merchant, of same, £19.85, 190 acres...Pens Run. Signed Edward **Wann**. Wit: John **Cook** and John **Hedden**.

19 Mar 1754, Lawrence **Hammond**, planter, of Baltimore Co., Maryland to John **Ridgley**, merchant, of same, £48.95, livestock. Signed Lawrence **Hammond**. Wit: Harman **Hammond** and John **Hedden**.

2 Apr 1754, James & Elizabeth **Billingsly**, planter, of Baltimore Co., Maryland to William **Grafton**, of same, £12.15, 100 acres. Signed James **Billingsly**. Wit: Robert **Adair** and Walter **Tolley**.

12 Mar 1754, Jabez **Murray**, planter, of Baltimore Co., Maryland to William **Rogers**, of same, £51, 40 acres of 500 acres...patented, 10 Nov 1695, by James **Murray**, who devised to his sons Morgan **Murray**, deceased, (300 acres) and Jabez **Murray**, (200 acres)...said Morgan's land went to his son Joseph **Murray**, who sold to said Jabez. Signed Jabez **Murray**. Wit: Darby **Lux** and William **Rogers** Jr.

2 Apr 1754, John **Haven**, school master, late of Baltimore Co., Maryland to John **Wyatt**, joiner, of same, £10.5, 50 acres of 100 acres...purchased of Samuel **Hughs**, who purchased of Isaac **Butterworth**, who purchased of Thomas **Knight**. Signed John **Haven**. Wit: Robert **Adair** and Walter **Tolley**.

27 Oct 1753, Thomas **Harrison**, merchant, of Baltimore Co., Maryland to Conrad **Smith**, mason, of same, £25, lot #89 in town of Baltimore. Signed Thomas **Harrison**. Wit: Wit: Nicholas Ruxton **Gay** and William **Lux**.

5 Nov 1753, Samuel & Martha **Shipley**, planter, of Baltimore Co., Maryland to Sewell **Young**, planter, of same, £33.1, 72 acres. Signed Samuel **Shipley**. Wit: Robert **Gileresh** and George **Ashman**.

7 Nov 1753, George **Grover**, of Baltimore Co., Maryland leases to Richard **Fartking**, planter, of same. Signed George (x) **Grover**. Wit: John **Davis**, son of Walter and Henry **James**.

27 Feb 1753, Charles **Ridgley**, gentleman, of Baltimore Co., Maryland to his daughter Aeshah **Holliday**, for love and affection, 80 acres, 50 acres 600 acres and 200 acres. Signed Charles **Ridgley**. Wit: Nicholas Ruxton **Gay** and William **Lyon**.

21 Nov 1753, James **Wells** Jr., planter, of Baltimore Co., Maryland to Ulrich **Elklear**, farmer, of York Co., Pennsylvania, £75, 250 acres. Signed James (x) **Wells** Jr. Wit: John **Ridgley** and William **Rogers**.

2 Mar 1754, John **Robeson**, of Baltimore Co., Maryland to Richard King **Stevenson**, planter, of same, £40 debt, 50 acres...Beaver Dam Run. Signed John **Robeson**. Wit: Nicholas Ruxton **Gay** and John **Stevenson**.

6 Nov 1753, William & Ann **Clements**, of Baltimore Co., Maryland to Ignatius **Wheeler**, of same, £30, 140 acres. Signed William **Clements**, Ann **Clements** and Ignatius **Wheeler**. Wit: James **Scott** and James **Preston**.

3 May 1754, Sarah **Boring**, widow, of Baltimore Co., Maryland to William **Askew**, school master, of same, £100, 85 acres...Herring Run...patented by Benjamin **Knight**. Signed Sarah (x) **Boring**. Wit: Henry **Stevenson** and Daniel **Sorwrity**.

16 Feb 1754, Thomas Cockey **Dye**, gentleman, of Baltimore Co., Maryland to William **Parks**, tradesman, of same, £42.5, 50 acres...Beaver Dam Run. Signed Thomas Cockey **Dye**. Wit: Nicholas Ruxton **Gay** and George **Ashman**.

22 Jan 1754, William **Few**, of Baltimore Co., Maryland assignment of lease to John **Anderson**, £100, 160 acres. Signed William **Few**.

Wit: Nicholas Ruxton **Gay** and Greenberry **Dorsey**.

9 Feb 1754, William **Noon**, of Baltimore Co., Maryland assignment of lease to Nicholas **Rogers**, of same, £8, 68 acres. Signed William **Noon**. Wit: Nicholas Ruxton **Gay** and Alexander **Lawson**.

27 Apr 1754, Thomas **Harrison**, merchant, of Baltimore Co., Maryland to Valerius **Duckart**, innholder, of same, £120, 400 acres. Signed Thomas **Harrison**. Wit: Nicholas Ruxton **Gay** and William **Lyon**.

3 Jun 1754, Zachariah & Martha **Gray**, of Baltimore Co., Maryland to John **Cretin**, £51, 20 acres...head of Bare creek...devised by Jonas **Bowen** to his daughters Rebecca **Lynch** and Martha **Gray**. Signed Zachariah **Gray**. Wit: John **Stevenson** and John **Stansbury**.

25 May 1754, Benjamin & Rachel **Deaver**, planter, of Baltimore Co., Maryland to Joseph **Earp**, planter, of same, £15, 50 acres. Signed Benjamin **Deaver**. Wit: Nicholas Ruxton **Gay** and James **Moore** Jr.

25 May 1754, John Yosten **Gorstoick**, of Baltimore Co., Maryland to John **Ensor** Jr., of same, £100, 258 acres...south side of Back River. Signed John Yosten **Gorstoick**. Wit: Thomas **James** and Darby **Lux**.

12 Mar 1754, Josias **Bowen**, planter, of Baltimore Co., Maryland to Joshua **Hall**, gentleman, of same, £6,3, 100 acres. Signed Josias **Bowen**. Wit: Nicholas Ruxton **Gay** and William **Rogers**.

1 Jun 1754, John **Watkins**, tailor, of Baltimore Co., Maryland to Richard **Garrettson**, of same, £15, 30 acres. Signed John **Watkins**. Wit: John **Hall** and Ann **Mathews**.

1 Jun 1754, John **Watkins**, (son and heir of John **Watkins**), tailor, of Baltimore Co., Maryland to Richard **Garrettson**, of same, £50, 114 acres... purchased of James **Butler**, who purchased of Roger **Mathews**. Signed John **Watkins**. Wit: John **Hall** and Ann **Mathews**.

1 Jun 1754, William & Mary **Simms**, carpenter, of Baltimore Co.,

Maryland to William **Askew**, school master, of same, £100, lot #80 in town of Baltimore. Signed William **Simms**. Wit: Nicholas Ruxton **Gay** and William **Lux**.

5 Jun 1754, Thomas **Hattenpenny**, planter, of Baltimore Co., Maryland to Thomas **Sligh** and Walter **Dallas**, of same, 1200 pounds of tobacco, 100 acres of 400 acres...patented by Michael **Judd** and James **Thompson**, who sold 200 acres to William **Hicks**, who devised 100 acres to his son Zachariah **Hicks**, who sold to said Thomas. Signed Thomas (x) **Hattenpenny**. Wit: Nicholas Ruxton **Gay** and Samuel **Owings**.

9 Apr 1754, Christopher & Barbara **Seddlemire**, baker, of Baltimore Co., Maryland to Patrick **Gray**, of same, £13, lot 57 in town of Baltimore. Signed Christopher **Seddlemire**. Wit: John **Stevenson** and Maberry **Helms** Jr.

13 Aug 1754, Nicholas Ruxton & Ann **Gay**, of Baltimore Co., Maryland to Thomas **Harrison**, of same, £5.6, 33 acres. Signed Nicholas Ruxton **Gay**. Wit: Nicholas **Rogers** and William **Rogers** Jr.

1 Jun 1754, Thomas **Harrison**, merchant, of Baltimore Co., Maryland to William **Simms**, carpenter, of same, £5, lot #80 in town of Baltimore. Signed Thomas **Harrison**. Wit: Nicholas Ruxton **Gay** and William **Lux**.

22 Jun 1754, Dr. Charles **Carroll**, of Annapolis, Anne Arundel Co., Maryland release of mortgage to Daniel **Barnett**, of Baltimore Co., Maryland, £40. Signed Charles **Carroll**. Wit: John **Brice** and Benjamin **Beale**.

21 Jun 1754, John **Cromwell**, (son and heir of Capt. John **Cromwell**, of Anne Arundel Co., Maryland), Nicholas & Hannah **Orrick** and Thomas & Ann **Sheredine**, (said Hannah and Ann are daughters and heirs of said Capt. John), release to each other, 300 acres, 169 acres and 700 acres...Margaret **Cromwell** is another daughter. Signed John **Cromwell**, Nicholas **Orrick**, Hannah **Orrick**, Thomas **Sheredine** and Ann **Sheredine**. Wit: Nicholas Ruxton **Gay**

and John **Stevenson**.

30 May 1754, Jabez & Mary **Murray**, of Baltimore Co., Maryland to Benjamin **Bowen**, of same, £60, 80 acres. Signed Jabez **Murray**. Wit: William **Lyon** and William **Lux**.

30 May 1754, Thomas & Elizabeth **Ward**, planter, of Baltimore Co., Maryland to John **Stevenson**, lot #33 in town of Baltimore. Signed Thomas **Ward**. Wit: Nicholas Ruxton **Gay** and William **Lyon**.

5 May 1754, Richard & Elinor **Croxall**, of Baltimore Co., Maryland to Andrew **Buchanan**, merchant, of same, £15, lot #26 in town of Baltimore. Signed Richard **Croxall**. Wit: Nicholas **Rogers** and John **Stevenson**.

1 Jul 1754, Presosia **Tye**, widow, of Baltimore Co., Maryland to Thomas Cockey **Deye**, planter, of same, £15, 100 acres...west side of main falls of Gunpowder River. Signed Presosia (x) **Tye**. Wit: Nicholas Ruxton **Gay** and John **Stevenson**.

2 Jun 1754, James & Elizabeth **Wells** Jr., farmer, of Baltimore Co., Maryland to Powell **Everhart**, of same, £30, 100 acres. Signed James (x) **Wells** Jr. Wit: Nicholas Ruxton **Gay** and John **Wallis**.

1 Aug 1754, John **Shepherd**, of Baltimore Co., Maryland to Thomas **Sligh**, William **Andrews** and Patrick **Gray**, of same, chattel goods...purchased of Charles **Wallace**, of Annapolis, Anne Arundel Co., Maryland and John **Metcalf**, of Baltimore Co., Maryland. Signed John **Shepherd**. Wit: William **Lux** and Darby **Lux**.

1 Jul 1754, Thomas **Harrison**, merchant, of Baltimore Co., Maryland to Valentine **Larsch**, of same, £25, lots in town of Baltimore. Signed Thomas **Harrison**. Wit: Nicholas Ruxton **Gay** and William **Lux**.

1 Aug 1754, Thomas **Harrison**, merchant, of Baltimore Co., Maryland to Valentine **Larsh**, of same, £3, lot in town of Baltimore. Signed Thomas **Harrison**. Wit: Nicholas Ruxton **Gay** and William **Lux**.

6 May 1754, Christopher **Gest**, (son and heir of Richard **Gest**), of Baltimore Co., Maryland to Thomas **Sligh**, of same, £10, 45 acres...Patapsco Neck...surveyed 1688 for John & Mary **Harding**, Mary later married Herbert **Nichols**, who sold to said Richard. Signed Christopher **Gest**. Wit: Thomas **Rather** and Joseph **Chapline**.

17 Jun 1754, Thomas **Veasey**, of Baltimore Co., Maryland to Edward **Mitchell**, of same, £100, 200 acres...north side of Deer creek...purchased of Jacob **Giles** and Isaac **Webster**. Signed Thomas **Veasey**. Wit: William **Young** and Robert **Adair**.

22 Jun 1754, Thomas **Sligh**, of Baltimore Co., Maryland to William **Rogers**, of same, £6, lots #24 and #25 in town of Baltimore. Signed Thomas **Sligh**. Wit: John **Stevenson** and Peter **Parish**.

6 Jul 1754, James **Cary**, merchant, of Baltimore Co., Maryland to Thomas **Clendenning**, merchant, of same, £70, lot in Jones Town. Signed James **Cary**. Wit: Nicholas Ruxton **Gay** and John **Stevenson**.

10 Jul 1754, Thomas **Harrison**, merchant, of Baltimore Co., Maryland to William **Gist**, planter, of same, £6.85, 52.25 acres. Signed Thomas **Harrison**. Wit: Nicholas Ruxton **Gay** and William **Lux**.

13 Jul 1754, William & Violetta **Gist**, planter, of Baltimore Co., Maryland to Thomas **Harrison**, merchant, of same, £1.35, 13.5 acres. Signed William **Gist**. Wit: Nicholas Ruxton **Gay** and William **Lux**.

15 Jul 1754, Josias **Symonds**, planter, of Baltimore Co., Maryland to Margaret **James**, of same, £25, 64 acres. Signed Josias **Simmons**. Wit: William **Smith** and Thomas **Simmons**.

7 Jul 1754, William **Rogers**, planter, of Baltimore Co., Maryland to Thomas **Clendenning**, merchant, of same, £15, lot #13 in town of Baltimore. Signed William **Rogers**. Wit: Sabt. **Sollers** and Benjamin **North**.

6 Aug 1754, Tobias **Stansbury**, of Baltimore Co., Maryland to

William **Lyon**, of same, £7, 36 acres. Signed Tobias **Stansbury**. Wit: Nicholas Ruxton **Gay** and William **Lux**.

5 Aug 1754, Tobias & Mary **Stansbury**, gentleman, of Baltimore Co., Maryland to Joseph **Murray** Sr., of same, £6, 97 acres...north side of the Western Run of Gunpowder River. Signed Tobias **Stansbury**. Wit: William **Lyon** and William **Lux**.

25 Jul 1754, Edward **Choate** Jr., planter, of Baltimore Co., Maryland to Henry **Pemberton**, planter, of same, £18, 50 acres. Signed Edward **Choate** Jr. Wit: Samuel **Owings**, Rachel **Owings** and Urath **Owings**.

8 Aug 1754, Charles **Green**, planter, of Baltimore Co., Maryland to George **Green**, planter, of same, £20, purchased of Charles **Bosley**. Signed Charles (x) **Green**. Wit: John **Willmott** and James (x) **Poteet**.

8 Aug 1754, Charles **Green**, planter, of Baltimore Co., Maryland to Charles **Bosley**, of same, 50 acres. Signed Charles (x) **Green**. Wit: John **Willmott** and George (x) **Green**.

8 Aug 1754, Charles **Green**, planter, of Baltimore Co., Maryland to Charles **Bosley**, of same, £2, 5 acres. Signed Charles (x) **Green**. Wit: John **Willmott** and George (x) **Green**.

7 Aug 1754, Daniel & Ann **Durbin**, planter, of Baltimore Co., Maryland to James **Pritchard**, planter, of same, £126, 100 acres...devised by John **Durbin** Sr. to his son Thomas **Durbin**, who sold to said Daniel. Signed Daniel **Durbin**. Wit: William **Smith** and John **Hall** Sr.

8 Aug 1754, Jacob **Giles** and Isaac **Webster**, of Baltimore Co., Maryland to Thomas **Wheeler**, of same, £13, 261.5 acres. Signed Jacob **Giles** and Isaac **Webster**. Wit: William **Smith** and John **Hall** Sr.

4 Jul 1754, Thomas **Harrison**, merchant, of Baltimore Co., Maryland leases to John **Sty**, tailor, of same, lot in town of Baltimore. Signed Thomas **Harrison** and John **Sty**. Wit: Nicholas

Ruxton Gay and William Lux.

21 Aug 1754, Philip & Ann Jones, gentleman, of Baltimore Co., Maryland to Edward Pontany, of same, 13 acres. Signed Philip Jones. Wit: Nicholas Ruxton Gay and William Lyon.

3 Sep 1754, Gregory & Rachel Farmer, planter, of Baltimore Co., Maryland to William Cox, merchant, of same, £50 and 2000 pounds of tobacco, 60 acres...surveyed for Robert West Sr. Signed Gregory Farmer. Wit: John Hall.

12 Sep 1754, James Anter, (son and heir of John Anter, late of Rothertrith, Surry Co., England), mariner, of the ship Mary to Christopher Carnan, merchant, of Baltimore Co., Maryland, good deed on lot #37 in town of Baltimore, that said John sold to a Charles Carnan. Signed James Anter. Wit: Nicholas Ruxton Gay and William Lyon.

6 Aug 1754, Jacob Giles and Isaac Webster, of Baltimore Co., Maryland to William Bennett, of same, £10, 25 acres. Signed Jacob Giles and Isaac Webster. Wit: William Smith and John Hall Sr.

27 Apr 1754, Thomas Phillibrown and Thomas & Elizabeth Wright, of London, England to William York, 147 acres. Signed Thomas Phillibrown, Thomas Wright and Elizabeth Wright. Wit: James Hail and James McGill.

17 Aug 1754, William Noble, (son and heir of William Noble, late of Baltimore Co., Maryland) of Augustus Co., Virginia to William Dallam, of Baltimore Co., Maryland, £11.85, two tracts. Signed William Noble. Wit: James Preston and Edward Hall.

8 Aug 1754, William Noble, of Augustus Co., Virginia to John Everett, of same, 3500 pounds of tobacco, 104 acres...east side of Winters Run. Signed William Noble. Wit: George Young and Nathaniel Richardson.

3 Sep 1754, Thomas Brown, planter, of Baltimore Co., Maryland to his son James Brown, of same, for love and affection, 200 acres.

Signed Thomas **Brown**. Wit: William **Smith** and Garrett **Garrettson**.

20 Mar 1754, Jacob **Rowles**, son of William, of Baltimore Co., Maryland to John **Chapman**, of same, £36, 72 acres. Signed Jacob **Rowles**. Wit: Harman **Hammond** and John **Heddin**.

20 Mar 1754, Jacob **Rowles**, planter, of Baltimore Co., Maryland to David **Rowles**, planter, of same, £71, 91.5 acres. Signed Jacob **Rowles**, son of William. Wit: Haman **Hammond** and John **Heddin**.

8 Aug 1754, Thomas & Elizabeth **Waltham**, planter and Benjamin & Elinor **Ricketts**, planter, of Baltimore Co., Maryland to John & Phillizana **Day**, (son of Edward), planter, of same, (said Elizabeth, Elinor and Philizena are the daughters of James **Maxwell**, deceased), division of 1623 acres...north side of Gunpowder River ...line of Horaham **Holman**. Signed Thomas **Waltham**, Elizabeth **Waltham**, Benjamin **Ricketts**, Elinor **Ricketts**, John **Day** and Philizena **Day**. Wit: George **Presbury** and James **Maxwell**.

10 Oct 1754, William **Wadlo**, of Baltimore Co., Maryland to William **Dallam**, of same, 400 pounds of tobacco, chattel goods. Signed William **Waldo**. Wit: William **Bell** and Ignatius **Davis**.

26 Sep 1754, John & Mary **Woody**, house carpenter, of Baltimore Co., Maryland to George **Smith**, blacksmith, of same, £55, 55 acres. Signed John (x) **Woody**. Wit: William **Smith** and Robert **Adair**.

3 Oct 1754, Amos & Frances **Garrett**, of Baltimore Co., Maryland to James and Abraham **Taylor**, of same, £18. Signed Amos **Garrett**. Wit: John **Hall** and Ann **Dallam**.

22 Oct 1754, James **Sinkler**, of Baltimore Co., Maryland assignment of lease to Hannah **Hendon**, of same. Signed James (x) **Sinkler**. Wit: Nicholas Ruxton **Gay** and John **Choate**.

1 Oct 1754, Francis & Sarah **Jones** and Michael **Webster**, of Baltimore Co., Maryland to William **Husband**, of same, £220, 204 acres...purchased of George **Jones**...line of Ephraim **Gover**. Signed

Francis **Jones** and Michael **Webster**. Wit: John **Hall** and Isaac (x) **Phillips**.

26 Oct 1754, William **Rogers**, innholder, of Baltimore Co., Maryland to Alexander **Lawson**, merchant, of same, £65, lot #46 in town of Baltimore. Signed William **Rogers**. Wit: Nicholas Ruxton **Gay** and William **Lyon**.

4 Oct 1754, Thomas & Sarah **Mathews**, of Baltimore Co., Maryland to Nathaniel **Davis**, of same, £6.85, 123 acres. Signed Thomas **Mathews**. Wit: Nicholas Ruxton **Gay** and Thomas **Askren**.

4 Oct 1754, Thomas & Sarah **Mathews**, of Baltimore Co., Maryland to James **Griffee**, farmer, of same, £16, 239 acres. Signed Thomas **Mathews**. Wit: Nicholas Ruxton **Gay** and Thomas **Askren**.

7 Oct 1754, Abraham **Vaughorn** Jr., of Baltimore Co., Maryland assignment of lease to Joseph **Bosley**, of same, 32 acres. Signed Abraham **Vaughorn**. Jr. Wit: Nicholas Ruxton **Gay** and Joseph **Ensor**.

11 Oct 1754, George & Sarah **Green**, of Baltimore Co., Maryland to Charles **Bosley**, of same, £5 and 6000 pounds of tobacco. Signed George (x) **Green**. Wit: William **Lyon** and Thomas **Harrison**.

2 Nov 1754, Joseph & Ruth **Murray** Sr., planter, of Baltimore Co., Maryland to Jeremiah **Johnson**, planter, of same, £90, 400 acres. Signed Joseph **Murray** and Ruth (x) **Murray**. Wit: Nicholas Ruxton **Gay** and Zachariah **Mackubin**.

27 Jul 1754, Thomas & Phebe **Bond**, innholder, of Baltimore Co., Maryland to Richard **Croxall**, merchant, of same, good deed on land sold by Benjamin **Bond**. Signed Thomas **Bond**. Wit: John **Hawkins** and Greenif **Howard**.

22 Oct 1754, Charles **Carroll**, of Annapolis, Anne Arundel Co., Maryland to Richard **Croxall**, of Baltimore Co., Maryland, good deed on four lots in town of Baltimore...devised by Charles **Carroll** to his sons Daniel and Charles. Signed Charles **Carroll**. Wit: James

Franklin and William **Baker**.

4 Oct 1754, Josias **Simmons**, planter, of Baltimore Co., Maryland to Margaret **Hunn**, wife of Francis **Hunn**, and late widow of Nicholas **James**, of same, £25, 64 acres. Signed Josias **Simmons**. Wit: John **Hall** and Absolom (x) **Brown**.

8 Nov 1754, William **Slade**, planter, of Baltimore Co., Maryland to William **Dallam**, merchant, of same, £92. Signed William **Slade**. Wit: John **Hall** Sr. and William **Smith**.

2 Nov 1754, John **Whips**, planter, of Anne Arundel Co., Maryland to Benjamin **Whips**, planter, of Baltimore Co., Maryland, £10, 390 acres. Signed John **Whips**. Wit: Nicholas Ruxton **Gay** and Samuel **Owings**.

4 Nov 1754, Roger **Randall**, of Baltimore Co., Maryland to William & Mary **Williams**, planter, of same, £110, 399 acres. Signed Roger **Randall**. Wit: Nicholas Ruxton **Gay** and Sergant **Kitterings**.

4 Oct 1754, Thomas & Sarah **Mathews**, planter, of Baltimore Co., Maryland to John **Carter**, carpenter, of same, £35, 50 acres. Signed Thomas **Mathews**. Wit: Nicholas Ruxton **Gay** and Thomas **Askreth**.

31 Oct 1754, Peter **Dowell**, of Baltimore Co., Maryland to Joseph **Sollers**, of same, £140, 150 acres, 50 acres and 48 acres. Signed Peter **Dowell**. Wit: Nicholas Ruxton **Gay** and John **Ransant**.

7 Nov 1754, Robert & Elizabeth **Clark**, planter, of Baltimore Co., Maryland to John **Roads** and Timothy **Neve**, planters, of same, 6,000 pounds of tobacco, 100 acres...west side of Bear Cabin Branch. Signed Robert **Clark**. Wit: Robert **Adair** and William **Smith**.

26 Nov 1754, William **Rogers**, of Baltimore Co., Maryland to James **Crosswell**, of same, £50, 100 acres...Gwins Falls. Signed William **Rogers**. Wit: J. **Gardner** and Thomas **Ward**.

7 Aug 1754, Clement & Ann **Mattingly**, of Baltimore Co.,

Maryland to William **Nillson**, of Cecil Co., Maryland, £100, 179 acres...Winters Run. Signed Clement **Mattingly**. Wit: Zachariah **Bond** and Gilbert **Ireland**.

22 Nov 1754, Sarah **Boring**, widow, of Baltimore Co., Maryland to William **Askew**, schoolmaster, of same, £40, lots #26, #27 and #28 in town of Baltimore. Signed Sarah (x) **Boring**. Wit: Daniel **Soundly** and James **Anter**.

25 Nov 1754, Thomas **Rutter**, (son and heir of Thomas **Rutter**), of Baltimore Co., Maryland to Jonathan **Hanson**, of same, £11.05, 7.3/8 acres. Signed Thomas **Rutter**. Wit: Nicholas Ruxton **Gay** and William **Lyon**.

30 Nov 1754, Aquila & Sophia **Hall**, of Baltimore Co., Maryland to Thomas **White**, of Philadelphia, Pennsylvania, £67, 67 acres...south side of Deer creek. Signed Aquila **Hall**. Wit: William **Smith** and Robert **Adair**.

23 Nov 1754, Henry & Jane **Thomas**, of Baltimore Co., Maryland to Samuel **Forwood**, of same, £17, 50 acres...south side of Deer creek. Signed Henry **Thomas**. Wit: William **Smith** and Robert **Adair**.

3 Nov 1754, John **Stokes**, of Baltimore Co., Maryland to John **Hall**, of same, £600, one third part of several tracts...George **Wells**, (son of Col. George **Wells**), devised to his sister Susannah **Stokes**, his nephew John **Smithers**, (son and heir of Blanch **Smithers**, a sister of said George) and his nephew Seregrine **Frisbie**, (son and heir of Frances **Frisbie**, the third sister of said George). Signed John **Stokes**. Wit: William **Smith** and Robert **Adair**.

18 Nov 1754, Thomas & Mary **Watson**, planter, of Baltimore Co., Maryland to Philip **Edwards**, planter, of same, £12.5, 50 acres. Signed Thomas **Watson**. Wit: Samuel **Owings**.

21 Oct 1754, John **Basey**, planter, of Baltimore Co., Maryland mortgage to Brian **Philpot**, of same, £16.3, 100 acres. Signed John **Basey**. Wit: Benjamin **North** and Nicholas Ruxton **Gay**.

7 Sep 1754, Anthony **Asher**, planter, of Baltimore Co., Maryland mortgage to John **Philpot** and Edward **Lee** Jr., merchants, of London, England, £50.4, 220 acres. Signed Anthony **Asher**. Wit: William **Bond**, Christopher **Randall** and John **Hedden**.

14 Dec 1754, William **Wheeler**, of Baltimore Co., Maryland to Joseph **Perrygoe**, of same, £5, 24 acres, 39 acres and 20 acres...north side of Winters Run. Signed William (x) **Wheeler**. Wit: Nicholas Ruxton **Gay** and Edward **Talbot**.

4 Oct 1754, Charles **Green**, of Baltimore Co., Maryland leases to Charles **Bosley**, of same, 75 acres. Signed Charles (x) **Green**. Wit: Nicholas Ruxton **Gay** and Job **Evans**.

9 Sep 1754, Christopher & Elizabeth **Carnan**, of Baltimore Co., Maryland to Gilbert **Crockett**, of same, £10.3, lot #62 in town of Baltimore. Signed Christopher **Carnan**. Wit: Nicholas Ruxton **Gay** and William **Lyon**.

10 Dec 1754, Thomas & Elizabeth **Lusby**, planter, of Baltimore Co., Maryland to Thomas **Ward**, perrywig maker, of same, £12, 60 acres...Gwins Run and 52 acres. Signed Thomas **Lusby**. Wit: Zachariah **Hood** and Robert **Norris**.

William **Sinkler** to Thomas **Lytle**, 100 acres. Signed William **Sinkler**. Wit: Nicholas Ruxton **Gay** and John **Moore** Jr.

21 Jan 1755, William **Sinkler**, of Baltimore Co., Maryland to Thomas **Lytle**, of same, 100 acres. Signed William **Sinkler**. Wit: Nicholas Ruxton **Gay** and John **Moore** Jr.

Jan 1755, William **Webb**, of Frederick Co., Maryland to Ralph **Pyle**, gentleman, of same, £300, 200 acres and 300 acres. Signed William **Webb**. Wit: Thomas **Prather** and Joseph **Smith**.

10 Dec 1754, Benjamin **Tasker** Jr., planter, of Baltimore Co., Maryland leases to Abraham **Rutledge**, planter, of same, 100 acres. Signed Benjamin **Tasker** Jr.

14 Sep 1754, Charles **Motherby**, of Baltimore Co., Maryland to William **Lyon**, of same, £10, 50 acres. Signed Charles **Motherby**. Wit: Nicholas Ruxton **Gay** and Mathew **Coulter**.

16 January 1755, Sewell & Margaret **Young**, planter, of Baltimore Co., Maryland to Charles **Hissey**, planter, of same, £16, 18 acres. Signed Sewell (x) **Young**. Wit: J. **Gardner** and Absolom **Butler**.

4 Nov 1754, John **Jackson**, cooper, of Baltimore Co., Maryland to John **Ridgley**, merchant, of same, £40, 100 acres...east side of Gully Pott Branch. Signed John **Jackson**. Wit: William **Pearce** and John **Hedden**.

Jan 1755, Alexander **McKinless**, of York Co., Pennsylvania to Sarah and Susannah **Morgan**, £125, 250 acres...north side of Deer creek. Signed Alexander (x) **McKinless**. Wit: Nicholas Ruxton **Gay** and Robert **Adair**.

3 Mar 1755, Alexander **McKinless**, of York Co., Pennsylvania to David **Morgan**, of Baltimore Co., Maryland, £60, 139 acres...north side of Deer creek...line of Job **Barnes** and heirs of John **Cook**. Signed Alexander (x) **McKinless**. Wit: Nicholas Ruxton **Gay** and Robert **Adair**.

19 Mar 1755, John **Hall**, Jacob **Giles** and Isaac **Webster**, of Baltimore Co., Maryland to Alexander **Maccomas**, son of John **Maccomas**, of same, £30.8, 50 acres...head of Brians Run. Signed John **Hall**, Jacob **Giles** and Isaac **Webster**. Wit: William **Smith** and John **Hall** Jr.

11 Feb 1755, George Michael **Hartman**, of Baltimore Co., Maryland to George **Shon**, of Pennsylvania, £113, lot #87 in town of Baltimore. Signed George Michael **Hartman**. Wit: Andrew **Buchanan** and William **Lyon**.

18 Feb 1755, Thomas **Harrison**, merchant, of Baltimore Co., Maryland to George Nicholas **Myer**, of same, £40, lot #84 in town of Baltimore. Signed Thomas **Harrison**. Wit: Nicholas Ruxton **Gay** and William **Lyon**.

8 Mar 1755, George Michael & Catharine **Hartman**, of Baltimore Co., Maryland to Thomas **Harrison**, of same, £30, lot #61 in town of Baltimore. Signed George Michael **Hartman**. Wit: Nicholas Ruxton **Gay** and William **Lyon**.

7 Mar 1755, Edward **Demond**, son of George, planter, of St. Marys Co., Maryland to Robert **Greenwell**, planter, late of St. Marys Co., Maryland, but now of Baltimore Co., Maryland, £100, 200 acres...Deer creek. Signed Edward (x) **Demond**. Wit: Philip **Key** and Philip **Clark**.

8 Mar 1755, Thomas **Harrison**, merchant, of Baltimore Co., Maryland to George Michael **Hartman**, of same, £40, lot #81 in town of Baltimore. Signed Thomas **Harrison**. Wit: Nicholas Ruxton **Gay** and William **Lyon**.

29 Mar 1755, Nicholas **Corbin**, planter, of Baltimore Co., Maryland to John **Ensor** Jr., of same, £5.5, head of Back River. Signed Nicholas (x) **Corbin**. Wit: Nicholas Ruxton **Gay** and William **Lyon**.

9 Mar 1755, George Michael & Catharine **Hartman**, of Baltimore Co., Maryland to Mathew **Coulter**, of same, £26.7, lot #81 in town of Baltimore. Signed George Michael **Hartman**. Wit: Nicholas Ruxton **Gay** and John **Ensor** Jr.

John & Sarah **Merryman** to John **Ensor** Jr., 102 acres and 50 acres. Signed John **Merryman**. Wit: Nicholas Ruxton **Gay** and Luke **Ensor**.

1 Jan 1755, John & Frances **Constable**, of Baltimore Co., Maryland to John **Ensor** Jr., of same, £23, lot #36 in town of Baltimore. Signed John (x) **Constable** and Frances (x) **Constable**. Wit: Nicholas Ruxton **Gay** and Jeremiah **Johnson**.

1 Mar 1755, George **Ogg** Jr., of Baltimore Co., Maryland to George **Ogg** Sr., of same, 125 acres. Signed George **Ogg** Jr. Wit: Nicholas Ruxton **Gay** and Samuel **Owings**.

1 Mar 1755, George & Helen **Ogg** Jr., planter, of Baltimore Co.,

Maryland to Peter **Longsworth**, planter, of same, £4.9, 58 acres. Signed George **Ogg** Jr. Wit: Nicholas Ruxton **Gay** and Samuel **Owings**.

1 Mar 1755, George & Helen **Ogg** Jr., planter, of Baltimore Co., Maryland to Benjamin **Buckinham**, planter, of same, £6.9, 100 acres. Signed George **Ogg** Jr. Wit: Nicholas Ruxton **Gay** and Samuel **Owings**.

1 Feb 1755, Francis & Margaret **Hunn**, of Baltimore Co., Maryland to Thomas **Bond** Jr., of same, £12, 64 acres. Signed Margaret (x) **Hunn** and Francis **Hunn**. Wit: Joseph **Bond** and Jacob **Bond**.

19 Apr 1755, Jacob **Shilling** Sr. to Philip **Eldman**, £40, 229 acres. Signed Jacob **Shilling**. Wit: Nicholas Ruxton **Gay** and John **Starkey**.

26 Oct 1754, Brian **Philpot** Jr., of Baltimore Co., Maryland to Joseph **Bankson**, of same, £13.5, lot #44 in town of Baltimore. Signed Brian **Philpot** Jr. Wit: Nicholas Ruxton **Gay** and James **Cary**.

13 Nov 1754, John **Hall**, of Swan Town, Baltimore Co., Maryland division of land with Aquila **Hall**, of same, devised by their grandfather John **Hall**. Signed John **Hall** and Aquila **Hall**. Wit: William **Smith** and Robert **Adair**.

29 Mar 1755, William **Rogers** and Danberry Buckney **Partridge**, of Baltimore Co., Maryland to William **Askew**, of same, £45, lot #10 in town of Baltimore. Signed William **Rogers** and Danberry Buckney **Partridge**. Wit: Nicholas Ruxton **Gay** and John **Stevenson**.

Mar 1755, Thomas **Harrison**, of Baltimore Co., Maryland to Michael **Gore**, 321 acres. Signed Thomas **Harrison**. Wit: Nicholas Ruxton **Gay** and William **Lyon**.

19 Apr 1755, Charles **Perpoint**, tanner, of Anne Arundel Co., Maryland release of mortgage to Benjamin **Martin**, of Baltimore Co., Maryland, 50 acres. Signed Charles **Perpoint**. Wit: Nicholas

Ruxton Gay and James Moore Jr.

20 Mar 1755, Henry Kersey, of Baltimore Co., Maryland to Thomas Sharp, of same, £40, 100 acres. Signed Henry Kersey. Wit: Nicholas Ruxton Gay and James Moore Jr.

2 Jun 1755, John Cantwell, (son and heir of Edward Cantwell), of Baltimore Co., Maryland to James Taylor, of same, £45, 100 acres of 200 acres. Signed John (x) Cantwell. Wit: John Hall and Isaac Webster Jr.

2 May 1755, John Cantwell, (son and heir of Edward Cantwell), of Baltimore Co., Maryland to Samuel McCarty, planter, of same, £80, 100 acres of 200 acres. Signed John (x) Cantwell. Wit: William Mitehall and Jacob Gamby.

3 Apr 1755, Thomas White, of Philadelphia, Pennsylvania to Robert Patterson, of Baltimore Co., Maryland, £32.8, 59 acres and 23 acres. Signed Thomas White. Wit: William Lyon and David McCullock.

29 May 1755, Joshua Hall, planter, of Baltimore Co., Maryland to John Moale, merchant, of same, £170, lot #28 in town of Baltimore. Signed Joshua Hall. Wit: Nicholas Ruxton Gay and John Stevenson.

10 May 1755, Charles Croxall, merchant, of Baltimore Co., Maryland to John Moale, merchant, of same, £150, one half of lot #49 in town of Baltimore. Signed Charles Croxall. Wit: Nicholas Ruxton Gay and John Stevenson.

31 May 1755, Josesphus & Ruth Murray Sr., of Baltimore Co., Maryland to Samuel Hooker Sr., of same, £3.6, 66 acres. Signed Josephus Murray. Wit: Nicholas Ruxton Gay and Amon Butler.

31 May 1755, Josephus & Ruth Murray, planter, of Baltimore Co., Maryland to Amon Butler, planter, of same, £5.6, 112 acres. Signed Josephus Murray. Wit: Nicholas Ruxton Gay and William Lyon.

20 May 1755, James Welch, planter, of Baltimore Co., Maryland to

Angel **Israelo**, blacksmith, of same, £35, 80 acres. Signed James **Welch**. Wit: Nicholas Ruxton **Gay** and Isaac **Bowing**.

9 Mar 1755, John & Hannah **Hall** and Jacob & Johannah **Giles**, iron masters, of Baltimore Co., Maryland to Isaac **Webster**, iron master, of same, 121 acres... James Run. Signed John **Hall** and Jacob **Giles**. Wit: John **Hall** Jr. and William **Smith**.

20 May 1755, William & Lydia **Winchester**, farmer, of Baltimore Co., Maryland to Michael **Bourn**, of same, £55, 176 acres. Signed William **Winchester**. Wit: Nicholas Ruxton **Gay** and Jacob (x) **Uts**.

20 May 1755, William & Lydia **Winchester**, farmer, of Baltimore Co., Maryland to Rudolph **Decker**, of same, £100, 200 acres. Signed William **Winchester**. Wit: Nicholas Ruxton **Gay** and Jacob (x) **Uts**.

29 Mar 1755, Charles **Carroll**, of Annapolis, Anne Arundel Co., Maryland to Richard **Croxall**, of Baltimore Co., Maryland, £6, lot #161 in town of Baltimore. Signed Charles **Carroll**. Wit: William **Baker**.

Angel **Isrealo**, blacksmith, of Baltimore Co., Maryland to Charles **Carroll**, of Annapolis, Anne Arundel Co., Maryland, 80 acres. Signed Angel **Isrealo**. Wit: Nicholas Ruxton **Gay** and Gist **Vaughan**.

14 Feb 1755, Josephus & Ruth **Murray** Sr. and Josephus & Margaret **Murray** Jr., planters, of Baltimore Co., Maryland to Thomas **Harrison**, merchant, of same, £90, 300 acres. Signed Josephus **Murray** Sr. and Josephus **Murray** Jr. Wit: Nicholas Ruxton **Gay** and Ruth **Murray**.

3 May 1755, Benjamin & Martha **Barns**, planter, of Baltimore Co., Maryland to Thomas **Harrison**, merchant, of same, £25, 25 acres. Signed Benjamin (x) **Barns**. Wit: Nicholas Ruxton **Gay** and George **Ashman**.

Anthony **Rhodes** release of mortgage to John **Serjant**. Signed Anthony **Rhodes**.

19 Sep 1752, Michael **McDowell**, of Halifax Co., Virginia power of attorney to John **Hawkins**. Signed Michael **McDowell**. Wit: Richard **Hooker** and Thomas **Hooker**.

7 Apr 1755, Josephus & Margaret **Murray** Jr., of Baltimore Co., Maryland to Dr. William **Lyon**, of same, £20, 100 acres. Signed Josephus **Murray** Jr. Wit: Samuel **Owings** and Nicholas Ruxton **Gay**.

3 May 1755, Samuel & Urith **Owings**, of Baltimore Co., Maryland to Dr. William **Lyon**, of same, £18.75, 50 acres. Signed Samuel **Owings**. Wit: Nicholas Ruxton **Gay** and John **Stevenson**.

24 May 1755, Lyde **Goodwin**, gentleman, of Baltimore Co., Maryland to William **Young**, gentleman, of same, £90, lot #34 in town of Baltimore. Signed Lyde **Goodwin**. Wit: John **Stevenson** and James **Cary**.

7 Jun 1755, John **Metcalf**, of Baltimore Co., Maryland mortgage to William **Young**, of same, £300, 300 acres. Signed John **Metcalf**. Wit: Robert **Adair**, Robert **Boyce**, Robert **Stokes** and James **Risteau**.

14 Jun 1755, David & Ann **Bissett**, (said Ann is the widow of John **Atkinson**), gentleman, of Baltimore Co., Maryland to John **Mathews**, gentleman, of same, £500, 10 acres...Bush River. Signed David **Bissett**, Ann **Bissett** and John **Mathews**. Wit: Samuel **Howard** and Thomas **Newland**.

20 Jun 1755, William **Pearce**, tailor, of Baltimore Co., Maryland mortgage to William **Young**, of same, £50, land and livestock. Signed William **Pearce**. Wit: Robert **Boyce** and Walter **Tolley**.

1755, James **Poteet**, planter, of Baltimore Co., Maryland to John **McGoueran**, planter, of same, £100, 100 acres...Sheeps Run. Signed James (x) **Poteet**. Wit: John **Hall** Jr. and Walter **Tolley**.

13 Jun 1755, Richard & Elizabeth **Garrettson**, planter, of Baltimore Co., Maryland to his son James **Garrettson**, planter, of same, £17, 25 acres. Signed Richard **Garrettson**. Wit: John **Hall** and Mary

Hall.

6 Jul 1755, Robert & Elizabeth **Harryman**, of Baltimore Co., Maryland to Thomas **Sligh**, of same, 3,000 pounds of tobacco, 60 acres. Signed Robert (x) **Harryman**. Wit: Thomas **Franklin** and James **Cary**.

6 Jul 1755, James **Lynch**, (son and heir of John **Lynch**), planter, of Baltimore Co., Maryland to Thomas **Sligh**, of same, £25, 60 acres. Signed James **Lynch**. Wit: Thomas **Franklin**.

24 Jul 1755, William **Rogers**, of Baltimore Co., Maryland to Robert **Constable**, of same, £17, lot #13 in town of Baltimore. Signed William **Rogers**. Wit: Peter **Hubbert** and Joshua **Hall**.

17 Jun 1755, Sabrina **Rigbie**, (widow of William **Kuinsey**), of Baltimore Co., Maryland to Benjamin **Legoe**, planter, of same, 5,500 pounds of tobacco, 236 acres. Signed Sabrina **Rigbie**. Wit: John **Hall** and Charles **Kuinsey**.

23 Jul 1755, Ephriam & Elizabeth **Gover**, curlright, of Baltimore Co., Maryland to William **Husband**, skinner, of same, £26, 13 acres. Signed Ephriam **Gover**. Wit: Robert **Adair** and John **Pyle**.

2 Aug 1755, Jacob **Shilling** Jr., blacksmith, of Baltimore Co., Maryland to Richard **Richards**, yeoman, of same, £4, 14 acres. Signed Jacob **Shilling**. Wit: John **Stevenson** and Richard **Hooker**.

19 Mar 1755, Isaac **Webster**, of Baltimore Co., Maryland to his daughter Margaret **Talbot**, wife of John **Talbot**, of same, for love and affection, 193 acres...James Run. Signed Isaac **Webster**. Wit: William **Barter** and Isaac **Webster** Jr.

10 May 1755, Ann **Gray**, widow, of Baltimore Co., Maryland to Thomas **Dew**, of same, £115, lot ##57 in town of Baltimore. Signed Ann (x) **Gray**. Wit: Nicholas Ruxton **Gay** and William **Rogers**.

6 Jul 1755, Frances **Middlemore**, (widow of Jonias **Middlemore**), of Baltimore Co., Maryland to Martha **Garrettson**, wife of George

Garrettson, (said Martha is the daughter of Martha **Presbury**, who was the daughter of George **Goldsmith**, who was the brother of Elizabeth **Boothay**, who was the mother of said Frances **Middlemore**), for love and affection, 100 acres and 70 acres. Signed Frances **Middlemore**. Wit: John **Hall** and John **Paca**.

2 Aug 1755, Thomas **Gist**, planter, of Baltimore Co., Maryland to John **Kemp**, of same, £6.25, 60 acres. Signed Thomas **Gist**. Wit: Nicholas Ruxton **Gay** and John **Stevenson**.

6 Aug 1755, John & Elizabeth **Poteet**, planter, of Baltimore Co., Maryland to Henry **Green**, of same, £30, 100 acres. Signed John (x) **Poteet**. Wit: Robert **Boyce** and William **Smith**.

5 Jan 1754, Isaac & Ann **Johns**, of Baltimore Co., Maryland to Robert **Adair**, of same, £75, 250 acres. Signed Isaac **Johns**. Wit: William **Chapman** Jr. and John **Gassaway**.

20 Jun 1755, John & Milcah **Mathews**, gentleman, of Baltimore Co., Maryland to David **Bissett**, gentleman, of same, £550, 1184 acres...near Bush River and Rumley creek. Signed John **Mathews** and David **Bissett**. Wit: William **Dallam** and Joseph **Lusby**.

6 Aug 1755, William **Hollis**, planter, of Baltimore Co., Maryland leases to David **Bissett**, gentleman, of same, 14 acres...west side of Rumley creek. Signed William **Hollis** and David **Bissett**. Wit: James **Risteau** and Luke **Griffith**.

6 Aug 1755, William **Hollis**, planter, of Baltimore Co., Maryland to David **Bissett**, gentleman, of same, £150, 14 acres...west side of Rumley creek. Signed William **Hollis** and David **Bissett**. Wit: William **Rumsey** and Samuel **Young**.

12 Aug 1755, Henry & Precius **Keene**, (heir of Martha **Clagett**), of Frederick Co., Maryland to Daniel **McComas**, son of William, of Baltimore Co., Maryland, £50, 200 acres...east side of Winters Run. Signed Henry **Keene**. Wit: David **Lynn** and John **Rawlins**.

30 Jan 1747, Mary **Crockett**, widow of John **Crockett**, Mary

Dorsey and Hannah **Crockett**, heirs, division of 1312 acres...head of Bush River. Signed John **Hall**, Isaac **Webster**, John **Paca** and William **Dallam**.

23 Aug 1755, John **Love**, planter, of Baltimore Co., Maryland to Charles **Baker**, planter, of same, £38, 100 acres...fork of Gunpowder River. Signed John **Love**. Wit: Robert **Adair** and Daniel **Preston**.

11 Aug 1755, William & Ann **Dallam**, of Baltimore Co., Maryland to George **Presbury**, of same, £30.6, 35 acres. Signed William **Dallam**. Wit: John **Hall** and John **Hall** Jr.

30 Jul 1755, George **Rigdon** and John **Rigdon** release of mortgage to Beaver **Pain**. Signed John **Rigdon**.

1 Sep 1755, William **Walker**, of Baltimore Co., Maryland assignment of lease to James **Morgan** Jr., assignee of Edward **Sheppard**, of same, £7, 25 acres. Signed William (x) **Walker**. Wit: Nicholas Ruxton **Gay**.

1 Sep 1755, William **Walker**, of Baltimore Co., Maryland assignment of lease to James **Morgan** Jr., of same, £7.5, 23.5 acres. Signed William (x) **Walker**. Wit: Nicholas Ruxton **Gay**.

17 May 1755, William **Lux** and Ann **Lux**, (executors of the estate of Capt. Darby **Lux**), of Baltimore Co., Maryland to James **Gardner**, schoolmaster, of same, good deed on 100 acres and livestock. Signed Ann **Lux** and William **Lux**. Wit: William **Lyon** and Richard **Croxall**.

17 May 1755, James **Gardner**, of Baltimore Co., Maryland mortgage to Charles **Carroll**, of Annapolis, Anne Arundel Co., Maryland, £68.1, 100 acres. Signed James **Gardner**. Wit: William **Lyon** and William **Lux**.

1 Sep 1755, Jonathan **Hanson**, (son and heir of Jonathan **Hanson**), of Baltimore Co., Maryland to Ebenezer **Pumphry**, of Anne Arundel Co., Maryland, good deed on 200 acres. Signed Jonathan **Hanson**. Wit: Nicholas Ruxton **Gay** and William **Askew**.

1 Sep 1755, John & Jemina **Elder**, gentleman, of Anne Arundel Co., Maryland to William **Lux** and Daniel **Chamier**, of Baltimore Co., Maryland, £10 and 1,000 pounds of tobacco, 179.5 acres. Signed John **Elder**. Wit: Samuel **Owings** and William **Lyon**.

4 Sep 1755, Christopher **Dives**, planter, of Baltimore Co., Maryland to William **Hill**, planter, of same, 5,500 pounds of tobacco, 58 acres. Signed Christopher (x) **Dives**. Wit: Robert **Adair** and Walter **Tolley**.

William & Clare **Young**, of Baltimore Co., Maryland to William **Andrews**, of same, £20, lot #19 in Joppa Town. Signed William **Young**. Wit: Robert **Boyce** and Walter **Tolley**.

17 Sep 1755, Peter & Mary **Longsworth**, planter, of Baltimore Co., Maryland to Joseph **Bardell**, planter, of same, £20, 50 acres. Signed Peter **Longsworth**. Wit: Nicholas Ruxton **Gay** and John **Stevenson**.

17 Sep 1755, Peter & Mary **Longsworth**, planter, of Baltimore Co., Maryland to George **Ogg**, planter, of same, £20, 58 acres. Signed Peter **Longsworth**. Wit: Nicholas Ruxton **Gay** and John **Stevenson**.

17 Sep 1755, George **Ogg**, planter, of Baltimore Co., Maryland to Luke **Chapman**, wheelwright, of same, £40, 132 acres. Signed George **Ogg**. Wit: Nicholas Ruxton **Gay** and John **Stevenson**.

20 Sep 1755, John & Sarah **Pyle**, of Baltimore Co., Maryland to Ralph **Pyle**, tanner, of Chester Co., Pennsylvania, £39, 50 acres. Signed John **Pyle**. Wit: Robert **Boyce** and Walter **Tolley**.

1 Sep 1755, Adam & Ruth **Shipley**, planter, of Anne Arundel Co., Maryland to John **Elder**, of same, £20, 397.5 acres...fork of Gwins Falls. Signed Adam **Shipley**. Wit: Samuel **Owings** and William **Lyon**.

5 Jul 1755, John **Grinef**, of Howard, of Baltimore Co., Maryland requests survey of 249 acres. Signed John **Paca** and Daniel **Preston**.

22 Sep 1755, Isaac **Raven**, planter, of Baltimore Co., Maryland to Thomas **Harrison**, merchant, of same, £33, 21 acres...Cow creek.

Signed Isaac **Raven**. Wit: Nicholas Ruxton **Gay** and John **Stevenson**.

17 Sep 1755, George **Ogg** Sr., planter, of Baltimore Co., Maryland to Lovelace **Gorsuch**, of same, £150, 238 acres and 30 acres...branch of Morgans Run. Signed George **Ogg**. Wit: Nicholas Ruxton **Gay** and John **Stevenson**.

22 Sep 1755, Leonard **Anderson**, of Baltimore Co., Maryland to Oliver **Mathews**, £19, 100 acres. Signed Leonard **Anderson**. Wit: William **Lux** and Thomas **Mathews** Jr.

18 Oct 1755, Thomas & Sarah **Mathews**, of Baltimore Co., Maryland to Michael **Huff**, of same, £160, 220 acres. Signed Thomas **Mathews**. Wit: John **Thomas** and Solomon **Wooden**.

18 Oct 1755, Thomas & Sarah **Mathews**, of Baltimore Co., Maryland to John **Thomas**, of same, £2.75, 40 acres. Signed Thomas **Mathews**. Wit: John **Stevenson** and John **Reddell**.

18 Oct 1755, Thomas & Sarah **Mathews**, of Baltimore Co., Maryland to Thomas **Askren**, of same, £8, 132.67 acres. Signed Thomas **Mathews**. Wit: John **Thomas** and Solomon **Wooden**.

29 May 1755, Richard **Johns**, of Baltimore Co., Maryland to Kensey **Johns**, of same, £0.25, his interest in 250 acres devised by the father of said Kensey, Kensey **Johns**. Signed Richard **Johns**. Wit: Henry **Hall** Jr. and Benjamin **Harrison**.

6 Sep 1755, William **Kimble**, of Baltimore Co., Maryland to James **Kimble**, of same, £15, 4 acres. Signed William **Kimble**. Wit: John **Kimble** and Stephen **Kimble**.

21 Oct 1755, Brice Thomas Beal **Worthington**, merchant, of Anne Arundel Co., Maryland to Charles **Croxall**, merchant, of Baltimore Co., Maryland, £148.5, 100 acres and 100 acres... patented by Thomas **Worthington**. Signed Brice Thomas Beal **Worthington**. Wit: John **Brice** and Benjamin **Beall**.

25 Oct 1755, William **Young**, of Baltimore Co., Maryland to Charles **Ridgley**, of same, £20, lot #34 in town of Baltimore and negro man named Taul, negro woman named Nan and her daughter named Sal. Signed William **Young**. Wit: Nicholas Ruxton **Gay** and John **Stevenson**.

12 Nov 1755, Stephen **Roberts**, of Baltimore Co., Maryland to Charles **Talbot**, of same, £34.5, 69 acres. Signed Stephen **Roberts**. Wit: William **Smith** and John **Hall**.

27 May 1755, James & Ann **Cary**, of Baltimore Co., Maryland to David **Jamison**, £260, lot #14 in town of Baltimore. Signed James **Cary**. Wit: John **Stevenson** and William **Lyon**.

12 Nov 1755, David & Ann **Bissett** lease to John **Mathews**. Wit: Robert **Adair** and John **Hall** Jr.

4 Oct 1755, James **Lynch**, laborer, of Baltimore Co., Maryland to William **Andrews**, of same, £40, 140 acres...south side of the south branch of Gunpowder River. Signed James **Lynch**. Wit: William **Presbury** and John **Mackyaddin**.

2 Dec 1755, Mary **Talbot**, widow, of Baltimore Co., Maryland to her son James **Talbot**, of same, for love and affection, 83 acres. Signed Mary **Talbot**. Wit: James **Amos** and Benjamin **Amos**.

2 Dec 1755, Thomas & Elizabeth **Johnston**, of St. Johns Parish, Baltimore Co., Maryland to Beale **Bordley**, of same, £23, 50 acres. Signed Thomas (x) **Johnston** and Beale **Bordley**. Wit: John **Hall** and William **Young**.

28 Nov 1755, David & Ann **Bissett**, (Ann is the widow of John **Atkinson**), gentleman, of Baltimore Co., Maryland to Robert **Stokes**, gentleman, of same, £500, 1184 acres. Signed David **Bissett** and Ann **Bissett**. Wit: William **Dallam** and John **Mathews**...returned on the 6 Dec 1755 for £550. Signed Robert **Stokes**. Wit: Charles **Christie** and James **Risteau**.

5 Nov 1755, William **Hitchcock** and Isaac **Hitchcock**, of Baltimore Co., Maryland to John **Bond**, of same, £30, 100 acres. Signed William (x) **Hitchcock** and Isaac **Hitchcock**. Wit: William **Savory** and George **Presbury**.

29 Nov 1755, Robert & Helena **Gileresh**, planter, of Baltimore Co., Maryland to John **Cook**, planter, of same, £20, 10 acres. Signed Robert **Gileresh**. Wit: Nicholas Ruxton **Gay** and John **Pindell**.

1 Dec 1755, Michael **Webster**, of Baltimore Co., Maryland to John **Jones**, of same, £12.5, 50 acres ...north side of Deer creek. Signed Michael **Webster**. Wit: John **Paca** and William **Smith**.

1 Dec 1755, Michael **Webster**, of Baltimore Co., Maryland to Thomas **Jones**, of same, £30.5, 122 acres ...north side of Deer creek. Signed Michael **Webster**. Wit: John **Paca** and William **Smith**.

1 Dec 1755, William & Elizabeth **Smith**, gentleman, of Baltimore Co., Maryland to John **McCool**, farmer, of same, £240, 300 acres...Bynams Run. Signed William **Smith**. Wit: John **Paca** and Michael **Webster**.

12 Dec 1755, Alexander & Dorothy **Lawson**, gentleman, of Baltimore Co., Maryland to Philip **Jones**, gentleman, of same, £6, 50 acres. Signed Alexander **Lawson**. Wit: Nicholas Ruxton **Gay** and William **Lyon**.

29 Dec 1755, Martin **Turst**, farmer, of Baltimore Co., Maryland to Thomas **Sligh**, of same, £170, 300 acres and 140 acres. Signed Martin **Turst**. Wit: Nicholas Ruxton **Gay** and John **Stevenson**.

22 Dec 1755, William **Welsh**, (son and heir of William **Welsh**), of Baltimore Co., Maryland to Joseph **Beausley**, £0.25, one half of 100 acres... purchased of Thomas **Taylor** by William **Welsh** Sr. and Walter **Beausley**. Signed William **Welsh**. Wit: Nicholas Ruxton **Gay** and William **Lyon**.

2 Dec 1755, James & Rebecca **Yoe**, (said Rebecca is the daughter and

heir of Archibald **Rollo**), of Baltimore Co., Maryland to Labin **Ogg**, (alias **Hicks**), of same, £50, 100 acres. Signed James **Yoe** and Rebecca (x) **Yoe**. Wit: Jacob **Bond**, Benedict **Dorsey** and James **Carroll**.

3 Dec 1755, Labin **Ogg**, (alias **Hicks**), of Baltimore Co., Maryland to James & Rebecca **Yoe**, of same, £50, 100 acres. Signed Labin **Hicks**. Wit: Samuel **Owings**, Robert **Boyce** and James **Richards** Sr.

14 Jan 1756, Thomas **Stoksdale**, planter, of Baltimore Co., Maryland to John **Hudge**, planter, of same, £20, 50 acres...north side of Patapsco Falls. Signed Thomas (x) **Stoksdale**. Wit: Nicholas Ruxton **Gay**.

10 Jan 1756, William & Ann **Cross**, planter, of Baltimore Co., Maryland to Samuel **Lane**, of same, £40, 50 acres...west side of Patapsco Falls and Cross lot...east side of Patapsco Falls. Signed William **Cross**. Wit: Samuel **Owings** and John Beale **Owings**.

6 Mar 1755, Aquila **Massey**, planter, of Baltimore Co., Maryland to Benjamin **Legoe**, planter, of same, bond for survey. Signed Aquila **Massey**. Wit: Thomas **Sikes** and James **Wallis**.

17 Nov 1755, John **Risteau**, of Baltimore Co., Maryland to George **Risteau**, of same, 463 acres. Signed John **Risteau**. Wit: Samuel **Owings**, William **Lyon** and Nicholas **Orrick**.

Thomas **Sligh**, of Baltimore Co., Maryland mortgage to John Hammond **Dorsey**, John **Paca** Jr. Nathan **Hughs** and John **Ensor** Jr., of same, £500, several tracts and negroes: Jack, Dublin, Bobb, Hannah, Bess, Seter, Adam, Dinah, Loaden, Easter, Judy, Bess, Joshua, Peter, Rubin, Tom, Poll and Ben. Signed Thomas **Sligh**. Wit: John **Hall** and Greenberry **Dorsey**.

17 Jan 1755, Basil **Brooke**, gentleman, of Charles Co., Maryland to George **Maxwell**, merchant, of same, £950, 500 acres. Signed Basil **Brooke**. Wit: Allen **Davies** and James **Nivison**.

20 Feb 1756, John **Hawkins**, tavern keeper, of Baltimore Co.,

Maryland to Thomas **Watson**, planter, of same, £1.65, 33 acres...Patapsco Falls. Signed John **Hawkins**. Wit: Samuel **Owings** and Abraham **Jones**.

23 Jan 1756, Robert **Constable**, mariner, of Baltimore Co., Maryland to Thomas **Clendenning**, merchant, of same, £27.25, lot #13 in town of Baltimore. Signed Robert **Constable**. Wit: William **Lyon** and John **Stevenson**.

3 Mar 1756, Steven Davis **Durell**, mariner, of Baltimore Co., Maryland to Thomas **Clendenning**, of same, lot #13 in town of Baltimore. Signed Steven Davis **Durell**. Wit: Mathew **Coulter**.

5 Nov 1755, John **McGuiran**, tailor, of Baltimore Co., Maryland to Thomas **Brierly**, planter, of same, £13, 25 acres. Signed John **McGuiran**. Wit: Robert **Brierly** and James **Billingsly**.

7 Feb 1756, Elijah **Beck**, of Baltimore Co., Maryland to James **Preston**, of same, £60, 130 acres. Signed Elijah **Beck**. Wit: James **Presbury** and Garvis **Gilbert**.

10 Jan 1756, Thomas **Bond** and Jacob **Bond**, (sons and heirs of Thomas **Bond**) to their brothers William, John and Joshua **Bond**, for love and affection, 286 acres. Signed Thomas **Bond** and Jacob **Bond**. Wit: William **Young** and Samuel **Young**.

18 Sep 1755, Thomas & Sarah **Tipton**, planter, of Virginia to Charles **Ridgley**, merchant, of Baltimore Co., Maryland, 5,500 pounds of tobacco, 50 acres. Signed Thomas **Tipton**. Wit: John **Ridgley** and John **Heddin**.

13 Sep 1755, Isaac **Webster** Sr., of Baltimore Co., Maryland to Isaac **Webster** Jr., of same, for deed of release of 200 acres to William **Bennett**, assignee of Alexander **Hill**, which was devised to said Isaac Jr. by his grandfather James **Lee**, 243 acres...James Run...line of John **Talbot**. Signed Isaac **Webster**. Wit: John **Hall** and Robert **Adair**.

9 Apr 1751, Thomas **Bond**, of Baltimore Co., Maryland to his son John **Bond**, of same, for love and affection, 5 acres...line of Henry

Hicks and John Holland. Signed Thomas Bond. Wit: Daniel Maccomas and William Smith.

7 Feb 1756, Joshua Hall, of Baltimore Co., Maryland to his grandson Joshua Bosley, son of Joseph & Mary Bosley, for love and affection, lot #171 in town of Baltimore. Signed Joshua Hall. Wit: Nicholas Ruxton Gay.

3 Oct 1755, Joshua Hall, of Baltimore Co., Maryland to his son-in-law, Joseph Bosley Jr., of same, for love and affection, 125 acres... Western Run. Signed Joshua Hall. Wit: John Stevenson.

30 Sep 1755, Ann Haile, of Baltimore Co., Maryland to Joseph Bosley Jr., of same, £20. Signed Ann (x) Haile. Wit: Samuel Buchanan and George Haile.

3 Mar 1756, Greenberry Dorsey, of Baltimore Co., Maryland to William Oldham, of same, for 200 acres, 100 acres. Signed Greenberry Dorsey. Wit: Samuel Owings and Thomas Franklin.

13 Oct 1755, William Winchester, farmer, of Baltimore Co., Maryland to Peter Harman, of Philadelphia, Pennsylvania, £30, 50 acres. Signed William Winchester. Wit: John Stevenson and William Lyon.

13 Oct 1755, Andrew & Mary McGill, farmer, of Baltimore Co., Maryland to Peter Harman, brewer, of Philadelphia, Pennsylvania, £160, 116 acres. Signed Andrew (x) McGill. Wit: John Stevenson and William Cromwell.

13 Oct 1755, Andrew & Mary McGill, farmer, of Baltimore Co., Maryland to Michael Wibright, blacksmith, of Pennsylvania, £40, 50 acres. Signed Andrew (x) McGill. Wit: John Stevenson and William Cromwell.

24 Mar 1756, John & Mary Hawkins, innholder, of Baltimore Co., Maryland to Robert Ward, planter, of Anne Arundel Co., Maryland, £170, 400 acres ...east side of Patapsco Falls. Signed John Hawkins. Wit: William Coale and William Lux.

31 Mar 1756, Dr. Henry & Barbary **Noll**, of Baltimore Co., Maryland to Thomas **Sligh** and John **Moore**, of same, £250, lot #85 in town of Baltimore. Signed Henry **Noll**. Wit: Nicholas Ruxton **Gay**.

27 Jul 1744, William **Perkins**, merchant, of London, England, through his attorney, Thomas **Harrison** release of mortgage to William **Worthington** Jr., £268. Signed Thomas **Harrison**. Wit: John **Brice** and Sarah **Brice**.

29 Jan 1756, John **Hill**, (son and heir of Alexander **Hill**, formerly of Baltimore Co., Maryland, but late of Fawn Twp., York Co., Pennsylvania) and his mother Elinor **Hill**, widow to William **Bennett**, of Baltimore Co., Maryland, £200, 303 acres...north side of Deer creek... line of Francis **Jenkins**...purchased of Isaac **Webster** and Jacob **Giles**. Signed Elinor (x) **Hill** and John **Hill**. Wit: John **Hall** and Benjamin **Osborn**.

27 Mar 1756, John & Cordelia **Hall**, of Swan Town, Baltimore Co., Maryland to Richard **Keene**, of same, £100, 400 acres. Signed John **Hall**. Wit: John **Hall** and Pollard **Keene**.

10 Apr 1756, Edward & Prudence **Woon**, weaver, of Baltimore Co., Maryland to William **Rogers**, of same, £20, 50 acres. Signed Edward **Woon**. Wit: James **Gardner** and William **Wooden**.

8 Mar 1756, John **Wyatt**, joiner, late of Baltimore Co., Maryland mortgage to Thomas **Kelly**, of Baltimore Co., Maryland, £30, for bail to Edward **Mitchell**, 100 acres...drafts of Deer creek...patented by Thomas **Knight**, who sold to Isaac **Butterworth**, who sold to Samuel **Hughs**, who sold to Gregory **Farmer** Jr., who sold back to Samuel **Hughs**, who sold to John **Heavin**, who sold to said John. Signed John **Wyatt**. Wit: John **Tolley** and Isaac **Martin**.

2 Apr 1756, John **McClain**, planter, of Baltimore Co., Maryland to Thomas **Porter**, planter, of same, £20, 100 acres, of 575 acres...surveyed for William **Buzeman**, who sold to Philip **Jones**, of Anne Arundel Co., Maryland. Signed John (x) **McClain**. Wit: John **Ridgley** and Hugh **Sollers**.

17 Apr 1756, Samuel & Elizabeth **Tipton**, planter, of Baltimore Co., Maryland to Jacob **Scott**, farmer, late of Pennsylvania, £150, 100 acres... patented by John **Bosley**. Signed Samuel (x) **Tipton**. Wit: Nicholas Ruxton **Gay** and Renaldo **Monk**.

13 Apr 1756, Thomas **White**, of Philadelphia, Pennsylvania to Col. John **Hall**, of Baltimore Co., Maryland, £60, 60 acres. Signed Thomas **White**. Wit: Nicholas Ruxton **Gay** and William **Lyon**.

5 Jan 1756, Alexander & Dorothy **Lawson**, of Baltimore Co., Maryland to John **Paca** Jr., of same, £105.3, lots #1 and #5 in town of Baltimore. Signed Alexander **Lawson**. Wit: Nicholas Ruxton **Gay** and William **Wooden**.

28 Apr 1756, Thomas **Bond**, William **Bond**, John **Bond**, Joshua **Bond** and Jacob **Bond**, (sons and heirs of Thomas **Bond**), of Baltimore Co., Maryland release to each other several tracts. Signed Thomas **Bond**, William **Bond**, John **Bond**, Joshua **Bond** and Jacob **Bond**. Wit: Isaac **Webster** Jr., John **Paca** Jr. and Isaac **Webster** Jr.

24 Apr 1756, Samuel & Sarah **Hooker**, planter, of Baltimore Co., Maryland to Jonathan **Hanson**, miller, of same, £76.75, 307 acres. Signed Samuel **Hooker**. Wit: Nicholas Ruxton **Gay** and William **Lyon**.

12 Sep 1755, John **Hall**, of Swan Town, Baltimore Co., Maryland leases to Robert **Stokes**. Signed John **Hall**. Wit: Robert **Stokes**.

8 May 1756, Thomas & Sophia **Sligh**, of Baltimore Co., Maryland to Brian **Philpot**, of same, £30, 4 acres. Signed Thomas **Sligh**. Wit: Nicholas Ruxton **Gay** and William **Lyon**.

3 Apr 1756, Philip & Ann **Jones**, of Baltimore Co., Maryland to Nicholas **Orrick**, of same, £40, 156 acres. Signed Philip **Jones**. Wit: Nicholas Ruxton **Gay** and William **Lyon**.

2 Jun 1756, John & Phillizana **Day**, of Baltimore Co., Maryland to Thomas **Dawney**, of same, 300 pounds of tobacco, 6.75 acres. Signed John **Day**, son of Edward. Wit: Nicholas Ruxton **Gay** and Samuel

Owings.

2 Jun 1756, John & Phillis Zana **Day**, of Baltimore Co., Maryland to William **Hill**, of same, 500 pounds of tobacco, 7.75 acres. Signed John **Day**, son of Edward. Wit: Nicholas Ruxton **Gay** and Samuel **Owings**.

10 May 1756, Edward & Ann **Day**, of Baltimore Co., Maryland to John **Ensor** Jr., of same, £25, lot #6 in town of Baltimore. Signed Edward **Day** and Ann **Day**. Wit: John **Stevenson** and John **Moale**.

28 May 1756, John **Chilcoat** to John **Pindall**, of Baltimore Co., Maryland, £0.25, 77 acres. Signed John (x) **Chilcoat**. Wit: John **Stevenson** and Christopher **Carnan**.

12 Apr 1756, Josephus **Morray**, of Baltimore Co., Maryland to Hugh **Creagh**, of same, £40, 200 acres. Signed Josephus **Morray**. Wit: Samuel **Owings** and William **Lyon**.

May 1756, John **Chilcoat**, planter, of Baltimore Co., Maryland mortgage to John **Ridgley**, merchant, of same, £20, 100 acres. Signed John (x) **Chilcoat**. Wit: Edward **Talbot** and Richard **Stringer**.

15 May 1756, Oliver **Cromwell**, planter, of Baltimore Co., Maryland to Samuel **Merryman**, planter, of same, £20, 124 acres...Cromwell Run. Signed Oliver **Cromwell**. Wit: Nicholas Ruxton **Gay** and John **Stevenson**.

3 Jun 1756, Abraham **Jarrett** Jr., of Baltimore Co., Maryland assignment of lease to Rev. David **Evans**, of same, £1, 102 acres. Signed Abraham **Jarrett**. Wit: Nicholas Ruxton **Gay** and Abraham (x) **Jarrett**.

28 Apr 1756, William **Bond**, John **Bond**, Joshua **Bond** and Jacob **Bond**, (sons and heirs of Thomas **Bond**), of Baltimore Co., Maryland release to their brother Thomas **Bond**, of same, 50 acres and 20 acres. Signed William **Bond**, John **Bond**, Joshua **Bond** and Jacob **Bond**. Isaac **Webster**, Aquila **Johns** and George Gould **Presbury**.

8 May 1756, Thomas & Sophia **Sligh**, of Baltimore Co., Maryland to Richard **Winn**, of same, £80, lot #30 in town of Baltimore. Signed Thomas **Sligh**. Wit: Nicholas Ruxton **Gay** and William **Lyon**.

4 Mar 1756, William **Wright**, of Baltimore Co., Maryland to William **Andrews**, of same, £33, 100 acres. Signed William (x) **Wright**. Wit: Samuel **Owings** and Thomas **Franklin**.

16 Mar 1756, Peter & Sarah **Myers**, of Baltimore Co., Maryland to John **Phillips**, of same, £10, lot #56 in town of Baltimore. Signed Peter **Myers**. Wit: Nicholas Ruxton **Gay** and Dr. Henry **Noll**.

3 Jun 1756, Aaron **Maccomas**, of Baltimore Co., Maryland to William **Maccomas**, son of William, of same, land exchange, 45 acres. Signed Aaron **Maccomas**. Wit: Daniel **Maccomas**, son of William and James **Amos**.

3 Jun 1756, William **Maccomas**, son of William, of Baltimore Co., Maryland to Aaron **Maccomas**, of same, land exchange, 45 acres...where William **Maccomas**, deceased, is buried. Signed William **Maccomas**. Wit: Daniel **Maccomas**, son of William and James **Amos**.

2 Jun 1756, Thomas **Bond**, John **Bond** and Jacob **Bond**, of Baltimore Co., Maryland to William **Amos** Jr., John **Chalk**, George **Brown**, William **Wilson**, Henry **Wilson** and Joseph **England**, Quakers, of same, £0.25, 1 acres for meeting house. Signed Thomas **Bond**, John **Bond** and Jacob **Bond**. Wit: George **Presbury** and Thomas **Slade**.

25 Jun 1756, Adam & Ruth **Shipley**, planter, of Anne Arundel Co., Maryland to son-in-law Thomas & Urath **Harley**. of Baltimore Co., Maryland, for love and affection, 101 acres...branches of the falls of Patapsco River...line of John **Elder**. Signed Adam **Shipley**. Wit: Nicholas Ruxton **Gay** and John **Stevenson**.

10 Jun 1756, George **Rigdon**, of York Co., Pennsylvania to William **Rigdon**, of Baltimore Co., Maryland, £10, 65.5 acres and 73.5 acres ...Riderminster Branch. Signed George (x) **Rigdon**. Wit: John **Hall**

and John **Hall** Jr.

10 Jun 1756, George **Rigdon**, of York Co., Pennsylvania to Stephen **Rigdon**, of Baltimore Co., Maryland, £3, 26.5 acres and 34.5 acres ...between Bynams Run and Deer creek. Signed George (x) **Rigdon**. Wit: John **Hall** and John **Hall** Jr.

17 Jun 1756, Moses & Esther **Ruth**, of Baltimore Co., Maryland to William **Forwood** Jr., of New Castle Co., Pennsylvania, £127.5, 200 acres of 2614 acres...patented, 21 Apr 1720, by Benjamin **Wheeler**...sold by Mary **Webster** and her husband William **Hunter** to said Moses. Signed Moses **Ruth** and Esther (x) **Ruth**. Wit: John **Hall** and John **Forwood**.

25 Jun 1756, Adam & Ruth **Shipley**, planter, of Anne Arundel Co., Maryland to son-in-law Benjamin Burgess & Margaret **Chaney**, of Baltimore Co., Maryland, for love and affection, 150 acres ...branches of the falls of Patapsco River. Signed Adam **Shipley**. Wit: Nicholas Ruxton **Gay** and Joseph **Ensor**.

25 Jun 1756, Adam & Ruth **Shipley**, planter, of Anne Arundel Co., Maryland to son-in-law Thomas & Ruth **Selman**, of Baltimore Co., Maryland, for love and affection, 103 acres ...south side of Piney Falls. Signed Adam **Shipley**. Wit: Nicholas Ruxton **Gay** and John **Stevenson**.

26 Jun 1756, Thomas **Sheredine**, (son and heir of Thomas **Sheredine**), of Baltimore Co., Maryland to Thomas **Sligh**, of same, £50, one half of 300 acres...purchased by Thomas **Sheredine** Sr. and Thomas **Sligh** of John and Thomas **Colegate**. Signed Thomas **Sheredine**. Wit: Nicholas Ruxton **Gay** and John **Stevenson**.

11 Jun 1756, John **Floyd** and Thomas & Rachel **Floyd**, planters, of Baltimore Co., Maryland to William **Jessop**, planter, of same, £100, 100 acres, called brothers expectation and 50 acres. Signed John **Floyd** and Thomas **Floyd**. Wit: Joseph **Taylor** and William **Lyon**.

28 Jul 1756, George **Bailey**, planter, of Baltimore Co., Maryland to Philip **Hammond**, merchant, of Anne Arundel Co., Maryland,

£29.85, 50 acres. Signed George (x) **Bailey**. Wit: John **Stevenson** and Thomas **Chase**.

22 Mar 1756, Andrew **Stiger**, butcher, of Baltimore Co., Maryland mortgage to Richard **Chase**, gentleman, of same, £100, one half of lot #34 in town of Baltimore. Signed Andrew (x) **Stiger**. Wit: Nicholas Ruxton **Gay** and John **Stevenson**.

3 Aug 1756, Richard **Rutter**, planter, of Baltimore Co., Maryland mortgage to William **Lux**, merchant, of same, £13.25, lot #27 in town of Baltimore. Signed Richard **Rutter**. Wit: Nicholas Ruxton **Gay** and William **Lyon**.

5 Aug 1756, John **Hill**, of Baltimore Co., Maryland assignment of lease to John **Ralston**, of same, 40 acres. Signed John (x) **Hill**. Wit: Nicholas Ruxton **Gay** and John **Hall**, of Swan Town.

3 Aug 1756, William & Margaret **Engle**, (alias **Curback**), of Baltimore Co., Maryland to John **Roberts**, of same, £20, 32.5 acres. Signed William **Engle**. Wit: Thomas **Franklin**.

12 Jun 1756, Henry & Jane **Beach**, of Baltimore Co., Maryland to Joseph **Henley**, of same, £53, 36 acres and 13 acres. Signed Henry **Beach**. Wit: John **Hall** and William **Smith**.

Aug 1756, Beale **Bordley**, Nicholas Ruxton **Gay** and William **Lux**, post bond for said Beale to continue as county clerk. Signed Beale **Bordley**, Nicholas Ruxton **Gay** and William **Lux**. Wit: Samuel **Owings** and Thomas **Franklin**.

17 Aug 1756, Samuel **Hooker**, of Baltimore Co., Maryland to his son Thomas **Hooker**, for love and affection, 150 acres and 250 acres and the negro man called Sampson. Samuel **Hooker**. Wit: Nicholas Ruxton **Gay**.

12 Aug 1756, Richard **Hooker**, (brother and heir of Samuel **Hooker** Jr. and son of Samuel **Hooker**), of Baltimore Co., Maryland to John **Ensor** Jr., of same, £25, 100 acres. Signed Richard **Hooker**. Wit:

Nicholas Ruxton **Gay** and Abraham **Andrews.**

27 Aug 1756, Richard **Rutter,** planter, of Baltimore Co., Maryland to Absolom **Barney** and Absolom **Butler,** planters, of same, £10, 100 acres and 100 acres. Signed Richard **Rutter.** Wit: Nicholas Ruxton **Gay.**

3 Jun 1756, Thomas & Sophia **Sligh,** of Baltimore Co., Maryland to John **Ensor** Sr., of same, £15, lot #61 in town of Baltimore. Signed Thomas **Sligh.** Wit: Nicholas Ruxton **Gay.**

20 Aug 1756, Joshua & Rezia **Hardesty,** planter, of Baltimore Co., Maryland to Thomas **Potts,** planter, of same, £50, 63 acres and 32 acres. Signed Joshua **Hardesty.** John **Willmott** and Thomas **Franklin.**

21 Apr 1756, Thomas **White,** of Philadelphia, Pennsylvania to James **Phillips,** of Baltimore Co., Maryland, 152 acres and 90 acres... originally sold 7 Dec 1739. Signed Thomas **White.** Wit: John **Hall** and Robert **Stokes.**

11 Sep 1756, Leonard **Anderson,** carpenter, of Baltimore Co., Maryland to Thomas **Browd,** planter, of same, £40, 49 acres. Signed Leonard **Anderson.** Wit: Nicholas Ruxton **Gay** and Thomas **Mathews** Jr.

11 Sep 1756, Leonard **Anderson,** carpenter, of Baltimore Co., Maryland to Oliver **Mathews,** farmer, of same, £19, 100 acres. Signed Leonard **Anderson.** Wit: Nicholas Ruxton **Gay** and Thomas **Mathews** Jr.

20 Sep 1756, John **Randall,** planter, of Baltimore Co., Maryland mortgage to John **Ridgley,** merchant, of same, £48, 170 acres. Signed John **Randall.** Wit: John **Wooden** and Charles **Wells** Jr.

16 Sep 1756, Isaac **Butterworth,** of Baltimore Co., Maryland to John **Hayes,** of same, £115, 136 acres...Thomas Run. Signed Isaac **Butterworth.** Wit: Aquila **Gilbert,** Thomas **Archer** and Moses **Hayes.**

16 Sep 1756, Isaac **Butterworth** and Elizabeth, wife of Aquila **Gilbert**, (heirs of Isaac **Butterworth**), of Baltimore Co., Maryland to Moses **Hayes**, of same, £15, 101.5 acres...Thomas Run. Signed Isaac **Butterworth**, Elizabeth **Gilbert** and Aquila **Gilbert**. Wit: Thomas **Archer**, James **Webster** and John **Hayes**.

27 Sep 1756, John & Mary **Hawkins**, tavern keeper, of Baltimore Co., Maryland to Richard **Willmott**, planter, of same, 600 pounds of tobacco, 273 acres. Signed John **Hawkins**. Wit: William **Lyon** and William **Gist**.

27 Sep 1756, Daniel & Eleanor **Clary**, planter, of Frederick Co., Maryland to Benjamin **Clary**, planter, of Baltimore Co., Maryland, £5, 74 acres. Signed Daniel **Clary**. Wit: J. **Hepburn** and Mesback **Hyatt**.

3 Nov 1756, Edward **Flanagan**, of Baltimore Co., Maryland to Charles **Flanagan**, of same, £75, 100 acres...Thomas Run. Signed Edward **Flanagan**. Wit: Nicholas Ruxton **Gay**.

18 Oct 1756, Benjamin **Barney**, of Baltimore Co., Maryland to Nicholas **Merryman**, of same, £45, 100 acres. Signed Benjamin **Barney**. Wit: Nicholas Ruxton **Gay** and William **Young**.

3 Jun 1756, Stephen **Kimble** to Samuel **Kimble** and James **Kimble**, £30, called Kimbles Chance. Signed Stephen **Kimble**. Wit: Abraham **Cord** and Ford **Barns**.

23 Oct 1756, Eleanor **Frasher**, (widow of John **Frasher**), of Baltimore Co., Maryland to Charles **Croxall** and John **Moale**, merchants, of same, £53, 2 acres...purchased of Charles **Carroll**. Signed Eleanor (x) **Frasher**. Wit: Nicholas Ruxton **Gay** and William **Rogers**.

18 Oct 1756, Benjamin **Barney**, of Baltimore Co., Maryland assignment of lease to Nicholas **Merryman**, of same, £5, 67.5 acres. Signed Benjamin **Barney**. Wit: Nicholas Ruxton **Gay** and Charles **Christie**.

22 Oct 1756, Charles **Flanagan**, of Baltimore Co., Maryland leases to Samuel **Goodwin**, of same, Thomas Run. Signed Charles **Flanagan**. Wit: John **Cretin**, Robert **Borden** and James **Mattingly**.

17 Sep 1756, Jacob & Elizabeth **Sindall**, (son and heir of Philip **Sindall** and brother of Samuel **Sindall**), of Baltimore Co., Maryland to John **Ensor** Jr., of same, £35, 62.5 acres. Signed Jacob (x) **Sindall**. Wit: Solomon **Bowen** and Richard **Carter**.

6 Nov 1756, Edward **Stevenson**, planter, of Baltimore Co., Maryland mortgage to Philip **Hammond**, merchant, of Anne Arundel Co., Maryland, £124, 200 acres and 100 acres and negroes: Peter, Charles and Judy. Signed Edward **Stevenson**. Wit: Charles **Hammond** Jr. and Christopher **Randall**.

2 Nov 1756, Edward & Margill **Brusbanks**, planter, of Baltimore Co., Maryland to John **Casdrope**, ship carpenter, of same, £30, 100 acres...purchased of Catharine **Whayland** and her son Henry **Whayland**, (son and heir of Henry **Whayland**). Signed Edward **Brusbanks**. Wit: Nicholas Ruxton **Gay** and Samuel **Owings**.

17 Nov 1756, Walter & Martha **Tolley**, gentleman, of Baltimore Co., Maryland to Charles **Christie**, of same, £140, 192 acres...fork of Gunpowder River. Signed Walter **Tolley**. Wit: John **Hall** and James **Gittings**.

19 Nov 1756, Thomas **Sligh**, of Baltimore Co., Maryland to Joseph **Smith**, of same. Signed Thomas **Sligh**. Wit: Edward **Day** and Amos **Fogg**.

23 Oct 1756, James **Morray**, of Baltimore Co., Maryland to Jonathan **Hanson**, of same, £4, 15 acres. Signed James **Morray**. Wit: Nicholas Ruxton **Gay** and Thomas **Hooker**.

13 Nov 1756, William & Mary **Lyon**, of Baltimore Co., Maryland to Samuel **Owings**, of same, £18, 50 acres...Gwins Falls. Signed William **Lyon**. Wit: Nicholas Ruxton **Gay** and John **Stevenson**.

9 Nov 1756, Charles **Carroll**, of Annapolis, Anne Arundel Co., Maryland to Jacob **Bull**, of Baltimore Co., Maryland, £64, 259 acres. Signed Charles **Carroll**. Wit: William **Baker** and Daniel **Preston**.

2 Nov 1756, Edward & Margill **Brusbanks**, planter, of Baltimore Co., Maryland to Samuel **Smith**, £20, 40 acres...purchased of Sarah **Price**, daughter of Henry **Mathews**. Signed Edward **Brusbanks**. Wit: Nicholas Ruxton **Gay** and Samuel **Owings**.

2 Nov 1756, Greenberry **Dorsey**, gentleman, of Baltimore Co., Maryland to Capt. John Hammond **Dorsey**, of same, £90, 100 acres...patented by Benjamin **Wheeler**. Signed Greenberry **Dorsey**. Wit: Nicholas Ruxton **Gay** and Thomas **Franklin**.

20 Nov 1756, George **Ogg** Sr. to his son Dunkin **Ogg**, for love and affection, 52 acres. Signed George **Ogg** Sr. Wit: Nicholas Ruxton **Gay** and William **Lyon**.

20 Nov 1756, George **Ogg** Sr. to his son William **Ogg**, for love and affection, 52 acres. Signed George **Ogg** Sr. Wit: Nicholas Ruxton **Gay** and William **Lyon**.

29 Nov 1756, Philip **Edwards**, planter, of Baltimore Co., Maryland mortgage to Richard **Snowden**, ironmaster, of Anne Arundel Co., Maryland, £18.55, 200 acres. Signed Philip **Edwards**. Wit: William **Lux** and Henry **Stevenson**.

29 May 1756, Mary **Deaver**, wife of Daniel **Deaver** releases her dower in sale to William **Smith**. Signed Robert **Adair**.

27 Sep 1756, Edward **Lloyd**, agent leases to James & Rezin **Moore** Jr. and their sons James Francis **Moore** and Nicholas Ruxton **Moore**, of Baltimore Co., Maryland, 200 acres. Signed Horence **Sharpe**, Edward **Lloyd** and James **Moore** Jr. Wit: John **Ross**.

12 Nov 1756, Joseph **Ensor**, of Baltimore Co., Maryland to Tobias **Stansbury** Sr., of same, £60, 60 acres. Signed Joseph **Ensor**. Wit: William **Lyon** and John **Stevenson**.

13 Nov 1756, John & Cordelia **Hall**, of Swan Town, Baltimore Co., Maryland to William **Wilson**, planter, of same, £300, 300 acres. Signed John **Hall**. Wit: John **Hall** and Mary **Howlings**.

3 Dec 1756, Joseph & Phillis **Norris**, of Baltimore Co., Maryland to Samuel **Higginson**, brass founder, of same, 40 acres, (land exchange), 40 acres...patented by Thomas **Barton**, who died intestate and land went to his son James **Barton**, who devised to his daughter said Phillis **Norris**. Signed Joseph **Norris** and Phillis (x) **Norris**. Wit: Ruth **Franklin** and Thomas **Franklin**.

23 Nov 1756, Thomas **Harrison**, of Baltimore Co., Maryland to Thomas **Ward**, of same, £13, lot #91 in town of Baltimore. Signed Thomas **Harrison**. Wit: William **Lyon** and Samuel **Hooker**.

24 Nov 1756, Thomas & Elizabeth **Ward**, of Baltimore Co., Maryland to William **Askew**, schoolmaster, of same, £150, lot #91 in town of Baltimore. Signed Thomas **Ward**. Wit: William **Lyon**.

13 Dec 1756, Benjamin & Elizabeth **Knight**, carpenter, of Baltimore Co., Maryland to John **Cairey**, hammer man, of same, £27.5, 50 acres. Signed Benjamin (x) **Knight**. Wit: Nicholas Ruxton **Gay** and John **Gardner**.

19 Jan 1757, Dorcas **Sater**, widow, of Baltimore Co., Maryland leases to William **Towson** and Richard **Mills**, joiners, of same, 5 acres. Signed Darcus **Sater**, William **Towson** and Richard **Mills**. Wit: Samuel **Owings** and Bale **Owings**.

22 Jan 1757, James & Ruth **Gallen**, planter, of Baltimore Co., Maryland to Kent **Mitchell**, planter, of same, £25, 50 acres...north side of Swan creek. Signed James **Gallen**. Wit: Robert **Adair** and William **Smith**.

7 Feb 1757, John **Quarterman**, of Baltimore Co., Maryland assignment of lease to Andrew **Bratton**, of same, 94 acres. Signed John (x) **Quarterman**. Wit: Nicholas Ruxton **Gay**.

15 Feb 1757, Thomas **Harrison**, merchant, of Baltimore Co.,

Maryland to Michael **Devenbaugh**, of same, £41.5, lot #83B in town of Baltimore. Signed Thomas **Harrison**. Wit: Nicholas Ruxton **Gay** and William **Lyon**.

3 Jan 1757, James & Hannah **Moore** Jr., gentleman, of Baltimore Co., Maryland to John **Wilson**, planter, of same, £10, 67.5 acres. Signed James **Moore** Jr. Wit: Ruth **Ingram** and Thomas **Franklin**.

4 Feb 1757, William & Temperance **Robinson**, of Baltimore Co., Maryland to John **Bond**, of same, £42, 149 acres...William & Mary **Hitchcock**, devised to their daughter said Temperance. Signed William **Robinson** and Temperance (x) **Robinson**. William **Smith** and Robert **Adair**.

4 Feb 1757, William **Bond**, of Baltimore Co., Maryland to Joshua **Bond**, of same, £25, 100 acres...devised by William **Bond** to his five sons. Signed William **Bond**. Wit: William **Smith**, Robert **Adair** and John **Paca**.

25 Feb 1757, Samuel **Lane**, planter, of Baltimore Co., Maryland to William **Rogers**, gentleman, of same, £40, 82 acres...north fork of the main falls of Patapsco River. Signed Samuel (x) **Lane**. Wit: George **Ashman** and Oliver **Cromwell**.

25 Feb 1757, William **Rogers**, of Baltimore Co., Maryland to James **Kelly**, of same, £35, 50 acres. Signed William **Rogers**. Wit: Andrew **Buchanan** and Thomas **Sotters**.

29 Jan 1757, Thomas **Harrison**, of Baltimore Co., Maryland to John **Gill**, of same, £50, 142 acres. Signed Thomas **Harrison**. Wit: Nicholas Ruxton **Gay** and William **Lyon**.

23 Feb 1757, Joseph & Eliza **England**, of Baltimore Co., Maryland to Conrad **Smith**, of same, £85, 100 acres. Signed Joseph **England**. Wit: William **Young** and James **Allen**.

3 Mar 1757, James **Hicks**, of Baltimore Co., Maryland to Charles **Baker**, of same, 3,000 pounds of tobacco, 52 acres...patented by Archibald **Rolls**, who devised to said James. Signed James **Hicks**.

Wit: Nicholas Ruxton **Gay** and Thomas **Franklin**.

20 May 1756, John **Wyatt**, late of Baltimore Co., Maryland, but now of New York to Jacob **Giles**, merchant, of Baltimore Co., Maryland, £40, 50 acres...Cockhold Run. Signed John **Wyatt**. Wit: John **Wood**, Samuel **Burling** and Jacob **Giles** Jr.

17 Sep 1744, Charles **Carroll**, of Annapolis, Anne Arundel Co., Maryland leases to Joseph **Sollers**, planter, of Baltimore Co., Maryland, 100 acres. Signed Charles **Carroll**. Wit: William **Baker** and Thomas **Franklin**.

3 Mar 1757, Alexander **Maccomas** Jr., of Baltimore Co., Maryland leases to John **Davis**, of same, 95 acres. Signed Alexander **Maccomas**. Wit: Nicholas Ruxton **Gay**.

3 Mar 1757, Alexander **Maccomas** Jr., of Baltimore Co., Maryland leases to John **Davis**, of same, 57 acres. Signed Alexander **Maccomas**. Wit: Nicholas Ruxton **Gay**.

Thomas & Ann **Sheredine** mortgage to Philip **Hammond**, 300 acres, 190 acres and negroes: Darcy, Sampson, Abraham, Jack, Sego. Signed Thomas **Sheredine** and Ann **Sheredine**. Wit: Nicholas Ruxton **Gay** and John **Stevenson**.

28 Feb 1757, Richard **Croxall** to Richard **Chase**, lot #161 in town of Baltimore. Signed Richard **Croxall**. Wit: Nicholas Ruxton **Gay** and William **Lyon**.

5 Feb 1757, Thomas **Harrison**, merchant, of Baltimore Co., Maryland to William **Hansman**, shoemaker, of same, £30, lot #88 in town of Baltimore. Signed Thomas **Harrison**. Wit: Nicholas Ruxton **Gay**.

1 Jun 1753, George **Hartman**, of Baltimore Co., Maryland agreement with William **Hantzman**, of same, lot #87 in town of Baltimore. Signed George **Hartman**. Wit: Nicholas Ruxton **Gay** and Valentine **Larsch**.

3 Mar 1757, John **Day**, son of Edward, of Baltimore Co., Maryland to his nieces Elizabeth **Ricketts** and Hannah Meriter **Ricketts**, of same, for love and affection, 10.5 acres. Signed John **Day**. Wit: John Beale **Howard** and Daniel **Preston**.

14 Mar 1757, Francis **Polson**, planter, of Baltimore Co., Maryland to William **Dallam**, of same, 2,933 pounds of tobacco, 83 acres and chattel goods. Signed Francis (x) **Polson**. Wit: Walter **Tolley** and William **Andrews**.

13 Mar 1757, Thomas **Hooker**, of Baltimore Co., Maryland leases to John **Busbey**, of same, 51 acres. Signed Thomas **Hooker**. Wit: Nicholas Ruxton **Gay**.

7 Mar 1757, Edward **Lloyd**, agent leases to Thomas **Gittings**, of Baltimore Co., Maryland, 325 acres. Signed Edward **Lloyd** and Thomas **Gittings**. Wit: J. **Ross** and James **Moore** Jr.

21 Feb 1757, James **Moore** Jr., gentleman, of Baltimore Co., Maryland leases to Thomas **Gittings**, of same, 50 acres. Signed James **Moore** Jr. Wit: John **Bond** and John **Cockey**.

3 Dec 1756, Samuel **Higginson**, brass founder, of Baltimore Co., Maryland to Joseph & Phillis **Norris**, of same, 40 acres, (land exchange), 40 acres. Signed Samuel **Higginson**. Wit: Thomas **Franklin** and Ruth **Franklin**.

2 Apr 1757, Jacob & Elizabeth **Cox**, of Baltimore Co., Maryland to Charles **Bosley**, of same, 50 acres. Signed Jacob **Cox**. Wit: Nicholas Ruxton **Gay** and William **Lyon**.

18 Apr 1757, Charles **Carroll**, of Annapolis, Anne Arundel Co., Maryland to Thomas **Sligh**, of Baltimore Co., Maryland, £0.25, 13.5 acres. Signed Charles **Carroll**. Wit: Sarah **Hill** and William **Baker**.

20 Apr 1757, John **Ridgley**, merchant, of Baltimore Co., Maryland to John Christopher **Stamper**, of Anne Arundel Co., Maryland, £30, 76 acres...Gwins Falls. Signed John **Ridgley**. Wit: James (x) **Brian** and Nathaniel (x) **Murray**.

15 Nov 1756, Robert **Willmott**, planter, of Baltimore Co., Maryland to William **Parish**, planter, of same, 7 acres, (land exchange), 7 acres. Signed Robert **Willmott**. Wit: Nicholas Ruxton **Gay** and James **Cary**.

15 Nov 1756, William **Parish**, planter, of Baltimore Co., Maryland to Robert **Willmott**, planter, of same, 22.5 acres. Signed William **Parish**. Wit: Nicholas Ruxton **Gay** and James **Cary**.

18 Mar 1757, William **Parish**, planter, of Baltimore Co., Maryland to Anthony **Rhodes**, of same, £286, 234 acres...line of John **Cross**. Signed William **Parish**. Wit: Nicholas Ruxton **Gay** and William **Lyon**.

12 Apr 1757, John **Gassaway** and Thomas **Sprigg**, gentleman, of Anne Arundel Co., Maryland to Edward **Sprigg**, of same, 500 acres. Signed Thomas **Sprigg** and John **Gassaway**. Wit: William **Lyon** and Walter **Tolley**.

4 Feb 1757, Joshua **Bond**, (son and heir of Thomas **Bond**), of Baltimore Co., Maryland to his brother William **Bond**, of same, one third part of 286 acres. Signed Joshua **Bond**. Wit: William **Smith**, Robert **Adair** and John **Paca**.

20 May 1757, Samuel **Hooker**, planter, of Baltimore Co., Maryland to John **Carter**, planter, of same, £10. Signed Samuel **Hooker**. Wit: Nicholas Ruxton **Gay**.

20 May 1757, Samuel **Hooker**, planter, of Baltimore Co., Maryland to Arthur **Chencoth**, blacksmith, of same, £15, 125 acres. Signed Samuel **Hooker**. Wit: Nicholas Ruxton **Gay** and William **Lyon**.

20 May 1757, Samuel **Hooker**, planter, of Baltimore Co., Maryland to John **Lane**, of same, £20, 69 acres. Signed Samuel **Hooker**. Wit: Nicholas Ruxton **Gay** and Richard **Ireland**.

7 May 1757, John **Lane**, planter, of Baltimore Co., Maryland to Samuel **Hooker**, planter, of same, £10, 32 acres. Signed John **Lane**.

Wit: Nicholas Ruxton **Gay**.

1 Mar 1757, William **Bradford**, of Baltimore Co., Maryland to John **Paca**, of same, £20, 100 acres and 76 acres...Bynams Run at the head of Bush River. Signed William **Bradford**. Wit: William **Smith** and Robert **Adair**.

14 May 1757, Charles **Carroll**, of Annapolis, Anne Arundel Co., Maryland to Joshua **Hall**, of Baltimore Co., Maryland, £46, 9.25 acres. Signed Charles **Carroll**. Wit: Richard **Croxall** and William **Baker**.

7 Apr 1757, Thomas **Harrison**, of Baltimore Co., Maryland to Andrew **Stigar** and Frederick **Myers**, of same, £15, lot #104 in town of Baltimore. Signed Thomas **Harrison**. Wit: Nicholas Ruxton **Gay** and William **Lyon**.

26 Sep 1756, Timothy & Ann **Keene**, blacksmith, of Baltimore Co., Maryland to James **Armstrong**, tailor, of same, £60, 100 acres. Signed Timothy **Keene**. Wit: John **Hall** and Isaac (x) **Phillips**.

6 May 1757, William & Kezia **Askew**, of Baltimore Co., Maryland release of mortgage to William **Simms**, of same, £100. Signed William **Askew**. Wit: Nicholas Ruxton **Gay**.

6 Jun 1757, Hugh **Jones**, planter, of Orange Co., Virginia to Richard **Croxall**, gentleman, of Baltimore Co., Maryland, £20, north side of Patapsco River. Signed Hugh **Jones**. Wit: Nicholas Ruxton **Gay** and William **Lyon**.

1 Apr 1757, Thomas & Elizabeth **Ward**, barber, of Baltimore Co., Maryland to Andrew **Stigar**, butcher, of same, £35, 52 acres. Signed Thomas **Ward**. Wit: Nicholas Ruxton **Gay** and William **Lyon**.

25 May 1757, Samuel & Martha **Gilbert**, of Baltimore Co., Maryland to Corbin **Lee**, of same, £100, called John and Isaac's lot. Signed Samuel **Gilbert** and Martha (x) **Gilbert**. Wit: John **Paca** and John **Hall**.

18 Apr 1757, Thomas **Sligh**, of Baltimore Co., Maryland to Charles **Carroll**, of Annapolis, Anne Arundel Co., Maryland, £0.25, 13.5 acres...head of the north west branch of Patapsco River. Signed Thomas **Sligh**. Wit: Sarah **Hill** and William **Baker**.

9 Jun 1757, William **Oldham**, planter, of Baltimore Co., Maryland to Edward **Thorp**, of same, £24. Signed William **Oldham**. Wit: Samuel **Owings** and Walter **Tolley**.

1757, Thomas **Stains**, carpenter, of Baltimore Co., Maryland to Jeremiah **Johnson**, planter, of same, £14, livestock. Signed Thomas **Stains**. Wit: Samuel **Owings**.

9 Jun 1757, Col. John **Hall**, of Baltimore Co., Maryland to Rev. Andrew **Lendrum**, of St. George's Parish, Baltimore Co., Maryland, 910 pounds of tobacco, 17 acres. Signed John **Hall**. Wit: Nicholas Ruxton **Gay** and Benjamin **Crockett**.

18 Apr 1757, Charles **Carroll**, of Annapolis, Anne Arundel Co., Maryland to William **Lyon**, of Baltimore Co., Maryland, £0.25, 13.5 acres. Signed Charles **Carroll**. Wit: Sarah **Hill** and William **Baker**.

Chapter 2
Baltimore Co., Maryland
Deed Records
Liber B. No. G.
1757-1759

25 May 1757, Samuel & Martha **Gilbert**, planter, of Baltimore Co., Maryland to Corbin **Lee**, of same, £200, 200 acres. Signed Samuel **Gilbert**. Wit: William **Bond**, John **Paca** and John **Hall**.

8 Jun 1757, William **Robinson**, of Baltimore Co., Maryland assignment of lease to James **Barton**, of same, £2, 92 acres. Signed William **Robinson**. Wit: Nicholas Ruxton **Gay**.

21 May 1757, Thomas & Phebe **Bond**, innholder, of Baltimore Co., Maryland to John **Algier**, tailor, of same, £20, 50 acres. Signed Thomas **Bond**. Wit: Samuel **Owings** and John **Gardner**.

10 Jun 1757, William & Elizabeth **Smith**, of Baltimore Co., Maryland to John **Pollard**, of same, £127, 300 acres. Signed William **Smith**. Wit: John **Hall** and Thomas **Tredway**.

13 Jun 1757, Tobias & Mary **Stansbury**, of Baltimore Co., Maryland and William **Cromwell**, of Anne Arundel Co., Maryland to Nathan **Cromwell**, of Baltimore Co., Maryland, £50, 500 acres. Signed Tobias **Stansbury** and William **Cromwell**. Wit: Nicholas Ruxton **Gay** and William **Rogers**.

16 Jun 1757, Thomas **Harrison**, of Baltimore Co., Maryland to Jacob **Kippant**, of same, £20, part of lot #91 in town of Baltimore. Signed Thomas **Harrison**. Wit: Nicholas Ruxton **Gay** and William

Rogers.

21 Jun 1757, Thomas & Ann **Broad**, of Baltimore Co., Maryland to Abraham **Ensor**, of same, £0.25 and payment of suit to William **Lux**, 49 acres, 86 acres and 242 acres. Signed Thomas **Broad**. Wit: William **Rogers** and John **Stansbury** Jr.

19 Jul 1757, Roger **Boyce**, Corbin **Lee** and Kensey **Johns**, gentlemen, of Maryland to Brian **Philpot** Jr., of same, land division, 1100 acres. Signed Roger **Boyce**, Corbin **Lee** and Kensey **Johns**. Wit: Nicholas Ruxton **Gay** and William **Rogers**.

19 Jul 1757, Roger **Boyce**, Kensey **Johns** and Brian **Philpot**, gentlemen, of Maryland to Corbin **Lee**, of same, land division, 1100 acres. Signed Roger **Boyce**, Brian **Philpot** and Kensey **Johns**. Wit: Nicholas Ruxton **Gay** and William **Rogers**.

19 Jul 1757, Roger **Boyce**, Corbin **Lee** and Brian **Philpot**, gentlemen, of Maryland to Kensey **Johns**, of same, land division, 1100 acres. Signed Roger **Boyce**, Brian **Philpot** and Corbin **Lee**. Wit: Nicholas Ruxton **Gay** and William **Rogers**.

11 May 1757, Christopher & Elizabeth **Carnan**, of Baltimore Co., Maryland to Gilbert **Crockett**, lot #62 in town of Baltimore. Signed Christopher **Carnan** and Elizabeth **Carnan**. Wit: Nicholas Ruxton **Gay** and William **Lyon**.

3 Mar 1757, John **Davis**, son of Walter, of Baltimore Co., Maryland to William **Andrews**, of same, £12, formerly belonged to William **Denton** Jr. Signed John **Davis**. Wit: Samuel **Owings**.

14 Jul 1757, John **Digges**, gentleman, of Baltimore Co., Maryland to Michael **Will**, blacksmith, of same, £100, 200 acres. Signed John **Digges**. Wit: John **Darnall** and Richard **Lilly**.

14 Jul 1757, John **Digges**, gentleman, of Baltimore Co., Maryland to Michael **Will**, blacksmith, of same, £10, 50 acres. Signed John **Digges**. Wit: John **Darnall** and Richard **Lilly**.

14 Jul 1757, John **Digges**, gentleman, of Baltimore Co., Maryland to Jacob **Cagie**, farmer, of same, £30, 156 acres. Signed John **Digges**. Wit: John **Darnall** and Richard **Lilly**.

19 Jul 1757, Kensey **Johns**, Corbin **Lee** and Brian **Philpot**, gentlemen, of Maryland to Roger **Boyce**, of same, land division, 1100 acres. Signed Kensey **Johns**, Brian **Philpot** and Corbin **Lee**. Wit: Nicholas Ruxton **Gay** and William **Rogers**.

16 Jul 1757, Cornelius & Ann **Poleson**, (Ann is a daughter and heir of James **Empson**), formerly of Baltimore Co., Maryland, but of Frederick Co., Maryland To Enoch **Story**, of Philadelphia, Pennsylvania, £70, 100 acres...north side of Deer creek. Signed Cornelius (x) **Poleson** and Ann (x) **Poleson**. Wit: Nicholas Ruxton **Gay** and Nicholas **Rogers**.

3 Mar 1757, John Grineff **Howard**, gentleman, of Baltimore Co., Maryland to John **Stewart**, merchant, of London, England, £30.1, 160 acres ...little falls of Gunpowder River. Signed John Grineff **Howard**. Wit: John **Dorsey** and Abraham **Andrews**.

28 May 1757, Thomas & Sophia **Sligh**, of Baltimore Co., Maryland to Peter **Lettage**, of same, £50, 10 acres...northwest branch of Patapsco River. Signed Thomas **Sligh**. Wit: Nicholas Ruxton **Gay** and Samuel **Owings**.

4 Aug 1757, John & Nancy **Travice**, planter, of Baltimore Co., Maryland to Thomas **Sligh**, merchant, of same, £10, 400 acres...Gunpowder River. Signed John (x) **Travice** and Nancy (x) **Travice**. Wit: Broad **Day** and John **Willmott**.

4 Jul 1757, Abraham **Barkholder** to Christian **Hare** and Benedict **Ashliman**, £140, 229 acres. Signed Abraham **Barkholder**. Wit: John **Paca** and Isaac **Webster**.

3 Aug 1757, James & Rebecca **Allen**, planter, of Baltimore Co., Maryland to John **Love**, of same, £30, 103 acres...drafts of Deer creek. Signed James (x) **Allen**. Wit: Robert **Adair** and Walter **Tolley**.

10 Aug 1757, William & Lydia **Hendon**, planter, of Baltimore Co., Maryland to Robert **Patterson**, planter, of Chester Co., Pennsylvania, £71, 170 acres. Signed William **Hendon**. Wit: Samuel **Young** and Roger **Boyce**.

23 Aug 1757, Absolom **Butler** and Absolom **Barney**, of Baltimore Co., Maryland to William **Barney** Jr., of same, £10, 100 acres. Signed Absolom **Butler** and Absolom **Barney**. Wit: Nicholas Ruxton **Gay**.

31 Aug 1757, Christopher **Randall**, planter, of Baltimore Co., Maryland mortgage to Philip **Hammond**, merchant, of Anne Arundel Co., Maryland, £172.7, 113.5 acres, 25.5 acres and 51 acres. Signed Christopher **Randall**. Wit: Edward **Talbot** and Thomas **Franklin**.

4 Aug 1757, William & Mary **Crabtree**, of Baltimore Co., Maryland to James **Corrine**, of Huntingdon Co., New Jersey, £50, 100 acres. Signed William (x) **Crabtree**. Wit: Daniel **Preston**.

27 Aug 1757, Nicholas Ruxton **Gay**, of Baltimore Co., Maryland to his niece Mary **Jones**, wife of John **Jones**, of same, for love and affection, 200 acres. Signed Nicholas Ruxton **Gay**. Wit: William **Rogers** and William **Lyon**.

28 Mar 1757, John **Deaver**, of Baltimore Co., Maryland to Alexander **Maccomas**, of same, £15, 32 acres...purchased by his father Thomas **Deaver** of his grandfather John **Deaver**. Signed John **Deaver**. Wit: John **Hall** and Thomas **Wilkson**.

3 Sep 1757, Samuel **Gott**, planter, of Baltimore Co., Maryland to Richard **Chace**, gentleman, of same, £40, 250 acres. Signed Samuel **Gott**. Wit: William **Lyon** and Thomas **Tredway**.

11 Apr 1757, Aquila **Millhuse** and Miles **Millhuse**, planters, of Baltimore Co., Maryland to William **Andrews**, innholder, of same, £130, 319 acres and 50 acres...Salt Peter creek. Signed Aquila (x) **Millhuse** and Miles (x) **Millhuse**. Wit: William **Lyon** and Walter **Dulany**.

29 Aug 1757, Richard & Mary **Robertson**, planter, of Baltimore Co., Maryland to William **Nellson**, of same, £15, 37 acres. Signed Richard (x) **Robertson**. Wit: Thomas **Franklin** and Roger **Boyce**.

28 Aug 1757, Luke & Cassandra **Wyle**, of Baltimore Co., Maryland to Oliver **Mathews**, of same, £10, 50 acres. Signed Luke **Wyle**. Wit: Nicholas **Hutchins** and Thomas **Franklin**.

1 Set 1757, James & Elizabeth **Wells** Jr., farmer, of Baltimore Co., Maryland to John **Shrimplin**, of same, £5, 118 acres. Signed James (x) **Wells**. Wit: James **Whitaker** and Richard **Davis**.

3 Sep 1757, John & Elizabeth **Cromwell**, of Anne Arundel Co., Maryland to Samuel **Tipton**, of Baltimore Co., Maryland, £130, 356 acres. Signed John **Cromwell**. Wit: Nicholas Ruxton **Gay** and William **Rogers**.

4 Aug 1757, James **Talbot**, of Baltimore Co., Maryland to Samuel **Day**, of same, £100, 50 acres ...between John **Roberts** and Henry **Weatheral**. Signed James **Talbot**. Wit: Nicholas Ruxton **Gay** and William **Rogers**.

10 Jun 1757, William & Elizabeth **Smith**, of Baltimore Co., Maryland to Thomas **Tredway**, innholder, of same, £28.75, 60 acres...head of Bush River... purchased of Daniel **Deaver**, deceased. Signed William **Smith**. Wit: John **Hall** and Mary **Arnet**.

26 Oct 1757, Capt. Nicholas & Hannah **Orrick**, gentleman, of Baltimore Co., Maryland to Cornelius **Howard**, of same, £10, 82 acres. Signed Nicholas **Orrick**. Wit: William **Lyon** and Samuel **Owings** Jr.

3 Oct 1757, Peter & Susannah **Lashley**, farmer, of Baltimore Co., Maryland to Jacob **Crouse**, of same, £26, 50 acres. Signed Peter **Lashley**. Wit: Philip **Forney** and John **Shrimplin**.

6 Oct 1757, Benjamin & Charity **Colegate**, planter, of Baltimore Co., Maryland to William **Govane**, gentleman, of same, £210, 400 acres. Signed Benjamin **Colegate**. Wit: Nicholas Ruxton **Gay** and

Cornelius **Lynch**.

31 Aug 1757, Thomas & Sophia **Sligh**, of Baltimore Co., Maryland to Elinor **Lynch**, of same, £40, 81 acres. Signed Thomas **Sligh**. Wit: Nicholas Ruxton **Gay** and William **Rogers**.

25 Oct 1757, Thomas **Broad**, John **Ensor** and Abraham **Ensor**, planters, of Baltimore Co., Maryland to Henry **Cross**, planter, of same, £28, 242 acres...head of fork descending into the main falls of Gunpowder River. Signed Thomas **Broad**, John **Ensor** and Abraham **Ensor**. Wit: Nicholas Ruxton **Gay**.

26 Oct 1757, Nicholas & Hannah **Orrick**, of Baltimore Co., Maryland to Thomas **Norris**, of same, £18, 65 acres. Signed Nicholas **Orrick**. Wit: Samuel **Owings** Jr. and William **Lyon**.

26 Oct 1757, Nicholas & Hannah **Orrick**, of Baltimore Co., Maryland to Joshua **Owings**, of same, £20, 244 acres and 35 acres. Signed Nicholas **Orrick**. Wit: Samuel **Owings** Jr. and William **Lyon**.

26 Oct 1757, Joshua & Mary **Owings**, of Baltimore Co., Maryland to Nicholas **Orrick**, of same, £20, 41 acres. Signed Joshua **Owings**. Wit: Samuel **Owings** Jr. and William **Lyon**.

27 Oct 1757, Dr. William & Mary **Lyon**, of Baltimore Co., Maryland to Joshua **Owings**, of same, £10, 36.5 acres. Signed William **Lyon**. Wit: Nicholas Ruxton **Gay** and William **Rogers**.

16 Sep 1757, William **Crabtree** and Thomas **Crabtree**, of Baltimore Co., Maryland to James **Perrine**, of same, £20, 63 acres. Signed William (x) **Crabtree** and Thomas (x) **Crabtree**. Wit: Nicholas Ruxton **Gay** and Francis **Gibson**.

16 Sep 1757, William **Crabtree**, of Baltimore Co., Maryland assignment of lease to Thomas **Crabtree**, of same, 32 acres. Signed William (x) **Crabtree**. Wit: Nicholas Ruxton **Gay** and Francis **Gibson**.

27 Oct 1757, Joshua & Mary **Owings**, planter, of Baltimore Co.,

Maryland to Dr. William **Lyon**, of same, £10, 6.5 acres and 49 acres. Signed Joshua **Owings**. Wit: William **Rogers**.

27 Oct 1757, Dr. William & Mary **Lyon**, of Baltimore Co., Maryland to William **Wright**, of same, £15, 57.5 acres and 6.5 acres. Signed William **Lyon**. Wit: Nicholas Ruxton **Gay** and William **Rogers**.

3 Oct 1757, James & Elizabeth **Wells**, farmer, of Baltimore Co., Maryland to Louis **Forney**, of same, £80, 182 acres...Pipe creek. Signed James (x) **Wells**. Wit: Peter **Leighly** and John **Shrimplin**.

2 Jun 1757, Robert & Margaret **Brierly**, blacksmith, of Baltimore Co., Maryland to James **Armstrong**, of same, £70, 100 acres...purchased of William **Coats**. Signed Robert **Brierly**. John **Patterson**, Robert **Brierly** Jr. and John **Hall**.

22 Oct 1757, Richard **Willmott**, of Baltimore Co., Maryland to Peter **Gosnell**, of same, £28, 50 acres. Signed Richard **Willmott**. Wit: Nicholas Ruxton **Gay** and Nicholas **Orrick**.

4 Oct 1757, Richard & Eleanor **Croxall**, gentleman, of Baltimore Co., Maryland to Andrew **Buchanan**, merchant, of same, £33, lots #23, #24 and #25 in town of Baltimore. Signed Richard **Croxall**. Wit: Za. **Mackubin** and Absolom **Butter**.

2 Nov 1757, Robert & Margaret **Brierly**, blacksmith, of Baltimore Co., Maryland to Joseph **Barns**, William **Barns** and John **Barns**, (sons and heirs of Joseph **Barns**, late of Chester Co., Pennsylvania), £120, 168 acres and 50 acres. Signed Robert **Brierly**. Wit: John **Hall**, John **Pattison** and John **Hayes**.

3 Nov 1757, Col. William & Clare **Young**, of Baltimore Co., Maryland to Nicholas Ruxton **Gay**, of same, £210, 400 acres. Signed William **Young**. Wit: Daniel **Chamier** and Thomas **Sotters**.

14 Oct 1757, Samuel **Hooker**, of Baltimore Co., Maryland to Dutton **Lane**, of same, £20, 193 acres. Signed Samuel **Hooker**. Wit: Nicholas Ruxton **Gay**.

Oct 1757, Dutton **Lane**, of Baltimore Co., Maryland to his son Daniel **Lane**, of same, for love and affection, 30 acres. Signed Dutton **Lane**. Wit: Nicholas Ruxton **Gay** and William **Lyon**.

14 Oct 1757, Samuel **Hooker**, of Baltimore Co., Maryland to Dutton **Lane** Jr., of same, £7, 55 acres. Signed Samuel **Hooker**. Wit: Nicholas Ruxton **Gay**.

4 Nov 1757, William **Jenkins**, planter, of Baltimore Co., Maryland to George **Williams**, of Cecil Co., Maryland, good deed on 50 acres purchased of Thomas **Jenkins**, brother of said William. Signed William (x) **Jenkins**. Wit: William **Fisher** and James **Amos**.

5 Sep 1757, Robert & Helen **Gileresh**, planter, of Baltimore Co., Maryland to Luke **Davis**, planter, of Anne Arundel Co., Maryland, £22.5, 75 acres. Signed Robert **Gileresh**. Wit: Andrew **Buchanan** and Joseph **Bosley** Jr.

4 Nov 1757, Thomas **White**, of Philadelphia, Pennsylvania to James **Cole**, of Baltimore Co., Maryland, £60, 73 acres and 27 acres...head of Swan creek. Signed Thomas **White**. Moses **Maccomas** and William **Bradford**.

8 Jun 1757, Nicholas **Hutchin**, planter, of Baltimore Co., Maryland to Roger **Boyce**, of same, £66, 166.67 acres. Signed Nicholas **Hutchin**. Wit: Nicholas Ruxton **Gay** and William **Lyon**.

12 Aug 1757, Walter & Martha **Tolley**, of Baltimore Co., Maryland to William **Young**, of same, £60, 180 acres. Signed Walter **Tolley**. Wit: Thomas **Franklin** and Robert **Adair**.

29 Nov 1757, William **Young**, gentleman, of Baltimore Co., Maryland to Benjamin **Arnold**, planter, of same, £20, 50 acres. Signed William **Young**. Wit: Walter **Tolley** and William **Andrews**.

22 Nov 1757, William **Rogers**, of Baltimore Co., Maryland to John **Low**, of same, £50, 54 acres. Signed William **Rogers**. Wit: Andrew **Buchanan** and Joseph **Wooden**.

28 Nov 1757, John & Elinor **Ensor** Jr., George & Frances **Risteau**, and John & Elizabeth **Cromwell**, of Baltimore Co., Maryland, to each other, (said Elinor, Frances and Elizabeth are daughters and heirs of Capt. Thomas **Todd**), £0.25, 320 acres of 1000 acres. Signed John **Ensor** Jr., Elinor **Ensor**, George **Risteau** and Frances **Risteau**. Wit: Nicholas Ruxton **Gay** and William **Rogers**.

2 Nov 1757, William **Few**, of Baltimore Co., Maryland assignment of lease to William **Smith**, of same, £100, 84 acres. Signed William **Few**. Wit: Nicholas Ruxton **Gay**.

2 Nov 1757, William **Few**, of Baltimore Co., Maryland assignment of lease to William **Smith**, of same, £12.5, 100 acres. Signed William **Few**. Wit: Nicholas Ruxton **Gay** and Walter **Tolley**.

9 Nov 1757, Richard & Elizabeth **Miller** and John **Miller**, planters, of Baltimore Co., Maryland to John **Ensor** Jr., merchant, of same, £45, 105 acres...Herring Run. Signed Richard (x) **Miller** and John (x) **Miller**. Wit: Andrew (x) **Stiger** and Richard **Moale**.

23 Nov 1757, William & Clare **Young**, of Baltimore Co., Maryland to Walter **Tolley**, of same, £60, 70 acres. Signed William **Young**. Wit: Daniel **Chamier** and Thomas **Sollers**.

12 Dec 1757, Nicholas Ruxton **Gay**, of Baltimore Co., Maryland to David **McCullock**, of same, £60, lot in town of Joppa. Signed Nicholas Ruxton **Gay**. Wit: William **Young** and Walter **Tolley**.

29 Oct 1757, Edward **Sprigg**, of Anne Arundel Co., Maryland to Thomas **Lingan**, of Baltimore Co., Maryland, £100, 500 acres...falls of Gunpowder River. Signed Edward **Sprigg**. Wit: John **Brice**.

12 Nov 1757, William & Dinah **Smith**, of Lancaster Co., Pennsylvania to Corbin **Lee**, of Baltimore Co., Maryland, £88, 100 acres...Deer creek. Signed William **Smith**. Wit: John **Hall** and Hannah **Webster**.

5 Sep 1757, Luke **Davis**, planter, of Baltimore Co., Maryland to Capt. Alexander **Stewart**, merchant, of same, £26.8, 75 acres...Little

Morgans Run. Luke **Davis** and Alexander **Stewart**. Wit: William **Lux** and Edward **Parish**.

18 Aug 1757, Samuel **Higginson**, of Baltimore Co., Maryland to Isaac **Daws**, of same, £0.25, 40 acres. Signed Samuel **Higginson**. Wit: John **Hall** and Daniel (x) **Root**.

2 Sep 1757, Thomas **Harrison**, gentleman, of Baltimore Co., Maryland assignment of lease to William **Young**, of same, 375 acres...falls of Gunpowder River. Signed Thomas **Harrison**. Wit: Nicholas Ruxton **Gay** and William **Rogers**.

10 Oct 1757, Walter **Ashmore**, of Baltimore Co., Maryland assignment of lease to Samuel **Hughs**, of same, 62 acres. Signed Walter **Ashmore**. Wit: Nicholas Ruxton **Gay** and William **Lyon**.

8 Mar 1758, Timothy **Neve**, planter, of Baltimore Co., Maryland and John **Rhodes**, planter, of same, to each other, division of 100 acres. Signed Timothy **Neve** and John **Rhodes**.. Wit: Walter **Tolley**.

9 Mar 1758, Michael & Elizabeth **Webster**, of Baltimore Co., Maryland to Alexander **McCanlis** Jr., of York Co., Pennsylvania, 85 acres. Signed Michael **Webster**. Wit: John **Hall** and Samuel **Webster**.

9 Mar 1758, Michael & Elizabeth **Webster**, of Baltimore Co., Maryland to William **McCanlis**, of York Co., Pennsylvania, 15 acres. Signed Michael **Webster**. Wit: John **Hall** and James **Webster**.

23 Dec 1757, Benjamin & Margaret **Hammond**, (said Margaret is the daughter and heir of William **Talbot**), of Baltimore Co., Maryland to George **Risteau**, of same, 163 acres and 311 acres. Signed Benjamin **Hammond** and Margaret **Hammond**. Wit: Nicholas Ruxton **Gay** and William **Lyon**.

15 Sep 1757, Samuel & Sarah **McCarty**, of Baltimore Co., Maryland to James **Taylor**, of same, 2,000 pounds of tobacco, paid to Sarah, widow of Thomas **Arnold**, 50 acres... head branches of Bush River. Signed Samuel (x) **McCarty**. Wit: William (x) **Arnold** and Comfort (x) **Arnold**.

3 Mar 1758, John **Wood**, (brother and heir of John **Wood**, ???, who was son and heir of Joshua **Wood**), of Baltimore Co., Maryland to Thomas **White**, of Philadelphia, Pennsylvania, good deed on 50 acres. Signed John **Wood**. Wit: William **Dallam**, Samuel **Howard** and John **Hall**.

10 Oct 1757, Richard **Rutter**, (son and heir of Moses **Rutter**), of Baltimore Co., Maryland to William **Lux**, merchant, of same, £53, lot #29 in town of Baltimore. Signed Richard **Rutter**. Wit: William **Lyon**.

17 Mar 1758, John & Elizabeth **Paca**, of Baltimore Co., Maryland to William **Bradford**, of same, £20, 196 acres. Signed John **Paca**. Wit: John **Mathews** and Aquila **Hall**.

18 Mar 1758, Robert & Ann **Jordon**, of Baltimore Co., Maryland to Francis **Fresh**, of same, £12.5, 25 acres...north side of main falls of Patapsco River. Signed Robert (x) **Jordon**. Wit: Nicholas Ruxton **Gay**.

7 Apr 1757, William & Eleanor **Roberts**, farmer, of Baltimore Co., Maryland to Henry **Naff**, joiner, of same, £45, 200 acres. Signed William **Roberts**. Wit: William **Rogers** and Thomas **Johnson**.

8 Mar 1758, David **Bisset**, formerly of Glasgow, Scotland, but now of Baltimore Co., Maryland to James **Preston**, of Baltimore Co., Maryland, £96, Robert **Robertson**, of Perth, Scotland, devised to his brother Daniel **Robertson**, eldest son after his debts was paid and at the death of his wife Sarah **Robertson**, now deceased and John **Robertson**, of Shire of Perth, County of Atholl, Scotland and eldest son of Daniel (Donald) **Robertson**, (proved by James and Thomas **Bisset**), who sold to said David. Signed David **Bisset**. Wit: William **Dallam** and George **Mathews**.

9 Apr 1758, Thomas & Sarah **Mathews**, of Baltimore Co., Maryland to Francis **Fresh**, of same, £4.5, 60.5 acres. Signed Thomas **Mathews**. Wit: William **Rogers** and Stephen **Gill**.

26 Oct 1757, John **Moore**, of Baltimore Co., Maryland to William **Stansbury**, of same, £36, 220 acres...south side of Back River. Signed John **Moore**. Wit: Joseph **Ensor** and John **Stansbury** Jr.

22 Apr 1758, Edward **Lloyd**, of Talbot Co., Maryland to Eleanor **Harris**, (widow of Lloyd **Harris**), of Baltimore Co., Maryland, £53.5, lots #50 and #51 in town of Baltimore...James Lloyd **Harris** is son and heir of said Lloyd **Harris**. Signed Edward **Lloyd**. Wit: William **Lux** and Thomas **Jones**.

1 Mar 1758, Charles & Elizabeth **Taylor**, planter, of Baltimore Co., Maryland to Thomas **Potts**, farmer, of same, £27.6, 64 acres. Signed Charles **Taylor**. Wit: Thomas **Philpot** and William **Young**.

9 May 1758, Antle & Sarah **Deaver**, of Baltimore Co., Maryland to their daughter Elizabeth **Sanders**, wife of Thomas **Sanders**, of same, for love and affection, 7.33 acres. Signed Antle (x) **Deaver** and Sarah **Deaver**. Wit: John **Hall** and Ann **Deaver**.

12 Apr 1758, Thomas **Hawkins**, of York Co., Pennsylvania to Thomas **Husband**, of Cecil Co., Maryland, £245, 210 acres...south side of Deer creek. Signed Thomas **Hawkins**. Wit: Aquila **Hall** and William **Husband**.

13 Feb 1758, Thomas **Harrison**, of Baltimore Co., Maryland to John **Fowle**, farmer, of same, £37, lot #90 in town of Baltimore. Signed Thomas **Harrison**. Wit: Nicholas Ruxton **Gay** and William **Lyon**.

3 Apr 1758, Frederick & Magdalena **Call**, farmer, of Baltimore Co., Maryland to Adam **Wise** and Charles **Angill**, millers, of same, £45, 55 acres...McGills Branch of Pipe creek. Signed Johann Frederick **Call**. Wit: Nicholas Ruxton **Gay**.

20 Mar 1758, John **Moale**, merchant, of Baltimore Co., Maryland to Emanuel **Teal**, planter, of same, £5, 54 acres. Signed John **Moale**. Wit: Nicholas Ruxton **Gay** and Charles **Croxall**.

20 Mar 1758, Emanuel **Teal**, planter, of Baltimore Co., Maryland to Edward **Norwood**, planter, of same, £5, 54 acres. Signed Emanuel

Teal. Wit: William **Lyon** and Richard **Willmott**.

1 May 1758, Thomas & Mary **Watson**, planter, of Baltimore Co., Maryland to John **Cook**, sawyer, of same, £22.25, 85 acres...main falls of Patapsco River. Signed Thomas **Watson**. Wit: George **Ashman**.

11 Apr 1758, Thomas & Sarah **Mathews**, farmer, of Baltimore Co., Maryland to Peter **Bond**, planter, of same, £20, 112 acres. Signed Thomas **Mathews**. Wit: William **Rogers**.

6 May 1758, Charles **Carroll**, (son of Daniel) leases to John **Ridgley**, of Baltimore Co., Maryland, 100 acres...for lifetime of Hugh **Thomas** and Sabert **Sollers** Jr. Signed Charles **Carroll**. Wit: Nicholas Ruxton **Gay** and William **Lyon**.

6 May 1758, Charles **Carroll**, (son of Daniel) leases to Absolom **Butler**, of Baltimore Co., Maryland, 100 acres. Signed Charles **Carroll**. Wit: Nicholas Ruxton **Gay** and William **Lyon**.

28 Feb 1758, Sabert **Sollers**, of Baltimore Co., Maryland to Josias **Bowen**, of same, £80, 52 acres. Signed Sabert **Sollers**. Wit: Nicholas Ruxton **Gay** and William **Rogers**.

1 Apr 1758, Job **Evans**, planter, of Baltimore Co., Maryland to Conrad **Smith**, stone mason, of same, £1, 2 acres. Signed Job **Evans**. Wit: Nicholas Ruxton **Gay** and William **Lyon**.

27 Apr 1758, John & Honour **Shrimplin**, of Baltimore Co., Maryland to Lovace **Forney**, of same, £45, 118 acres. Signed John **Shrimplin**. Wit: Nicholas Ruxton **Gay** and William **Rogers**.

19 Apr 1758, Peter & Sarah **Mirer**, farmer, of Baltimore Co., Maryland to George **Mires**, cordwinder, of same, £250, 170 acres. Signed Peter **Mirer**. Wit: Nicholas Ruxton **Gay** and William **Lyon**.

23 Dec 1757, George & Frances **Risteau**, planter, of Baltimore Co., Maryland to William **Hammond**, of same, 163 acres, (land exchange), 150 acres. Signed George **Risteau**. Wit: Nicholas Ruxton

Gay and William **Lyon.**

23 Dec 1757, George & Frances **Risteau,** planter, of Baltimore Co., Maryland to Mordecai **Hammond,** of same, 311 acres, (land exchange), 50 acres, 100 acres and 50 acres Signed George **Risteau.** Wit: Nicholas Ruxton **Gay** and William **Lyon.**

4 Mar 1758, Samuel **Hooker,** planter, of Baltimore Co., Maryland to Dulton **Lane** Jr., planter, of same, £7, 55 acres. Signed Samuel **Hooker.** Wit: Nicholas Ruxton **Gay** and Edward **Stevenson.**

10 May 1858, John **Hall,** Jacob **Giles** and Isaac **Webster,** iron masters, of Baltimore Co., Maryland to Edward **Norwood,** of same, release of mortgage on 350 acres. Signed John **Hall,** Jacob **Giles** and Isaac **Webster.** Wit: Aquila **Hall** and William **Rogers.**

19 May 1758, Thomas **Bond,** of Baltimore Co., Maryland to Thomas **Potts,** of same, £23.85, 6 acres. Signed Thomas **Bond.** Wit: James **Bissett** and William **Young.**

22 May 1758, Edward & Jane **Corban,** planter, of Baltimore Co., Maryland to Robert **Wilkinson,** (son and heir of Thomas **Wilkinson**), of same, good deed on 425 acres and 50 acres. Signed Edward (x) **Corban** and Jane (x) **Corban.** Wit: Nicholas Ruxton **Gay** and William **Rogers.**

19 Feb 1755, Jacob **Myer,** yeoman, of York Co., Pennsylvania to John **Myer,** of same, £220, 150 acres and 120 acres...purchased of Thomas **Cresap.** Signed Jacob **Myer.** Wit: Peter **Worrall** and David **Stout.**

7 Jun 1758, Robert **Ross,** of Baltimore Co., Maryland leases to James **Clark,** of same, 45 acres. Signed Robert **Ross.** Wit: Nicholas Ruxton **Gay.**

7 Jun 1758, John **Litton,** of Baltimore Co., Maryland assignment of lease to James **Clark,** of same, 30 acres. Signed John **Litton.** Wit: Nicholas Ruxton **Gay** and Walter **Tolley.**

7 Apr 1758, William & Susannah **Shrider**, of Baltimore Co., Maryland to Thomas **Johnston**, of same, £64, 100 acres...division line of William **Logsdon** and Samuel **Durbin**. Signed William **Shrider**. Wit: William **Lyon** and William **Rogers**.

10 May 1758, John & Sarah **Beaver**, stone mason, of Baltimore Co., Maryland to Isaac **Webster**, iron master, of same, £25, 50 acres. Signed John **Beaver**. Wit: Amos **Garrett** and Edward **Norwood**.

16 Mar 1758, Herman **Husband**, of Orange Co., North Carolina power of attorney to his brother William **Husband**, of Baltimore Co., Maryland. Signed Herman **Husband**. Wit: Thomas **Ragh** and John **Woods**.

17 Jun 1758, Samuel **Gilbert**, of Bedford Co., Virginia to John **Hayes**, of Baltimore Co., Maryland, £10, 101 acres...Thomas Run... purchased of Moses **Hayes**, who purchased of Isaac & Elizabeth **Butterworth**, (through Aquila **Gilbert**, said Isaac devisee), who purchased of Dr. Charles **Carroll**, who purchased of William & Mary **Maeroy**. Signed Samuel **Gilbert**. Wit: James **Preston** and Thomas **Archer**.

8 Apr 1758, Charles **Howard**, of Baltimore Co., Maryland to Cornelius **Howard**, of same, £7, 100 acres...called Cornelius & Marys Lot. Signed Charles **Howard**. Wit: Absolom **Butler** and Amon **Butler**.

20 May 1758, William & Sophia **Klink**, farmer, of Baltimore Co., Maryland to Conrad **Lippee**, farmer, of same, £10, 16 acres. Signed William **Klink**.

8 Jun 1758, William & Clara **Young**, of Baltimore Co., Maryland to Thomas **Harrison**, of same, £150, lots #78, #119 and #120 in town of Baltimore. Signed William **Young**. Wit: John **Hall** and Daniel **Chamier**.

8 Jun 1758, Samuel **Wilson**, of Baltimore Co., Maryland assignment of lease to William **Robinson**, of same, 100 acres. Signed Samuel (x) **Wilson**. Wit: Nicholas Ruxton **Gay**.

9 Jun 1758, John **Shipherd**, of Baltimore Co., Maryland assignment of lease to Elinor **Jarrott**, of same, 50 acres. Signed John (x) **Shipherd**. Wit: Nicholas Ruxton **Gay**.

3 Jun 1758, John **Jones**, planter, of Baltimore Co., Maryland to John **Pennington**, planter, of same, £16, 100 acres...Garrison Ridge. Signed John **Jones**. Wit: Nicholas Ruxton **Gay** and William **Isgrig**.

9 Jun 1758, Brian **Philpot** Jr., merchant, of Baltimore Co., Maryland to Thomas **Sligh**, gentleman, of same, £0.25, two lots in town of Baltimore. Signed Brian **Philpot** and Thomas **Sligh**. Wit: Aquila **Hall** and William **Lyon**.

10 Jun 1758, Brian **Philpot** Jr., merchant, of Baltimore Co., Maryland to Thomas **Sligh**, gentleman, of same, £0.5, two lots in town of Baltimore. Signed Brian **Philpot** and Thomas **Sligh**. Wit: Aquila **Hall** and William **Lyon**.

20 Jun 1758, William & Rosanna **Pontany**, carpenter, of Baltimore Co., Maryland to Edward **Pontany**, carpenter, of same, £50, 75 acres... sold by William **Parish** to Stephen **Gill** and by his eldest son John **Gill** to said William. Signed William **Pontany**. Wit: Nicholas Ruxton **Gay** and Charles **Howard**.

17 Jun 1758, John **Gill**, planter, of Baltimore Co., Maryland to William **Pontany**, of same, £0.25, 75 acres. Signed John **Gill**. Wit: Nicholas Ruxton **Gay** and John **Ridgley**.

22 Jun 1758, Edward **Pontany**, carpenter, of Baltimore Co., Maryland to John **Ridgley**, gentleman and David **Murdock**, of same, £320, 75 acres, 15 acres and 20 acres. Signed Edward **Pontany**, John **Ridgley** and David **Murdock**. Wit: Nicholas Ruxton **Gay** and William **Rogers**.

19 Jun 1758, Samuel **Bowen**, of Baltimore Co., Maryland to Joel **Higginbottom**, of same, £20, 50 acres. Signed Samuel **Bowen**. Wit: Nicholas Ruxton **Gay** and Benjamin **Rogers**.

9 Jul 1758, Mathew **Coulter**, of Baltimore Co., Maryland to Daniel

Chamier and John **Carnan**, of same, £100, lot #81 in town of Baltimore. Signed Mathew **Coulter**. Wit: Nicholas Ruxton **Gay**.

18 Feb 1758, Robert & Ann **Constable**, mariner, of Baltimore Co., Maryland to Thomas **Clendinning**, merchant, of same, £77, lot 13 in town of Baltimore. Signed Robert **Constable**. Wit: Nicholas Ruxton **Gay** and William **Lyon**.

1 Jul 1758, Edward & Mary **Cowin**, of Baltimore Co., Maryland to Thomas **Kelley**, of same, £60, 100 acres. Signed Edward (x) **Cowin**. Wit: William **Husband** and Joseph **Morgan**.

24 Mar 1758, Shadrach **Williams**, of Baltimore Co., Maryland to Charles **Ridgley**, of same, 3,000 pounds of tobacco, 27 acres. Signed Shadrach (x) **William**. Wit: Nicholas Ruxton **Gay** and Charles **Welis** Jr.

1 Jul 1758, Thomas **Bond**, planter, of Baltimore Co., Maryland to John **Love**, planter, of same, 480 pounds of tobacco, 12 acres. Signed Thomas **Bond**. Wit: John **Paca** and Joseph **Taylor**.

8 Jul 1758, Benjamin & Susannah **Arnold**, (son and heir of Joseph **Arnold**), of Baltimore Co., Maryland to Andrew **Appenhymer**, of same, £50, 50 acres. Signed Benjamin (x) **Arnold**. Wit: Nicholas Ruxton **Gay**.

29 Jul 1758, Benjamin & Abarillah **Buckingham**, planter, of Baltimore Co., Maryland to John **Buckingham**, planter, of same, £4, 66 acres. Signed Benjamin **Buckingham**. Wit: Robert **Chapman** and Charles **Peirpoint**.

29 Jul 1758, Benjamin & Abarillah **Buckingham**, planter, of Baltimore Co., Maryland to George **Bramwell**, schoolmaster, of same, £10, 96 acres. Signed Benjamin **Buckingham**. Wit: Robert **Chapman** and Charles **Peirpoint**.

2 Aug 1758, Andrew & Elizabeth **Thompson**, planter, of Baltimore Co., Maryland to John **Thompson**, of same, £30, 50 acres. Signed Andrew **Thompson**. Wit: Aquila **Hall** and Walter **Tolley**.

6 Jul 1758, Michael & Mary **Gilbert**, of Baltimore Co., Maryland to Thomas **White**, of Philadelphia, Pennsylvania, £1.85, 37 acres. Signed Michael **Gilbert**. Wit: John **Hall** and Aquila **Hall**.

2 Aug 1758, John & Margaret **Thompson**, of Baltimore Co., Maryland to Andrew **Thompson**, of same, £50, 60 acres and 21.75 acres. Signed John (x) **Thompson**. Wit: Aquila **Hall** and Walter **Tolley**.

29 Jul 1758, James & Elizabeth **Bigbie**, of Baltimore Co., Maryland to William **Hopkins**, of same, £110, 100 acres...north side of Deer creek. Signed James **Bigbie**. Wit: Samuel **Hill** and James **Brice**.

12 Apr 1758, Nicholas Ruxton **Gay**, of Baltimore Co., Maryland to his sister Sarah **Stewart**, wife of Capt. Alexander **Stewart**, of same, for love and affection, 200 acres. Signed Nicholas Ruxton **Gay**. Wit: William **Rogers** and William **Lyon**.

21 Jun 1758, Charles **Howard**, of Baltimore Co., Maryland William **Igo**, planter, of same, £35, 100 acres...called Cornelius and Marys. Signed Charles **Howard**. Wit: Nicholas Ruxton **Gay**.

2 Aug 1758, William **Savory**, of Baltimore Co., Maryland to John **Day**, son of Edward, of same, £50, 45 acres...north side of Gunpowder River. Signed William **Savory**. Wit: John **Hall** and William **Husband**.

26 Jun 1758, Corbin & Eleanor **Lee**, of Baltimore Co., Maryland to Roger **Boyce**, gentleman, of same, £5, part of 1100 acres...purchased with Brian **Philpot** Jr. and **Johns**. Signed Corbin **Lee**. Wit: Thomas **Franklin** and William **Young**.

7 Aug 1758, Anthony & Margaret **Musgrove** Jr. and Robert & Mary **Seaves**, planters, of Baltimore Co., Maryland to Abel **Brown**, planter, of same, £20, 135 acres. Signed Anthony **Musgrove** Jr. and Robert **Seaves**. Wit: Samuel **Owings** and William **Lyon**.

29 Jul 1758, Benjamin & Aberilah **Buckingham**, planter, of Baltimore Co., Maryland to James **Hood**, wheelwright, of same, £17,

40 acres...south side of main falls of Patapsco River. Signed Benjamin **Buckingham**. Wit: Robert **Chapman** and Charles **Peirpoint**.

21 Aug 1758, Susannah **Risteau**, (widow of Talbot **Risteau**), of Baltimore Co., Maryland to David **McCullock**, merchant, of same, £265, lots in town of Joppa. Signed Susannah **Risteau** and David **McCullock**. Wit: William **Young** and Walter **Tolley**.

14 Jun 1758, William **Pearce**, tailor, of Baltimore Co., Maryland to William **Young**, gentleman, of same, £5, 10 acres. Signed William **Pearce**. Wit: Thomas **Franklin** and Joseph **Watkins**.

12 Aug 1758, Thomas **Clendenning**, of Baltimore Co., Maryland to Mathew **Coulter**, of same, £144.05, lots #12 and #13 in town of Baltimore. Signed Thomas **Clendenning**. Wit: William **Lyon** and Alexander **Stenhouse**.

2 Aug 1758, Joseph & Phillis **Norris** Jr., carpenter, of Baltimore Co., Maryland to Jacob **Bond**, of same, £30, 40 acres of 800 acres... patented by Edmond **Talbot**, who sold to John **Higginson**, and Samuel **Higginson** heir of said John, sold to said Joseph. Signed Joseph **Norris** Jr. and Phillis (x) **Norris**. Wit: Walter **Tolley** and John **Hall**.

28 Aug 1758, Samuel **Owens** Jr. mortgage to Philip **Hammond**, £35. Signed Philip **Hammond**. Wit: John **Sellman** and John **Randall**.

29 Jul 1758, Benjamin & Aberilah **Buckingham**, planter, of Baltimore Co., Maryland to Benjamin **Barnes**, planter, of same, £7.5, 57.5 acres. Signed Benjamin **Buckingham**. Wit: Robert **Chapman** and Charles **Peirpoint**.

12 Aug 1758, Philip & Charity **Quinlan**, (said Charity is the daughter and heir of Isaac **Butterworth**), of Baltimore Co., Maryland to John **Cretin**, of same, £35, 52 acres...drafts of Deer creek...line of Thomas **Archer**. Signed Philip **Quinlan** and Charity (x) **Quinlan**. Wit: Moses **Ruth** and Lawrence **Clark**.

8 Apr 1758, Conrad **Smith**, stone mason, of Baltimore Co.,

Maryland to Job **Evans**, planter, of same, £0.25, 1 acre. Signed Conrad **Smith**. Wit: Nicholas Ruxton **Gay** and William **Rogers**.

16 Sep 1758, Dalton **Lane**, of Baltimore Co., Maryland to his son Dalton **Lane**, for love and affection, 100 acres. Signed Dalton **Lane**. Wit: Nicholas Ruxton **Gay**.

16 Sep 1758, Dalton **Lane**, of Baltimore Co., Maryland to his son William **Lane**, for love and affection. Signed Dalton **Lane**. Wit: Nicholas Ruxton **Gay**.

16 Sep 1758, Dalton **Lane**, of Baltimore Co., Maryland to his son Thomas **Lane**, for love and affection. Signed Dalton **Lane**. Wit: Nicholas Ruxton **Gay**.

17 Aug 1758, Edward **Fell**, (son and heir of William **Fell**), of Baltimore Co., Maryland to Thomas **Sligh**, of same, £50, 200 acres. Signed Edward **Fell**. Wit: Nicholas Ruxton **Gay** and William **Lyon**.

26 Aug 1758, Edward & Mary **How**, of Baltimore Co., Maryland to William **Black**, of same, £6.5, 124 acres. Signed Edward **How**. Wit: Nicholas Ruxton **Gay** and James **Cary**.

1 Mar 1758, James **Scott**, gentleman, of Baltimore Co., Maryland leases to Robert **McFadden**, of same, where Isaac **Miles**, deceased, formerly lived. Signed James **Scott** and Robert **McFadden**. Wit: Thomas **Archer** and James **Thompson**.

9 Sep 1758, Richard **Richards**, of Baltimore Co., Maryland to John **Deane**, of same, £15, 50 acres. Signed Richard **Richards**. Wit: William **Rogers** and Thomas **Sollers**.

2 Sep 1758, Thomas **Harrison**, of Baltimore Co., Maryland to Michael **Miller**, of same, £75, 240 acres. Signed Thomas **Harrison**. Wit: Nicholas Ruxton **Gay**.

28 Aug 1758, Philip & Ann **Edwards**, planter, of Baltimore Co., Maryland to John **Brunts**, cordwinder, of same, £110, 350 acres...western falls of Patapsco River. Signed Philip **Edwards**. Wit:

Samuel **Owings** and Rachel **Owings**.

16 May 1758, William & Ann **Logsdon**, (said Ann is the daughter of Henry **Davis**), of Baltimore Co., Maryland to Edward **Norwood**, of same, £4, 100 acres...called Nancy's Fancy. Signed William (x) **Logsdon** and Ann (x) **Logsdon**. Wit: William **Rogers** and John **Moale**.

9 Oct 1758, Edward **Tipton**, planter, of Baltimore Co., Maryland to James **Mccamis**, of same, £10, 25 acres. Signed Edward (x) **Tipton**. Wit: William **Rogers** and William **Lyon**.

6 Oct 1758, John **Stinchcomb**, (son and heir of Nathaniel **Stinchcomb**), of Baltimore Co., Maryland to John **Long**, (son and heir of Thomas **Long**), planter, of same, good deed, 250 acres. Signed John **Stinchcomb**. Wit: William **Rogers** and Charles **Croxall**.

12 Aug 1758, John **Taylor**, of Virginia to Thomas **White**, of Philadelphia, Pennsylvania, £46.95, 208 acres. Signed John **Taylor**. Wit: Nathaniel **Chapman**, G. **Mason** and Thomas **Lawson**.

1758, Thomas **Broad**, of Baltimore Co., Maryland assignment of lease to Abraham **Ensor**, of same, 40 acres. Signed Thomas **Broad**. Wit: Nicholas Ruxton **Gay**.

1 May 1758, Elenor **Harris**, widow, of Baltimore Co., Maryland to her son Nicholas **Rogers**, merchant, of same, £53.5, lots #50 and #51 in town of Baltimore. Signed Elenor (x) **Harris**. Wit: Nicholas Ruxton **Gay**.

30 Sep 1758, William & Mary **Simms**, innholder, of Baltimore Co., Maryland to William **Nicholson**, of same, £100, lot #80 in town of Baltimore. Signed William **Simms**. Wit: Nicholas Ruxton **Gay** and William **Lyon**.

21 Oct 1758, Thomas **White**, of Philadelphia, Pennsylvania to James **Cole**, of Baltimore Co., Maryland, £60, 162 acres...head of Swan creek. Signed Thomas **White**. Wit: John **Mathews** and Aquila **Hall**.

7 Sep 1758, Ann **Lux** and William **Lux**, (executors of estate of Darby **Lux**), of Baltimore Co., Maryland to Alexander **Lawson**, gentleman, of same, 10 acres. Signed Ann **Lux** and William **Lux**. Wit: William **Lyon** and William **Rogers**.

6 Nov 1758, Nicholas Ruxton & Ann **Gay**, of Baltimore Co., Maryland to Joseph **Sutton**, of same, £40, 130 acres...south side of the great falls of Gunpowder River. Signed Nicholas Ruxton **Gay**. Wit: William **Rogers** and James **Cromwell**.

6 Nov 1758, John **Whips**, planter, of Anne Arundel Co., Maryland to Edward **Dorsey**, son of John, planter, of same, £17.5, 100 acres. Signed John **Whips**. Wit: William **Lyon** and William **Rogers**.

25 Oct 1758, Benjamin **Barney**, planter, of Baltimore Co., Maryland to Benjamin **Wheeler**, planter, of same, £15, 50 acres. Signed Benjamin **Barney**. Wit: Nicholas Ruxton **Gay** and William **Rogers**.

7 Nov 1758, Thomas **Sligh**, of Baltimore Co., Maryland to Joseph **Sutton**, planter, of same, £30, 50 acres...south side of main falls of Gunpowder River. Signed Thomas **Sligh**. Wit: Thomas **Franklin**, William **Young**, Samuel **Clark** and Mathias **Beck**.

14 Oct 1758, will of Bastion **Litlemyer**, innholder, of Baltimore Co., Maryland, to wife Mary **Litlemyer**, to son Christopher **Litlemyer** and daughter Catharine **Litlemyer**. Signed Bastion (x) **Zetelmyer**. Wit: Wom **Nioss** and Valentine **Larsch**.

13 Oct 1758, Thomas & Ann **Sheredine**, (son and heir of Thomas **Sheredine**), of Baltimore Co., Maryland to Nathan **Pumphry**, of Anne Arundel Co., Maryland, £40, 140 acres. Signed Thomas **Sheredine**. Wit: Nicholas Ruxton **Gay** and Samuel **Owings**.

7 Oct 1758, Thomas & Ann **Sheredine**, (son and heir of Thomas **Sheredine**), of Baltimore Co., Maryland to James **Carey**, of same, £88, 246 acres and 61 acres. Signed Thomas **Sheredine**. Wit: William **Rogers** and William **Lyon**.

7 Nov 1758, William **Hughes** Sr., of Baltimore Co., Maryland to

John **Hughes**, of same, 3,300 pounds of tobacco, 50 acres of 350 acres...drafts of Rock Run...patented by Thomas **White**...line of John **Durbin**. Signed William (x) **Hughes**. Wit: John **Hall** and John Treadwell **Waters**.

30 Oct 1758, Thomas **Harrison**, gentleman, of Baltimore Co., Maryland to William **Dunlap**, of same, £35, lot #92 in town of Baltimore. Signed Thomas **Harrison**. Wit: William **Rogers** and William **Lyon**.

20 Nov 1758, Peter & Susannah **Lashley**, of Baltimore Co., Maryland to Jacob **Crouss**, of same, £5, 100 acres. Signed Peter (x) **Lashley**. Wit: John **Shrimplin** and Honour (x) **Shrimplin**.

15 Nov 1758, Samuel & Jane **Lane**, of Baltimore Co., Maryland to Mayberry **Helms**, of same, £25, 23 acres...line of William **Rogers**. Signed Samuel (x) **Lane**. Wit: Nicholas Ruxton **Gay** and Robert **Gilcresh**.

4 Nov 1758, Robert & Jerniah **Cross**, planter, of Baltimore Co., Maryland to Benjamin **Barns**, planter, of same, 2,000 pounds of tobacco, 25 acres. Signed Robert **Cross**. Wit: Robert **Gilcresh** and William **Lyon**.

4 Nov 1758, William & Sarah **Gosnell** Jr., planter, of Baltimore Co., Maryland to Benjamin **Williams**, planter, of same, £12, 25 acres...upper fork of Middle Run. Signed William (x) **Gosnell** Jr. Wit: William **Lux** and Robert **Gilcresh**.

4 Nov 1758, Robert & Jerniah **Cross**, planter, of Baltimore Co., Maryland to William **Maddox**, planter, of same, 2,000, 25 acres. Signed Robert **Cross**. Wit: Robert **Gilcresh** and William **Lyon**.

15 Sep 1758, Michael **Taylor**, freeholder, of Baltimore Co., Maryland leases to William **Osborn** and Jacob **Osborn**, of same, 50 acres. Signed Michael **Taylor**, William (x) **Osborn** and Jacob (x) **Osborn**. Wit: John **Hall** and Samuel **Crockett**.

25 Nov 1758, George & Mary **Bailey**, of Baltimore Co., Maryland

to Samuel **Owings** Jr., of same, £20.75, 50 acres. Signed George (x) **Bailey**. Wit: Nicholas Ruxton **Gay** and Oliver **Cromwell**.

17 Nov 1758, George **Smith**, blacksmith, of Baltimore Co., Maryland to Hugh **Doran**, of same, 55 acres. Signed George (x) **Smith**. Wit: William **Husband** and William **Hopkins**.

7 Nov 1758, Richard **Richards**, yeoman, of Baltimore Co., Maryland to John **Meharge**, yeoman, of same, 50 acres. Signed Richard **Richards**. Wit: Andrew **Buchanan** and Andrew (x) **Stiger**.

17 Aug 1758, Thomas **Sligh**, of Baltimore Co., Maryland to Edward **Fell**, of same, £50, 20 acres. Signed Thomas **Sligh**. Wit: Nicholas Ruxton **Gay** and William **Rogers**.

10 Nov 1758, Moses **Collet**, of Baltimore Co., Maryland assignment of lease to William **Anderson**, of same, £25. Signed Moses (x) **Collet**. Wit: Nicholas Ruxton **Gay**.

18 Nov 1758, Thomas & Frances **Casdorp**, of Baltimore Co., Maryland to James **Bissett**, attorney, of same, £22, 100 acres...Gunpowder Neck. Signed Thomas **Casdorp**. Wit: Nicholas Ruxton **Gay** and William **Lyon**.

28 Oct 1758, John **Quarterman** and Andrew **Bratton**, of Baltimore Co., Maryland to Thomas **Cole** Jr., of same, £40, 94 acres. Signed John (x) **Quarterman** and Andrew **Bratton**. Wit: Nicholas Ruxton **Gay** and William **Rogers**.

5 Dec 1758, Ezekiel **Walker**, of Baltimore Co., Maryland to Robert **Gilcresh**, of same, £15, 50 acres and chattel goods. Signed Ezekiel (x) **Walker**. Wit: William **Sander** and William **Rogers**.

4 Dec 1758, Richard & Elinor **Croxall**, gentleman, of Baltimore Co., Maryland to Alexander **Lawson**, iron master, of same, £45, lot #12 in town of Baltimore...purchased of Charles **Carroll**. Signed Richard **Croxall**. Wit: William **Lyon** and Caleb **Dorsey** Jr.

1 Jul 1758, James **Lynch**, of Baltimore Co., Maryland to William

Andrews, of same, £100, 200 acres. Signed James **Lynch**. Wit: William **Dixon** and Abraham **Andrews**.

5 Dec 1758, Philip & Ann **Edwards**, planter, of Baltimore Co., Maryland to William **Wayger**, of same, £20.5, 50 acres. Signed Philip **Edwards**. Wit: William **Rogers** and Benjamin **Rogers**.

18 Dec 1758, Robert & Helen **Gilcresh**, planter, of Baltimore Co., Maryland to Thomas **Cook**, of same, £3.75, 125 acres. Signed Robert **Gilcresh**. Wit: Mayberry **Helms** Jr. and Edward **Lewis** Jr.

11 Jan 1759, Michael **Webster**, (son and heir of John **Webster**), of Baltimore Co., Maryland to his brother Isaac **Webster**, of same, (also have sister Sarah **Deaver**), for love and affection, 1 acre. Signed Michael **Webster**. Wit: John **Hall** and Hannah **Hall**.

27 Jan 1759, Thomas **Sligh**, of Baltimore Co., Maryland to Daniel **Chamier**, of same, £40, 4 acres. Signed Thomas **Sligh**. Wit: Nicholas Ruxton **Gay** and William **Rogers**.

29 Jan 1759, Gilbert **Crockett**, tanner, of Baltimore Co., Maryland to John **Moale**, of same, £100, lot #62 in town of Baltimore. Signed Gilbert **Crockett**. Wit: Charles **Croxall** and Christopher **Carnan**.

27 Feb 1759, John & Sarah **Pollard**, of Baltimore Co., Maryland to Moses **Ruth**, of same, £87.5, 125 acres. Signed John **Pollard**. Wit: E. **Andrews** and William **Husband**.

1 Mar 1759, Mary **Stansbury**, (executor of estate of Capt. Tobias **Stansbury**), of Baltimore Co., Maryland to Thomas **Stansbury** Jr., planter, of same, £40, 140 acres. Signed Mary **Stansbury**. Wit: Joseph **Taylor** and William **Lyon**.

23 Feb 1759, Roger & Rebecca **Boyce**, gentleman, of Baltimore Co., Maryland to John **Gill**, planter, of same, £171.5, 195 acres. Signed Roger **Boyce**. Wit: William **Young** and Samuel **Young**.

5 Feb 1759, James & Elizabeth **Wells** Jr., of Baltimore Co., Maryland to Adam **Burns**, of same, £15, 50 acres. Signed James (x)

Wells Jr. Wit: Nicholas Ruxton **Gay**.

5 Feb 1759, James & Elizabeth **Wells** Jr., of Baltimore Co., Maryland to Christian **Tomer**, of same, £15, 50 acres. Signed James (x) **Wells** Jr. Wit: Nicholas Ruxton **Gay**.

6 Feb 1759, Samuel & Catharine **Hooke**, of Baltimore Co., Maryland to Andrew **Stigar**, of same, £275, lot #86 in town of Baltimore. Signed Samuel **Hooke**. Wit: Nicholas Ruxton **Gay**.

2 Mar 1759, Nicholas Ruxton **Gay**, of Baltimore Co., Maryland assignment of lease to Andrew **Stigar**, of same, £60, 215 acres. Signed Nicholas Ruxton **Gay**. Wit: John **Hall** and Thomas **Dick**.

19 Feb 1759, Mary **Woodward** to Andrew **Stiger**, butcher, of Baltimore Co., Maryland, (mortgaged by her sister Elizabeth **Woodward**), lot in town of Baltimore. Signed Mary **Woodward**. Wit: Charles **Wells** Jr.

3 Mar 1759, John **Orrick**, of Baltimore Co., Maryland to Nicholas **Orrick**, (son and heir of John **Orrick**), of same, £0.25, 100 acres and 150 acres. Signed John **Orrick**. Wit: William **Lyon** and Stephen **Gill**.

27 Feb 1759, Robert & Hannah **Owings**, yeoman, of Baltimore Co., Maryland to Henry **Slagle**, of Barwick Twp., York Co., Pennsylvania, £34.9, 20 acres. Signed Robert **Owings**. Wit: Samuel **Owings** and Bale **Owings**.

7 Nov 1758, Thomas **White**, of Philadelphia, Pennsylvania leases to James **Mathews**, of Baltimore Co., Maryland, mouth of Rumley creek. Signed Thomas **White**. Wit: Aquila **Hall** and John **Mathews**.

16 Mar 1759, Samuel **Higginson**, (son and heir of John **Higginson**), brass founder, of Baltimore Co., Maryland to Joshua **Bond**, planter, of same, £60, 160 acres of 200 acres...purchased of Edward and William **Talbot**. signed Samuel **Higginson**. Wit: William **Young** and Thomas **Potts**.

16 Mar 1759, Joshua **Bond**, (son and heir of Thomas **Bond**), planter,

of Baltimore Co., Maryland to Samuel **Higginson**, brass founder, of same, £30, 167 acres. Signed Joshua **Bond**. Wit: William **Young** and Thomas **Potts**.

13 Mar 1759, Thomas **Harrison**, of Baltimore Co., Maryland to Jacob **Richards**, of same, £22.5, lot #82 in town of Baltimore. Signed Thomas **Harrison**. Wit: William **Rogers** and William **Lux**.

13 Mar 1759, Thomas **Harrison**, of Baltimore Co., Maryland to George Frederick **Brown**, of same, £22.5, lot #81 in town of Baltimore. Signed Thomas **Harrison**. Wit: William **Rogers** and William **Lux**.

14 Mar 1759, George Frederick **Brown**, of Baltimore Co., Maryland to Daniel **Chamier** and John **Carnan** of same, £28, lot #82 in town of Baltimore. Signed George Frederick **Brown**. Wit: William **Lyon** and Alexander **Stenhough**.

20 Dec 1758, Charles **Carroll**, of Annapolis, Anne Arundel Co., Maryland to Sebastian **Littlemire**, of Baltimore Co., Maryland, £5, lot #29 in town of Baltimore. Signed Charles **Carroll**. Wit: Benedict **Calvert** and Walter **Durany**.

14 Apr 1759, John & Ann **Starkey**, planter, of Baltimore Co., Maryland to Jonathan **Starkey**, planter, of same, £100, 100 acres and 58 acres...great falls of Gunpowder River. Signed John **Starkey**. Wit: Nicholas Ruxton **Gay** and William **Rogers**.

27 Mar 1759, Jacob & Frances **Crouse**, of York Co., Pennsylvania to Andres **Weltey**, farmer, of Baltimore Co., Maryland, £52, 150 acres...west side of Piney Branch. Signed Jacob **Crouse**. Wit: John **Grady** and Conrad **Breast**.

29 Nov 1758, John & Rachel **Durbin**, of Baltimore Co., Maryland to William **Andrews**, of same, £15, 50 acres...Salt Peter creek. Signed John **Durbin**. Wit: Nicholas Ruxton **Gay** and William **Young**.

8 Jan 1759, John **Jarman**, (son and heir of Thomas **Jarman**), of Baltimore Co., Maryland to William **Andrews**, of same, £44, 50

acres...Salt Peter Neck...purchased of John **Denton**. Signed John **Jarman**. Wit: Walter **Tolley** and Luke **Bond**.

21 Mar 1759, John **Oram**, planter, of Baltimore Co., Maryland leases to James **Calder**, mariner, of same, 100 acres...Maidens Choice Run. Signed John **Oram** and James **Calder**. Wit: Cooper **Oram** and Enoch **Bailey**.

20 Apr 1759, Thomas & Sophia **Sligh**, merchant, of Baltimore Co., Maryland to Lloyd **Buchanan**, gentleman, of same, £40, 4 acres. Signed Thomas **Sligh** and Lloyd **Buchanan**. Wit: William **Rogers** and William **Lyon**.

10 Apr 1759, Jacob **Shilling**, blacksmith, of Baltimore Co., Maryland to Christopher **Vaughan**, planter, of same, £60, 141 acres...head of Piney Run. Signed Jacob **Shilling**. Wit: Richard **Richards** and John **Merryman** Jr.

10 Apr 1759, Jacob **Shilling**, blacksmith, of Baltimore Co., Maryland to Christopher **Vaughan**, planter, of same, £6, 25 acres...head of Piney Run. Signed Jacob **Shilling**. Wit: Richard **Richards** and John **Merryman** Jr.

8 Dec 1758, William & Mary **Magruder**, of Prince Georges Co., Maryland to their son Basil **Magruder**, for love and affection, 600 acres... west side of middle branch of Patapsco River. Signed William **Magruder** and Mary **Magruder**. Wit: Mordecai **Jacobs** and Robert **Tyier**.

31 Jan 1759, Thomas & Sophia **Sligh**, of Baltimore Co., Maryland to Thomas **Hammond**, mariner, of same, £100, 14 acres. Signed Thomas **Sligh**. Wit: William **Rogers** and Edward **Fell**.

1 May 1759, Abraham **Raven**, planter, of Baltimore Co., Maryland to Samuel **Stansbury**, planter, of same, 70 acres, (land exchange), 70 acres. Signed Abraham **Raven**. Wit: William **Rogers** and William **Sanders**.

5 Mar 1759, William **Barney** Jr., joiner, of Baltimore Co., Maryland

to John **Gill** Sr. and Thomas **Bond**, planters, of same, £76.2, land and negro woman called Judah and negro boy called Bob. Signed William **Barney** Jr. Wit: Moses **Barney**.

5 May 1759, James & Rachel **Griffith**, farmer, of Baltimore Co., Maryland to Jonathan **Griffith**, farmer, of same, £5, 50 acres. Signed James (x) **Griffith**. Wit: Nicholas **Jones** and Thomas **Jones**.

5 May 1759, James & Rachel **Griffith**, farmer, of Baltimore Co., Maryland to John **Griffith**, farmer, of same, £5, 50 acres...head of a branch that descends into Patapsco Falls. Signed James (x) **Griffith**. Wit: Nicholas **Jones** and Thomas **Jones**.

5 May 1759, Robert & Margaret **Chapman**, yeoman, of Baltimore Co., Maryland to Nathan **Chapman**, carpenter, of same, £10, 50 acres. Signed Robert **Chapman**. Wit: Nicholas Ruxton **Gay**.

1 Apr 1759, Richard **Richards**, yeoman, of Baltimore Co., Maryland to Luke **Tipton**, of same, £15, 50 acres. Signed Richard **Richards**. Wit: Thomas Cockey **Deye** and Thomas **Merryman** Jr.

2 Apr 1759, John & Elizabeth **Keene**, planter, of Baltimore Co., Maryland to Rev. Andrew **Bay**, of Presbyterian Church, of same and James **Bissett**, William **Bennett**, Michael **Gilbert**, John **Hayes**, John **Hawkins**, John **Dunn**, James **Richards**, Alexander **Young**, William **Ramsey** and James **Armstrong**, members of said church, of St. Georges Parish, Baltimore Co., Maryland, £0.25, 168 perches. Signed John **Keene**, Elizabeth **Keene** and Andrew **Bay**. Wit: John **Deaver**, Samuel **Morgan** and Robert **Dunn**.

7 Apr 1759, Benjamin **Tracy**, of Baltimore Co., Maryland to Alexis **Lemon**, of same, £10, 34 acres. Signed Benjamin **Tracy**. Wit: Nicholas Ruxton **Gay**.

5 May 1759, Thomas & Sophia **Sligh**, merchant, of Baltimore Co., Maryland to Christopher **Sutton**, planter, of same, £40, 60 acres...south side of Gunpowder River. Signed Thomas **Sligh**. Wit: Nicholas Ruxton **Gay** and William **Rogers**.

5 May 1759, Thomas & Sophia **Sligh**, merchant, of Baltimore Co., Maryland to William **Fitch**, planter, of same, £40, 100 acres. Signed Thomas **Sligh**. Wit: Nicholas Ruxton **Gay** and William **Rogers**.

10 May 1759, George **Williams**, of Baltimore Co., Maryland assignment of lease to Henry **Williams**, of same, £550, 87 acres. Signed George **Williams**. Wit: Nicholas Ruxton **Gay**.

3 May 1759, John & Elizabeth **Paca**, of Baltimore Co., Maryland to Robert **Stevenson**, of same, £175, 150 acres...branch of James Run. Signed John **Paca**. Wit: James **Mathews** and Greenberry **Dorsey** Jr.

31 Mar 1759, Dulton **Lane** Sr., planter, of Baltimore Co., Maryland to his daughter Dinah **Gosnell**, of same, for love and affection, 31 acres...west side of Patapsco Falls. Signed Dulton **Lane**. Wit: Nicholas Ruxton **Gay** and William **Rogers**.

24 Apr 1759, John **Mathews**, (son of Roger **Mathews**), of Baltimore Co., Maryland to his brother Leven **Mathew**, of same, £0.25, 64 acres...,Rumney Creek. Signed John **Mathews**. Wit: John **Hall** and William **Dallam**.

12 May 1759, Thomas **White**, of Philadelphia, Pennsylvania to James **Mathews**, of Baltimore Co., Maryland, £30, 72 acres...east side of Bynams Run. Signed Thomas **White**. Wit: John **Mathews** and Aquila **Hall**.

19 Apr 1759, Gabriel & Sarah **McKimsey**, planter, of Frederick Co., Maryland to Nicholas **Rogers**, (3rd son of Nicholas **Rogers**, deceased, merchant, of same), good deed on 200 acres. Signed Gabriel (x) **McKimsey**. Wit: William **Rogers** and Peter **Hubbert**.

1 May 1759, Samuel **Stansbury**, planter, of Baltimore Co., Maryland to Abraham **Raven**, planter, of same, 70 acres, (land exchange), 70 acres...southeast side of Setter Hill Run... former line of John **Wheeler**. Signed Samuel (x) **Stansbury**. Wit: William **Wilkinson** and William **Rogers**.

14 May 1759, Sophia **Robertson**, (widow of Thomas **Demmitt**), her

eldest son William **Demmitt**, her son Richard & Rachel **Demmitt**, planter, of Baltimore Co., Maryland to Robert **Wilkinson**, farmer, of same, £60, 150 acres...surveyed for Walter **Dickinson**. Signed Sophia (x) **Roberton**, William (x) **Demmitt** and Richard (x) **Demmitt**. Wit: Nicholas Ruxton **Gay** and William **Rogers**.

6 Jun 1759, John **Prible**, of Baltimore Co., Maryland to his son Thomas **Prible**, of same, for love and affection, 80 acres...south side of Deer creek...line of Thomas **Knight**. Signed John (x) **Prible**. Wit: Aquila **Hall** and William **Rogers**.

10 Mar 1759, Thomas **Sligh** and William **Andrews**, of Baltimore Co., Maryland to John **Shepherd**, tailor, of same, £59, lots #40 and #41 in town of Baltimore. Signed Thomas **Sligh** and William **Andrews**. Wit: Nicholas Ruxton **Gay** and Thomas **Sollers**.

10 Mar 1759, John **Shepherd**, tailor, of Baltimore Co., Maryland to William **Nicholson**, baker, of same, £40, lots #40 and #41 in town of Baltimore. Signed John **Shepherd**. Wit: Nicholas Ruxton **Gay** and William **Rogers**.

14 May 1759, William **Demmitt**, (son and heir of Thomas **Demmett**), of Baltimore Co., Maryland to Richard **Demmitt**, of same, land exchange, 100 acres...Bear creek. Signed William (x) **Demmitt**. Wit: Nicholas Ruxton **Gay** and William **Rogers**.

1 May 1759, Charles & Elizabeth **Carroll**, of Annapolis, Anne Arundel Co., Maryland to Thomas **Sligh**, merchant, of Baltimore Co., Maryland, £146.15, 150 acres. Signed Charles **Carroll**. Wit: John **Brice** and John **Reresby**.

5 Jun 1759, Thomas & Sophia **Sligh**, of Baltimore Co., Maryland to Thomas **Dick**, of same, £66.8, 6 acres ...line of Christopher **Carnan**. Signed Thomas **Sligh**. Wit: Nicholas Ruxton **Gay** and William **Rogers**.

14 Mar 1759, Charles **Carroll** Jr. leases to John & Ann **Basey** and their sons John and Laban **Basey**, planter, of Baltimore Co., Maryland, 70 acres. Signed Charles **Carroll** Jr. Wit: William **Rogers**

and Richard **Croxall**.

20 Dec 1758, Charles **Carroll**, of Annapolis, Anne Arundel Co., Maryland to Edward **Ponteny**, of Baltimore Co., Maryland, £5, lot #164 in town of Baltimore. Signed Charles **Carroll**. Wit: Benedict **Calvert** and Walter **Dulany**.

26 May 1759, Nathan **Pumphry**, of Anne Arundel Co., Maryland to William **Tipton**, of Baltimore Co., Maryland, £25, 70 acres. Signed Nathan (x) **Pumphry**. Wit: Nicholas Ruxton **Gay** and William **Rogers**.

26 May 1759, Nathan **Pumphry**, of Anne Arundel Co., Maryland to Brian **Philpot** Jr., of same, £25, 70 acres. Signed Nathan (x) **Pumphry**. Wit: Nicholas Ruxton **Gay** and William **Rogers**.

30 May 1759, Brian & Mary **Philpot** Jr., of Baltimore Co., Maryland to Joseph **Bankson**, of same, £13.5, lot #43 in town of Baltimore. Signed Brian **Philpot** Jr. Wit: William **Lyon** and James **Cary**.

9 Mar 1759, receipt to Edward **Norwood**, for £20.95 and 297 pounds of tobacco. Signed Edward **Dorsey**. Wit: Basil **Dorsey** and John **Hall** Jr.

5 Jun 1759, Thomas & Sophia **Sligh**, of Baltimore Co., Maryland to William **Rogers**, of same, £40, 4 acres...line of Lloyd **Buchanan**. Signed Thomas **Sligh**. Wit: Nicholas Ruxton **Gay** and William **Lyon**.

8 Jun 1759, Thomas & Sophia **Sligh**, of Baltimore Co., Maryland to William **Rogers**, of same, £64, 7 acres...line of Abraham **Ensor**. Signed Thomas **Sligh**. Wit: Nicholas Ruxton **Gay** and Thomas **Franklin**.

8 Jun 1759, Thomas & Sophia **Sligh**, of Baltimore Co., Maryland to Abraham **Ensor**, of same, £56, 7 acres. Signed Thomas **Sligh**. Wit: Nicholas Ruxton **Gay** and Thomas **Franklin**.

31 May 1759, Thomas & Mary **Jones**, (son and heir of Thomas **Jones**), of Baltimore Co., Maryland to Charles **Worthington**, gentleman, of same, good deed, 100 acres...line of Garrett **Hopkins**. Signed Thomas **Jones**. Wit: William **Husband** and Mary **Husband**.

2 Jun 1759, on the back of a deed of gift from Nicholas Ruxton **Gay** to Sarah **Stewart**, wife of Alexander **Stewart**, 200 acres, received £0.4. Signed John **McCaull** Jr.

5 May 1759, Isaac & Elizabeth **Risteau**, of Baltimore Co., Maryland to George **Risteau**, of same, £35, 50 acres. Signed Isaac **Risteau**. William **Lyon** and Thomas **Sligh**.

25 Jun 1759, Col. John & Hannah **Hall**, of Baltimore Co., Maryland to John **Day**, (son of Edward), of same, £40, 55 acres...east side of Gunpowder River. Signed John **Hall**. Wit: John **Hall** and John **Mathews**.

25 Jun 1759, John **Day**, (son of Edward), of Baltimore Co., Maryland to Elizabeth **Jackson**, daughter of Isaac **Jackson**, of same, for love and affection, 30 acres...east side of Gunpowder River. Signed John **Day**. Wit: John **Mathews** and John **Hall**.

23 Jun 1759, Thomas & Sophia **Sligh**, of Baltimore Co., Maryland to Christopher **Carnan**, of same, £50, 5 acres...line of John **Carnan**. Signed Thomas **Sligh**. Wit: Nicholas Ruxton **Gay** and William **Rogers**.

23 Jun 1759, Thomas & Sophia **Sligh**, of Baltimore Co., Maryland to James **Cary**, of same, £60, 11 acres. Signed Thomas **Sligh**. Wit: Nicholas Ruxton **Gay** and William **Rogers**.

28 Jun 1759, Edward & Ann **Fell**, (son and heir of William **Fell**), of Baltimore Co., Maryland to James **Cary**, of same, £40, lot #5 in town of Baltimore. Signed Edward **Fell**. Wit: Nicholas Ruxton **Gay** and William **Rogers**.

10 Jun 1759, John **Stevenson**, (executor of estate of Richard **Chase**), of Baltimore Co., Maryland to John **Staller**, on behalf of Andrew

Stigar, £100, lot #34 in town of Baltimore. Signed John **Stevenson**.
Wit: Ditus **Huntway** and Robert **Armstrong**.

13 Jun 1759, Thomas & Hannah **Wilkinson**, of Baltimore Co., Maryland to Benjamin **Culver**, of same, £12, 25 acres...Swan creek. Signed Thomas **Wilkinson** and Hannah (x) **Wilkinson**. Wit: John **Paca** and Daniel **Preston**.

7 Jun 1759, Michael **Webster**, of Baltimore Co., Maryland to Ephraim **Gover**, of same, £23, 23 acres...northeast side of Deer creek. Signed Michael **Webster**. Wit: Joseph **Wilson** and William **Husband**.

27 Jun 1759, Michael **Webster**, of Baltimore Co., Maryland to Samuel **Wilson**, of same, £25, 25 acres...north side of Deer creek. Signed Michael **Webster**. Wit: Ephriam **Gover** and William **Husband**.

5 Jun 1759, John **Welsh**, gentleman, of Baltimore Co., Maryland to John **Cary**, hammerman, of same, £30, 60.5 acres...southwest side of Gwin Falls. Signed John **Welsh**. Wit: Nicholas Ruxton **Gay** and William **Lyon**.

6 Aug 1759, Ezekiel & Lorenall **Walker**, planter, of Baltimore Co., Maryland to Robert **Marshall**, planter, of Anne Arundel Co., Maryland, £20, 50 acres. Signed Ezekiel (x) **Walker**. Wit: William **Lyon** and Robert **Gilcresh**.

8 Aug 1759, Michael **Miller**, of Baltimore Co., Maryland to Andrew **Stigar**, of same, £120, 240 acres...line of Adam **Goose**. Signed Michael **Miller**. Wit: Nicholas Ruxton **Gay** and William **Robinson**.

14 Jul 1759, Thomas **White**, of Philadelphia, Pennsylvania to John **Crabtree**, of same, £50 and 459 pounds of tobacco, 150 acres...devised by William **Crabtree** to his wife, then his son William **Crabtree**. Signed Thomas **White**. Wit: Samuel **Keene** and Vachel **Keene**.

27 Jun 1759, Dalton **Lane** Sr., planter, of Baltimore Co., Maryland

to his daughter Mary **Murrey**, of same, £0.25, 100 acres...head branches of Western Run. Signed Dalton **Lane**. Wit: Andrew **Buchanan** and William **Rogers**.

3 Aug 1759, Roger & Rebecca **Boyce**, gentleman, of Baltimore Co., Maryland to Christopher **Carnan**, gentleman, of same, £112, 112 acres. Signed Roger **Boyce**. Wit: William **Young**, Samuel **Young** and Thomas **Franklin**.

28 Jun 1759, Thomas & Sophia **Sligh**, of Baltimore Co., Maryland to John **Birstall**, of Queen Annes Co., Maryland, £20, 2 acres. Signed Thomas **Sligh**. Wit: Nicholas Ruxton **Gay** and William **Rogers**.

9 Aug 1759, Thomas **Bond** and John **Bond**, of Baltimore Co., Maryland assignment of lease to Robert **Paterson**, of same, £10, 32 acres. Signed Thomas **Bond** and John **Bond**. Wit: Nicholas Ruxton **Gay** and Aquila **Hall**.

10 Aug 1759, Josias **Bowen**, of Baltimore Co., Maryland to Thomas **Sollers**, of same, £20, 22 acres. Signed Josias **Bowen**. Wit: Nicholas Ruxton **Gay** and William **Rogers**.

14 Jul 1759, Thomas **Harrison**, gentleman, of Baltimore Co., Maryland to John **Low**, of same, £41.6, 104 acres. Signed Thomas **Harrison**. Wit: Nicholas Ruxton **Gay** and William **Rogers**.

10 Sep 1759, James & Hannah **Crouch**, (said Hannah is the widow of Joshua **Starkie**), of Baltimore Co., Maryland to Jonathan **Starkie**, planter, of same, £70, 100 acres. Signed James **Crouch** and Hannah **Crouch**. Wit: Aquila **Hall** and William **Husband**.

15 Aug 1759, Philip **Hammond** release of mortgage to Thomas **Sheredine**, £370.35. Signed Philip **Hammond**. Wit: Christopher **Randall** and Jeremiah **Johnson**.

25 Aug 1759, Thomas & Ann **Sheredine**, of Baltimore Co., Maryland to Nicholas **Merryman**, (son of John), of same, £120, 300 acres. Signed Thomas **Sheredine** and Ann **Sheredine**. Wit: Nicholas

Ruxton **Gay** and William **Rogers**.

25 Aug 1759, Thomas **Sheredine**, planter, of Baltimore Co., Maryland to Nicholas **Merryman**, planter, of same, £140, negroes: Sandy, Jack, George, Will, Ruth Nell and Poll. Signed Thomas **Sheredine**. Wit: Nicholas Ruxton **Gay** and William **Rogers**.

21 Jun 1759, George & Elizabeth **Maxwell**, merchant, of Charles Co., Maryland to Corbin **Lee**, gentleman, of Baltimore Co., Maryland, £425, 500 acres...east side of Bush River... patented, 1685, by Basil **Brooks**. Signed George **Maxwell**. Wit: John **Winter** and James **Nivison**.

21 Aug 1759, Thomas & Jane **Potts**, weaver, of Cecil Co., Maryland to Thomas **Lucas**, carpenter, late of Prince Georges Co., Maryland, £101, 64 acres of 191 acres...purchased of Thomas **Bond**. Signed Thomas **Potts**. Wit: Walter **Tolley** and George **Presbury**.

16 Aug 1759, John **Murray**, of Baltimore Co., Maryland to Joseph **Cromwell**, of same, £75, 250 acres. Signed John (x) **Murray**. Wit: Nicholas Ruxton **Gay** and William **Lyon**.

10 Sep 1759, Corbin & Elenor **Lee**, of Baltimore Co., Maryland to Alexander **Lawson**, iron master, of same, £88, 100 acres. Signed Corbin **Lee**. Wit: Aquila **Hall** and William **Husband**.

25 Aug 1759, Thomas & Mary **Watson**, weaver, of Baltimore Co., Maryland to Thomas **Bennett**, of Anne Arundel Co., Maryland, £12, 47.5 acres... falls of Patapsco River. Signed Thomas **Watson**. Wit: Nicholas Ruxton **Gay** and William **Lyon**.

25 Aug 1759, Thomas & Mary **Watson**, weaver, of Baltimore Co., Maryland to Thomas **Bennett**, of Anne Arundel Co., Maryland, £109, 135 acres... draft of the falls of Patapsco River. Signed Thomas **Watson**. Wit: Nicholas Ruxton **Gay** and William **Lyon**.

25 Aug 1759, Thomas & Mary **Watson**, weaver, of Baltimore Co., Maryland to Thomas **Bennett**, of Anne Arundel Co., Maryland,

£8.5, 33 acres... draft of the falls of Patapsco River. Signed Thomas **Watson**. Wit: Nicholas Ruxton **Gay** and William **Lyon**.

3 Sep 1759, Thomas **Jones**, saddler, of Baltimore Co., Maryland to David **Morgan**, farmer, of same, £20.6, 122 acres...line of William **Hopkins** and Richard **Dallam**...purchased of Michael **Webster**. Signed Thomas **Jones**. Wit: Daniel **Heuly** and Frances **Heuly**.

27 Aug 1759, John & Hannah **Stump**, of Cecil Co., Maryland to Henry **Stump**, of Baltimore Co., Maryland, £200, 150 acres and 200 acres. Signed John **Stump**. Wit: William **Husband** and William **Husband** Jr.

25 Aug 1759, Joseph & Elizabeth **Peregoy**, planter, of Baltimore Co., Maryland to Edward **Talbot**, planter, of same, £22, 50 acres...south side of Gunpowder Falls. Signed Joseph **Peregoy**. Wit: Nicholas Ruxton **Gay** and William **Rogers**.

1759, John **Moore**, planter, of Baltimore Co., Maryland and Thomas & Sophia **Sligh**, of same to Edward **Dorsey**, of same, lot 153 in town of Baltimore...mortgaged by Henry **Noll**. Signed Thomas **Sligh** and John **Moore**.

8 Oct 1759, John **Ridgley**, merchant, of Baltimore Co., Maryland to Daniel **Zacharias**, farmer, of Frederick Co., Maryland, £25, 50 acres. Signed John **Ridgley**. Wit: William **Rogers** and Charles **Wells** Jr.

1 Oct 1759, Thomas **Harrison**, merchant, of Baltimore Co., Maryland leases to Thomas **Dick**, merchant, of same, lot #22 in town of Baltimore. Signed Thomas **Harrison** and Thomas **Dick**. Wit: William **Lyon** and William **Rogers**.

10 Oct 1759, Richard **Dallam**, planter, of Baltimore Co., Maryland to Samuel **Dallam**, planter, of same, £20, 150 acres...north side of Deer creek...line of William **Husband**. Signed Richard **Dallam**. Wit: William **Kemp** and William **Husband**.

10 Sep 1759, Christopher **Sewell**, planter, of Baltimore Co.,

Maryland to Thomas **Harrison**, gentleman, of same, £22.25, 84 acres. Signed Christopher (x) **Sewell**. Wit: William **Lyon** and William **Rogers**.

10 Oct 1759, George **Shou**, baker, of York Co., Pennsylvania to Jacob **Myers**, of Baltimore Co., Maryland, £180, lot #87 in town of Baltimore. Signed George **Shou**. Wit: William **Rogers** and Andrew (x) **Stigar**.

3 May 1759, Blois & Mary **Wright**, (son and heir of Thomas **Wright**, who was son and heir of Blois **Wright**), planter, of Baltimore Co., Maryland to William **Andrews**, innholder, of same, £115, head of Middle River. Signed Bloyce **Wright**. Wit: John **Talbot** and Thomas **Franklin**.

11 Oct 1759, Jonathan & Mary **Starkey**, planter, of Baltimore Co., Maryland to Alexander **Lawson**, James **Russell**, James **Wardrope**, Walter **Ewer** and John **Ewer**, iron workers, of same, £200, 200 acres. Signed Jonathan **Starkey**. Wit: Nicholas Ruxton **Gay** and Walter **Tolley**.

11 Oct 1759, George & Elizabeth **Simmons**, planter, of Baltimore Co., Maryland to Alexander **Lawson**, James **Russell**, James **Wardrope**, Walter **Ewer** and John **Ewer**, iron workers, of same, £37, 125 acres ...great falls of Gunpowder River. Signed George **Simmons**. Wit: Nicholas Ruxton **Gay**.

20 Jun 1754, Edward **Lloyd**, proprietary of Maryland leases to Dorcas **Sayter**, of Baltimore Co., Maryland, 81 acres. Signed Horatio **Sharpe**, Edward **Lloyd** and Dorcus **Sater**. Wit: Nicholas Ruxton **Gay**.

Aug 1759, John & Dorcas **Howard**, (late Dorcas **Sater**), of Baltimore Co., Maryland assignment of lease to Thomas **Jones**, of same, £79.7, 81 acres. Signed John (x) **Howard** and Dorcas (x) **Howard**. Wit: Nicholas Ruxton **Gay** and William **Lyon**.

14 Aug 1759, John & Dorcas **Howard**, (late Dorcas **Sater**, widow of Henry **Sater**), planter, of Baltimore Co., Maryland to Thomas

Jones, of same, £38, negro man called Possone. Signed John (x) **Howard**. Wit: Nicholas Ruxton **Gay** and William **Lyon**.

1 Nov 1759, John **Whips**, planter, of Anne Arundel Co., Maryland to William **Sellman**, (son of Thomas), of Baltimore Co., Maryland, £30, 159 acres. Signed John **Whips**. Wit: William **Lyon** and John (x) **Pritchet**.

Chapter 3
Baltimore Co., Maryland
Deed Records
Liber B.B. No. I.
1759-1761

8 Sep 1759, Joseph **Taylor**, (executor of the estate of Thomas **Carr**, late, of Baltimore Co., Maryland) to Benjamin **Bowen**, planter, of same, £180, 505 acres. Signed Joseph **Taylor**. Wit: Nicholas Ruxton **Gay** and William **Rogers**.

11 Aug 1759, Philip **Jones**, gentleman, of Baltimore Co., Maryland to Nicholas Ruxton **Gay**, of same, 1,800 pounds of tobacco and £7, 63 acres. Signed Philip **Jones**. Wit: William **Rogers** and William **Lyon**.

6 Nov 1759, Thomas **Sligh**, of Baltimore Co., Maryland to John Hammond **Dorsey**, of same, £40, 4 acres. Signed Thomas **Sligh**. Wit: Nicholas Ruxton **Gay** and Thomas **Franklin**.

5 Jun 1759, William **Pike**, of Baltimore Co., Maryland leases to Charles **Thomas**, of same, 50 acres. Signed William (x) **Pike** and Charles **Thomas**. Wit: Hugh (x) **Ovi** and Joseph **Waters**.

20 Oct 1759, William **Rogers**, gentleman, of Baltimore Co., Maryland to Zachariah **Lot**, of same, £24, 50 acres. Signed William **Rogers**. Wit: Nicholas Ruxton **Gay**.

6 Aug 1759, William & Sarah **Hamilton**, gentleman, of Baltimore Co., Maryland to John **Howe**, millwright, of same, £7.25, 7.25

acres...south side of main falls of Patapsco River. Wit: Samuel **Owings** and Thomas **Bond**.

18 Aug 1759, Ziporah **Gist**, (widow of Richard **Gist**), of Baltimore Co., Maryland to John **Marcer**, of same, £25, 24 acres. Signed Ziporah (x) **Gist**. Wit: Nicholas Ruxton **Gay** and William **Lyon**.

13 Nov 1759, Mark **Guishard**, planter, of Baltimore Co., Maryland leases to Thomas **Deadman**, planter, of same, 50 acres. Signed Mark **Guishard**. Wit: William (x) **Anderson** and George **Crudgenton**.

6 Nov 1759, Thomas **Harrison**, merchant, of Baltimore Co., Maryland leases to William **Buchanan**, merchant, of Carlisle, Cumberland Co., Pennsylvania, lot in town of Baltimore. Signed Thomas **Harrison** and William **Buchanan**. Wit: Nicholas Ruxton **Gay** and William **Rogers**.

6 Nov 1759, Thomas **Harrison**, merchant, of Baltimore Co., Maryland to William **Buchanan**, merchant, of Carlisle, Cumberland Co., Pennsylvania, payment to John **Smith**, lot #96 in town of Baltimore. Signed Thomas **Harrison**. Wit: Nicholas Ruxton **Gay** and William **Rogers**.

8 Nov 1759, Thomas **Sligh**, of Baltimore Co., Maryland to Col. William **Young**, of same, £40, 4 acres. Signed Thomas **Sligh**., Wit: Nicholas Ruxton **Gay** and Thomas **Franklin**.

20 Jun 1759, James **Dick** James **Monatt** and James **Nicholson**, (executors of the estate of William **Peale**, of Anne Arundel Co., Maryland) to William **Tipton** and Reese **Bowen**, planters, of Baltimore Co., Maryland, £37.95, 100 acres. Signed James **Dick**, James **Mouatt** and James **Nicholson**. Wit: Henry **Hall** and John **Ijams**.

15 Nov 1759, Isaac **Myer**, (son of Jacob **Myer**), yeoman, of Heidleberg Twp., Lancaster Co., Pennsylvania to John **Myer**, of York Co., Pennsylvania, £700.5, 145 acres of 465 acres... west side of Susquehanna River...patented by Thomas **Bond**, who sold to Thomas **Cresap**, who sold to said Jacob. Signed Isaac **Myer**. Wit:

Thomas **Armor** and Phil **Thewbarb**.

10 Nov 1759, Emanuel & Catharine **Teal**, planter, of Baltimore Co., Maryland to James **Barton**, planter, of same, £40, 50 acres. Signed Emanuel **Teal**. Wit: William **Rogers** and Nicholas **Rogers**.

8 Jun 1759, Robert **Adair**, John Hammond **Dorsey**, John **Ensor** and John **Moore** (executors of the estate of John **Paca** Jr.), of Baltimore Co., Maryland, Nathan **Hughs**, of Anne Arundel Co., Maryland and Joseph **Ensor**, of Cecil Co., Maryland to Thomas **Sligh**, of Baltimore Co., Maryland, good deed on 350 acres. Signed John Hammond **Dorsey**, John (x) **Ensor**, John **Moore**, Nathan **Hughs** and Joseph **Ensor**. Wit: Nicholas Ruxton **Gay** and William **Rogers**.

22 Nov 1759, Thomas **Harrison**, of Baltimore Co., Maryland to Adam **Goose**, £120, 384 acres. Signed Thomas **Harrison**. Wit: Nicholas Ruxton **Gay**.

23 Nov 1759, Richard & Elinor **Croxall**, gentleman, of Baltimore Co., Maryland to Andrew **Buchanan**, merchant, of same, £20, lot in town of Baltimore. Signed Richard **Croxall**. Wit: Nicholas Ruxton **Gay** and William **Rogers**.

26 Nov 1759, Edward **Pontany**, of Baltimore Co., Maryland to John **Ridgley**, of same, £45, lot #164 in town of Baltimore. Signed Edward **Pontany**. Wit: William **Lyon** and Samuel **Bailey**.

1 Dec 1759, Alexander & Dorothy **Lawson**, gentleman, of Baltimore Co., Maryland to Alexander **Wells**, of same, £32, 100 acres. Signed Alexander **Lawson**. Wit: Nicholas Ruxton **Gay** and William **Rogers**.

1 Dec 1759, William & Mary **Lyon**, of Baltimore Co., Maryland to Andrew **Stigar**, of same, £190, 13.5 acre lot in town of Baltimore. Signed William **Lyon**. Wit: Nicholas Ruxton **Gay** and William **Rogers**.

1 Dec 1759, James & Ann **Cary**, of Baltimore Co., Maryland to John **Ensor** Jr., of same, £50, lot in town of Baltimore. Signed James **Cary**. Wit: Nicholas Ruxton **Gay** and William **Rogers**.

28 Nov 1759, Thomas **Sligh**, of Baltimore Co., Maryland to Alexander **Stewart**, of same, £54.65, 8.75 acres. Signed Thomas **Sligh**. Wit: Nicholas Ruxton **Gay** and William **Lyon**.

15 Jun 1759, Thomas & Sophia **Sligh**, of Baltimore Co., Maryland to Jonathan **Plowman**, of same, £43.75, lot in town of Baltimore. Signed Thomas **Sligh**. Wit: Nicholas Ruxton **Gay** and Thomas **Dick**.

28 Jun 1759, Thomas & Sophia **Sligh**, of Baltimore Co., Maryland to Dr. William **Lyon**, of same, £50, 5 acres. Signed Thomas **Sligh**. Wit: Nicholas Ruxton **Gay** and William **Rogers**.

15 Jun 1759, Thomas & Sophia **Sligh**, of Baltimore Co., Maryland to James **Bonfield**, of same, £10, 1 acres. Signed Thomas **Sligh**. Wit: Nicholas Ruxton **Gay** and William **Rogers**.

15 Jun 1759, Thomas & Sophia **Sligh**, of Baltimore Co., Maryland to Feilder **Gaunt**, of Prince Georges Co., Maryland, £42, 4 acres. Signed Thomas **Sligh**. Wit: Nicholas Ruxton **Gay** and William **Rogers**.

15 Jun 1759, Thomas & Sophia **Sligh**, of Baltimore Co., Maryland to John **Carnan**, of same, £52.15, 5 acres. Signed Thomas **Sligh**. Wit: Nicholas Ruxton **Gay** and William **Rogers**.

28 Jun 1759, Thomas & Sophia **Sligh**, of Baltimore Co., Maryland to James **French**, of same, £25, 3.5 acres. Signed Thomas **Sligh**. Wit: Nicholas Ruxton **Gay** and William **Rogers**.

8 Jun 1759, Thomas & Sophia **Sligh**, of Baltimore Co., Maryland to John **Ensor**, of same, £40, 4 acres. Signed Thomas **Sligh**. Wit: Nicholas Ruxton **Gay** and William **Rogers**.

15 Jun 1759, Thomas & Sophia **Sligh**, of Baltimore Co., Maryland to John **Moale**, of same, £66.65, lot in town of Baltimore. Signed Thomas **Sligh**. Wit: Nicholas Ruxton **Gay** and William **Rogers**.

8 Nov 1759, Thomas & Sophia **Sligh**, of Baltimore Co., Maryland

to Samuel **Young**, of same, £40, 4 acres. Signed Thomas **Sligh**. Wit: Nicholas Ruxton **Gay** and William **Rogers**.

8 Nov 1750, Jesse **Bussey**, of Baltimore Co., Maryland to Abraham **Jarrott**, of same, £27.35, 100 acres. Signed Jesse **Bussey**. Wit: Nicholas Ruxton **Gay** and William **Rogers**.

21 Nov 1759, John & Helen **Beally**, (Helen is alias **Newsum**), of Baltimore Co., Maryland to Nathaniel **Smith**, of same, land trade, 250 acres for 250 acres. Signed John **Beally** and Helen (x) **Beally**. Wit: Nicholas Ruxton **Gay** and William **Rogers**.

7 Jun 1759, Richard **Forest**, of Baltimore Co., Maryland to Thomas **Franklin**, of same, £10, 300 acres...north side of back branch of Back River. Signed Richard **Forest**. Wit: Samuel **Caldwell** and Samuel **Abell** Jr. Power of attorney to William **Young** and William **Rogers**. Wit: George **Harryman**, Christopher **Duke**, Edward **Day**, Peter **Body** and Moses **Rawlings**.

5 Dec 1759, John **Day**, (son and heir of Edward **Day**), gentleman, of Baltimore Co., Maryland to Lawrence **Richardson**, planter, of same, 2,000 pounds of tobacco, 50 acres...sold by said Edward to Heathcoat **Pickett**, who assigned to James **Wantland**, who assigned to said Lawrence. Signed John **Day**. Wit: Thomas **Franklin** and William **Rogers**.

15 Jun 1759, Thomas & Sophia **Sligh**, of Baltimore Co., Maryland to Joseph **Bankson**, of same, £42.5, lot in town of Baltimore.. Signed Thomas **Sligh**. Wit: Nicholas Ruxton **Gay** and William **Rogers**.

11 Dec 1759, Richard **Richards**, of Baltimore Co., Maryland to Benjamin **Bowen**, of same, £8, 160 acres. Signed Richard **Richards**. Wit: Nicholas Ruxton **Gay** and William **Rogers**.

9 Nov 1759, Roger **Brook**, planter, of Calvert Co., Maryland leases to John **Smith**, millwright, of Baltimore Co., Maryland, 100 acres...lesser falls of Gunpowder River. Signed Roger **Brook**. Wit: David **Arnold** and Charles **Graham**.

7 Dec 1759, William & Clare **Young**, gentleman, of Baltimore Co., Maryland to William **Dewitt**, of same, £130, 320 acres...south side of Gwins Falls. Signed William **Young**. Wit: Edward **Andrews** and William **Godsgrace**.

26 Nov 1759, Walter **Dulany**, gentleman, of Annapolis, Anne Arundel Co., Maryland to David **Dulany**, attorney, of same, £0.25, share in iron works. Signed Walter **Dulany**. Wit: George **Stewart** and John **Ward**.

26 Nov 1759, Walter & Rebecca **Dulany**, gentleman, of Annapolis, Anne Arundel Co., Maryland to his sons Daniel **Dulany** and Walter **Dulany**, of same, for love and affection and £750 paid to their brother Dennis **Dulany**, one fifth share in iron works. Signed Walter **Dulany**. Wit: George **Stewart** and John **Ward**.

5 Dec 1759, Martha **Garrettson**, (widow of George **Garrettson**), of Baltimore Co., Maryland to Col. Thomas **White**, of Philadelphia, Pennsylvania, £30, 70 acres. Signed Martha **Garrettson**. Wit: Nicholas Ruxton **Gay** and Aquila **Hall**.

17 Dec 1759, William & Ann **Fell**, planter, of Baltimore Co., Maryland to John **Cooper**, weaver, of same, £37, 50 acres. Signed William (x) **Fell**. Wit: Nicholas Ruxton **Gay**.

9 Jan 1560, Andrew & Mary **Stigar**, of Baltimore Co., Maryland to Yanckham **Yangham**, of same, £130, 240 acres...purchased of Michael **Miller**, who purchased of Thomas **Harrison**. Signed Andrew **Stigar**. Wit: Nicholas Ruxton **Gay** and William **Rogers**.

16 Jan 1760, Michael **Taylor**, (born 17 Nov 1738), (son of Abraham **Taylor** and brother of James **Taylor**), planter, of Baltimore Co., Maryland to Andrew **Leudrum**, of same, £0.25, good deed. Signed Michael **Taylor**. Wit: John **Hall** and Mary **Hewlings**.

28 Jan 1760, Nathaniel & Elizabeth **Smith**, planter, of Baltimore Co., Maryland to Andrew **Leudrum**, clerk, of same, £250, 200 acres and 50 acres. Signed Nathaniel **Smith**. Wit: John **Hall** and William **Jenkins** Jr.

12 Jan 1760, Charles & Rebecca **Croxall**, of Baltimore Co., Maryland to Richard **Moale**, of same, £50, lot #13 in town of Baltimore. Signed Charles **Croxall**. Wit: Nicholas Ruxton **Gay** and William **Rogers**.

5 Feb 1760, Thomas **Harrison**, merchant, of Baltimore Co., Maryland leases to John **Carnan**, of same, lot #77 in town of Baltimore. Signed Thomas **Harrison** and John **Carnan**. Wit: Nicholas Ruxton **Gay** and William **Lyon**.

10 Jan 1760, Edward **Day**, of Baltimore Co., Maryland leases to Basil **Lucas**, of Anne Arundel Co., Maryland, line of Francis **Ingram**, George **Chiles** and John **Durbin**. Signed Edward **Day** and Basil **Lucas**. Wit: William **Kiley** and Ann **Deaver**.

20 Feb 1760, Richard & Mary **Burgess**, planter, of Anne Arundel Co., Maryland to George **Presbury**, planter, of Baltimore Co., Maryland, £90, 306 acres...Waltons creek...surveyed, 11 Apr 1695, for George **Burgess**. Signed Richard **Burgess**. Wit: George **Stewart** and William **Dowie**.

13 Dec 1759, Thomas & Sophia **Sligh**, merchant, of Baltimore Co., Maryland to Lloyd **buchanan**, gentleman, of same, £100, 10 acres. Signed Thomas **Sligh**. Wit: Nicholas Ruxton **Gay**.

13 Feb 1760, Timothy & Elizabeth **Murphy**, (son and heir of John **Murphy**), of Baltimore Co., Maryland to Aquila **Hall**, of same, £90, 100 acres...east side of branch of Rummey Run. Signed Timothy (x) **Murphy**. Wit: John **Hall**, Rebecca **Mathews**, James **Heath** and Amos **Garrett**.

5 Mar 1760, Michael & Mary **Taylor**, (eldest son and heir of Abraham **Taylor**), of Baltimore Co., Maryland to Garrett **Garrettson**, of same, £224.5, 216 acres of 366 acres...purchased of Joshua **Wood**. Signed Michael **Taylor**. Wit: John **Hall** and Edward **Garrettson**.

7 Nov 1759, Charles & Elizabeth **Baker**, of Baltimore Co., Maryland to Joshua **Cockey**, of same, £10, 66.67 acres. Signed

Charles **Baker** and Elizabeth (x) **Baker**. Wit: Thomas **Franklin** and William **Rogers**.

1 Mar 1760, Seaborn **Tucker**, planter, of Baltimore Co., Maryland to Roger **Bishop**, planter, of same,, 8,000 pounds of tobacco, 100 acres...north side of Deer creek. Signed Seaborn **Tucker**. Wit: Daniel **Preston** and William **Kennedy**.

4 Feb 1760, Thomas **Harrison**, merchant, of Baltimore Co., Maryland leases to John **Hart**, of same, lot #75 in town of Baltimore. Signed Thomas **Harrison** and John **Hart**. Wit: Nicholas Ruxton **Gay** and William **Lyon**.

3 Mar 1760, Thomas **Bond**, of Baltimore Co., Maryland to John **Moale**, of same, £100, 310 acres. Signed Thomas **Bond**. Wit: Nicholas Ruxton **Gay** and William **Rogers**.

12 Nov 1759, William **Winchester**, of Baltimore Co., Maryland to Robert **Hewstone**, of Frederick Co., Maryland, £15, 50 acres. Signed William **Winchester**. Wit: Samuel **Owings** and William **Rogers**.

26 Jan 1760, Mary **Griffith**, Luke **Griffith**, Thomas **Wheeler**, Elizabeth **Wheeler** and Solomon **Hillen**, of Baltimore Co., Maryland to Charles **Ridgley**, merchant, of same, £152, 239 acres. Signed Mary (x) **Griffith**, Luke **Griffith**, Thomas **Wheeler**, Elizabeth **Wheeler** and Solomon **Hillen**. Wit: John **Hall** Jr.

15 Jan 1760, Thomas & Sophia **Sligh**, of Baltimore Co., Maryland to William **Richardson**, of same, £50, 5 acres. Signed Thomas **Sligh**. Wit: Nicholas Ruxton **Gay** and William **Rogers**.

15 Feb 1760, Cornelius **Clark**, of Baltimore Co., Maryland to James **Clark**, of same, £18, 36 acres. Signed Cornelius **Clark**. Wit: Nicholas Ruxton **Gay** and William **Lyon**.

16 Feb 1760, Cornelius **Clark**, of Baltimore Co., Maryland to James **Hutchison**, of same, £50, 108 acres. Signed Cornelius **Clark**. Wit: Nicholas Ruxton **Gay** and William **Lyon**.

28 Feb 1760, Peter & Susannah **Bond**, planter, of Baltimore Co., Maryland to Richard **Bond**, of same, £18, 50 acres. Signed Peter **Bond**. Wit: William **Lyon** and William **Rogers**.

3 Mar 1760, William & Mary **Lyon**, of Baltimore Co., Maryland to Thomas **Bond**, of same, £30, 50 acres. Signed William **Lyon**. Wit: Nicholas Ruxton **Gay** and William **Rogers**.

4 Feb 1760, Thomas **Harrison**, merchant, of Baltimore Co., Maryland leases to Christian **Apple**, of same, lot #108 in town of Baltimore. Signed Thomas **Harrison** and Christian **Apple**. Wit: Nicholas Ruxton **Gay** and William **Lyon**.

12 Dec 1759, Thomas **Clendenning**, of Baltimore Co., Maryland to Nathan **Shaw**, of Anne Arundel Co., Maryland, £214, lots #13 and #14 in town of Baltimore. Signed Thomas **Clendenning**. Wit: Nicholas Ruxton **Gay** and William **Lyon**.

4 Mar 1760, James & Ann **Cary**, of Baltimore Co., Maryland to George **Cole**, of same, £31.5, 51 acres...Herring Run. Signed James **Cary**. Wit: Nicholas Ruxton **Gay**.

20 Sep 1759, William **Richardson**, of Baltimore Co., Maryland to William **Andrews**, innholder, of same, £12, lot in town of Joppa. Signed William **Richardson**. Wit: William **Wilkins** and Henry **Gassaway**.

5 Mar 1760, William **Varghwart**, carpenter, of Baltimore Co., Maryland to Thomas **Allinder**, hammerman, of same, £80, 50 acres. Signed William **Vrchwart**. Wit: John **Hall** Jr. and William **Husband**.

14 Feb 1760, Richard **Deaver**, planter, of Baltimore Co., Maryland to his daughter Mary **Anderson**, wife of Charles **Anderson**, of same, for love and affection, 50 acres...Deer creek. Signed Richard **Deaver**. Wit: Benjamin **Green** and William **Smith**.

8 Apr 1760, Edward **Lloyd**, of Baltimore Co., Maryland leases to James **Eagon**, of same, 40 acres. Signed Edward **Lloyd** and James

Eagon. Wit: Nicholas Ruxton Gay.

12 Mar 1760, Isaac & Elizabeth **Wood**, planter, of Baltimore Co., Maryland to Aquila **Hall**, merchant, of same, £50, 100 acres...between branches of Deer and Swan creeks. Signed Isaac **Wood**. Wit: John **Hall** and William **Dallam**.

4 Mar 1760, Adam & Elizabeth **Goose**, of Baltimore Co., Maryland to Michael **Gore**, of same, £20.75, 42 acres. Signed Adam **Goose**. Wit: Nicholas Ruxton **Gay** and William **Rogers**.

4 Mar 1760, Adam & Elizbeth **Goose**, of Baltimore Co., Maryland to Valentine **Wing**, of same, £70, 142 acres. Signed Adam **Goose**. Wit: Nicholas Ruxton **Gay** and William **Rogers**.

11 Mar 1760, James **Chilcoat**, carpenter, of Baltimore Co., Maryland to John **Stevenson**, planter, of same, £11, 50 acres. Signed James (x) **Chilcoat**. Wit: Nicholas Ruxton **Gay** and William **Rogers**.

26 Mar 1760, John & Achsale **Carnan**, of Baltimore Co., Maryland to William **Buchanan**, of Cumberland Co., Pennsylvania, £52, 5 acres. Signed John **Carnan**. Wit: Nicholas Ruxton **Gay** and William **Lyon**.

31 Mar 1760, Nathan & Elenor **Shaw**, of Baltimore Co., Maryland to John **Ridgley**, of same, £72, lots #13 and #14 in town of Baltimore. Signed Nathan **Shaw**. Wit: Charles **Wells** Jr. and Samuel **Bailey**.

18 Mar 1760, William & Rosannah **Pontany**, carpenter, of Baltimore Co., Maryland to John **Ridgley**, gentleman, of same, £50, lot #163 in town of Baltimore. Signed William **Pontany**. Wit: Charles **Wells** Jr. and Samuel **Bailey**.

12 Mar 1760, Thomas **Harrison**, merchant, of Baltimore Co., Maryland leases to Benjamin **Swoope** and George **Swoope**, of same, lots #62 and #63 in town of Baltimore. Signed Thomas **Harrison**, Benjamin **Swoope** and George **Swoope**. Wit: Nicholas Ruxton **Gay** and William **Rogers**.

15 Mar 1760, Valentine & Mary **Larsch**, planter, of Baltimore Co., Maryland leases to Benjamin **Swoope**, of York Co., Pennsylvania, lot #70 in town of Baltimore. Signed Valentine **Larsch** and Benjamin **Swoope**. Wit: Michael **Outser** and Guniel **Brunitz**.

8 Mar 1760, John & Sarah **Thomas**, of Baltimore Co., Maryland to Benjamin **Swoope**, of Oley, Berks Co., Pennsylvania, £65, 50 acres and 40 acres. Signed John **Thomas**. Wit: George **Mathews**, Robert (x) **Jordan** and Richard **O'Donnell**.

3 May 1760, Thomas **Mathews**, of Baltimore Co., Maryland to Benjamin **Swoope**, of Oley, Berks Co., Pennsylvania, £4.25, 41 acres. Signed Thomas **Mathews**. Wit: Nicholas Ruxton **Gay** and William **Rogers**.

31 Mar 1760, John **Bond**, of Baltimore Co., Maryland to Jacob **Shertell**, carpenter, of same, £20, two lots in town of Joppa. Signed John **Bond**. Wit: William **Young** and Jesse **Bussey**.

15 Mar 1760, Richard **Ruff**, of Baltimore Co., Maryland to John **Paca**, of same, £12, 0.7 acres. Signed Richard **Ruff**. Wit: Aquila **Hall** and John **Mathews**.

22 Mar 1760, Edward **Cantwell**, (son and heir of Edward **Cantwell**), of Baltimore Co., Maryland to Edward **Garrettson**, of same, £64, 200 acres. Signed Edward (x) **Cantwell**. Wit: John **Hall** and Samuel **Howard**.

13 Mar 1760, Joseph & Elizabeth **Lee**, planter, of Baltimore Co., Maryland to William **Fisher**, planter, of same, £90, 202 acres. Signed Joseph (x) **Lee**. Wit: William **Husband**, Thomas **Bradley** and William **Fisher** Jr.

10 Apr 1760, Jacob **Schartell**, carpenter, of Baltimore Co., Maryland to John **Roberts**, planter, of same, £384.75, lots #34 and #35 in town of Joppa. Signed Jacob **Schartell** and John **Roberts**. Wit: William **Young** and Walter **Tolley**.

19 Mar 1760, Thomas **Litten**, of Baltimore Co., Maryland to

Michael **Litten**, of same, good deed on 25 acres. Signed Thomas **Litten**. Wit: James **Crawford**, Robert **Hawkins**, Samuel **Litten** and Mordecai **Crawford**.

28 Mar 1760, John Locan **Isreal**, (son and heir of John **Isreal**), planter, of Anne Arundel Co., Maryland to Edward **Norwood**, of Baltimore Co., Maryland, £15, three tracts. Signed John Locan **Isreal**. Wit: Joshua **Warfield** and Henry **Dorsey**.

12 Nov 1759, William **Winchester**, farmer, of Baltimore Co., Maryland to Peter **Sturup**, blacksmith, of Lancaster Co., Pennsylvania, £10, 50 acres. Signed William **Winchester**. Wit: Samuel **Owings** and William **Rogers**.

12 Nov 1759, Michael **Wibright**, blacksmith, of Lancaster Co., Pennsylvania to Peter **Sturup**, blacksmith, of same, £50, 50 acres. Signed Michael **Wibright**. Wit: Samuel **Owings** and William **Rogers**.

10 apr 1760, James **Bissett**, attorney, of Baltimore Co., Maryland to John **Mathews**, gentleman, of same, £5, 315 acres...David **Bissett**, deceased was indebted to William **Hollis** for £280. Signed James **Bissett** and John **Mathews**. Wit: John **Hall** and William (x) **Daugherty**.

24 Mar 1760, Thomas **Harrison**, merchant, of Baltimore Co., Maryland leases to Andrew **Stigar**, of same, lot in town of Baltimore. Signed Thomas **Harrison** and Andrew **Stigar**. Wit: Nicholas Ruxton **Gay** and William **Rogers**.

15 Apr 1760, Zipporah **Gist**, of Baltimore Co., Maryland to John **Moale** and Christopher **Carnan**, of same, £24, line of Capt. Robert **North**, who purchased of Christopher and Nathaniel **Gist**... line of Elizabeth **Carnan**. Signed Zipporah (x) **Gist**. Wit: William **Lyon** and Robert **Lux**.

5 Apr 1760, William & Sophia **Demmitt**, son of Thomas **Demmitt**, of Baltimore Co., Maryland to William **Holmes**, of same, £5, 50 acres...southeast side of Bear creek. Signed William (x) **Demmitt**.

Wit: Nicholas Ruxton **Gay** and William **Rogers**.

4 May 1759, Thomas & Elizabeth **Tredway**, innholder, of Baltimore Co., Maryland to John **Goodwin**, cordwinder, of same, £7, west side of James Run. Signed Thomas **Tredway**. Wit: Aquila **Hall** and John **Mathews**.

29 Apr 1760, Nathaniel **Waters**, of Annapolis, Anne Arundel Co., Maryland to Valentine **Larsch**, of Baltimore Co., Maryland, £35, lot #61 in town of Baltimore...purchased of Samuel **Hooke**. Signed Nathaniel **Waters**. Wit: Henry **Gassaway** and Conrad **Schmidt**.

30 Apr 1760, Charles **Carroll**, of Annapolis, Anne Arundel Co., Maryland to Valentine **Larsch**, Conrad **Smith** and Jacob **Keepant** of Baltimore Co., Maryland, £18, lots #151 and #152 in town of Baltimore...devised by Charles **Carroll** to his sons Charles and Daniel, deceased. Signed Charles **Carroll**. Wit: William **Worthington** and William **Ireland**.

19 Apr 1760, George Nicholas & Ann **Meyers**, of Baltimore Co., Maryland to Valentine **Larsch**, of same, £300, 170 acres and lot #84 in town of Baltimore. Signed George Nicholas **Meyers**. Wit: Nicholas Ruxton **Gay** and William **Rogers**.

1 Apr 1760, Christopher **Vaughan**, planter, of Baltimore Co., Maryland to Richard **Richards**, yeoman, of same, £4.15, 50 acres...northern fork of Patapsco River. Signed Christopher **Vaughan**. Wit: Andrew **Buchanan** and Stephen **Gill**.

3 May 1760, Thomas **Sligh**, of Baltimore Co., Maryland to Brian **Philpot**, of same, £0.25, 35 acres...head of northwest branch of Patapsco River and lot in town of Baltimore. Signed Thomas **Sligh**. Wit: Nicholas Ruxton **Gay** and William **Lyon**.

2 May 1760, Joseph & Deborah **Smith**, iron master, of Baltimore Co., Maryland agreement with Jacob **Giles** and William **Young**, of same, to hand over property of Stephen **Onion**, deceased. Signed Joseph **Smith** and Deborah **Smith**. Wit: William **Cox** and Nathaniel **Rigbie**.

14 May 1760, Joseph & Deborah **Smith**, iron master, of Baltimore Co., Maryland to Jacob **Giles** and William **Young**, of same, sums owed Horatio **Sharpe** and Zachariah **Hood**, 251 acres... Muddy creek...negroes: Scipio, January, Joebank, Adam, Lott, Sampson, Phill, Africa, Ben, Ceasar, Hart, Cudjoe, Bobb Sr., Cato, Peter, Stafford, Dick, Pompey, Mingoe Sr., George, Daniel, Andrew, Mingoe Jr., Ceasarcarp, Jack, Joe, Carter, Sarah, Grace, Lydia, Jenny, Rachel, Sal, Moryboy, Mark, Emanuel, Pegg, Bobb Jr. and Jupiter. Signed Joseph **Smith** and Deborah **Smith**. Wit: Amos **Garrett** and Joseph **Waters**.

21 Apr 1760, William & Cassandra **Wilson**, of Baltimore Co., Maryland to Henry **Wilson**, of same, £220. Signed William **Wilson**. Wit: Edward **Andrews** and William **Croxall**.

30 Dec 1759, Thomas **Harrison**, merchant, of Baltimore Co., Maryland leases to James **Franklin**, of same, lot #74 in town of Baltimore. Signed Thomas **Harrison** and James **Franklin**. Wit: Nicholas Ruxton **Gay** and William **Lyon**.

21 Mar 1760, Henry & Elizabeth **Baker**, of Cecil Co., Maryland to William **Horton**, of Baltimore Co., Maryland, £100, 110 acres and 203 acres. Signed Henry **Baker**. Wit: Nathaniel **Baker**, Francis **McCullock** and Samuel **Baker**.

8 May 1760, Edward & Catharine **Stogsdale**, planter, of Baltimore Co., Maryland to Nathaniel **Davis**, planter, of same, £5, 67 acres. Signed Edward (x) **Stogsdale**. Wit: William **Lyon** and Robert **Lux**.

3 May 1760, John & Elizabeth **Paca**, of Baltimore Co., Maryland to Rev. Andrew **Bay**, of same, £38, 38 acres...James Run. Signed John **Paca**. Wit: John **Hall** Jr. and Robert **Alexander**.

26 May 1760, Cornelius **Stewart**, of Baltimore Co., Maryland assignment of lease to Robert **Patterson**, of same, £27, 100 acres. Signed Cornelius (x) **Stewart**. Wit: William **Young** and Thomas **Franklin**.

7 Mar 1760, Abraham **Bull**, of Baltimore Co., Maryland assignment

of lease to James **Freeman**, of same, 2,000 pounds of tobacco, 68 acres. Signed Abraham **Bull**. Wit: Nicholas Ruxton **Gay**.

28 Apr 1760, Nicholas & Hannah **Orrick**, of Baltimore Co., Maryland to Henry **Pipper**, of same, £27.9, 93 acres. Signed Nicholas **Orrick**. Wit: William **Lyon** and Brian **Philpot**.

28 Apr 1760, Nicholas & Hannah **Orrick**, of Baltimore Co., Maryland to Thomas **Norris**, of same, £2, 4 acres. Signed Nicholas **Orrick**. Wit: William **Lyon** and Brian **Philpot**.

28 Apr 1760, Nicholas & Hannah **Orrick**, of Baltimore Co., Maryland to Henry **Pimberton**, of same, £61, 122 acres. Signed Nicholas **Orrick**. Wit: William **Lyon** and Brian **Philpot**.

12 Mar 1760, Michael & Mary **Gilbert**, planter, of Baltimore Co., Maryland to William **Cox**, of same, £40, 666 acres...head of Swan creek. Signed Michael **Gilbert**. Wit: Edward **Andrews** and William **Husband** Jr.

12 Mar 1760, Michael & Mary **Gilbert**, planter, of Baltimore Co., Maryland to Charles **Gilbert**, of same, £25, 33 acres...head of Swan creek. Signed Michael **Gilbert**. Wit: Edward **Andrews** and William **Husband** Jr.

12 May 1760, Richard **Keene**, of Baltimore Co., Maryland to Nicholas **Kroesen**, £250, 400 acres ...Stoney Ridge. Signed Richard **Keene**. Edward **Andrews** and William **Husband** Jr.

4 Jun 1760, Richard **Dallam** and Grace **Wallis**, of Baltimore Co., Maryland to John **Windman**, of same, £20, 65 acres...north side of Board creek. Signed Richard **Dallam** and Grace **Wallis**. Wit: Nicholas Ruxton **Gay** and William **Husband**.

12 Mar 1760, Thomas **Sligh**, of Baltimore Co., Maryland to Conrad **Smith**, of same, £30, 3 acres. Signed Thomas **Sligh**. Wit: Nicholas Ruxton **Gay** and William **Rogers**.

3 Jun 1760, Mary **Sittlemire**, innholder, of Baltimore Co., Maryland

to Conrad **Conrode**, joiner, of same, £80, lot #29 in town of Baltimore. Signed Mary (x) **Sittlemire**. Wit: Nicholas Ruxton **Gay** and Daniel **Brontz**.

27 May 1760, Jesse **Bussey**, of Baltimore Co., Maryland to Lewis **Evans**, of same, £20, 20.5 acres. Signed Jesse **Bussey**. Wit: Nicholas Ruxton **Gay** and William **Rogers**.

27 May 1760, Jesse & Mary **Bussey** of Baltimore Co., Maryland to Lewis **Evans**, of same, £100, 76 acres. Signed Jesse **Bussey** and Mary **Bussey**. Wit: Nicholas Ruxton **Gay** and William **Rogers**.

2 Jun 1760, John & Mary **Ridgley**, gentleman, of Baltimore Co., Maryland leases to Valentine **Larsch**, innholder, of same, lot #34 in town of Baltimore. Signed John **Ridgley** and Valentine **Larsch**. Wit: William **Rogers** and Charles **Wells** Jr.

5 Jun 1760, John **Pribble** to his son John **Pribble** Jr., for love and affection, bond of £200, 50 acres...purchased of Richard **Butts**. Signed John (x) **Pribble**. Wit: William **Cox** and Nathaniel **Rigbie**.

15 Mar 1760, Valentine **Larsch**, of Baltimore Co., Maryland leases to Benjamin **Swoope**, of York Co., Pennsylvania, lot #70 in town of Baltimore. Signed Valentine **Larsch** and Benjamin **Swoope**. Wit: Daniel **Brontz**.

6 Jun 1760, Laban & Ruth **Ogg**, planter, of Baltimore Co., Maryland to David **Malsby**, Philadelphia Co., Pennsylvania, £120, little falls of Gunpowder River...purchased of Nehemiah **Hicks**, deceased and 82 acres...patented by Thomas **Bond**, who sold to Henry **Hicks**, who devised to William **Robinson**, who sold to said Laban. Signed Laban **Ogg**. Wit: Samuel **Owings** and William **Young**.

19 Apr 1760, William **Jones**, of Baltimore Co., Maryland to Henry **Williams**, of same, £40, 78 acres. Signed William (x) **Jones**. Wit: Nicholas Ruxton **Gay** and Nicholas **Orrick**.

13 May 1760, John & Hester **Watkins** Jr., (heir of Elizabeth

Carpenter, widow of John **Carpenter** and married George **Plater**), gentleman, of Anne Arundel Co., Maryland to John **Maccomas**, planter, of Baltimore Co., Maryland, £50, 100 acres... Brians Run. Signed John **Watkins** Jr. Wit: Henry **Hall** and John **Jiams**.

13 May 1760, John & Hester **Watkins** Jr., (heir of Elizabeth **Carpenter**, widow of John **Carpenter** and married George **Plater**), gentleman, of Anne Arundel Co., Maryland to Solomon **Maccomas**, planter, of Baltimore Co., Maryland, £50, 100 acres... Brians Run. Signed John **Watkins** Jr. Wit: Henry **Hall** and John **Jiams**.

24 May 1760, John & Elizabeth **McCool**, of Baltimore Co., Maryland to Hugh **Kirkpatrick**, blacksmith, of same, £400, 300 acres...east side of Brians Run. Signed John **McCool**. Wit: John **Paca** and James **Christie** Jr.

31 May 1760, Edward **Fell**, of Baltimore Co., Maryland to Benjamin **Rogers**, of same, £5, 20 acres...head of northwest branch of Patapsco River. Signed Edward **Fell**. Wit: Nicholas Ruxton **Gay** and John **Dorsey**.

9 Jun 1760, Clement **Holliday**, (son and heir of Elinor **Holliday**, formerly of Prince Georges Co., Maryland) to Roger **Boyce**, of Baltimore Co., Maryland, £200, 500 acres...devised by Clement **Hill** to said Elinor. Signed Clement **Holliday**. Wit: Nicholas Ruxton **Gay** and William **Rogers**.

13 Jun 1760, William & Lydia **Winchester**, farmer, of Frederick Co., Maryland to Philip **Kriese**, cordwinder, of Baltimore Co., Maryland, £15, 50 acres. Signed William **Winchester**. Wit: Nicholas Ruxton **Gay** and William **Rogers**.

13 Jun 1760, William & Lydia **Winchester**, farmer, of Frederick Co., Maryland to John **Showers**, cordwinder, of Baltimore Co., Maryland, £90, 237 acres. Signed William **Winchester**. Wit: Nicholas Ruxton **Gay** and William **Rogers**.

13 Jun 1760, William & Lydia **Winchester**, farmer, of Frederick Co., Maryland to Peter **Sipp**, merchant and tailor, of Baltimore Co.,

Maryland, £12, 50 acres. Signed William **Winchester**. Wit: Nicholas Ruxton **Gay** and William **Rogers**.

30 Jun 1760, William & Lydia **Winchester**, farmer, of Frederick Co., Maryland to Christian **Hahhon**, of York Co., Pennsylvania, £30, 115 acres. Signed William **Winchester**. Wit: Nicholas Ruxton **Gay** and William **Rogers**.

30 Jun 1760, William & Lydia **Winchester**, farmer, of Frederick Co., Maryland to Henry **Feather**, farmer, of Baltimore Co., Maryland, £40, 100 acres. Signed William **Winchester**. Wit: Nicholas Ruxton **Gay** and William **Rogers**.

28 Jun 1760, Nicholas Ruxton & Ann **Gay**, of Baltimore Co., Maryland to Isaac **Risteau**, of same, £40, 115 acres. Signed Nicholas Ruxton **Gay**. Wit: William **Rogers**.

13 Jun 1760, Daniel **Durbin**, of Baltimore Co., Maryland to Henry **Stump**, of same, £25, 150 acres. Signed Daniel **Durbin**. Wit: E. **Andrews** and William **Cox**.

30 Jun 1760, Nicholas Low **Darnell**, of Baltimore Co., Maryland to Benkid **Wilson**, of same, £62.5, 125 acres. Signed Nicholas Low **Darnell**. Wit: William **Young** and Thomas **Franklin**.

5 Jul 1760, James **Rigbie**, planter, of Baltimore Co., Maryland to William **Husband**, farmer, of same, £225, 200 acres...Deer creek. Signed James **Rigbie**. Wit: Robert **Adair** and J. **Pickett**.

5 Jul 1760, Mordecai & Rachel **Price**, (eldest son and heir of Mordecai **Price**), of Baltimore Co., Maryland to Thomas **Cole** Jr., of same, (said Thomas is the husband of the daughter of said Mordecai Sr., Sarah **Price**), of same, 150 acres. Signed Mordecai **Price** and Thomas (x) **Cole** Jr. Wit: Nicholas Ruxton **Gay** and William **Rogers**.

28 Jun 1760, Aquila **Carr**, planter, of Baltimore Co., Maryland to Thomas **Cole** Jr., planter, of same, £70, 76 acres...south side of great falls of Gunpowder River...line of Mordecai **Price**. Signed Aquila

Carr. Wit: Nicholas Ruxton **Gay** and William **Rogers**.

6 Jun 1760, William **Dallam**, gentleman, of Baltimore Co., Maryland to John **Riely**, of same, £58, 128 acres...leased, 11 Jan 1745, by John **Hersey**. Signed William **Dallam**. Wit: Nicholas Ruxton **Gay** and James **Moore** Jr.

12 Jul 1760, John **Parish**, planter, of Baltimore Co., Maryland to Francis **Frish**, blacksmith, of same, £3, 3 acres. Signed John **Parish**. Wit: Nathan **Peddicoat** and Samuel **Bailey**.

12 Jul 1760, John **Parish**, planter, of Baltimore Co., Maryland to Robert **Cross**, planter, of same, £80, 97 acres. Signed John **Parish**. Wit: Nathan **Peddicoat** and Samuel **Bailey**.

6 Mar 1760, John & Ann **Deaver**, of Baltimore Co., Maryland to Peter **Bond**, of same, £80, 150 acres. Signed John **Deaver** and Ann **Deaver**. Wit: William **Andrews** and William R. **Presbury**.

28 Jun 1760, Isaac & Jennett **Few**, (said Jennett is a daughter and heir of William **Fell**, of Baltimore Co., Maryland), of New Castle Co. to William **Rogers**, of Baltimore Co., Maryland, £50, 38 acres. Signed Isaac **Few** and Jennett **Few**. Wit: Nicholas Ruxton **Gay** and William **Lyon**.

1 Apr 1760, Samuel & Jemima **Kimble**, (son and heir of Rowland **Kimble**), of Baltimore Co., Maryland to his brother Robert **Kimble**, of same, for love and affection, 5 acres. Signed Samuel **Kimble** and Jemima (x) **Kimble**. Wit: John **Hall** and James **Kimble**.

6 Jun 1760, James **Taylor** and Edward **Garrettson**, division of land, 171 acres...purchased of Edward **Cantwell**. Signed John **Mathews** and Amos **Garrett**.

25 Oct 1759, John **Ensor**, of Baltimore Co., Maryland to his son Abraham **Ensor**, of same, for love and affection, 200 acres...purchased of Thomas & Phebe **Bond**. Signed John **Ensor**. Wit: Nicholas Ruxton **Gay**.

20 Mar 1760, Thomas **Harrison**, of Baltimore Co., Maryland leases to Henry **Balsher**, of same, lot #64 in town of Baltimore. Signed Thomas **Harrison** and Henry **Balsher**. Wit: Nicholas Ruxton **Gay** and William **Lyon**.

5 Feb 1760, Thomas **Harrison**, merchant, of Baltimore Co., Maryland leases to John **Sly**, of same, lot #68 in town of Baltimore. Signed Thomas **Harrison** and John **Sly**. Wit: Nicholas Ruxton **Gay** and William **Lyon**.

19 Jul 1760, Solomon & Ann **Maccomas**, planter, of Baltimore Co., Maryland to Daniel **Maccomas**, (son of William **Maccomas**), of same, £25, 50 acres. Signed Solomon **Maccomas**. Wit: John **Hall** and Aquila **Hall**.

6 Mar 1760, Stephen **Rigdon**, planter, of Baltimore Co., Maryland assignment of lease to William **Smith**, of same, £20, 150 acres. Signed Stephen **Rigdon**. Wit: Nicholas Ruxton **Gay** and Aquila **Hall**.

13 May 1760, Thomas & Elizabeth **Sanders** Jr., of Baltimore Co., Maryland to James **Stewart**, of same, £11.65 and 200 pounds of tobacco, 7.33 acres...head of Bush River...John **Webster**, devised to his daughter Sarah **Deaver**, wife of Antill **Deaver**, who sold for love and affection, to said Elizabeth **Sanders**. Signed Thomas **Sanders** and Elizabeth **Sanders**. Wit: John **Hall**.

17 Jun 1760, Thomas **Rutter**, (son and heir of Thomas **Rutter**), of Baltimore Co., Maryland to Jonathan **Hanson**, miller, of same, £6.35, 2.125 acres. Signed Thomas **Rutter**. Wit: Nicholas Ruxton **Gay** and William **Rogers**.

1 Mar 1760, Stephen & Margaret **Kimble**, of Baltimore Co., Maryland to James **Kimble**, of same, £70, 10 acres. Signed Stephen **Kimble** and Margaret (x) **Daugherty**. Wit: John **Hall** and William **Kimble**.

16 Aug 1760, Roger & Rebecca **Boyce**, gentleman, of Baltimore Co., Maryland Jesse **Bussey**, of same, £150, 250 acres of 500

acres...purchased, 9 Jun 1760, of Clement **Holliday**. Signed Roger **Boyce**. Wit: Thomas **Franklin** and William **Young**.

25 Jul 1760, Thomas & Ann **Sligh**, merchant, of Baltimore Co., Maryland to Dr. Charles **Weisenthal**, of same, £70, 11 acres...line of Peter **Lettick**, Brian **Philpot** and Capt. Thomas **Hammond**. Signed Thomas **Sligh**. Wit: Nicholas Ruxton **Gay** and William **Rogers**.

2 Aug 1760, George & Sarah **Green**, of Baltimore Co., Maryland to Oliver **Mathews**, of same, £25, 50 acres. Signed George **Green**. Wit: Nicholas Ruxton **Gay** and William **Rogers**.

10 May 1760, Thomas **Mathews** Jr., of Baltimore Co., Maryland assignment of lease to Oliver **Mathews**, of same, £3, 350 acres. Signed Thomas **Mathews** Jr. Wit: Nicholas Ruxton **Gay** and William **Rogers**.

10 May 1760, Thomas **Mathews** Jr., of Baltimore Co., Maryland assignment of lease to John **Mathews**, of same, £30, 350 acres. Signed Thomas **Mathews** Jr. Wit: Nicholas Ruxton **Gay** and William **Rogers**.

4 Jul 1760, Thomas & Esther **White**, of Philadelphia, Pennsylvania to Reuben **Perkins**, of Baltimore Co., Maryland, £25, 10 acres...west side of Susquehanna River. Signed Thomas **White**. Wit: Aquila **Hall** and Amos **Garrett**.

20 Aug 1760, Jacob **Cord**, planter, of Baltimore Co., Maryland to Edward **Mitchell**, planter, of same, £25, 50 acres. Signed Jacob (x) **Cord**. Wit: John **Hall** and William **Mitchell**.

20 Aug 1760, Edward & Martha **Mitchell**, planter, of Baltimore Co., Maryland to William **Mitchell**, planter, of same, £120, two tracts at the head of Swan creek. Signed Edward **Mitchell**. Wit: John **Hall** and Jacob **Perriman**.

22 Aug 1760, Dr. John **Stevenson**, of Baltimore Co., Maryland to Jacob **Colliday**, of same, £325, two tracts, 200 acres. Signed John **Stevenson**. Wit: Nicholas Ruxton **Gay** and William **Lyon**.

31 Mar 1760, John **Bond**, of Baltimore Co., Maryland leases to Ann **Standifer** and her son Samuel **Standifer**, of same, 100 acres. Signed John **Bond** and Ann **Standifer**. Wit: John **McCleary** and Thomas **Bond**.

16 Aug 1760, Thomas & Ann **Sheredine**, planter, of Baltimore Co., Maryland to Thomas **Franklin**, planter, of same, £35, 108 acres. Signed Thomas **Sheredine**. Wit: Thomas **Franklin** and William **Young**.

23 Aug 1760, James **Cary**, innholder, of Baltimore Co., Maryland to Nicholas Ruxton **Gay**, of same, for bond of £150 and £75, 11.25 acres. Signed James **Cary**. Wit: William **Lyon** and William **Rogers**.

3 Sep 1760, Andrew & Mary **Stigar**, butcher, of Baltimore Co., Maryland to Charles **Carroll**, of Annapolis, Anne Arundel Co., Maryland, £36.45, 62.5 acres. Signed Andrew **Stigar**. Wit: Richard **Croxall** and John **Merryman** Jr.

11 Sep 1760, John **Welsh**, of Baltimore Co., Maryland to Charles **Carroll**, of Annapolis, Anne Arundel Co., Maryland, £0.25, to have until Charles **Carroll**, Daniel **Dulany**, Walter **Dulany**, Charles **Carroll**, (son and heir of Daniel **Carroll**), Charles **Carroll**, attorney and Benjamin **Tasker** Jr. assign. Signed John **Welsh**. Wit: Nicholas Ruxton **Gay** and William **Rogers**.

1 Apr 1760, Hannah **Kimble**, of Baltimore Co., Maryland to her son Samuel **Kimble**, of same, for love and affection, 35 acres and 22 acres. Signed Hannah (x) **Kimble**. Wit: John **Hall** and James **Kimble**.

1 Apr 1760, Stephen & Margaret **Kimble**, of Baltimore Co., Maryland to Samuel **Kimble**, of same, £60, 29 acres and 45 acres. Signed Stephen **Kimble** and Margaret (x) **Kimble**. Wit: John **Hall** and William **Kimble**.

22 Aug 1760, Richard & Johanna **Jones**, planter, of Baltimore Co., Maryland to Benjamin **Knight**, of same, £18, 50 acres...draft of Gwins Falls. Signed Richard (x) **Jones**. Wit: Nicholas Ruxton **Gay**

and William **Rogers**.

17 Sep 1760, Daniel **Smitson**, (son and heir of Thomas **Smitson**), of Baltimore Co., Maryland to Thomas **Smitson**, planter, of same, £35, 50 acres of 100 acres. Signed Daniel (x) **Smitson**. Wit: William **Young** and Samuel (x) **Wilson** Jr.

1 Apr 1760, Robert & Sarah **Kimble** and James **Kimble**, of Baltimore Co., Maryland to their brother Stephen **Kimble**, of same, for love and affection, 42 acres. Signed Robert **Kimble** and James **Kimble**. Wit: William **Kimble** and Samuel **Kimble**.

1 Apr 1760, Samuel **Kimble** and James **Kimble**, of Baltimore Co., Maryland to their brother Stephen **Kimble**, of same, for love and affection, 30 acres. Signed Samuel **Kimble** and James **Kimble**. Wit: William **Kimble** and John **Hall**.

1 Apr 1760, Samuel & Jemima **Kimble**, of Baltimore Co., Maryland to his brother Stephen **Kimble**, of same, for love and affection, 18 acres. Signed Samuel **Kimble** and Jemima **Kimble**. Wit: William **Kimble** and James **Kimble**.

23 Sep 1760, Michael **McQuire**, of Baltimore Co., Maryland assignment of lease to Abraham **Jarrott**, of same, £50, 235 acres. Signed Michael (x) **McQuire**. Wit: Nicholas Ruxton **Gay** and William **Lyon**.

21 Jan 1760, Thomas **Harrison**, merchant, of Baltimore Co., Maryland leases to Vendall **Bright**, of same, lot #109 in town of Baltimore. Signed Thomas **Harrison** and Wendall Bright. Wit: Nicholas Ruxton **Gay** and William **Lyon**.

28 Mar 1760, Thomas **Harrison**, merchant, of Baltimore Co., Maryland leases to Wendall **Bright**, of same, lot #110 in town of Baltimore. Signed Thomas **Harrison** and Wendall Bright. Wit: Nicholas Ruxton **Gay** and William **Lyon**.

11 Jun 1760, Samuel & Milcah **Budd**, (Milcah is the daughter and heir of Joseph **Young**), planter, of Kent Co., Maryland to Thomas

Ringgold, merchant, of Chester Town, Kent Co., Maryland, £127.5, 100 acres...near Bush River Church. Signed Samuel **Budd** and Milcah **Budd**. Wit: Thomas **Smyth** and Ra. **Page**.

4 Oct 1760, Philip **Toile**, shoemaker, of Baltimore Co., Maryland leases to William **Levey**, of same, lot #78 in town of Baltimore. Signed Philip **Toile** and William **Levey**. Wit: Nicholas Ruxton **Gay** and William **Rogers**.

3 Oct 1760, John **Long**, of Baltimore Co., Maryland to John **Struthers**, of same, £30, 113 acres. Signed John (x) **Long**. Wit: Nicholas Ruxton **Gay** and William **Rogers**.

18 Oct 1760, John & Sarah **McClain**, planter, of Baltimore Co., Maryland to Richard **Porter**, planter, of same, £6, 45 acres of 575 acres. Signed John (x) **McClain**. Wit: Nicholas Ruxton **Gay** and William **Rogers**.

24 Jul 1760, Thomas & Esther **White**, of Philadelphia, Pennsylvania to Samuel **Norwood**, of Baltimore Co., Maryland, £442, 350 acres of 700 acres ...north side of Patapsco River...patented by John **Larkin**...208 acres...patented by John **Taylor**. Signed Thomas **White**. Wit: Aquila **Hall** and Amos **Garrett**.

4 Nov 1760, Henry **Loveall**, yeoman, of Baltimore Co., Maryland to Luther **Loveall**, farmer, of same, £0.25, 20 acres...west side of branch descending into the western fork of Patapsco Falls. Signed Henry **Loveall**. Wit: John **Green** Jr. and Joseph **Peregory**.

16 Oct 1760, John & Elizabeth **Keene**, of Baltimore Co., Maryland to Thomas **Harris**, of Domegal Twp., Lancaster Co., Pennsylvania, £605, one half of 699 acres...patented by Samuel **Young**, who devised to his grand-daughters Mary and Elizabeth **Young**, daughters of John **Young**, late of Saint Marys Co., Maryland...said Mary married Pollard **Keene** and said Elizabeth married John **Keene**. Signed John **Keene** and Elizabeth **Keene**. Wit: William **Cox** and Pollard **Keene**.

21 Oct 1760, William & Mary **Few**, late of North Carolina, but

now of Baltimore Co., Maryland to William **Perrine**, of Baltimore Co., Maryland, £120, 200 acres of 800 acres...north side of little falls of Gunpowder River...surveyed for Edmund **Talbot**, who devised to his son John **Talbot**. Signed William **Few**. Wit: E. **Andrews** and Peter **Perrine**.

8 Oct 1760, Jacob & Catharine **Oats** and Rudolph & Anna Maria **Decker**, farmers, of Baltimore Co., Maryland to Henry **Oats**, farmer, of same, £6, 150 acres. Signed Jacob (x) **Oats** and Rudolph **Decker**. Wit: John **Shrimplin** and Peter (x) **Oats**.

8 Oct 1760, Jacob & Catharine **Oats** and Rudolph & Anna Maria **Decker**, farmers, of Baltimore Co., Maryland to Stophil **Decker**, of same, £5, 136.5 acres. Signed Jacob (x) **Oats** and Rudolph **Decker**. Wit: John **Shrimplin** and Edward **Lamb**.

4 Feb 1760, Thomas **Harrison**, merchant, of Baltimore Co., Maryland leases to Frederick **Brown**, of same, lot #78 in town of Baltimore. Signed Thomas **Harrison** and Frederick **Brown**. Wit: Nicholas Ruxton **Gay** and William **Lyon**.

5 Nov 1760, William **Bradford**, carpenter, of Baltimore Co., Maryland to James **Mather**, hatter, of Pennsylvania, £195, 100 acres, 25 acres and 76 acres. Signed William **Bradford**. Wit: Walter **Tolley** and John **Mathews**.

1 Nov 1760, Edmund & Rebecca **Talbot**, blacksmith, of Baltimore Co., Maryland to John **Ensor** Jr., of same, £16, lot #55 in town of Baltimore. Signed Edmund **Talbot**. Wit: Nicholas Ruxton **Gay** and Richard **Carter**.

21 Jul 1760, William & Jane **Woodward**, (executor of estate of Elizabeth **Ginn**, widow, late, of London, England, deceased within the province of Maryland, which said Elizabeth survived a certain Mary **Woodward**, late of Newington Butts widow deceased and also one of the trustees and devises of the said Mary **Woodward** as also brother, heir at law of Elizabeth **Baron** one of the devises of said Elizabeth **Ginn**), goldsmith, formerly of London, England, but now of Annapolis, Anne Arundel Co., Maryland to William **Jones**,

carpenter, of Baltimore Co., Maryland, £100, 296 acres. Signed William **Woodward**. Wit: George **Stewart** and William **Stewart**.

6 Nov 1760, James & Hannah **Amos**, planter, of Baltimore Co., Maryland to John **Bowen**, Edward **Bussey**, Richard **Williams** and Joseph **Gaiton**, £8.8, 4.25 acres...drafts of Winters Run. Signed James **Amos**. Wit: Thomas **Sollers** and William **Robinson**.

5 Nov 1760, William & Mary **Andrews** and Abraham & Margaret **Andrews**, of Baltimore Co., Maryland to Alexander **Lawson**, and Iron Works Company, of same, £35, 105 acres...near the great falls of Gunpowder River. Signed William **Andrews** and Abraham **Andrews**. Wit: Thomas **Franklin** and William **Young**.

5 Nov 1760, William & Mary **Andrews** and Abraham & Margaret **Andrews**, of Baltimore Co., Maryland to Alexander **Lawson**, and Iron Works Company, of same, £160, 450 acres...head of Bird River. Signed William **Andrews** and Abraham **Andrews**. Wit: Thomas **Franklin** and William **Young**.

1 Oct 1760, John & Catharine **Stinchcomb**, planter, of Baltimore Co., Maryland to George **Shipley**, of Anne Arundel Co., Maryland, £36, 100 acres...east side of Morgans Run. Signed John **Stinchcomb**. Wit: William **Rogers** and William **Roberts**.

31 Jul 1760, Thomas **Harrison**, merchant, of Baltimore Co., Maryland to Joseph **Osborn**, planter, of same, £15, 50 acres...north side of western run of Gunpowder River. Signed Thomas **Harrison**. Wit: Nicholas Ruxton **Gay** and William **Rogers**.

1 Nov 1760, Charles **Ridgley**, merchant, of Baltimore Co., Maryland to his son Charles **Ridgley**, the younger, mariner, of same, for love and affection, 2000 acres. Signed Charles **Ridgley** and Charles **Ridgley** Jr. Wit: Nicholas Ruxton **Gay** and William **Rogers**.

28 Oct 1760, John & Keturah **Bond**, planter, of Baltimore Co., Maryland to William **Tipton**, planter, of same, £5, 40 acres. Signed John **Bond**. Wit: Nicholas Ruxton **Gay** and William **Rogers**.

13 Nov 1760, William & Ruth **Hall**, (son and heir of Thomas **Hall**, planter, of Baltimore Co., Maryland to James **Stewart**, of York Co., Pennsylvania, £15, 50 acres...east side of the little falls of Gunpowder River. Signed William (x) **Hall** and James **Stewart**. Wit: Nicholas Ruxton **Gay** and William **Lyon**.

11 Nov 1760, Benjamin **Tracey**, of Baltimore Co., Maryland assignment of lease to Andrew **Smith**, of same, 176 acres. Signed Benjamin **Tracey**. Wit: Nicholas Ruxton **Gay** and William **Rogers**.

20 Nov 1760, John & Edith **Cross**, son of Joseph, planter, of York Co., Pennsylvania to Michael **Deeds**, farmer, of Baltimore Co., Maryland, £25, 50 acres...Gunpowder Falls. Signed John (x) **Cross**. Wit: William **Lyon** and Joshua **Owings**.

7 Jun 1760, Joseph **Hayward**, of Baltimore Co., Maryland assignment of lease to Samuel **Manning**, of same, £35, 282 acres. Signed Joseph **Hayward**. Wit: Nicholas Ruxton **Gay** and William **Rogers**.

7 Nov 1760, Daniel & Martha **Maccomas**, of Baltimore Co., Maryland to Henry **Wilson**, of same, £34, 100 acres. Signed Daniel **Maccomas**. Wit: John **Mathews** and Aquila **Hall**.

13 Oct 1760, Thomas **Harrison**, merchant, of Baltimore Co., Maryland leases to Conrad **Smith**, of same, lots 97 and 98 in town of Baltimore. Signed Thomas **Harrison** and Conrad **Smith**. Wit: Nicholas Ruxton **Gay** and William **Lyon**.

19 Nov 1760, Roger & Rebecca **Boyce**, gentleman, of Baltimore Co., Maryland to John **Gill**, planter, of same, £75, 100 acres. Signed Roger **Boyce**. Wit: William **Boyce** and William **Lux**.

19 Nov 1760, Roger & Rebecca **Boyce**, gentleman, of Baltimore Co., Maryland to John **Gill** Jr., planter, of same, £37.5, 50 acres....line of Brian **Philpot**. Signed Roger **Boyce**. Wit: William **Boyce** and William **Lux**.

19 Nov 1760, John **Gill**, planter, of Baltimore Co., Maryland to his

son William **Gill**, of same, for love and affection, 142 acres. Signed John **Gill**. Wit: Nicholas Ruxton **Gay** and William **Rogers**.

14 Nov 1760, Benjamin & Margaret **Hammond**, of Baltimore Co., Maryland to their son Mordecai **Hammond**, of same, £20 and for love and affection, purchased of George **Risteau**. Signed Benjamin **Hammond** and Margaret **Hammond**. Wit: Nicholas Ruxton **Gay** and William **Rogers**.

3 Oct 1760, Thomas **Harrison**, merchant, of Baltimore Co., Maryland to Dr. William **Lyon**, of same, £100, 28 acres. Signed Thomas **Harrison**. Wit: Nicholas Ruxton **Gay** and William **Rogers**.

4 Oct 1760, Robert & Helen **Gileresh**, planter, of Baltimore Co., Maryland to Dr. William **Lyon**, of same, £30, 184 acres. Signed Robert **Gileresh**. Wit: Nicholas Ruxton **Gay** and George **Risteau**.

19 Nov 1760, Thomas **Harrison**, merchant, of Baltimore Co., Maryland leases to Richard **Moale**, of same, lot #71 in town of Baltimore. Signed Thomas **Harrison** and Richard **Moale**. Wit: Nicholas Ruxton **Gay** and William **Rogers**.

15 Nov 1760, Thomas & Ann **Cook**, planter, of Baltimore Co., Maryland to Walter **Bosley**, planter, of same, £40, 50 acres...north side of Patapsco River. Signed Thomas (x) **Cook**. Wit: Nicholas Ruxton **Gay** and William **Sanders**.

6 Nov 1760, William & Elizabeth **Smith**, gentleman, of Baltimore Co., Maryland to James **Christie** and James **Christie** Jr., merchants, of same, £42.5, 160 acres...purchased of Thomas **Tredway**. Signed William **Smith**. Wit: Samuel **Owings** and William **Lyon**.

6 Dec 1760, Isaac & Jannett **Few**, of Baltimore Co., Maryland to John **Ensor** Jr., of same, £60, lot #19 in town of Baltimore. Signed Isaac **Few** and Jannett **Few**. Wit: Nicholas Ruxton **Gay** and William **Rogers**.

20 Dec 1760, Margaret **Paca**, John **Paca** and Robert **Adair**, (executors of the estate of John **Paca** Jr.), of Baltimore Co.,

Maryland to William **Wilson**, of same, £500, 600 acres. Signed Margaret **Paca**, John **Paca** and Robert **Adair**. Wit: E. **Andrews** and John **Hall**.

1 Jan 1761, Henry Bennett **Darnell**, of Baltimore Co., Maryland leases to William **Lynch**, planter, of same, 100 acres. Signed Henry Bennett **Darnell**. Wit: Nicholas Ruxton Gay and William **Rogers**.

22 Dec 1760, William & Ann **Coale**, gentleman, of Anne Arundel Co., Maryland to Robert & Margaret **Brierly** and their son Robert **Brierly** Jr., of same, £52, line of Lewis **Poteet**. Signed William **Coale**. Wit: Henry **Howard** and Ephriam **Howard**.

22 Dec 1760, William & Ann **Coale**, gentleman, of Anne Arundel Co., Maryland to Hugh **Brierly**, planter, of same, £52, 220 acres. Signed William **Coale**. Wit: Henry **Howard** and Ephriam **Howard**.

11 Nov 1760, Richard **Harrison**, of Charles Co., Maryland to Col. Thomas **White**, of Philadelphia, Pennsylvania, £76.25, 230 acres. Signed Richard **Harrison**. Wit: Walter **Hanson** and Daniel of Thomas **Jenifer**.

11 Nov 1760, Joseph **Harrison**, son of Richard **Harrison** and his deceased wife Elizabeth **Harrison**, of Charles Co., Maryland to Col. Thomas **White**, of Philadelphia, Pennsylvania, £76.25, 230 acres. Signed Joseph **Harrison**. Wit: Walter **Hanson** and Daniel of Thomas **Jenifer**.

13 Dec 1760, William & Elizabeth **Smith**, gentleman, of Baltimore Co., Maryland to Moses **Ruth**, of same, £70, 100 acres...line of James **Gallion** and John **Pollard**. Signed William **Smith**. Wit: John **Paca** Isaac **Webster**.

17 Jan 1761, Solomon **Rutter**, ship carpenter, of Baltimore Co., Maryland to Edward **Mills**, of same, £46, 50 acres. Solomon **Rutter**. Wit: Nicholas Ruxton **Gay** and William **Rogers**.

11 Feb 1761, Jacob **Rowles** and David **Rowles**, planters, of Baltimore Co., Maryland to William **Rowles**, planter, of same, £40,

91.5 acres. Signed Jacob **Rowles**, son of William and David **Rowles**. Wit: John **Ridgley** and Samuel **Bailey**.

29 dec 1760, William **Pontany**, carpenter, of Baltimore Co., Maryland to John **Ridgley**, gentleman, of same, £250, lot #163 in town of Baltimore. Signed William **Pontany**. Wit: Alexander **Helms** and Charles **Wells** Jr.

12 Jan 1761, John **Roberts**, planter, of Baltimore Co., Maryland to John **Nichalsmith**, planter, of same, £30, 100 acres...Gwins Falls. Signed John **Roberts**. Wit: Charles **Wells** Jr. and William **Goodwin**.

21 Feb 1761, William **Lux**, merchant, of Baltimore Co., Maryland to Joshua **Bond**, gentleman, of same, £100, 300 acres...east side of little falls of Gunpowder River...purchased of Moses **Groom**. Signed William **Lux**. Wit: Nicholas Ruxton **Gay** and William **Lyon**.

11 Feb 1761, Jacob & Patient **Rowles** and David **Rowles**, planters, of Baltimore Co., Maryland to Edward **Mason**, planter, of same, £10, 51.5 acres. Signed Jacob **Rowles**, son of William and David **Rowles**. Wit: John **Ridgley** and Samuel **Bailey**.

24 Feb 1761, Philip & Margaret **Addleman**, farmer, of Baltimore Co., Maryland to George **Moyers**, of Manchester Twp., York Co., Pennsylvania, £320, 243 acres. Signed Philip **Addleman**. Wit: John **Shrimplin** and Philip (x) **Baker**.

16 Feb 1761, Philip & Margaret **Addleman**, farmer, of Baltimore Co., Maryland to Philip **Baker**, weaver, of same, £5, 178 acres. Signed Philip **Addleman**. Wit: John **Shrimplin**.

17 Feb 1761, Philip & Margaret **Addleman**, farmer, of Baltimore Co., Maryland to Daniel **Addleman**, of same, £5, 150 acres...Georges Run. Signed Philip **Addleman**. Wit: John **Shrimplin** and Daniel (x) **Long**.

17 Feb 1761, Philip & Margaret **Addleman**, farmer, of Baltimore Co., Maryland to Daniel **Addleman**, of same, £5, 150 acres...Georges Run. Signed Philip **Addleman**. Wit: John **Shrimplin** and Philip (x)

Baker.

24 Feb 1761, Philip & Margaret **Addleman**, farmer, of Baltimore Co., Maryland to George **Moyers**, of Manchester Twp., York Co., Pennsylvania, £5, 25 acres. Signed Philip **Addleman**. Wit: John **Shrimplin** and Philip (x) **Baker**.

27 Dec 1760, Pollard & Mary **Keene**, of Baltimore Co., Maryland to John **Harris**, of Derry Twp., Lancaster Co., Pennsylvania, one half of 904 acres...patented by Samuel **Young**, who devised to his grand-daughters Mary and Elizabeth **Young**, daughters of John **Young**, said Mary married said Pollard **Keene** and said Elizabeth married John **Keene**. Signed Pollard **Keene** and Mary **Keene**. Wit: William **Cox** and William **Keene**.

28 Feb 1761, James & Ann **Cary**, of Baltimore Co., Maryland to Charles **Ridgley** Jr., of same, £105, 246 acres...Beaver Dam Run. Signed James **Cary**. Wit: Nicholas Ruxton **Gay** and William **Rogers**.

8 Jan 1760, Nicholas & Hannah **Orrick**, of Baltimore Co., Maryland to Christopher **Randell** Jr., of same, £11.7, 33.5 acres. Signed Nicholas **Orrick**. Wit: Nicholas Ruxton **Gay** and William **Lyon**.

Chapter 4
Baltimore Co., Maryland
Deed Records
Liber B. No. I.
1761-1762

13 Feb 1761, Ann **Parran**, (widow of Nathaniel **Parran**), of Calvert Co., Maryland to Roger **Boyce**, gentleman, of Baltimore Co., Maryland, £117, devised by Walter **Smith**, of Calvert Co., Maryland to his daughter Ann **Greenfield**, who sold to said Nathaniel. Signed Ann **Parran**. Wit: William **Fritzhugh** and Charles **Grahamer**.

28 Feb 1761, Thomas & Ann **Sligh**, of Baltimore Co., Maryland to Conrad **Smith**, of same, £3, 1 acre. Signed Thomas **Sligh**. Wit: Nicholas Ruxton **Gay**.

28 Feb 1761, Thomas & Ann **Sligh**, of Baltimore Co., Maryland to John **Murray**, collier, of same, £25, line of John **Carnan** and Christopher **Carnan**. Signed Thomas **Sligh**. Wit: Nicholas Ruxton **Gay**.

28 Feb 1761, Thomas & Ann **Sligh**, of Baltimore Co., Maryland to Daniel **Barnett**, of same, £30, 3 acres. Signed Thomas **Sligh**. Wit: Nicholas Ruxton **Gay**.

28 Feb 1761, Thomas & Ann **Sligh**, of Baltimore Co., Maryland to Vitus **Hartway** and John **Sligh**, of same, £42.5, 3 acres. Signed Thomas **Sligh**. Wit: Nicholas Ruxton **Gay**.

28 Feb 1761, Thomas & Ann **Sligh**, of Baltimore Co., Maryland to Andrew **Stiger**, of same, £130, 13 acres. Signed Thomas **Sligh**. Wit: Nicholas Ruxton **Gay**.

13 Jan 1761, Hensey & Susannah **Johns**, of Anne Arundel Co., Maryland to Joseph **Cromwell**, of Baltimore Co., Maryland, £135.2, 338 acres. Signed Hensey **Johns**. Wit: Samuel **Chew** and John **Weems**.

25 Feb 1761, Thomas & Sarah **Rutter**, of Baltimore Co., Maryland to Jonathan **Hanson**, of same, £400, several tracts. Signed Thomas **Rutter**. Wit: Nicholas Ruxton **Gay** and William **Rogers**.

9 Feb 1761, Richard & Rachel **Parish**, planter, of Baltimore Co., Maryland to Solomon **Choate**, £20, 50 acres. Signed Richard (x) **Parish**. Wit: John **Ridgley** and Samuel **Bailey**.

9 Feb 1761, Henry **Clark**, son and heir of Richard **Clark**), planter, of Baltimore Co., Maryland to Edward **Parish**, planter, of same, good deed on 100 acres. Signed Henry **Clark**. Wit: John **Ridgley** and Samuel **Bailey**.

9 Feb 1761, Edward **Parish**, planter, of Baltimore Co., Maryland to Edward **Stogsdale**, of same, £0.75, 4 acres. Signed Edward **Parish**. Wit: Nicholas Ruxton **Gay** and William **Rogers**.

9 Feb 1761, Henry **Clark**, son and heir of Richard **Clark**), planter, of Baltimore Co., Maryland to Richard **Parish**, planter, of same, good deed on 80 acres. Signed Henry **Clark**. Wit: John **Ridgley** and Samuel **Bailey**.

13 Feb 1761, James & Elizabeth **Bondfield**, of Baltimore Co., Maryland to William **Nicholson**, of same, £11, 1 acre. Signed James **Bondfield**. Wit: Nicholas Ruxton **Gay** and William **Rogers**.

21 Jan 1761, Sarah **Massey**, of Baltimore Co., Maryland leases to Benjamin **Vanhorn**, of same, mouth of Bush River. Signed Sarah **Massey** and Benjamin **Vanhorn**. Wit: Isaac **Webster** and James **Webster**.

5 Mar 1761, William **Rogers**, of Baltimore Co., Maryland to Nicholas Ruxton **Gay**, of same, £5, 20 acres. Signed William **Rogers**. Wit: Samuel **Owings** and William **Young**.

12 Oct 1753, Richard **Pinkham**, planter, of Baltimore Co., Maryland to John **Ridgley**, merchant, of same, £16.5, 50 acres. Signed Richard **Pinkham**. Wit: William **Rogers** and John **Robinson**.

20 Feb 1761, William **Seabrooks**, planter, of Baltimore Co., Maryland to Peter **Gosnell** Jr., planter, of same, £30, 50 acres...patented by Thomas **Taylor**. Signed William **Seabrooks**. Wit: William **Rogers** and Thomas **Porter**.

13 Nov 1760, Michael **McGuire**, of Baltimore Co., Maryland Abraham **Jarrett**, of same, £67, 50 acres ...formerly leased by John **Shepard**...Eleanor **Jarrett**, now the wife of said Michael **McGuire**... 50 acres...devised by Abraham **Jarrett** Sr. to his wife Eleanor **Jarrett**. Signed Michael (x) **McGuire**. Wit: Nicholas Ruxton **Gay** and William **Lyon**.

2 Mar 1761, William **Rogers**, gentleman, of Baltimore Co., Maryland to Samuel **Underwood**, deceased, of same, £15, 100 acres...land now released to John **Ford**. Signed William **Rogers**. Wit: Nicholas Ruxton **Gay** and John **Ridgley**.

20 Feb 1761, William **Dallam**, of Baltimore Co., Maryland to Beale **Bordley**, of same, £200, 340 acres...north of Gunpowder River. Signed William **Dallam**. Wit: Walter **Tolley** and Richard **Garrettson**.

1 Apr 1761, James **Phillips**, gentleman, of Baltimore Co., Maryland leases to James **Gallion**, of same, 130 acres...Hunting creek. Signed James **Phillips** and James (x) **Gallion**. Wit: Aquila **Hall** and John **Mathews**.

18 Oct 1760, Samuel & Dorcas **Higginson**, brass founder, of Baltimore Co., Maryland to Peter **Bond**, brick layer, of same, £40, 167 acres. Signed Samuel **Higginson**. Wit: William **Creps** and Nathan **Rigbie** Jr.

30 Mar 1761, Thomas **Harrison**, merchant, of Baltimore Co., Maryland leases to William **Levy**, of same, lot #78 in town of Baltimore. Signed Thomas **Harrison** and William **Levy**. Wit:

Nicholas Ruxton **Gay** and William **Lyon**.

11 Mar 1761, Joshua & Anne **Hall**, of Baltimore Co., Maryland to Andrew **Stigar**, of same, £40, lot #184 in town of Baltimore. Signed Joshua **Hall**. Wit: Nicholas Ruxton **Gay** and William **Rogers**.

30 Mar 1761, William **Levy**, baker, of Baltimore Co., Maryland assignment of lease to Jacob **Myer**, saddler, of same, £10, lot #78 in town of Baltimore. Signed William **Levy**. Wit: Nicholas Ruxton **Gay** and William **Lyon**.

13 Oct 1760, Thomas **Harrison**, merchant, of Baltimore Co., Maryland leases to Daniel **Losh**, of same, lot #113 in town of Baltimore. Signed Thomas **Harrison** and Daniel **Losh**. Wit: Nicholas Ruxton **Gay** and William **Lyon**.

12 Mar 1761, Richard & Eleanor **Croxall**, gentleman, of Baltimore Co., Maryland to John **Sinkin**, planter, of same, £80, 62.5 acres. Signed Richard **Croxall**. Wit: William **Lyon** and Samuel **Weston**.

23 Mar 1761, Edward **Cantwell**, (son and heir of Edward **Cantwell**), of Baltimore Co., Maryland to Edward **Garrettson**, of same, £64.25, west side of Rumney Run. Signed Edward (x) **Cantwell**. Wit: John **Mathews** and John **Hall** Jr.

5 Mar 1761, Thomas & Ann **Sligh**, of Baltimore Co., Maryland to James **Moore** Jr., of same, £40, 6 acres. Signed Thomas **Sligh**. Wit: Nicholas Ruxton **Gay** and William **Rogers**.

26 Mar 1761, Thomas & Geliallimus **Downs**, planter, of Baltimore Co., Maryland to Thomas **Mitchell** Jr., of same, £40, 125 acres...branches of Mill Run. Signed Thomas **Downs**. Wit: Mary **Husband** and William **Husband** Jr.

2 Apr 1761, John & Elizabeth **Keene**, of Baltimore Co., Maryland to Nicholas **Cruison**, of same, £50, 50 acres...devised by Samuel **Young**, who devised to his grand-daughters Mary and Elizabeth **Young**, daughters of John **Young**, said Mary married said Pollard **Keene** and said Elizabeth married John **Keene**. Signed John **Keene**

and Elizabeth **Keene**. Wit: William **Cox** and Nathaniel **Rigbie** Jr.

12 Mar 1761, Jacob & Elizabeth **Thrush**, yeoman, of Baltimore Co., Maryland to John **Ribble**, carpenter, of same, £5, 18 acres...north side of Patapsco River. Signed Jacob (x) **Thrush**. Wit: William **Rogers**.

15 Apr 1761, Nicholas Low & Susannah **Darnell**, of Baltimore Co., Maryland to Benkid **Wilson**, of same, £40, 75 acres. Signed Nicholas Low **Darnell**. Wit: Thomas **Franklin** and Walter **Tolley**.

4 Nov 1754, John **Jackson**, cooper, of Baltimore Co., Maryland to John **Ridgley**, merchant, of same, £40, 100 acres. Signed John **Jackson**. Wit: William **Pearce** and John **Heddin**.

25 Mar 1761, Andrew **McGill**, farmer, of Baltimore Co., Maryland to John **McHarge**, of same, £8, 80 acres. Signed Andrew (x) **McGill**. Wit: Nicholas Ruxton **Gay** and William **Rogers**.

2 Apr 1761, Phillip & Anne **Crease**, shoemaker, of Baltimore Co., Maryland to Michael **Grewey**, of same, £58, 50 acres. Signed Phillip (x) **Crease**. Wit: John **Shrimplin** and James **Hendricks**.

22 Jan 1761, Thomas **Harrison**, merchant, of Baltimore Co., Maryland leases to William **Askew**, of same, lot #101 in town of Baltimore. Signed Thomas **Harrison** and William **Askew**. Wit: Nicholas Ruxton **Gay** and William **Rogers**.

14 Nov 1754, Thomas **Harrison**, merchant, of Baltimore Co., Maryland leases to William **Askew**, schoolmaster of same, lot #100 in town of Baltimore. Signed Thomas **Harrison** and William **Askew**. Wit: Nicholas Ruxton **Gay** and William **Rogers**.

18 Apr 1761, Thomas **Harrison**, merchant, of Baltimore Co., Maryland to William **Askew**, schoolmaster of same, £10, lot #91 in town of Baltimore. Signed Thomas **Harrison** and William **Askew**. Wit: Nicholas Ruxton **Gay** and William **Rogers**.

18 Apr 1761, Thomas **Harrison**, merchant, of Baltimore Co.,

Maryland leases to William **Askew**, schoolmaster of same, £102, lot #91 in town of Baltimore. Signed Thomas **Harrison** and William **Askew**. Wit: Nicholas Ruxton **Gay** and William **Rogers**.

6 Apr 1761, Benjamin & Delila **Barney**, planter, of Baltimore Co., Maryland to Benjamin **Wheeler**, of same, £25, 100 acres...Georges Run. Signed Benjamin **Barney**. wit: Thomas **Harrison** and William **Lux**.

29 Nov 1760, John **Ensor** Jr., of Baltimore Co., Maryland to Thomas **Cole** Jr., of same, £30, 100 acres. Signed John **Ensor** Jr. Wit: Nicholas Ruxton **Gay** and William **Rogers**.

11 Nov 1760, Henry **Cross**, of Baltimore Co., Maryland assignment of lease to Henry **Cross** Jr., of same, £10, 85 acres. Signed Henry **Cross**. Wit: Nicholas Ruxton **Gay** and William **Rogers**.

20 Apr 1761, William & Mary **Denton**, planter, of Baltimore Co., Maryland to John **Davis**, son of Walter, planter, of same, £5, 107 acres...Salt Peter creek. Signed William (x) **Denton**. Wit: William **Carter** and Charles **Walker**.

25 Apr 1761, Charles & Mary **Anderson**, (son and heir of Charles **Anderson**), of Baltimore Co., Maryland to his brother Daniel **Anderson**, of same, £40, his share of 100 acres and 50 acres. Signed Charles **Anderson**. Wit: Aquila **Hall** and William **Little**.

5 Nov 1760, John & Ruth **Poteet**, planter, of Baltimore Co., Maryland to Evan **Evans**, farmer, of same, £35, 100 acres...between Winters Run and Deer creek. Signed John (x) **Poteet**. Wit: William **Young** and Thomas **Franklin**.

13 Apr 1761, William **Demmitt**, son of Thomas **Demmitt**, of Patapsco, Baltimore Co., Maryland to Tobias **Stansbury**, of same, £65.6, 120 acres. Signed William (x) **Demmitt**. Wit: Nicholas Ruxton **Gay** and William **Rogers**.

2 May 1761, Catherine **Bradford**, (widow of William **Bradford**), of Baltimore Co., Maryland to James **Whitacre**, of same, £25 paid to

her son Benjamin **Osbourn**, and £1, one third of 200 acres ...between Bynams Run and Winters Run...one third part of purchase from James **Carroll**, of Anne Arundel Co., Maryland by Frances, Ann and the said Catherine, daughters of Henry **Rhodes**. Signed Catherine **Bradford**. Wit: John **Hall** and Nash **Gilles**.

20 Apr 1761, Thomas & Phebe **Bond**, innkeeper, of Baltimore Co., Maryland to William **Wilson**, farmer, of Frederick Co., Maryland, £130, 223 acres...Roaring Run. Signed Thomas **Bond**. Wit: William **Rogers**.

5 May 1761, Thomas **White**, of Philadelphia, Pennsylvania to Ephraim **Cole**, son of James **Cole**, of Baltimore Co., Maryland, £40, 40 acres. Signed Thomas **White**. Wit: Aquila **Hall** and Samuel **Howard**.

13 Oct 1760, Thomas **Harrison**, merchant, of Baltimore Co., Maryland leases to Conrad **Bott**, of same, lot #113 in town of Baltimore. Signed Thomas **Harrison** and Conrad **Bott**. Wit: Nicholas Ruxton **Gay** and William **Lyon**.

20 May 1761, Thomas **Harrison**, merchant, of Baltimore Co., Maryland leases to Conrad **Bott**, of same, lot #115 in town of Baltimore. Signed Thomas **Harrison** and Conrad **Bott**. Wit: Nicholas Ruxton **Gay** and William **Rogers**.

23 May 1761, Conrad **Smith**, stone mason, of Baltimore Co., Maryland leases to Weimbart **Judy**, butcher, of same, lot #97 in town of Baltimore. Signed Conrad **Smith** and Weimbart **Judy**. Wit: Nicholas Ruxton **Gay** and William **Rogers**.

21 May 1761, Thomas **Lucas**, carpenter, of Prince Georges Co., Maryland to Richard **Robinson**, planter, of Baltimore Co., Maryland, £101, 191 acres. Signed Thomas **Lucas**. Wit: Charles **Rumsey** and Thomas Sikes.

23 May 1761, Michael **Huff**, of Baltimore Co., Maryland to Robert **Jurdon**, of same, £0.25, 1 acres. Signed Michael **Huff**. Wit: Nicholas Ruxton **Gay** and William **Rogers**.

19 May 1761, Thomas **Harrison**, merchant, of Baltimore Co., Maryland to William **Haddon**, joiner, of same, £30, lot #93 in town of Baltimore. Signed Thomas **Harrison**. Wit: Nicholas Ruxton **Gay** and William **Lyon**.

3 Jun 1761, William & Dinah **Towson**, of Baltimore Co., Maryland to Isaac **Risteau**, of same, £19.4, 18.5 acres. Signed William **Towson** and Isaac **Risteau**. Wit: Walter **Tolley** and William **Husband**.

11 May 1761, Henry & Alice **Perrigoe**, of Baltimore Co., Maryland to Richard **Chineoth**, of same, £75, 100 acres. Signed Henry (x) **Perrigoe**. Wit: Nicholas Ruxton **Gay** and William **Rogers**.

20 May 1761, Thomas **Harrison**, merchant, of Baltimore Co., Maryland leases to John **Hart**, of same, lot #76 in town of Baltimore. Signed Thomas **Harrison** and John **Hart**. Wit: Nicholas Ruxton **Gay** and William **Lyon**.

27 May 1761, John **Ensor**, planter, of Baltimore Co., Maryland to Joseph **Ensor**, merchant, of Cecil Co., Maryland, £100, 100 acres...east side of Jones Falls. Signed John **Ensor**. Wit: Mark **Alexander**, John **Stansbury** and John **Ensor**, son of George.

20 May 1761, Daniel **Chamier** and John & Achsah **Carnan**, of Baltimore Co., Maryland to Malacher **Keaner**, of same, £600, lot #81 in town of Baltimore. Signed Daniel **Chamier** and John **Carnan**. Wit: Nicholas Ruxton **Gay**.

19 May 1761, Thomas **Harrison**, merchant, of Baltimore Co., Maryland leases to Samuel **Seeds**, blacksmith, of same, lot #78 in town of Baltimore. Signed Thomas **Harrison** and Samuel **Seeds**. Wit: Nicholas Ruxton **Gay** and William **Lyon**.

20 May 1761, Thomas **Harrison**, merchant, of Baltimore Co., Maryland leases to Henry **Clyne**, blacksmith, of same, lot #99 in town of Baltimore. Signed Thomas **Harrison** and Henry **Clyne**. Wit: Nicholas Ruxton **Gay** and William **Lyon**.

4 Jun 1761, Joseph **Ensor**, planter, of Baltimore Co., Maryland to

John Ensor, planter, of same, quit claim, interest in 100 acres. Signed Joseph Ensor. Wit: Christopher Randell and William Robinson.

3 Jun 1761, John Bond, of Baltimore Co., Maryland to James Russell, Walter Ensor, John Ensor, Alexander Lawson and Iron Works Co., of same, £100. Signed John Bond. Wit: Walter Tolley and William Husband.

4 Jun 1761, Nicholas Ruxton Gay, of Baltimore Co., Maryland to Richard Hooker, of same, £30, 255 acres. Signed Nicholas Ruxton Gay. Wit: E. Andrews and William Lyon.

30 May 1761, Charles Bosley, of Baltimore Co., Maryland to William Rogers, of same, £50, 178 acres. Signed Charles (x) Bosley. Wit: Nicholas Ruxton Gay and William Lyon.

1 Jun 1761, William Rogers, gentleman, of Baltimore Co., Maryland to William Meller, planter, of same, £50, 100 acres. Signed William Rogers. Wit: Nicholas Ruxton Gay and William Lyon.

1 Apr 1761, William Hollis Sr., of Baltimore Co., Maryland to Thomas Little, of same, £332.55, 268 acres. Signed William Hollis. Wit: Isaac Webster and Samuel Gover.

19 May 1761, James & Anne Perrine, of Baltimore Co., Maryland to Owen Rogers, of same, £69.15, 100 acres...between drafts of Winters Run and Deer creek. Signed James Perrine. Wit: William Rogers and Benjamin Rogers.

10 Jan 1761, Edmund & Rebecca Talbot, blacksmith, of Baltimore Co., Maryland to James Sanders Jr., of same, £50, lot #32 in town of Baltimore. Signed Edmund Talbot. Wit: Nicholas Ruxton Gay and William Rogers.

1 Apr 1761, James & Phebe Gallion, of Baltimore Co., Maryland to Moses Ruth, of same, £150, 200 acres ...purchased of William Smith. Signed James (x) Gallion. Wit: Luke Griffith and James Carroll.

23 May 1761, William **Morray**, (son and heir of Jabez **Morray**, carpenter, deceased), of Baltimore Co., Maryland to Macclan **Bailey** and Jabez **Bailey**, (executors of estate of George **Bailey**), of same, £17. Signed William (x) **Morray**. Wit: William **Rogers** and George **Haile**.

20 May 1761, Richard & Mary **Robinson**, planter, of Baltimore Co., Maryland to William **Johnson**, planter, of same, £300, 200 acres. Signed Richard (x) **Robinson**. Wit: William **Young** and Aquila **Hall**.

8 Jun 1761, Christopher & Catharine **Randell**, planter, of Baltimore Co., Maryland to William **Randell**, of same, £35, 133 acres. Signed Christopher **Randell**. Wit: Samuel **Owings** and Urath **Owings** Jr.

30 Jun 1761, Isaac & Jane **Herrington**, (son and heir of Daniel **Herrington**), carpenter, of York Co., Pennsylvania to Daniel **Eshleman**, (son and heir of Daniel **Eshleman**), of Lancaster Co., Pennsylvania, £80, 81 acres. Signed Isaac **Herrington**. Wit: Jacob **Conbarfus** and Joseph (x) **Hawkins**.

25 Apr 1761, Roger & Rebecca **Boyce**, of Baltimore Co., Maryland to Rev. Thomas **Cradock**, of same, £200, 338 acres and 338 acres. Signed Roger **Boyce**. Wit: William **Young** and Thomas **Franklin**.

4 Jul 1761, William **Demmitt**, planter, of Baltimore Co., Maryland to James **Demmitt**, of same, £125, 266 acres...Ebenezer **Cooke**, appointed by Henry **Low**, of Kent Co., Maryland to bailiff, 20 Feb 1716, and leased to William **Demmitt**, deceased, father of said William, 100 acres and 166 acres. Signed William **Demmitt**. Wit: Benjamin **Harper** and Thomas **Franklin**.

20 Jun 1761, Thomas & Ann **Sligh**, of Baltimore Co., Maryland to James **Brian**, of same, £60, one fourth part of 100 acres. Signed Thomas **Sligh**. Wit: John **Ridgley** and William **Goodwin**.

3 Jul 1761, Charles **Carroll**, of Annapolis, Anne Arundel Co., Maryland to Daniel **Barnes**, of Baltimore Co., Maryland, £25, lots #158, #159, 160 and #162 in town of Baltimore. Signed Charles **Carroll**. Wit: Rachel **Darnell** and John **Revesby**.

26 Mar 1761, Enoch & Mary **Story**, merchant, of Philadelphia, Pennsylvania to Jacob **Giles**, merchant, of Baltimore Co., Maryland, £100, north side of Deer creek...purchased of Cornelius & Anne **Poulson**, (said Anne was daughter and heir of James **Empson**). Signed Enoch **Story**. Wit: James **Webster** and Samuel **Gover**.

19 Jul 1761, John **Ridgley**, of Baltimore Co., Maryland release of mortgage to John **Randell**, of same, on 170 acres and 140 acres. Signed John **Ridgley**. Wit: Nicholas Ruxton **Gay** and William **Lyon**.

22 Jul 1761, John & Catharine **Randell**, planter, of Baltimore Co., Maryland to Roger **Boyce**, gentleman, of same, £170.3, 170 acres. Signed John **Randell**. Wit: Denton **Hammond** and Thomas **Franklin**.

14 Jul 1761, Zachariah & Mary **Barlow**, planter, of Anne Arundel Co., Maryland to Nathan **Lewis**, planter, of Baltimore Co., Maryland, £18, 100 acres. Signed Zachariah (x) **Barlow**. Wit: Nicholas Ruxton **Gay** and William **Lyon**.

3 Jun 1761, Charles **Wells**, planter, of Baltimore Co., Maryland to Capt. John **Stinchcomb**, of same, £5, 49 acres. Signed Charles **Wells**. Wit: Nicholas Ruxton **Gay** and William **Lyon**.

Jun 1761, Christopher **Gardner**, planter, of Baltimore Co., Maryland to Charles **Croxall**, merchant, of same, £18.15, 50 acres...Howards Cabin Branch. Signed Christopher **Gardner**. Wit: Nicholas Ruxton **Gay** and William **Lyon**.

28 Mar 1760, Thomas **Harrison**, merchant, of Baltimore Co., Maryland leases to Adolph **Craver**, of same, lot #111 in town of Baltimore. Signed Thomas **Harrison** and Adolph **Craver**. Wit: Nicholas Ruxton **Gay** and William **Lyon**.

13 Oct 1760, Thomas **Harrison**, merchant, of Baltimore Co., Maryland leases to Jacob **Rock**, of same, lot #112 in town of Baltimore. Signed Thomas **Harrison** and Jacob (x) **Rock**. Wit: Nicholas Ruxton **Gay** and William **Lyon**.

27 Jun 1761, Thomas **Harrison**, merchant, of Baltimore Co., Maryland leases to Henry **Little**, of same, lot #114 in town of Baltimore. Signed Thomas **Harrison** and Henry **Little**. Wit: Nicholas Ruxton **Gay** and William **Lyon**.

15 May 1761, Ford **Barnes**, of Baltimore Co., Maryland to William **Cox**, of same, £20, 0.5 acre and log warehouse...bank of Susquehanna River. Signed Ford **Barnes**. Wit: E. **Andrews** and Thomas (x) **Rogers**.

27 Jun 1761, Benjamin **Swoope** and George **Swoope**, of Baltimore Co., Maryland leases to James **Sterret** and William **Smith**, of same, lot #62 in town of Baltimore. Signed Benjamin **Swoope**, George **Swoope**, James **Sterret** and William **Smith**. Wit: Nicholas Ruxton **Gay** and William **Lyon**.

21 Jul 1761, William & Elizabeth **Dunlop**, mariner, of Baltimore Co., Maryland to William **Pain**, of same, £100, lot #92 in town of Baltimore. Signed William **Dunlop**. Wit: Nicholas Ruxton **Gay** and Thomas **Dick**.

30 Jul 1761, Thomas & Urath **Harley**, of Baltimore Co., Maryland to William **Towson**, of same, £40, 101 acres...Piney Falls...line of John **Elder**. Signed Thomas **Harley** and Urath **Harley**. Wit: Nicholas Ruxton **Gay** and Benjamin **Rogers**.

2 Jul 1761, Samuel **Maning**, of Baltimore Co., Maryland to Nathaniel **Thomas**, of Frederick Co., Maryland, £45, one half of 282 acres...leased with Benjamin **Powell**. Signed Samuel (x) **Maning**. Wit: Nicholas Ruxton **Gay**.

11 Jul 1761, Andrew **Hooke**, of Baltimore Co., Maryland to Charles **Carroll**, John **Ridgley**, William **Lux** and William **Baxter**, of same, for £70 to setup in tanners business, lot #29 in town of Baltimore. Signed Andrew **Hooke**. Wit: Charles **Wells** Jr. and William **Goodwin**.

7 Apr 1761, Robert & Helen **Gilecresh**, planter, of Baltimore Co., Maryland to John **Cook**, planter, of same, £8.75, 25 acres. Signed

Robert **Gilecresh**. Wit: Edward **Hanson**, John **Belt** Jr. and Jeremiah **Belt**.

25 Apr 1761, Thomas & Ann **Sligh**, of Baltimore Co., Maryland to John **Moale**, of same, £8, lots #116 and #117 in town of Baltimore. Signed Thomas **Sligh**. Wit: Nicholas Ruxton **Gay** and James **Moore** Jr.

24 Jul 1761, Peter **Parish**, (son and heir of Edward **Parish**), of the swamp at West River, Anne Arundel Co., Maryland to Leonard **Helm**, of Baltimore Co., Maryland, £5, 25 acres. Signed Peter **Parish**. Wit: Thomas **Williamson** and Eleanor **Williamson**.

25 Jul 1761, Martin **Trish**, of Baltimore Co., Maryland to Peter **Grimer**, of same, £3, 25 acres. Signed Martin **Trish**. Wit: Nicholas Ruxton **Gay** and William **Lyon**.

10 Jul 1761, Michael **Webster**, (son of John **Webster**, deceased), of Baltimore Co., Maryland to his sons John and Michael **Webster**, of same, £100 and 800 pounds of tobacco. Signed Michael **Webster**. Wit: Isaac **Webster** and Phillip **Goddin**.

2 May 1761, Robert **Pleasants**, (son of Thomas), of Virginia to Isaac **Webster**, of Baltimore Co., Maryland, all that land that said **Webster's** father devised to his daughter Susannah **Webster**. Signed Robert **Pleasants**. Wit: John **Day**, son of Edward and John **Hall**.

5 Mar 1761, James **Stewart**, of Baltimore Co., Maryland to Isaac **Webster**, of same, £13.05 and 260 pounds of tobacco, 7.33 acres...purchased of Thomas **Saunders**. Signed James **Stewart**. Wit: Walter **Tolley** and Aquila **Hall**.

12 Aug 1761, Jacob **Colliday**, of Baltimore Co., Maryland to Melcher **Meng**, Woolre **Meng** and William **Colliday**, of Philadelphia, Pennsylvania, £250, two tracts, 100 acres and 100 acres. Signed Jacob **Colliday**. Wit: Walter **Tolley** and William **Young**.

6 Aug 1761, John **Day**, (son of Edward), of Baltimore Co., Maryland to his children, John **Day**, Mary **Day** and Avarilla **Day**, for love and

affection, 73 acres and 23 acres. Signed John **Day**. Wit: Aquila **Hall** and William **Husband**.

26 Feb 1761, Absolom **Brown**, planter, of Baltimore Co., Maryland to James **Phillips**, gentleman, of same, £0.25, 50 acres, 200 acres and 190 acres...east side of Bush River, between Hunting creek and Rumney Run. Signed Absolom (x) **Brown**. Wit: John **Hall** and Cavel **Hall**.

28 Jul 1761, Daniel & Catharine **Barnett**, of Baltimore Co., Maryland to Mark **Alexander**, of same, £47, lot #158 in town of Baltimore. Signed Daniel **Barnett**. Wit: Nicholas Ruxton **Gay**.

14 Aug 1761, Edward & Temperance **Talbot**, of Baltimore Co., Maryland to George **Harryman** Jr., of same, £5, 44 acres. Signed Edward **Talbot**. Wit: Nicholas Ruxton **Gay**.

20 Aug 1761, John & Mary **Cook**, planter, of Baltimore Co., Maryland to Reynold **Monk**, wheelwright, of same, £30, 50 acres...Jones Falls. Signed John (x) **Cook**. Wit: Nicholas Ruxton **Gay** and William **Lyon**.

9 Apr 1761, Thomas **Jones**, of Baltimore Co., Maryland assignment of lease to Vachel **Worthington**, of same, £25, 81 acres. Signed Thomas **Jones**. Wit: Nicholas Ruxton **Gay** and William **Rogers**.

5 Aug 1761, Isaac **Webster**, (executor of estate of Isaac **Webster**, ironmaster, of Baltimore Co., Maryland) to Joseph **Renshaw**, planter, of same, good deed on 6 acres...north side of Deer creek. Signed Isaac **Webster**. Wit: John **Johnston** and John L. **Webster**.

12 Aug 1761, Richard **Dallam** Jr., forge carpenter and Richard & Frances **Dallam** Sr., planter, of Baltimore Co., Maryland to William **Husband** Jr., merchant, of same, £176, 150 acres...north side of Deer creek. Signed Richard **Dallam** and Richard **Dallam**. Wit: E. **Andrews** and Aquila **Hall**.

7 Sep 1761, Joseph **Buckley**, of Baltimore Co., Maryland leases to Joseph **Allen**, of same, house and lot...care for Joseph **Buckley** Jr.

Signed Joseph **Buckley** and Joseph **Allen**. Wit: John **Norris**, Richard **Bennett** and William **Dixon**.

30 May 1761, George & Ariminta **Catto**, (said Ariminta is the widow of Col. Joseph **Young**), of Cecil Co., Maryland to continue to leases to Samuel **Budd**, of Baltimore Co., Maryland, 500 acres. Signed George **Catto** and Samuel **Budd**. Wit: Robert **Dunn** and Robert **Ferguson**.

3 Sep 1761, William **Wright**, farmer, of Baltimore Co., Maryland to Christopher **Vaughan**, of same, £22, 50 acres...Deep Run. Signed William (x) **Wright**. Wit: Mark **Alexander** and Bennett **Hurst**.

9 Sep 1761, Lovevees **Forney**, of Baltimore Co., Maryland Mark **Forney**, of same, £45, 118 acres. Signed Lovevees (x) **Forney**. Wit: Nicholas Ruxton **Gay** and William **Lyon**.

9 Sep 1761, Lovevees **Forney**, of Baltimore Co., Maryland Philip **Forney**, of same, £80, 183 acres. Signed Lovevees (x) **Forney**. Wit: Nicholas Ruxton **Gay** and William **Lyon**.

9 Sep 1761, Lovevees **Forney**, of Baltimore Co., Maryland Mark **Forney**, of same, £5, 50 acres. Signed Lovevees (x) **Forney**. Wit: Nicholas Ruxton **Gay** and William **Lyon**.

28 Aug 1761, Seaborn **Tucker**, of Baltimore Co., Maryland to Alexander **Murray**, forgeman, of same, £100, 183 acres...west side of Susquehanna River and north side of Deer creek. Signed Seaborn **Tucker**. Wit: James **Bissett** and William **Morgan**.

15 Aug 1761, Peter & Dianna **Gosnell** Jr., planter, of Baltimore Co., Maryland to Thomas **Lane**, planter, of same, £70, 31 acres and 50 acres. Signed Peter **Gosnell**. Wit: Nicholas Ruxton **Gay**.

18 Sep 1761, Caleb & Priscilla **Dorsey**, ironmaster, of Anne Arundel Co., Maryland to John **Owings**, planter, of Baltimore Co., Maryland, £144, 130 acres. Signed Caleb **Dorsey**. Wit: John **Hall** and Al **Wayne**.

18 Sep 1761, John & Asenath **Owings**, planter, of Baltimore Co., Maryland to Henry **Dorsey**, Samuel **Dorsey** and Edward **Dorsey**, (sons of Caleb **Dorsey**), of Anne Arundel Co., Maryland, £144, 130 acres. Signed John **Owings**. Wit: John **Hall** and Al **Wayne**.

18 Aug 1761, Stephen **Mathias**, of Frederick Co., Maryland to his sons Joseph and John **Mathias**, for love and affection, 275 acres. Signed Stephen **Mathias**. Wit: Nicholas Ruxton **Gay**.

20 Jul 1761, Capt. Alexander & Sarah **Stewart**, of Baltimore Co., Maryland to Col. Charles **Ridgley**, of same, 25 acres...south side of the great falls of Gunpowder River. Signed Alexander **Stewart** and Sarah **Stewart**. Wit: Nicholas Ruxton **Gay** and William **Lyon**.

8 Sep 1761, Mary **Stansbury**, (executor of the estate of Capt. Tobias **Stansbury**), of Baltimore Co., Maryland to John **Stansbury**, planter, of same, £30, 196 acres. Signed Mary **Stansbury**. Wit: Nicholas Ruxton **Gay** and Samuel **Owings**.

31 Aug 1761, Nicholas Ruxton & Ann **Gay**, gentleman, of Baltimore Co., Maryland to George **Bramwell**, schoolmaster, of same, £20, 230 acres...east side of Patapsco Falls. Signed Nicholas Ruxton **Gay**. Wit: Joshua **Howard**.

8 Sep 1761, Oliver & Hannah **Mathews**, of Baltimore Co., Maryland to John **Gorsuch**, son of Thomas, of same, £112, 100 acres. Signed Oliver **Mathews**. Wit: Nicholas Ruxton **Gay**.

28 Aug 1761, John & Mary **Gill**, of Baltimore Co., Maryland to Samuel **Lane**, of same, £30, 9.5 acres. Signed John **Gill**. Wit: Nicholas Ruxton **Gay** and William **Lyon**.

24 Mar 1761, Mary **Littlemore**, (widow and heir of Sebastian **Littlemore**), of Baltimore Co., Maryland to Conrad **Conrode**, of same, £27, lot #79 in town of Baltimore. Signed Mary (x) **Littlemore**. Wit: Nicholas Ruxton **Gay** and William **Lyon**.

25 Mar 1761, Conrad & Elizabeth **Conrode**, of Baltimore Co., Maryland to Andrew **Hawk**, of same, £27, lot #29 in town of

Baltimore. Signed Conrad **Conrode**. Wit: Nicholas Ruxton **Gay** and William **Lyon**.

18 Sep 1761, Thomas & Ann **Broad**, of Baltimore Co., Maryland to Valentine **Larsch**, of same, £20, 12 acres. Signed Thomas **Broad**. Wit: Nicholas Ruxton **Gay** and William **Lyon**.

23 Sep 1761, Charles **Carroll**, of Annapolis, Anne Arundel Co., Maryland to John **Paca**, merchant, of Baltimore Co., Maryland, £14, 48 acres...head of Bush River. Signed Charles **Carroll**. Wit: John **Darnell** and John **Reresby**.

1 Sep 1761, Thomas & Anne **Sheredine**, planter, of Baltimore Co., Maryland to Sir Nicholas **Hackett**, Carew **Barnett**, Osgood **Gee**, Mary **Wightnick**, William **Russell** and John **Price**, of Great Britain, owners of Kingsbury Ironworks, in Baltimore Co., Maryland, £123, 200 acres. Signed Thomas **Sheredine**. Wit: Nicholas Ruxton **Gay** and William **Lyon**.

8 Oct 1761, Richard & Heziah **Chineoth**, blacksmith, of Baltimore Co., Maryland to John **Daugherty**, blacksmith, of same, £95, 201 acres. Signed Richard **Chineoth**. Wit: Nicholas Ruxton **Gay** and William **Lyon**.

2 Oct 1761, Benjamin & Mary **Long**, planter, of Baltimore Co., Maryland to John **Daugherty**, blacksmith, of same, £7.5, 50 acres. Signed Benjamin (x) **Long**. Wit: Nicholas Ruxton **Gay** and William **Lyon**.

8 Oct 1761, Richard & Heziah **Chinowth**, blacksmith, of Baltimore Co., Maryland to William **Parks**, planter, of same, £13, 19 acres. Signed Richard **Chinowth**. Wit: Nicholas Ruxton **Gay** and William **Lyon**.

19 Oct 1761, Nicholas & Mary **Kroesen**, of Baltimore Co., Maryland to his son Richard **Kroesen**, 50 acres of 149 acres...purchased of John **Keene**. Signed Nicholas **Kroesen**. Wit: Jacob **Allen**.

27 Jun 1761, Thomas **Harrison**, merchant, of Baltimore Co., Maryland leases to William **Galbraith**, of same, lot #94 in town of Baltimore. Signed Thomas **Harrison** and William **Galbraith**. Wit: Nicholas Ruxton **Gay** and William **Lyon**.

10 Oct 1761, James & Sarah **Rigbie**, of Baltimore Co., Maryland to William **Reiy**, of same, £90, 150 acres...north side of Deer creek. Signed James **Rigbie**. Wit: E. **Andrews** and William **Husband** Jr.

10 Oct 1761, James & Sarah **Rigbie**, of Baltimore Co., Maryland to William **Reiy**, of same, £70, 129.5 acres...north side of Deer creek. Signed James **Rigbie**. Wit: E. **Andrews** and William **Husband** Jr.

5 Nov 1761, John **Paca**, (executor of estate of Frances **Middlemore**), of Baltimore Co., Maryland to Alexander **Maccomas**, (son of Alexander), of same, £25, 100 acres. Signed John **Paca** and Alexander **Maccomas**. Wit: John **Hall** Jr. and Walter **Tolley**.

27 Jun 1761, Benjamin & Delila **Barney**, planter, of Baltimore Co., Maryland to Jacob **Cox**, planter, of same, £45, 200 acres. Signed Benjamin **Barney**. Wit: William **Lux** and Benjamin **Bowen**.

18 Jun 1761, Isaac & Jane **Herrington**, of Baltimore Co., Maryland to Aquila **Duley**, (son and heir of William **Duley**), of same, 1,200 pounds of tobacco, 100 acres...north side of Deer creek. Signed Isaac **Harrington**. Wit: Aquila **Hall** and Thomas **Sikes**.

15 Jul 1761, Vachel **Worthington**, gentleman, of Baltimore Co., Maryland leases to Daniel **Bower**, saddler, of same, 6 acres...line of John **Riston**. Signed Vachel **Worthington**. Wit: Peter **Bond** and George **Bramwell**.

12 Oct 1761, John **Mathews**, gentleman, of Baltimore Co., Maryland release of mortgage to James **Bissett**, of same. Signed John **Mathews**. Wit: James **Osborn** and Martin **Armstrong**.

12 Oct 1761, James **Bissett**, of Baltimore Co., Maryland to Jacob **Giles**, gentleman, of same, £200, 314 acres...Bush River Neck. Signed James **Bissett**. Wit: Amos **Garrett** and Thomas **Sikes**.

6 Nov 1761, James **Bissett**, planter, of Baltimore Co., Maryland to James **Preston**, planter, of same, £60, 100 acres. Signed James **Bissett**. Wit: Robert **Adair** and Isaac **Webster**.

2 Oct 1761, Thomas **Harrison**, of Baltimore Co., Maryland leases to George **Levy**, of same, lot #114 in town of Baltimore. Signed Thomas **Harrison** and George **Levy**. Wit: Nicholas Ruxton **Gay** and William **Lyon**.

11 Nov 1761, Mayberry **Helm** Sr., of Baltimore Co., Maryland to Mayberry **Helm** Jr., of same, £500, 101 acres and lot #165 in town of Baltimore. Signed Mayberry **Helm**. Wit: Nicholas Ruxton **Gay** and William **Lyon**.

19 Oct 1761, Phillip & Rachel **Shields**, (son and heir of Solomon **Shields**, son and heir of Henry **Shields**), of Baltimore Co., Maryland to Jacob **Sindall**, of same, £90, 100 acres...purchased of John **Boring**. Signed Phillip (x) **Shields**. Wit: Nicholas Ruxton **Gay** and William **Lyon**.

21 Oct 1761, Isaac **Webster**, ironmaster, of Baltimore Co., Maryland to James **Tompson**, planter, of same, 2,400 pounds of tobacco, 50 acres...head of James Run. Signed Isaac **Webster**. Wit: John **Hall** and Samuel **Harding**.

10 Nov 1761, Charles **Carroll** leases to Austin & Rebecca **Spicer**, planter and Samuel **Merryman**, (son of Samuel), of Baltimore Co., Maryland, 50 acres. Signed Charles **Carroll** Jr. Wit: Richard **Croxall**.

18 Nov 1761, Mayberry & Mary **Helm** Jr., of Baltimore Co., Maryland to Mayberry **Helm** Sr., of same, £0.25, correction of error in deed for 101 acres and lot #165 in town of Baltimore. Signed Mayberry **Helm** Jr. Wit: Nicholas Ruxton **Gay** and William **Lyon**.

25 Oct 1761, Dorsey & Sarah **Peddicoat**, planter, of Baltimore Co., Maryland to Martin and Frederick **Shactar**, £17, 50 acres. Signed Dorsey **Peddicoat**. Wit: Denton **Hammond** and Thomas **Franklin**.

27 Jun 1761, Sarah **Merryman**, of Baltimore Co., Maryland

assignment of lease to John **Forster**, of same, £30, 73 acres...leased by Moses **Merryman**. Signed Sarah (x) **Merryman**. Wit: Nicholas Ruxton **Gay**.

17 Jun 1761, Hannah **Maccomas**, (executor of estate of Alexander **Maccomas**), of Baltimore Co., Maryland assignment of lease to Aquila **Maccomas**, of same, £20, 50 acres. Signed Hannah (x) **Maccomas**. Wit: James **Moore** Jr. and John **Whitaker**.

5 Sep 1761, Thomas & Elizabeth **Amos**, of Baltimore Co., Maryland to William **Amos**, Benjamin **Amos** and Joshua **Amos**, of same, £66, 72 acres...fork of Winters Run. Signed Thomas **Amos**. Wit: Thomas **James** and Abraham **Jarrett**.

3 Jan 1754, Thomas **Richardson**, of Baltimore Co., Maryland assignment of lease to John **Whitacre**, of same, £5, 80 acres. Signed Thomas (x) **Richardson**. Wit: Nicholas Ruxton **Gay** and Thomas **Johnson** Jr.

13 Jun 1761, Thomas **Jones**, of Baltimore Co., Maryland to William **Otty** and Edward **Cooke**, gentlemen, of same, £371.6, 929 acres. Signed Thomas **Jones**. Wit: Nicholas Ruxton **Gay** and William **Lyon**.

3 Nov 1758, Mathew **Hale**, of Baltimore Co., Maryland assignment of lease to Dennis Garrett **Cole**, of same, £7, 32 acres. Signed Mathew **Hale**. Wit: Nicholas Ruxton **Gay**.

11 Sep 1756, William **Cole**, of Baltimore Co., Maryland assignment of lease to Dennis Garrett **Cole**, of same, £5, 41 acres. Signed William (x) **Cole**. Wit: Nicholas Ruxton **Gay**.

7 Oct 1761, Hannah **Worthington**, widow, of Baltimore Co., Maryland leases to Vachel **Worthington**, gentleman, of same, 1000 acres. Signed Hannah (x) **Worthington**. Wit: John **Worthington**, son of William and George **Bramwell**.

28 Sep 1761, James & Sarah **Rigbie**, (eldest son and heir of Col. Nathaniel **Rigbie**), of Baltimore Co., Maryland to Brian **Philpot**, of

same, £217, 434 acres...west side of Susquehanna River. Signed James **Rigbie**. Wit: Nicholas Ruxton **Gay**.

5 Oct 1761, William & Heziah **Askew**, of Baltimore Co., Maryland to Alexander **Stewart**, of same, £120, 85 acres...Herring Run. Signed William **Askew**. Wit: Nicholas Ruxton **Gay** and William **Lyon**.

28 Nov 1761, John **Wood**, carpenter, , of Baltimore Co., Maryland to Col. John **Hall**, gentleman, of same, quit claim, mouth of Cathole creek. Signed John **Wood**. Wit: John **Mathews**.

6 Apr 1761, Jacob & Margaret **Shilling**, of Baltimore Co., Maryland to Philip **Adleman**, of same, £40, 40 acres...west side of Georges Run. Signed Jacob **Shilling**. Wit: John **Shrimplin** and Boztson **Long**.

6 Apr 1761, Jacob & Margaret **Shilling** Sr., of Baltimore Co., Maryland to Philip **Adleman**, of same, £27, 27 acres...drafts of Georges Run. Signed Jacob **Shilling**. Wit: John **Shrimplin** and Boztson **Long**.

14 Dec 1761, Christopher **Vaughan**, of Baltimore Co., Maryland to Henry **Peregoy**, of same, £20, 165 acres. Signed Christopher **Vaughan**. Wit: Nicholas Ruxton **Gay** and Thomas **Franklin**.

13 Jan 1762, John & Sarah **Jones**, (said Sarah is the widow of Robert **Hawkins** Sr.), of Baltimore Co., Maryland to Robert **Hawkins**, of same, £50. Signed John **Jones** and Sarah (x) **Jones**. Wit: William **Husband** Jr. and Aaron **Tredway**.

19 Dec 1761, Benjamin & Comfort **Williams**, planter, of Anne Arundel Co., Maryland to William **Andrews**, innholder, of Baltimore Co., Maryland, £80, north side of Middle River... devised by John **Sellman** to his daughter Ruth **Sellman**. Signed Benjamin **Williams**. Wit: Thomas **Richardson** and George **Stewart**.

8 Dec 1761, Charles & Rebecca **Croxall**, merchant, of Baltimore Co., Maryland to John **Moale**, merchant, of same, £66, one half of 2 acres... line of Jonathan **Hanson**...purchased of Eleanor **Frasher**.

Signed Charles **Croxall**. Wit: William **Lyon** and Benjamin **Lucas**.

8 Dec 1761, Charles & Rebekah **Croxall**, merchant, of Baltimore Co., Maryland assignment of lease to John **Moale**, merchant, of same, £143, lot #49 in town of Baltimore. Signed Charles **Croxall**. Wit: William **Lyon** and Benjamin **Lucas**.

28 Nov 1761, Col. John **Hall**, gentleman, of Baltimore Co., Maryland to John **Wood**, carpenter, of same, quit claim, mouth of Cathole creek. Signed John **Wood**. Wit: John **Mathews** and John **Hall**, of Swan Town.

5 Jul 1761, Joseph & Elizabeth **Thompson**, (said Elizabeth is a daughter and heir of Anthony **Enlowes**), of Baltimore Co., Maryland to William **Andrews**, of same, £100, bay side of Middle River. Signed Joseph **Thompson** and Elizabeth (x) **Thompson**. Wit: William **Bond** Jr. and John **Parks**.

30 Dec 1761, John & Elizabeth **Paca**, of Baltimore Co., Maryland to Robert **Adair**, of same, £1.6, 32 acres. Signed John **Paca**. Wit: William **Husband** and William **Little**.

12 Jan 1762, Enoch **West**, planter, of Baltimore Co., Maryland to Robert **West**, miller, of same, £5, 10 acres...south side of Deer creek. Signed Enoch (x) **West**. Wit: John **Hall** and Benjamin Edward **Hall**.

25 Jan 1762, Bennett **Mathews**, gentleman, of Baltimore Co., Maryland to William **Wilson**, farmer, of same, £0.25, 78 acres...line of James **Osborne**. Signed Bennett **Mathews**. Wit: Henry **Baker** and Thomas **Elliot**.

25 Jan 1762, Bennett **Mathews**, gentleman, of Baltimore Co., Maryland to William **Wilson**, farmer, of same, £100, 78 acres...line of James **Osborne**. Signed Bennett **Mathews**. Wit: Henry **Baker** and Thomas **Elliot**.

30 Dec 1761, John & Elizabeth **Paca**, of Baltimore Co., Maryland to William **Moore**, tailor, of same, £103, 153 acres. Signed John

Paca. Wit: William **Husband** and William **Little**.

15 Jan 1762, John **Sly**, of Baltimore Co., Maryland assignment of lease to Frederick **Donbaugh**, of same, lot #68 in town of Baltimore. Signed John **Sly**. Wit: Nicholas Ruxton **Gay** and William **Lyon**.

16 Feb 1762, Thomas & Martha **Gassaway**, of Anne Arundel Co., Maryland to John **Dorsey**, of same, £13, 25 acres...fork of Piney Falls. Signed Thomas **Gassaway**. Wit: Caleb **Dorsey** Jr.

8 Feb 1761, George & Barbara **Pickett**, of Baltimore Co., Maryland to David **Gorsuch**, of same, £55, lot #39 in town of Baltimore. Signed George **Pickett**. Wit: Nicholas Ruxton **Gay** and Daniel **Chamier**.

8 Feb 1762, John & Elizabeth **Woodward**, of Baltimore Co., Maryland to David **Gorsuch**, of same, £20, lot #39 in town of Baltimore. Signed John **Woodward**. Wit: Nicholas Ruxton **Gay** and Daniel **Chamier**.

8 Feb 1762, John & Elizabeth **Woodward**, of Baltimore Co., Maryland to Nathan **Gorsuch**, (youngest son of Benjamin **Gorsuch** and nephew of said John **Woodward**), of same, for love and affection, lot #39 in town of Baltimore. Signed John **Woodward**. Wit: Nicholas Ruxton **Gay** and Daniel **Chamier**.

16 Jan 1762, Mayberry **Helm** Jr., of Baltimore Co., Maryland to Nicholas **Maccubbin**, of Annapolis, Anne Arundel Co., Maryland, £90, 101 acres. Signed Mayberry **Helm** Jr. Wit: Thomas **Hodghin** and John **Thumson**.

7 Nov 1761, James **Eagon**, weaver, of Baltimore Co., Maryland to Daniel **McComas**, son of William, planter, of same, £40, 40 acres...between Deer creek and Little creek. Signed James **Eagon**. Wit: Aquila **Hall** and Levin **Mathews**.

9 Feb 1762, Thomas & Jane **Taylor**, (son and heir of Abraham **Taylor**), of Baltimore Co., Maryland to Jacob **Giles**, of same, £136.5, 150 acres... Michael **Taylor** is the brother of said Thomas. Signed

Thomas **Taylor**. Wit: John **Hall** and Garrett **Garrettson**.

29 Dec 1761, William **Buchanan**, merchant, of Baltimore Co., Maryland leases to Ulrick **Fulk**, of same, lot #66 in town of Baltimore. Signed William **Buchanan** and Ulrick (x) **Fulk**. Wit: Nicholas Ruxton **Gay** and William **Lyon**.

9 Feb 1762, Thomas & Jane **Taylor**, (son and heir of Abraham **Taylor**), of Baltimore Co., Maryland to Garrett **Garrettson**, of same, £88.5, 150 acres... Michael **Taylor** is the brother of said Thomas. Signed Thomas **Taylor**. Wit: John **Hall** and Thomas **Gettings**.

5 Mar 1762, Daniel **Chamier**, merchant, of Baltimore Co., Maryland to John **Fowle**, carpenter, of same, £10, lot #16 in town of Baltimore. Signed Daniel **Chamier**. Wit: James **Christie** Jr. and Daniel **Chamier** Jr.

10 Mar 1762, Martin **Smurr**, of Baltimore Co., Maryland assignment of lease to Andrew **Stigar**, of same, £70, lot #66 in town of Baltimore. Signed Martin **Smurr**. Wit: Nicholas Ruxton **Gay**.

29 Dec 1761, William **Buchanan**, merchant, of Baltimore Co., Maryland leases to Martin **Smurr**, of same, lot #66 in town of Baltimore. Signed William **Buchanan** and Martin **Smurr**. Wit: Nicholas Ruxton **Gay** and William **Lyon**.

10 Mar 1762, Conrad **Bott**, of Baltimore Co., Maryland assignment of lease to Andrew **Stigar**, of same, £55, lot #115 in town of Baltimore. Signed Conrad **Bott**. Wit: Nicholas Ruxton **Gay**.

24 Feb 1762, Adolph **Craver**, of Baltimore Co., Maryland leases to Malicha **Keener**, lot #111 in town of Baltimore. Signed Adolph **Craver** and Malicha **Keener**. Wit: Nicholas Ruxton **Gay** and William **Lyon**.

Chapter 5
Baltimore Co., Maryland
Deed Records
Liber B. No. K.
1762-1763

26 Feb 1762, Adolph **Craver**, of Baltimore Co., Maryland to Andrew **Stigar**, of same, £25, lot #111 in town of Baltimore. Signed Adolph **Craver**. Wit: Nicholas Ruxton **Gay** and William **Lyon**.

29 Dec 1761, William **Buchanan**, merchant, of Baltimore Co., Maryland leases to Mathias **Calman**, of same, lot #66 in town of Baltimore. Signed William **Buchanan** and Mathias **Calman**. Wit: Nicholas Ruxton **Gay** and William **Lyon**.

24 Feb 1762, Daniel **Chamier**, of Baltimore Co., Maryland to Mathias **Bellman**, of same, ££10, lot #14. Signed Daniel **Chamier**. Wit: William **Buchanan** and Daniel **Chamier** Jr.

24 Feb 1762, Daniel **Chamier**, of Baltimore Co., Maryland to Henry **Sower**, shoemaker, of same, £22, two lots in town of Baltimore. Signed Daniel **Chamier**. Wit: William **Buchanan** and Daniel **Chamier** Jr.

24 Feb 1762, Daniel **Chamier**, of Baltimore Co., Maryland to Malachi **Keener**, innholder, of same, £12, two lots in town of Baltimore. Signed Daniel **Chamier**. Wit: William **Buchanan** and Daniel **Chamier** Jr.

26 Feb 1762, Valentine & Elizabeth **Wing**, of Baltimore Co., Maryland to William **Gill**, of same, £135, 142 acres. Signed Valentine (x) **Wing**. Wit: Samuel **Owings** and Rachel **Owings**.

13 Mar 1762, Robert & Hannah **West**, miller, of Baltimore Co., Maryland to Charles **Gilbert**, farmer, of same, £10, 5 acres...Spring Run. Signed Robert (x) **West** and Hannah (x) **West**. Wit: John **Hall** and Thomas **Casdrop**.

12 Feb 1755, Randal **Ramsey**, of Brookshire Co., Virginia power of attorney to John **Demos**, of Baltimore Co., Maryland, to sell to William **Few**, 80 acres. Signed Randal **Ramsey**. Wit: Isaac **Ramsey**, James **Cain** and John (x) **Poteet**.

25 Sep 1761, Randal **Ramsey**, of Baltimore Co., Maryland assignment of lease to Archibald **Aiken**, of same, 80 acres. Signed John (x) **Demos**, attorney for Randal **Ramsey**. Wit: Nicholas Ruxton **Gay**.

27 Feb 1762, Richard **Clark**, of Anne Arundel Co., Maryland to John **Davis**, son of Walter, of Baltimore Co., Maryland, £31, 97 acres...north side of Middle River...line of **Chadwell**. Signed Richard **Clark**. Wit: Luke **Davis**, Henry **Howard** and Ephraim **Howard**.

20 Mar 1762, John **Gill** and Thomas **Bond**, planters, of Baltimore Co., Maryland release of note to William **Barney** Jr., joiner, of same, land and negro boy called Bob. Signed John **Gill** and Thomas **Bond**. Wit: William **Young** and William **Lyon**.

17 Mar 1762, Mary **Rutter** and William **Barney**, the younger, of Baltimore Co., Maryland to Thomas **Rutter**, of same, £170, 100 acres...Western Run. Signed William **Barney** Jr. and Mary (x) **Rutter**. Wit: Nicholas Ruxton **Gay**.

15 Mar 1762, Conrad **Bott**, of Baltimore Co., Maryland to Conrad **Conrode**, of same, £12, lot #113 in town of Baltimore. Signed Conrad **Bott**. Wit: Nicholas Ruxton **Gay** and William **Lyon**.

17 Aug 1761, Daniel & Mary **Losch**, butcher, of Baltimore Co., Maryland mortgage to Henry **Littell** and William **Lable**, of same, £30, lot #114 in town of Baltimore. Signed Daniel **Losch**. Wit: Nicholas Ruxton **Gay** and William **Lyon**.

25 Mar 1762, Stephen & Sophia **Rigdon**, planter, of Baltimore Co., Maryland to John **Love**, planter, of same, £100, 40 acres...Kitminister Run. Signed Stephen **Rigdon**. Wit: William **Husband** and John **Giles**.

17 Mar 1762, Thomas & Elizabeth **Jones**, merchant, of Baltimore Co., Maryland to Nicholas **Jones**, merchant, of same, £5, lot #58 in town of Baltimore. Signed Thomas **Jones**. Wit: Nicholas Ruxton **Gay** and William **Lyon**.

11 Jan 1762, Christopher **Strangway**, of Baltimore Co., Maryland to Benjamin **Rogers**, of same, £60, lot #59 in town of Baltimore. Signed Christopher (x) **Strangway**. Wit: Nicholas Ruxton **Gay**, George Goul. **Presbury** and William **Lyon**.

5 Mar 1762, Henry & Ruth **Griffith**, merchant, of Baltimore Co., Maryland and Charles **Carroll**, barrister, of Annapolis, Anne Arundel Co., Maryland, £0.25, north side of middle branch of Patapsco River. Signed Henry **Griffith**. Wit: Henry **Howard** and Ephraim **Howard**.

3 Apr 1762, Samuel & Sarah **Day**, planter, of Baltimore Co., Maryland to Robert **Patterson**, merchant, of same, £100, 50 acres...between little falls of Gunpowder River and Winters Run...between John **Roberts** and Henry **Weatheral**. Signed Samuel **Day**. Wit: Jesse **Bussey**.

3 Oct 1761, Jacob **Giles**, of Baltimore Co., Maryland leases to Philip **Jackson**, of same, where Capt. Daniel **Robinson** lately lived. Signed Jacob **Giles**. Wit: Amos **Garrett** and Levin **Mathews**.

1 Apr 1762, Thomas **Dick**, of Baltimore Co., Maryland leases to Richard **Moale**, of same, lot #72 in town of Baltimore. Signed Thomas **Dick** and Richard **Moale**. Wit: Nicholas Ruxton **Gay** and Richard **Alexander**.

3 Apr 1762, Edward **Fell**, gentleman, of Baltimore Co., Maryland leases to Thomas **Dick**, of same, 0.25 acres. Signed Edward **Fell** and Thomas **Dick**. Wit: Nicholas Ruxton **Gay** and John **Bond**.

7 May 1761, Lettice **Raven**, widow, of Baltimore Co., Maryland leases to Joseph **Thompson**, schoolmaster, of same, lot in town of Baltimore. Signed Lettice (x) **Raven**. Wit: John **Harryman** and Daniel (x) **Folway**.

27 Mar 1762, Christopher **Decker**, of Baltimore Co., Maryland to Jacob **Walker**, of same, £8, 30 acres...Aspin Run. Signed Christopher (x) **Decker**. Wit: Joseph **Wattell** and Andrew (x) **Wheldy**.

31 Mar 1762, Christopher & Elizabeth **Carnan**, of Baltimore Co., Maryland to Nicholas Ruxton **Gay**, William **Lyon**, Brian **Philpot** and William **Lux**, of same, £529, 200 acres, 112 acres, 5 acres, 3 lots in town of Baltimore, (#32, #33 and #57) and negroes: Annapolis, Jack, Berkshire, Grove, Minerva, Ruth, Hannah, Clenus, Phebe, Rachel and Dinah. Signed Christopher **Carnan**. Wit: Samuel **Owings** and Thomas **Franklin**.

20 Apr 1762, Avinton **Phelps**, farmer, of Roan Co., North Carolina and David **McTwain**, of Baltimore Co., Maryland to Edward **Morgan**, planter, of Baltimore Co., Maryland, £30, 50 acres...north side of Deer creek. Signed Avinton **Phelps** and David **McTwain**. Wit: William **Husband** and Gerard **Hopkins** Jr.

19 Apr 1762, Conrad **Smith**, of Baltimore Co., Maryland leases to Balsher **Frea**, of same. Signed Conrad **Smith** and Balsher **Frea**. Wit: Nicholas Ruxton **Gay** and William **Lyon**.

14 Apr 1762, Thomas **Harrison**, merchant, of Baltimore Co., Maryland leases to John **Sligh**, of same, lot #115 in town of Baltimore. Signed Thomas **Harrison** and John **Sligh**. Wit: Nicholas Ruxton **Gay** and William **Lyon**.

5 May 1762, Joseph **Ensor**, of Baltimore Co., Maryland to Job **Garrettson**, of same, £66, 55 acres. Signed Joseph **Ensor**. Wit: Walter **Talley** and John **Hall**.

1762, James **Maxwell**, farmer, of Baltimore Co., Maryland to William **Currents**, farmer, of Chester Co., Pennsylvania, £110, 80 acres...draft of Broad creek. Signed James **Maxwell**. Wit: Samuel

Litton and William **Hawkins**.

24 Apr 1762, Roger & Rebecca **Boyce**, of Baltimore Co., Maryland to John **Gill**, planter, of same, £75, 100 acres...line of John **Gill** Jr. and Brian **Philpot**. Signed Roger **Boyce**, Wit: Thomas **Franklin**, William **Lyon** and Richard (x) **Rawlings**.

19 Apr 1762, Conrad **Smith**, of Baltimore Co., Maryland leases to Christian **Apple**, of same. Signed Conrad **Smith** and Christian **Apple**. Wit: Nicholas Ruxton **Gay** and William **Lyon**.

14 Apr 1762, Thomas **Harrison**, merchant, of Baltimore Co., Maryland leases to Thomas **Worthington**, of same, lot #71 in town of Baltimore. Signed Thomas **Harrison** and Thomas **Worthington**. Wit: Nicholas Ruxton **Gay** and William **Lyon**.

23 Apr 1762, Joseph & Patience **Jones**, of Baltimore Co., Maryland to John **Paca**, of same, £27, 50 acres...north side of Deer creek. Signed Joseph **Jones**. Wit: Aquila **Duley** and Thomas **Jones**.

3 Apr 1762, James **McCamis**, of Cumberland Co., Pennsylvania to Benjamin **Bowen**, of Baltimore Co., Maryland, £15, 25 acres...surveyed for Edward **Tipton**. Signed James **McCamis**. Wit: Joseph **Ensor** and Joseph **Smith**.

5 Mar 1762, Daniel **Chamier**, merchant, of Baltimore Co., Maryland to Jacob **Rock**, stone mason, of same, £26, lots #8 and #10 in town of Baltimore. Signed Daniel **Chamier**. Wit: James **Christie** Jr. and Daniel **Chamier** Jr.

19 Apr 1762, Conrad **Smith**, of Baltimore Co., Maryland leases to John Rudy **Galman**, of same. Signed Conrad **Smith** and John Rudy **Galman**. Wit: Nicholas Ruxton **Gay** and William **Lyon**.

24 Apr 1762, Roger & Rebecca **Boyce**, gentleman, of Baltimore Co., Maryland to Jeremiah **Johnson**, planter, of same, £68,75, 100 acres. Signed Roger **Boyce**. Wit: Thomas **Franklin** and William **Lyon**.

5 Mar 1762, Daniel **Chamier**, merchant, of Baltimore Co., Maryland

to Mary **Garrett**, widow, of same, £4, 4 acres. Signed Daniel **Chamier**. Wit: James **Christie** Jr. and Daniel **Chamier** Jr.

7 Apr 1762, Thomas & Ann **Sligh**, merchant, of Baltimore Co., Maryland to Jonathan **Plowman**, merchant, of same, £40.75, 4 acres. Signed Thomas **Sligh**. Wit: Nicholas Ruxton **Gay** and William **Lyon**.

3 Feb 1762, John & Elizabeth **Murray**, collier, of Baltimore Co., Maryland to their son William **Dew**, of same, for love and affection, lot #58 in town of Baltimore. Signed John (x) **Murray** and Elizabeth (x) **Murray**. Wit: Nicholas Ruxton **Gay** and William **Lyon**.

2 Dec 1761, John & Lucina **Allinder**, forgeman, of Baltimore Co., Maryland to Thomas **Forster**, of Cecil Co., Maryland, £100, 174 acres...north side of Deer creek. Signed John **Allinder**. Wit: E. **Andrews** and John **Hall**.

21 Nov 1761, Thomas & Ann **Sligh**, of Baltimore Co., Maryland to Vachel **Worthington**, of same, £120, 400 acres. Signed Thomas **Sligh**. Wit: Nicholas Ruxton **Gay** and William **Lyon**.

28 Apr 1762, Edward **Fell**, of Baltimore Co., Maryland power of attorney to John **Bond**, of same, to sell lots in town of Baltimore. Signed Edward **Fell**. Wit: Joseph **Smith** and Greenberry **Dorsey** Jr.

10 May 1762, David **Malsby**, of Baltimore Co., Maryland to John **Bond**, of same, £45.5, 182 acres ...originally granted to Nehemiah **Hicks**...Henry **Hicks** purchased of Thomas **Bond** and 18 acres. Signed David **Malsby**. Wit: Laban **Hicks**, Frances **Webster** and Alesanna **Bond**.

1 Apr 1762, William & Kesiah **Askew**, merchant, of Baltimore Co., Maryland to Thomas **Dick**, merchant, of same, £300, lot #10 in town of Baltimore. Signed William **Askew** and Thomas **Dick**. Wit: Nicholas Ruxton **Gay** and R. **Alexander**.

11 May 1762, Henry **Baker** to William **Horton**, 203 acres.

30 Dec 1761, John & Elizabeth **Paca**, of Baltimore Co., Maryland to Richard **Deaver**, of same, £6.25 and 1,000 pounds of tobacco, 125 acres. Signed John **Paca**. Wit: William **Husband** and William **Little**.

1 Jun 1762, Ludwick & Margaret **Myer**, late, of Baltimore Co., Maryland, now of York Town, York Co., Pennsylvania to George **Lefavour**, of same, £310, 100 acres. Signed Ludwick **Myer**. Wit: Samuel **Owings** and William **Young**.

15 May 1762, Thomas & Ann **Sligh**, of Baltimore Co., Maryland to Thomas **Dick**, of same, £10, lot #116 in town of Baltimore. Signed Thomas **Sligh**. Wit: Nicholas Ruxton **Gay** and William **Lyon**.

30 Dec 1761, John & Elizabeth **Paca**, of Baltimore Co., Maryland to James **Smith**, of same, £55, 100 acres. Signed John **Paca**. Wit: William **Husband** and William **Little**.

7 Apr 1762, Thomas & Ann **Sligh**, of Baltimore Co., Maryland to Jacob **Leaf**, of same, £10, 1 acres...east side of Jones Falls. Signed Thomas **Sligh**. Wit: Nicholas Ruxton **Gay**.

1 May 1762, Benjamin **Swoope**, of Frederick Co., Maryland leases to Valentine **Larsch**, of same, lot #70 in town of Baltimore. Signed Benjamin **Swoope** and Valentine **Larsch**. Wit: Nicholas Ruxton **Gay**.

21 May 1762, Valentine **Larsch**, of Baltimore Co., Maryland assignment of lease to Weimbert **Judy**, of same, lot #70 in town of Baltimore. Signed Valentine **Larsch** and Weimbert **Judy**. Wit: Nicholas Ruxton **Gay** and William **Lyon**.

17 Apr 1762, Conrad **Smith**, of Baltimore Co., Maryland leases to Rudolph **Hooke**, of same, purchased of Thomas **Sligh**. Signed Conrad **Smith** and Rudolph **Hooke**. Wit: Nicholas Ruxton **Gay** and William **Lyon**.

17 Apr 1762, Conrad **Smith**, of Baltimore Co., Maryland leases to Rudolph **Hooke**, of same, purchased of Thomas **Sligh**. Signed Conrad **Smith** and Rudolph **Hooke**. Wit: Nicholas Ruxton **Gay** and

William **Lyon**.

10 Aug 1761, William & Mary **Husband**, mariner, of Baltimore Co., Maryland to Thomas **Miller** Jr., merchant, of same, £160, 319 acres and 100 acres ...purchased with his son Herman **Husband** of John **Durlin**...called Sarah's Fruitful...assignment of Col. William **Young**. Signed William **Husband** and Herman **Husband**. Wit: William **Husband** Jr. and Thomas **Farmer**.

31 May 1762, Hugh & Rebecca **Creagh**, of Baltimore Co., Maryland to Dr. William **Lyon**, of same, £25, 39.5 acres. Signed Hugh (x) **Creagh**. Wit: Nicholas Ruxton **Gay** and Samuel **Owings**.

3 Jun 1762, John **Hall**, gentleman, of Baltimore Co., Maryland to Jacob **Giles**, iron master, of same, £225, his interest in 100 acres and iron forge...owned by said John, said Jacob, Nathan **Rigbie** Jr. and Nathan **Rigbie**. Signed John **Hall**. Wit: E. **Andrews** and John **Hall**.

15 May 1762, John & Mary **Ridgley**, of Baltimore Co., Maryland to Thomas **Sligh**, of same, £124, lots #13 and #14 in town of Baltimore. Signed John **Ridgley**. Wit: Nicholas Ruxton **Gay** and William **Lyon**.

8 Apr 1762, Isaac **Webster**, (son and heir of Isaac **Webster**), of Baltimore Co., Maryland to James **Barnes**, of same, £0.25, 43 acres. Signed Isaac **Webster**. Wit: John **Hall** and William **Young** Jr.

4 May 1762, James **Carey**, of Baltimore Co., Maryland Barnabie **Hughes**, merchant and William **Baxter**, iron master, of same, £150, line of John **Moale**. Signed James **Carey**. Wit: Nicholas Ruxton **Gay** and William **Lyon**.

15 May 1762, Thomas & Ann **Sligh**, of Baltimore Co., Maryland to William & Elizabeth **Aisquith**, of same, good deed, 5 acres...sold by Thomas **Sligh** to William **Nicholson**, who devised to Elizabeth **Connell**, daughter of John & Mary **Connell**...if said Elizabeth has no heirs then to his brother John **Nicholson**, of Northumberland Co., England. Signed Thomas **Sligh**. Wit: Nicholas Ruxton **Gay** and William **Lyon**.

30 Dec 1761, John & Elizabeth **Paca**, of Baltimore Co., Maryland to Robert **Jefferies**, of same, £55, 100 acres...James Run. Signed John **Paca**. Wit: William **Husband** and E. **Andrews**.

30 Apr 1762, Samuel **Hopkins**, (son and heir of Gerald **Hopkins**), planter, of Baltimore Co., Maryland to his brother Richard **Hopkins**, of same, one half of 350 acres...purchased of William **Moulding** and Nathaniel **Gills**. Signed Samuel **Hopkins**. Wit: Joseph **Taylor** and Gernard **Hopkins**.

30 Apr 1762, Richard **Hopkins**, (son and heir of Gerald **Hopkins**), planter, of Baltimore Co., Maryland to his brother Samuel **Hopkins**, of same, one half of 350 acres...purchased of William **Moulding** and Nathaniel **Gills**. Signed Richard **Hopkins**. Wit: Joseph **Taylor** and Gernard **Hopkins**.

8 Jun 1762, William **Askew**, of Baltimore Co., Maryland leases to Christopher **Rice**, of same, lot #100 in town of Baltimore. Signed William **Askew** and Christopher (x) **Rice**. Wit: Nicholas Ruxton **Gay** and William **Lyon**.

18 Jun 1762, John & Pursasha **Price**, planter, of Baltimore Co., Maryland to John **Audlesburough**, carpenter, of same, £40, 50 acres...head of Beaver Run. Signed John (x) **Price**. Wit: Rachel **Hade** and Thomas **Franklin**.

15 May 1762, Thomas **Sligh**, gentleman, of Baltimore Co., Maryland leases to Amos **Fogg**, innholder, of same, lot #7 in town of Baltimore. Signed Thomas **Sligh** and Amos **Fogg**. Wit: Nicholas Ruxton **Gay** and William **Lyon**.

23 Sep 1761, George **Buck**, (son and heir of John **Buck** and Judith **Pawley**, only child of William **Pawley**), of Bedford, Down Co., England power of attorney to Thomas **Lovering**, mariner, of same, to sell land near Gwin Falls. Signed George **Buck**. Wit: Thomas **Kenney** and Henry **Young**.

8 Jul 1762, Daniel **Chamier**, merchant, of Baltimore Co., Maryland to David **Shriver**, innholder, of Frederick Co., Maryland, £10, lot

in town of Baltimore...purchased of Thomas **Sligh** ...line of Henry **Sowen**. Signed Daniel **Chamier**. Wit: Nicholas Ruxton **Gay** and Amos **Fogg**.

14 May 1762, David & Katharine **Adleman**, farmer, of Baltimore Co., Maryland to Peter **Fowble**, blacksmith, of same, £104.75, 33 acres and 44 acres...north side of a branch of Georges Run. Signed David **Adleman** and Peter **Fowble**. Wit: Nicholas Ruxton **Gay** and William **Lyon**.

7 Apr 1762, Thomas & Ann **Sligh**, of Baltimore Co., Maryland to Andrew **Stiger**, of same, £25, 13 acres...Coles Harbor. Signed Thomas **Sligh**. Wit: Nicholas Ruxton **Gay** and William **Lyon**.

3 Jul 1762, Charles & Sarah **Wells**, planter and James **Chilcoat**, planter of Baltimore Co., Maryland to George **Zimmerman**, farmer, of same, £40, 50 acres. Signed Charles **Wells**, Sarah (x) **Wells** and James (x) **Chilcoat**. Wit: Nicholas Ruxton **Gay** and William **Lyon**.

30 Jun 1762, Isaac **Webster**, iron master, of Baltimore Co., Maryland to Joseph **Morgan**, of same, £50, 100 acres. Signed Isaac **Webster**. Wit: John **Hall** and George **Smith**.

16 Jul 1762, James **Barnes**, planter, of Baltimore Co., Maryland to Joseph **Morgan**, planter, of same, £97, 103 acres...west side of Susquahanna River. Signed James (x) **Barnes**. Wit: E. **Andrews** and William **Husband**.

22 Jun 1762, Robert & Jemima **Cross**, of Baltimore Co., Maryland to Francis **Fresh**, of same, £7, 14 acres. Signed Robert **Cross**. Wit: Samuel **Owings**, Rachel **Owings** and Samuel **Owings** Jr.

31 Jul 1762, William & Mary **Miller**, planter, of Baltimore Co., Maryland to Edward **Lewis**, tanner, of same, £16.55, 36 acres...south side of Gwin Falls. Signed William (x) **Miller**. Wit: William **Lyon**.

29 Jul 1762, Thomas & Esther **White**, of Philadelphia, Pennsylvania to Kent **Mitchell**, £134, 134 acres. Signed Thomas **White**. Wit: John **Hall** and Mary **Hall**.

13 Jul 1762, Thomas & Esther **White**, of Philadelphia, Pennsylvania to John **Hall**, of Baltimore Co., Maryland, £161.4, 269 acres... line of Cranberry **Hall**. Signed Thomas **White**. Wit: John **Hall** Jr. and Daniel **Anderson**.

13 Jul 1762, Thomas & Esther **White**, of Philadelphia, Pennsylvania to Charles **Anderson**, of Baltimore Co., Maryland, £100, 70 acres and 30 acres. Signed Thomas **White**. Wit: John **Hall** Jr. and Daniel **Anderson**.

3 Jul 1762, Vitus & Elizabeth **Hartway** and John & Dorothy **Sligh**, of Baltimore Co., Maryland to Christian **Apple**, of same, £50, 2.125 acres... line of Thomas **Sligh**. Signed Vitus **Hartway** and John **Sligh**. Wit: Nicholas Ruxton **Gay** and William **Lyon**.

29 Jul 1762, Charles & Elizabeth **Carroll**, of Annapolis, Anne Arundel Co., Maryland to John **Moale**, of Baltimore Co., Maryland, £9, lot #147 in town of Baltimore. Signed Charles **Carroll**. Wit: John **Beresby**.

29 Jul 1762, Charles & Elizabeth **Carroll**, of Annapolis, Anne Arundel Co., Maryland to John **Moale**, of Baltimore Co., Maryland, £9, lot #147 in town of Baltimore. Signed Charles **Carroll**. Wit: John **Reresby**.

27 Jul 1762, Samuel **Hooker**, planter, of Baltimore Co., Maryland to Aaron **Butler**, planter, of same, £0.75, 15 acres. Signed Samuel **Hooker**. Wit: Samuel **Owings** and William **Lyon**.

27 Jul 1762, Josephus **Murray**, planter, of Baltimore Co., Maryland to Aaron **Butler**., planter, of same, £1.1, 22 acres. Signed Josephus **Murray**. Wit: Samuel **Owings** and William **Lyon**.

9 Feb 1762, Aquila **McComas**, planter, of Baltimore Co., Maryland assignment of lease to Hugh **Vogen**, of same, £25, 12 acres. Signed Aquila **McComas**.

27 Jul 1762, Aaron & Elizabeth **Butler**, planter, of Baltimore Co., Maryland to Josephus **Murray**, planter, of same, £20, 336 acres.

Signed Aaron **Butler**. Wit: Samuel **Owings** and William **Lyon**.

27 Jul 1762, Aaron & Elizabeth **Butler**, planter, of Baltimore Co., Maryland to Richard **Hooker** Jr., planter, of same, £6.65, 113 acres. Signed Aaron **Butler**. Wit: Samuel **Owings** and William **Lyon**.

27 Jul 1762, Aaron & Elizabeth **Butler**, planter, of Baltimore Co., Maryland to Enoch **Bailey**, planter, of same, £23, 200 acres. Signed Aaron **Butler**. Wit: Samuel **Owings** and William **Lyon**.

5 Aug 1762, Brian **Philpot**, of Baltimore Co., Maryland assignment of lease to Dr. William **Lyon**, of same, £200, 20 acres, 15 acres and 4 acres. Signed Brian **Philpot**. Wit: Nicholas Ruxton **Gay** and E. **Andrews**.

4 Aug 1762, Dr. William & Mary **Lyon**, of Baltimore Co., Maryland to St. Pauls Parish, £30, lots #17 and #18 in town of Baltimore. Signed William **Lyon**. Wit: Nicholas Ruxton **Gay** and Brian **Philpot**.

3 Jul 1762, Balsher **Frea**, of Baltimore Co., Maryland assignment of lease to Jacob **Stife**, of same, £1. Signed Balsher **Frea**. Wit: Nicholas Ruxton **Gay** and William **Lyon**.

22 Jul 1762, Charles **Carroll**, of Annapolis, Anne Arundel Co., Maryland to St. Pauls Parish, £10.7, lot #154 in town of Baltimore. Signed Charles **Carroll**. Wit: Richard **Sprigg** and John **Beresby**.

5 Aug 1762, Nicholas Ruxton **Gay**, of Baltimore Co., Maryland to Roger **Boyce**, of same, £12.5, line of James **Reverse** and Joseph **Sutton**. Signed Nicholas Ruxton **Gay**. Wit: Thomas **Franklin** and William **Aisquith**.

24 Apr 1762, Mary **Hanson**, of Baltimore Co., Maryland leases to Aquila **Price**, planter, of same, 150 acres. Signed Mary **Hanson** and Aquila **Price**. Wit: Nicholas Ruxton **Gay** and William **Lyon**.

9 Aug 1762, Alexander & Dorothy **Lawson**, of Baltimore Co., Maryland to Thomas **Harrison**, of same, £2, lot #78 in town of

Baltimore. Signed Alexander **Lawson**. Wit: Nicholas Ruxton **Gay** and Samuel **Owings**.

4 Dec 1761, Robert **Pleasants**, merchant, of Virginia to Isaac **Webster**, iron master, of Baltimore Co., Maryland, £33.55, one fourteenth part of one third part of iron works. Signed Robert **Pleasants**. Wit: George **Stewart** and Peter **Bushman**.

13 Aug 1762, James & Hannah **Mather**, of Baltimore Co., Maryland to Thomas **White**, of Philadelphia, Pennsylvania and Aquila **Hall**, of Baltimore Co., Maryland, £7.25, 20 acres...Bynams Run. Signed James **Mather**. Wit: John **Hall** and Leven **Mathews**.

6 Aug 1762, Thomas & Esther **White**, of Philadelphia, Pennsylvania to James **McComas**, of Baltimore Co., Maryland, £23, 92 acres...between Winters Run and Bynams Run. Signed Thomas **White**. Wit: Susannah **Risteau** and Sophia **Hall**.

31 Aug 1762, Charles **Carroll**, of Annapolis, Anne Arundel Co., Maryland to Andrew **Bay**, of Baltimore Co., Maryland, £100, 200 acres... patented by James **Carroll**. Signed Charles **Carroll**. Wit: Henry **Carroll** and John **Beresby**.

25 Aug 1762, Thomas & Ann **Sligh**, of Baltimore Co., Maryland to William **Askew**, of same, £120, 12 acres. Signed Thomas **Sligh**. Wit: Nicholas Ruxton **Gay** and William **Lyon**.

28 Aug 1762, Edward **Stocksdale**, planter, of Baltimore Co., Maryland to Solomon **Stocksdale**, planter, of same, £20, 50 acres. Signed Edward (x) **Stocksdale**. Wit: Nicholas Ruxton **Gay** and Samuel **Owings**.

28 Aug 1762, Edward **Stocksdale**, planter, of Baltimore Co., Maryland to Thomas **Stocksdale**, planter, of same, £20, 115 acres. Signed Edward (x) **Stocksdale**. Wit: Nicholas Ruxton **Gay** and Samuel **Owings**.

2 Jun 1762, Henry **Wilson**, gentleman, of Baltimore Co., Maryland to John **Fulton**, tailor, of same, for services, 10 acres. Signed Henry

Wilson. Wit: Walter **Tolley** and John **Hall**.

5 Aug 1762, James & Anne **Meades**, (son of Edward), of Baltimore Co., Maryland to Samuel **Rickells**, of same, £50, 50 acres. Signed James **Meades**. Wit: Samuel **Owings** and Thomas **Franklin**.

12 Aug 1762, Nicholas Ruxton & Ann **Gay**, of Baltimore Co., Maryland to James **Russell**, Walter **Ewer**, John **Ewer** Jr. and John **Buchanan**, of England and Alexander **Lawson**, of Baltimore Co., Maryland, £100, 100 acres and 100 acres. Signed Nicholas Ruxton **Gay**. Wit: John Hammond **Dorsey** and Robert **Adair**.

9 Nov 1762, Thomas **Harrison**, of Baltimore Co., Maryland to Alexander **Lawson**, of same, £10, lots #119 and #120 in town of Baltimore. Signed Thomas **Harrison**. Wit: Nicholas Ruxton **Gay** and Samuel **Owings**.

John & Belinda **Little**, of Baltimore Co., Maryland to Samuel **Owings** Jr., of same, £30, 35 acres. Signed John **Little**. Wit: Nicholas Ruxton **Gay** and Samuel **Owings**.

4 Sep 1762, Solomon & Martha **Hillen**, (son and heir of Solomon **Hillen**), of Baltimore Co., Maryland to Charles **Ridgley** Jr., of same, £19.95, 29 acres. Signed Solomon **Hillen**. Wit: Nicholas Ruxton **Gay** and William **Lyon**.

26 Aug 1762, Thomas & Margaret **Miller**, of Baltimore Co., Maryland to John **Hughs**, of same, £32, 12 acres. Signed Thomas **Miller**. Wit: James **Criswell** and William **Husband**.

31 May 1762, Thomas & Ann **Sligh**, of Baltimore Co., Maryland to Peter **Woolrick**, of same, £20, 2 acres...northwest branch of Patapsco River. Signed Thomas **Sligh**. Wit: Nicholas Ruxton **Gay** and William **Lyon**.

11 Sep 1762, John & Ann **Connaway**, (brother and heir of Charles **Connaway**), of Baltimore Co., Maryland to Mike **Love**, of same, 70 acres...Solomon **Wooden**, (brother of John **Wooden**), sold to John **Willmott**, who sold to said Charles. Signed John **Connaway**. Wit:

Nicholas Ruxton **Gay** and William **Lyon**.

8 Jul 1762, Daniel **Chamier**, merchant, of Baltimore Co., Maryland to Samuel **Messersmith**, gunsmith, of same, 4 acres. Signed Daniel **Chamier**. Wit: Nicholas Ruxton **Gay**.

7 Mar 1762, Edward **Fell**, of Baltimore Co., Maryland to William **Moore**, of same, £350, lot #4 in the town of Baltimore. Signed Edward **Fell**. Wit: Nicholas Ruxton **Gay**.

14 Sep 1762, Samuel & Mary **Bussey**, farmer, of Frederick Co., Maryland to Nicholas **Newman**, of York Co., Pennsylvania, £35, 50 acres. Signed Samuel (x) **Bussey**. Wit: Samuel **Owings** and Rachel **Owings**.

23 Se[1872. Charles **Carroll**, of Annapolis, Anne Arundel Co., Maryland to Thomas **Moore**, weaver, of Baltimore Co., Maryland, £12.6, 50 acres. Signed Charles **Carroll**. John **Darnell** and N. **Scott**.

28 Aug 1762, Joseph **Mayo** Jr., tanner, of Anne Arundel Co., Maryland mortgage to Nicholas **Maccubbin**, merchant, of Anne Arundel Co., Maryland, £125.65, lots #26 and #37 in the town of Baltimore. Signed Joseph **Mayo** Jr. Wit: Thomas **Harwood** and Joseph **Gaither**.

5 Oct 1762, Michael & Catharine **Hanne**, of Baltimore Co., Maryland to Peter **Sense**, of same, £12.5, 50 acres. Signed Michael (x) **Hanne**. Wit: Nicholas Ruxton **Gay**.

1 Oct 1762, William & Elizabeth **Wilson**, planter, of Baltimore Co., Maryland to Richard **Jacks** Sr., planter, of same, £53, 100 acres...south side of Morgans Run. Signed William **Wilson**. Wit: Samuel **Owings** and William **Lyon**.

20 Sep 1762, Thomas **Harrison**, gentleman, of Baltimore Co., Maryland to Benjamin **Bond**, of same, £30, 100 acres. Signed Thomas **Harrison**. Wit: Nicholas Ruxton **Gay** and William **Lyon**.

13 Oct 1762, Robert & Sarah **Patterson**, merchant, of Baltimore

Co., Maryland to Elizabeth **England**, of same, £100, 170 acres...north side of the little falls of Gunpowder River. Signed Robert **Patterson**. Wit: E. **Andrews** and William **Young**.

29 Jan 1762, Edward **Lloyd**, agent leases to Rezin **Moore**, of Baltimore Co., Maryland, 125 acres. Signed Edward **Lloyd** and Rezin **Moore**. Wit: Benkid **Wilson** and James **Moore** Jr.

11 Oct 1762, Alexander **Lawson**, of Baltimore Co., Maryland to Conrad **Conrode**, of same, £81, lots #119 and #120 in the town of Baltimore. Signed Alexander **Lawson**. Wit: Nicholas Ruxton **Gay** and William **Lyon**.

19 May 1762, Adolph **Craver**, of Baltimore Co., Maryland leases to William **Moore**, of same, lot #111 in the town of Baltimore. Signed Adolph **Craver** and William **Moore**. Wit: Nicholas Ruxton **Gay** and William **Lyon**.

20 Sep 1762, Col. John & Hannah **Hall**, of Baltimore Co., Maryland to William **Ramsey**, of same, £400, 400 acres...south side of Deer creek. Signed John **Hall**. Wit: John **Hall**.

17 Sep 1762, William & Jane **Woodward**, (son and heir of Mary **Woodward**, Said Mary is the sister and heir of Elizabeth **Gin** and Ann **Garrett**), (Mary **Holmes** is a daughter of said Mary **Woodward**), gentleman, of Annapolis, Anne Arundel Co., Maryland to William **Bradford**, carpenter, of Baltimore Co., Maryland, £92.75, 371 acres. Signed William **Woodward** and William **Bradford**. Wit: William **Paca** and William Garrett **Woodward**.

11 Oct 1762, Col. John & Hannah **Hall**, of Baltimore Co., Maryland leases to William **Seal**, of same, lot #38 in the town of Baltimore. Signed John **Hall** and Hannah **Hall**. Wit: John **Hall**.

11 Oct 1762, Col. John & Hannah **Hall**, of Baltimore Co., Maryland to James **Christie**, late of Joppa Town, of Baltimore Co., Maryland, but now of London, England and John **Boyd**, of Joppa Town, of Baltimore Co., Maryland, £20, where John **Taylor**, now lives. Signed John **Hall** and Hannah **Hall**. Wit: John **Hall** and

Nicholas **Mathews**.

5 Jun 1758, Ulrick **Whistler**, of Baltimore Co., Maryland to Michael **Bear**, of same, £40, 140 acres. Signed Ulrick **Whisler**. Wit: Nicholas Ruxton **Gay** and William **Rogers**.

25 Sept 1762, Thomas **Thompson**, of Baltimore Co., Maryland assignment of lease to George **Ewing**, of same, 99 acres. Signed Thomas (x) **Thompson**. Wit: William **Smith** and James **Everett**.

20 Oct 1762, Charles & Asailiana **Angel**, of Baltimore Co., Maryland to Adam **Wise**, of same, £115, one half of 39 acres and 55 acres. Signed Charles **Angel**. Wit: Nicholas Ruxton **Gay** and William **Lyon**.

28 Oct 1762, Esther **Whistler**, (widow of Ulrick **Whistler**), of Baltimore Co., Maryland to Henry **Tait**, farmer, £550, 434 acres. Signed Esther (x) **Whistler**. Wit: William **Young** and Walter **Tolley**.

23 Oct 1762, Benjamin **Buckingham**, of Baltimore Co., Maryland to James **Moore** Jr., of same, £11.85, 32 acres. Signed Benjamin **Buckingham**. Wit: Nicholas Ruxton **Gay** and William **Lyon**.

23 Sep 1762, Thomas & Ann **Sheredine**, (said Ann is a daughter and heir of Capt. John **Cromwell**, late of Anne Arundel Co., Maryland) to John **Worthington**, of Baltimore Co., Maryland, £160, 169 acres. Signed Thomas **Sheredine** and Ann **Sheredine**. Wit: Nicholas Ruxton **Gay** and J. **Worthington**.

4 Oct 1762, Mayberry & Ann **Helm**, of Baltimore Co., Maryland to David **Linn**, of same, £25, lot #165 in the town of Baltimore. Signed Mayberry **Helm**. Wit: Nicholas Ruxton **Gay**.

28 Sep 1762, Nicholas & Susannah **Boone**, of Anne Arundel Co., Maryland to Thomas **Cockey**, of Baltimore Co., Maryland, £180, 225 acres...Jones Falls. Signed Nicholas **Boone**. Wit: Hump **Boone** and Thomas **Lewis**.

4 Jun 1762, Richard & Eleanor **Croxall**, of Baltimore Co., Maryland to Christopher **Thornback**, of same, £0.25, 31 acres. Signed Richard **Croxall**. Wit: Clem **Brooke** and William **Hammond**.

4 Jun 1762, Richard & Eleanor **Croxall**, of Baltimore Co., Maryland to Philip **Deal**, of same, £20, 50 acres...north side of main falls of Patapsco River. Signed Richard **Croxall**. Wit: Clem **Brooke** and William **Hammond**.

23 Oct 1762, James & Hannah **Moore** Jr., yeoman, of Baltimore Co., Maryland to Samuel **Merryman**, planter, of same, £120, 342 acres...patented 10 Aug 1753. Signed James **Moore** Jr. Wit: Nicholas Ruxton **Gay** and William **Lyon**.

19 Oct 1762, Nicholas Ruxton & Ann **Gay**, of Baltimore Co., Maryland to Thomas **Askren**, of same, £85, 170 acres...Beaver Dam Run. Signed Nicholas Ruxton **Gay**. Wit: Samuel **Owings** and William **Lyon**.

28 Oct 1762, Robert & Helen **Gilcresh**, planter, of Baltimore Co., Maryland to John **Evans**, of same, £5.6, 15 acres. Signed Robert **Gilcresh**. Wit: William **Lux** and Edward **Hanson**.

22 Oct 1762, Robert & Margaret **Tevis**, planter, of Baltimore Co., Maryland to Nathaniel **Tevis**, planter, of same, £30, 111 acres. Signed Robert **Tevis**. Wit: Samuel **Owings** and William **Lyon**.

22 Oct 1762, William & Anna **Waygers**, planter, of Baltimore Co., Maryland to Edward **Hewit**, planter, of same, £0.1, 63 acres. Signed William **Wagers**. Wit: Samuel **Owings** and Peter **Tevis**.

23 Oct 1762, George **Picket**, blacksmith, of Baltimore Co., Maryland to his wife Barbara **Picket** and his daughters Elizabeth and Mary **Picket**, for love and affection, lot #34 in the town of Baltimore. Signed George **Picket**. Wit: Nicholas Ruxton **Gay** and William **Lyon**.

22 Oct 1762, Robert & Margaret **Tevis**, planter, of Baltimore Co., Maryland to Peter **Tevis**, planter, of same, £30, 112 acres. Signed

Robert **Tevis**. Wit: Samuel **Owings** and William **Lyon**.

13 Jun 1762, Edward **Fell**, of Baltimore Co., Maryland assignment of lease to William **Moore**, of same, £1020, 20 acres. Signed Edward **Fell**. Wit: Nicholas Ruxton **Gay**.

11 Sep 1762, Daniel **Chamier**, merchant, of Baltimore Co., Maryland to William **Young**, planter, of same, £15, 4 acres... purchased of Thomas **Sligh**. Signed Daniel **Chamier**. Wit: John **Robinson** and Feilder **Grantt**.

28 Oct 1762, Robert & Helen **Gilcresh**, planter, of Baltimore Co., Maryland to Unckle **Unckles**, of Frederick Co., Maryland, £28. Signed Robert **Gilcresh**. Wit: William **Lux** and Edward **Hanson**.

19 Oct 1762, Conrad **Conrode**, of Baltimore Co., Maryland leases to Daniel **Chamier**, of same, lot #113 in the town of Baltimore. Signed Conrad **Conrode** and Daniel **Chamier**. Wit: Nicholas Ruxton **Gay** and William **Lyon**.

2 Nov 1762, James **Moore** Jr., of Baltimore Co., Maryland to Nicholas Ruxton **Gay**, of same, £7.5, 0.75 acres...northwest branch of Patapsco River...line of Vitus **Hartway** and John **Sligh**. Signed James **Moore** Jr. Wit: Thomas **Franklin** and Isaack **Bull**.

13 Oct 1762, James & Jane **Osborn**, planter, of Baltimore Co., Maryland to Jacob & Margaret **Hanson**, and their daughter Mary **Hanson**, planter, of same, £130, 65 acres. Signed James **Osborn**. Wit: Samuel **Preston** and William **Osborn**.

27 Aug 1762, Henry & Mary **Seiver**, of Baltimore Co., Maryland to Jonas **Outenbaugh**, of same, £12.5, 4 acres. Signed Henry **Seiver**. Wit: Nicholas Ruxton **Gay** and William **Lyon**.

29 Oct 1762, Conrad **Conrode**, of Baltimore Co., Maryland leases to Jacob **Leafe**, of same, lot #113 in the town of Baltimore. Signed Conrad **Conrode** and Jacob **Leafe**. Wit: Nicholas Ruxton **Gay** and William **Lyon**.

26 Oct 1762, James & Hannah **Moore** Jr., of Baltimore Co., Maryland to Robert **McCallister**, of same, £40, 99 acres...Fancys Glade. Signed James **Moore** Jr. Wit: Nicholas Ruxton **Gay**.

26 Oct 1762, James & Hannah **Moore** Jr., of Baltimore Co., Maryland to Robert **McCallister**, of same, £24, 60 acres...Middle Run. Signed James **Moore** Jr. Wit: Nicholas Ruxton **Gay**.

15 Nov 1762, James & Sarah **Boreing**, of Baltimore Co., Maryland to John **Foster**, of same, £31.5, 630 acres. Signed James (x) **Boreing**. Wit: Thomas **Franklin** and Roger **Boyce**.

15 Nov 1762, James & Sarah **Boreing**, of Baltimore Co., Maryland to Dorseif **Peddicoat**, of same, £25.9, 518 acres. Signed James (x) **Boreing**. Wit: Thomas **Franklin** and Roger **Boyce**.

17 Nov 1762, Joseph **Henley**, of Baltimore Co., Maryland to Constantine **Daugherty**, of West New Jersey, £80, 36 acres. Signed Joseph **Henley**. Wit: John **Hall** and Samuel **Perimore**.

28 Oct 1762, Robert & Helen **Gilcresh**, planter, of Baltimore Co., Maryland to William **Bowen**, of same, £55, 50 acres. Signed Robert **Gilcresh**. Wit: William **Lux** and Edward **Hanson**.

1 Jan 1762, Abraham **Ensor**, planter, of Baltimore Co., Maryland leases to Edward **Wiggley**, planter, of same, branch of Chevy Chase Run. Signed Abraham **Ensor**. Wit: William **Young** and William **Bell**.

4 Nov 1762, Thomas & Priscilla **Simmonds**, (son and heir of Charles **Simmonds**), carpenter, of Baltimore Co., Maryland to John **Taylor**, planter, of same, £60, 64 acres. Signed Thomas **Simmonds**. Wit: James **Richards** and William **Bond**.

23 Nov 1762, James & Levina **Armstrong**, of Baltimore Co., Maryland to James **Moore**, of same, £165, 100 acres...patented by Henry **Wriothesly** and sold to said James by Robert **Briesly**, by a certain William **Counts**, son and heir of John **Counts**, late of Charles **Counts**. Signed James **Armstrong**. Wit: Moses **Ruth** and

Isaac **Webster**.

28 Oct 1762, Robert & Helen **Gilcresh**, planter, of Baltimore Co., Maryland to Michael **Gladman** Jr., planter, of same, £6 and 300 pounds of tobacco, 180 acres. Signed Robert **Gilcresh**. Wit: William **Lux** and Edward **Hanson**.

13 Nov 1762, Thomas **White**, of Philadelphia, Pennsylvania to Charles **Anderson**, of Baltimore Co., Maryland, £10, 10 acres... western side of the northern fork of Swan creek...line of Charles **Bonar** and Robert **Bonar**. Signed Thomas **White**. Wit: John **Hall** and Samuel **Budd**.

29 Oct 1762, Conrad **Conrode**, of Baltimore Co., Maryland leases to Jacob **Rock**, of same, part of lot #112 in the town of Baltimore. Signed Conrad **Conrode** and Jacob (x) **Rock**. Wit: Nicholas Ruxton **Gay** and William **Lyon**.

30 Sep 1762, Charles **Bond**, of Baltimore Co., Maryland assignment of lease to Joseph **Sutton**, of same, £30, 113 acres. Signed Charles (x) **Bond**. Wit: William **Smith** and James **Everett**.

29 Oct 1762, Martin **Smarr**, of Baltimore Co., Maryland assignment of lease to Andrew **Stiger**, of same, £20, lot #66 in the town of Baltimore...line of Ulrick **Fulks**. Signed Martin **Smarr**. Wit: Nicholas Ruxton **Gay** and William **Lyon**.

16 Nov 1762, Lancelot **Watson**, shoemaker, of Baltimore Co., Maryland to David **Gorsuch**, £5, lot #35 in the town of Baltimore. Signed Lancelot (x) **Watson**. Wit: Nicholas Ruxton **Gay** and Benjamin **Rogers**.

17 Nov 1762, Conrad **Bott**, of Frederick Co., Maryland assignment of lease to Andrew **Stiger**, of Baltimore Co., Maryland, £55, lot #115 in the town of Baltimore. Signed Conrad **Bott**. Wit: Thomas **Norris** and Charles **Jones**.

13 Nov 1762, Thomas **Sligh**, merchant, of Baltimore Co., Maryland to Eleanor **Fogg**, (executor of the estate of Amos **Fogg**), of same,

quit claim. Signed Thomas **Sligh** and Eleanor (x) **Fogg**. Wit: William **Aisquith** and Richard **Wagslate**.

7 Aug 1762, Isaac & Jennet **Few**, (said Jennet is a daughter and heir of William **Fell**), of Baltimore Co., Maryland to Edward **Fell**, of same, £200, 500 acres. Signed Isaac **Few** and Jennet **Few**. Wit: Nicholas Ruxton **Gay** and Walter **Tolley**.

5 Jul 1762, Michael **Webster** Sr., of Baltimore Co., Maryland to Michael **Webster** Jr., of same, £400, 250 acres. Signed Michael **Webster**. Wit: John **Hall**, Samuel **Periman** and Isaac (x) **Philips**.

23 Oct 1762, George & Barbara **Pickett**, blacksmith, of Baltimore Co., Maryland to David **Humphry**, of same, £288, lot #34 in the town of Baltimore. Signed George **Pickett**. Wit: Nicholas Ruxton **Gay** and William **Lyon**.

9 Jul 1762, Michael **Webster** Jr., of Baltimore Co., Maryland to John **Bond**, of same, £200, 250 acres. Signed Michael **Webster** Jr. Wit: Edward **Fell** and John Addison **Smith**.

7 Dec 1762, Patrick & Avarilla **Lynch**, planter, of Baltimore Co., Maryland to Edward **Day**, (son of said Avarilla and Edward **Day**, deceased), planter, of same, £37 and for love and affection. Signed Patrick (x) **Lynch** and Avarilla (x) **Lynch**. Wit: Nicholas Ruxton **Gay** and William **Aisquith**.

20 Nov 1762, Dorsey & Sarah **Peddicoat**, of Baltimore Co., Maryland to Morris **Baker**, of same, £43, 150 acres. Signed Dorsey **Peddicoat**. Wit: Nicholas Ruxton **Gay** and Benjamin **Rogers**.

28 Jun 1762, John & Sarah **Wood**, (son and heir of Joshua **Wood**), of Baltimore Co., Maryland to Philip **Ramsin**, late of Pennsylvania, but now of Baltimore Co., Maryland, £126.65, 50 acres...branches of Swan creek...purchased of William **Gattingbo**. Signed John **Wood**. Wit: John **Hall** and John **Antell**.

24 Nov 1762, George **Presbury**, gentleman, of Baltimore Co., Maryland to Martha **Garrettson**, of same, £462.5, 370 acres

...Lodwick creek and Waltons creek. Signed George **Presbury**. Wit: John **Hall** and Samuel **Young**.

23 Dec 1762, Zacheus **Onion**, gentleman, of Baltimore Co., Maryland leases to John Grinniff **Howard**, gentleman, of same, one half of forge. Signed Zacheus **Onion** and John Grinniff **Howard**. Wit: Vachel **Worthington** and Daniel **Preston**.

23 Dec 1762, Zacheus **Onion**, gentleman, of Baltimore Co., Maryland leases to Vachel **Worthington**, gentleman, of same, Onion's Iron Works. Signed Zacheus **Onion** and Vachel **Worthington**. Wit: Samuel **Young** and John Grinniff **Howard**.

27 Dec 1762, Brian **Philpot**, merchant, of Baltimore Co., Maryland leases to William **Levly**, baker, of same, lot #50 in the town of Baltimore. Signed Brian **Philpot** and William **Levly**. Wit: Nicholas Ruxton **Gay** and William **Aisquith**.

9 Oct 1762, John & Margaret **Sappington**, of Baltimore Co., Maryland to Joseph **Hook**, of same, £50, 40 acres. Signed John (x) **Sappington**. Wit: Nicholas Ruxton **Gay** and Samuel **Owings**.

24 Dec 1762, John & Ann **Davis**, (son of Walter), of Baltimore Co., Maryland to William **Andrews**, of same, £150, Salt Peter creek... purchased of William **Denton**. Signed John **Davis** and Ann (x) **Davis**. Wit: William **Bond** Jr. and John **Parks**.

4 Nov 1762, Thomas & Ann **Sligh**, of Baltimore Co., Maryland to Brian **Philpot**, of same, £0.25, 10 lots in the town of Baltimore. Signed Thomas **Sligh**. Wit: Samuel **Owings** and Roger **Boyce**.

24 Nov 1762, Col. John **Hall**, iron master, of Baltimore Co., Maryland to John **Bond**, of same, £1250, one third of Bush River Iron Works Co. Signed John **Hall**. Wit: George **Presbury** and Samuel **Young**.

12 Jan 1763, Thomas & Ann **Sligh**, of Baltimore Co., Maryland to John **Bond**, of same, £100, 10.125 acres...near Baltimore. Signed Thomas **Sligh**. Wit: Nicholas Ruxton **Gay**.

2 Sep 1762, James & Rachel **Bossey**, (son and heir of Charles **Bossey**), of Baltimore Co., Maryland to Jacob **Cox**, of same, good deed, north side of Piney Run. Signed James (x) **Bossey**. Wit: Andrew **Buchanan**, James **Tolley** and Elijah (x) **Bossey**.

Chapter 6
Baltimore Co., Maryland
Deed Records
Liber B. No. G.
1763-1773

26 Oct 1763, Marriage of Mary **Simm**, daughter of William & Mary **Simm**, of Baltimore Co., Maryland to Henry **Little**, some years ago by Rev. Thomas **Chase**, of Pauls Parish, Baltimore Co., Maryland, said Mary states this day that she is twelve years old and renounces her marriage. Signed Nicholas Ruxton **Gay**. Wit: Rev. Thomas **Chase**, Richard **Moale**, Andrew **Buchanan** and John **Merryman** Jr.

1 Jul 1763, James **Sollers**, of Baltimore Co., Maryland to William **Maccubbin**, of same, £29.2, the negro boy called Will, about 13 years and the negro girl called Flora, about 14 years. Signed James **Sollers**. Wit: Philip (x) **Johnson** and Edward (x) **Edwards**.

1 Jul 1763, James **Sollers**, of Baltimore Co., Maryland to William **Maccubbin**, of same, £78.45, the negro boy called Will, about 13 years and the negro girl called Flora, about 14 years...to be delivered the following April. Signed James **Sollers**. Wit: Philip (x) **Johnson** and Edward (x) **Edwards**.

18 Jan 1764, Daniel **Thomas**, records his brand.

10 Feb 1764, John **McAdam**, records his brand.

10 Feb 1764, Philip **Londons**, records his brand.

10 Feb 1764, Henry **Pergler**, records his brand.

7 Mar 1764, Richard **Raigain**, of Baltimore Co., Maryland to Benjamin **Griffith** and Nathan **Griffith**, merchants, £6.35, chattel goods. Signed Richard **Raigain**. Wit: George **Aithenhead**.

14 Feb 1764, Frances **Taylor**, (daughter and heir of Abraham & Hannah **Taylor** and sister of Sarah **Taylor**, deceased, Michael and Thomas **Taylor**), of Baltimore Co., Maryland to Amos **Garrett**, of same, £75.9, two third parts of the two negro girls Easter, (sic) ...said Francis, by the oath of Thomas **Cox**, her uncle, taken before John **Hall**, gentleman, of Swan Town, is of the age of 16 years in June last. Signed Frances (x) **Taylor**. Wit: J. **Mathews** and Francis **Holland**.

9 Feb 1764, William **Hammond**, planter, of Baltimore Co., Maryland to Thomas Cockey **Deye**, planter, of same, for love and affection, negroes: Dan (man), Hissey (woman), Sal (woman), Abraham (boy) and Friday (woman)...of the estate of Thomas **Colegate**...one negro man, Ben is deceased. Signed William **Hammond**. Wit: Neale **Haile** and William **Gorsuch**.

1 Mar 1764, James **Lynch** to serve Vachel **Worthington**, of Baltimore Co., Maryland, for two years to pay debt to Nicholas **Jones**. Signed James **Lynch** and Vachel **Worthington**. Wit: John **Taylor** and Richard **Wagstaff**.

21 Apr 1764, William **Ensor**, of Baltimore Co., Maryland to William **Lux**, merchant, of same, £130, livestock and chattel goods. Signed William (x) **Ensor**. Wit: Charles **Walker**.

21 May 1764, William **Debrular**, farmer, of Baltimore Co., Maryland to his children George **Debrular**, William **Debrular**, Phillis **Debrular**, Cordelia **Debrular**, Eufane **Debrular** James **Debrular** and Micajah **Debrular**, chattel goods and the negro boy called Ben and the negro wench called Phillis. Signed William **Debrular**. Wit: Micajah **Greenfield** and John **Hall**.

30 May 1764, Jacob **Hanson**, planter, of Baltimore Co., Maryland to his grandson, Jacob **Greenfield**, son of his daughter Martha **Greenfield**, wife of Micajah **Greenfield**, of same, the negro boy

called Jemm. Signed Jacob (x) **Hanson**. Wit: John **Hall** and William **Debrular**.

3 Aug 1762, Michael **Gilbert**, of Baltimore Co., Maryland her freedom to the negro Rachel. Signed Michael **Gilbert**.

5 Jun 1764, Henry **King**, of Baltimore Co., Maryland to Jonathan **Plowman**, £25, the negro woman called Phillis and the negro man call Isaac. Signed Henry **King**. Wit: Josephus **Ashman** and Benjamin **Dorsey**.

13 Feb 1764, John **Church** to his wife Elizabeth **Church**, chattel goods. Signed John (x) **Church**. Wit: Joseph **Jones** and Jacob **Giles**.

6 Jul 1764, Capt. George **Bell**, gentleman, of Baltimore Co., Maryland to William **Bell** and John **Hammond**, for payment to Richard **Showden**, of Anne Arundel Co., Maryland, the slaves: Jeffery, Flora, Cate, Barbara, Sam, Isaac, Nan, Sambo, Joe, James, Richard, Lydia, Bess, Jacob, Tom, and Will. Signed George **Bell**. Wit: William **Young** and Pat **Bramman**.

10 Jun 1764, the ship Ann & Mary consigned to James **Russell** and **Mollison**, merchants of London, Capt. Charles **Ridgeley**.

Isaac **Wood** records his branding mark.

The ship Baltimore under Capt. John **Cockey** consigned to Robert and James **Christie**, merchants of London.

18 Aug 1764, Joshua **Young**, of Baltimore Co., Maryland to Vachel **Young**, of same, livestock. Signed Joshua **Young**. Wit: Henry (x) **Young** and Jason **Frizzell**.

18 Aug 1764, Joshua **Young**, of Baltimore Co., Maryland to Margaret **Young**, wife of Samuel **Young**, livestock. Signed Joshua **Young**. Wit: Vachel **Young** and Jason **Frizzell**.

25 Aug 1764, Joshua **Cockey**, of Baltimore Co., Maryland release of mortgage to John **Cockey**, for negro woman named Nan and her

two children. Signed Joshua **Cockey**. Wit: William **Harvey** and Neal **Lamont**.

25 Aug 1764, Stephen **Bordley**, records his branding mark.

Capt. Joseph **Richardson** sailing for London.

20 Sep 1764, William **Davis**, records his branding mark.

4 Sep 1764, Samuel **Smith**, of Deer creek, Baltimore Co., Maryland to Jacob **Giles**, of same, £232.25, two bonds, William & Frances **Jenkins** and George **Towry**, 100 acres and the negro woman called Ina. Signed Samuel (x) **Smith**. Wit: Amos **Garrett**.

21 Sep 1764, Margaret **Hill**, of Baltimore Co., Maryland to James **Lee**, of same, £240.65, negro woman, Patience, age 49 years, one negro woman, Bett, age 22 years, one negro child Hager, age 1.5 years, one negro man Bobb, age 24 years, one negro man Jan, age 21 years, one negro girl Patience, age 4 years, former property of Moses **Hill**, deceased. Signed Margaret **Hill**. Wit: Edward **Morgan** and Gilbert **Crockett**.

Capt. Dougle **McDougel** sailing for London.

8 Dec 1764, Nicholas Ruxton **Gay**, of Baltimore Co., Maryland to his sister-in-law Frances **Lux**, for love and affection, the negro boy Harry. Signed Nicholas Ruxton **Gay**. Wit: Benjamin **Rogers**.

11 Dec 1764, John **Day**, son of Edward, of Baltimore Co., Maryland to his daughter Avarilla **Day**, for love and affection , the negro boy Luke and negro girl Susannah. Signed John **Day**. Wit: Nicholas Ruxton **Gay**.

11 Dec 1764, John **Day**, son of Edward, of Baltimore Co., Maryland to his son John **Day**, for love and affection , the negro boy Tom and the family bible. Signed John **Day**. Wit: Nicholas Ruxton **Gay**.

12 Dec 1764, Samuel **Hill**, of Baltimore Co., Maryland to Allen **Gillaspie**, of New Castle Co., Pennsylvania, £175, the ship Bessy.

Signed Samuel **Hill**. Wit: James **Reed** and James **Greenfield**.

23 Jan 1765, Benjamin **Calver** finds horse.

15 Apr 1765, Nicholas **Baker** records his branding mark.

20 Apr 1765, James **Richardson** Jr. records his branding mark.

13 Dec 1764, James **Christie** Sr. & Jr., merchants, of Maryland power of attorney to Robert **Kay**, merchant, of same. Signed James **Christie** Sr. and James **Christie** Jr. Wit: Samuel **Young** and Alexander **Stenhouse**.

James **Christie** Sr. and John **Boyd**, merchants, of Maryland power of attorney Robert **Kay**, merchant, of same. Signed James **Christie** Sr. and John **Boyd**. Wit: Samuel **Young** and Alexander **Stenhouse**.

26 Jan 1765, Nathan **Nicholson**, of Baltimore Co., Maryland to Jacob **Giles**, of same, £40, negro named Ben...formerly belonging to Luke **Stansbury** and devised by his wife Jane **Stansbury**, through Capt. William & Elizabeth **Bond** to Ruth **Stansbury**, the wife of said Nathan. Signed Nathan **Nicholson**. Wit: William **Young** and Amos **Garrett**.

2 Feb 1765, Thomas **Randall**, planter, of Baltimore Co., Maryland to John **Ridgeley**, of same, £28.55, his servant Elizabeth **Estick** and livestock. Signed Thomas **Randall**. Wit: William **Goodwin** and Charles **Ridgeley**.

15 Feb 1765, Thomas **Sheredine**, planter, of Baltimore Co., Maryland to Nicholas **Orrick**, farmer, of same, £25, negro girls, Pell and Linsay and the negro boy Nick. Signed Thomas **Sheredine**. Wit: Joseph **Cromwell**.

18 Mar 1765, Samuel **Creswell**, of Baltimore Co., Maryland to John **Blackburn**, blacksmith, of same, £22 paid to John Lee **Webster**, livestock. Signed Samuel **Creswell**. Wit: Robert **Dobbs** and Thomas **Archer**.

13 May 1765, James **Demmott**, planter, of Baltimore Co., Maryland to John **Cross**, planter, of same, £20, crops. Signed James **Demmott**. Wit: Brian **Cole** and Asnal **Cross**.

1 Jun 1765, James **Chambers**, planter, of Baltimore Co., Maryland to John **Ridgeley**, gentleman, of same, £10, livestock. Signed James (x) **Chambers**. Wit: William **Goodwin** and Charles **Ridgeley**.

1 Jun 1765, Walter **Perdew**, planter, of Baltimore Co., Maryland to William **Lux**, merchant, of same, £27.05, the negro man James. Signed Walter (x) **Perdew**. Wit: Robert **Lux** and Philip **Allingham**.

7 Jun 1765, Basil **Lucas**, planter, of Baltimore Co., Maryland to David **McCullock**, merchant, of same, £10.25, the negro woman Hannah. Signed Basil **Lucas**. Wit: John **Hall** and John **Hall**.

10 Jun 1765, Christopher **Divers**, planter, of Baltimore Co., Maryland to David **McCullock**, John Hammond **Dorsey**, John **Wilson** and Thomas **Fisher**, £74.65, the negro woman Nan, her daughter, the negro girl Dinah, the negro boy Joe and the negro girl Jenny. Signed Christopher (x) **Divers**. Wit: Charles **Lin** and John **Taylor**.

14 Jun 1765, Basil **Lucas**, of Baltimore Co., Maryland to John **Moale**, merchant, of same, £50, the three negroes: Cato, Conn and Henry. Signed Basil **Lucas**. Wit: Nicholas Ruxton **Gay** and William **Gist**.

1 Jun 1765, Job **Garrison**, of Baltimore Co., Maryland to Absolom **Price**, £40, chattel goods. Signed Job **Garrison**. Wit: William **Askew** and Joseph **Ensor**.

20 Jun 1765, Samuel **Baker**, planter, of Baltimore Co., Maryland to John Hammond **Dorsey**, merchant, of same, £54, the negro woman Hager and livestock. Signed Samuel **Baker**. Wit: John **Howard** and Durham **Sharpe**.

1 Jul 1765, Samuel **Creswell**, inn holder, of Baltimore Co., Maryland to Jacob **Giles**, of same, £22.55, livestock. Signed Samuel **Creswell**.

Wit: Amos **Garrett** and J. **Pickett**.

29 Jun 1765, Thomas **Wilson**, planter, of Baltimore Co., Maryland to Thomas **Fisher**, merchant, of same, £12, livestock. Signed Thomas (x) **Wilson**. Wit: **Walters**.

1 Jun 1765, John Grinnif **Howard**, iron master, of Baltimore Co., Maryland to John **Mercer**, gentleman, of same, £130, the negro woman Margaret, age 23 years and her child and livestock. Signed John Grinnif **Howard**. Wit: Philip **Ford**.

17 Jul 1765, Mary **Hicks**, planter, of Baltimore Co., Maryland to John Hammond **Dorsey**, merchant, of same, £50.4, the negro woman Kate and livestock. Signed Mary (x) **Hicks**. Wit: Durham **Sharpe**.

30 Jul 1765, Edmund **Briggs**, farmer, of Baltimore Co., Maryland to John **Hall** Jr., gentleman, of same, £105, chattel goods...£522.4 for goods of Samuel **Hill** and James **Saunders**, late of Baltimore Co., Maryland. Signed Edmund **Briggs**. Wit: Cordelia **Hall** and Joseph **Stokes**.

9 Aug 1765, Capt. Christopher **Reed** sailing for London.

9 Aug 1765, Capt. John **Cockey** sailing for London.

William **Jones**, planter, of Baltimore Co., Maryland to Thomas **Talbot**, £13.4, livestock. Signed William (x) **Jones**. Wit: Mary (x) **Jones**.

1 Sep 1765, William **Coleman**, tailor, of Baltimore Co., Maryland to Benjamin **Rogers**, merchant, of same, £13.1, the convict servant man John **Cooper**. Signed William **Coleman**. Wit: Joseph **Ecrayed**.

9 Oct 1765, Moses **Barney**, of Baltimore Co., Maryland to Mary **Rutter**, of same, for the negro boy Sam and £20, the negro woman Hagar. Signed Moses **Barney**. Wit: William **Lux** and Charles **Walker**.

19 Oct 1765, Joseph **Ensor**, of Baltimore Co., Maryland to Robert **Adair**, of same, £90, the negro woman Lucey and the six white servants: William **Bond**, bricklayer, William **Roberts**, William **Dunn**, John **Joyce**, Robert **Fletcher** and William **Walters**. Signed Joseph **Ensor**. Wit: William **Young** Jr. and Moses **Galloway**.

24 Oct 1765, Richard **Dallam** Jr. receipt to John **Paca**, executor of Frances **Middlemore**, for £908.3, £1152.5 and 2666 pounds of tobacco. Signed Richard **Dallam** Jr. Wit: Robert **Kay**.

25 Oct 1765, John **Ross**, of Baltimore Co., Maryland to William **Husband**, of same, £62.5, one negro woman Judy, 26 years. Signed John **Ross**. Wit: William **Hopkins** and James **Nower**.

31 Oct 1765, Basil **Lucas**, of Baltimore Co., Maryland to Capt. Walter **Tolley**, of same, £50, for suit of William **Allender**, negro woman Henny, negro man Cato and negro boy Ceasar. Signed Basil **Lucas**. Wit: Nicholas Ruxton **Gay**.

9 Aug 1765, Nicholas **Boone**, of Baltimore Co., Maryland to Daniel **McComas** and Joshua **Amos**, of same, £81.45 and £412 for judgement of Nicholas **Hutchens**, negro man Abraham, age 19 years and the negro woman Rosa, age 16 years. Signed Nicholas **Boone**. Wit: John **Bond**, John **Seglar** and Mordecai **Amos**.

7 Apr 1766, William **Engle** to James **Hughs**, livestock. Signed William **Engle**. Wit: Richard **Ireland** Jr. and John **Cowen**.

2 May 1766, Basil **Lucas**, of Baltimore Co., Maryland to Richard **Dallam**, of same, £70, the negro woman Henny and livestock. Signed Basil **Lucas**. Wit: William **Bunting** and Robert **Adair**.

11 May 1766, Thomas **Sheredine**, of Baltimore Co., Maryland to John Hammond **Dorsey**, of same, £60, negroes: Lucy, Nell, Ruth, Poll, Nick and Linsay. Signed Thomas **Sheredine**. Wit: Thomas **Franklin** Jr. and Thomas **Franklin**.

15 Jun 1766, the receipt of Henry **Oram** Jr.

14 Jun 1766, Absolom **Barney**, of Baltimore Co., Maryland to Mary **Rutter**, of same, £0.05, one negro woman Judy and her son Bob, negro boy Isaac, negro boy Sam and chattel goods. Signed Absolom **Barney**. Wit: R. **Richards** and John **Murray**.

27 Jul 1766, Capt. John **Stewart** sailing for London.

6 Jul 1766, Aquila **Carr**, planter, of Baltimore Co., Maryland to Nicholas **Merryman**, of same, £70, negro man Will, negro woman Sarah and negro woman Alee. Signed Aquila **Carr**. Wit: John **Merryman** and Rebecca (x) **Frasior**.

12 Jul 1766, Aquila **Carr**, planter, of Baltimore Co., Maryland to Nicholas **Merryman**, (son of John), of same, £66, negro man Jack, negro girl Sun and negro girl Rachel. Signed Aquila **Carr**. Wit: John **Merryman** and Dennis (x) **Cole** Jr.

16 Aug 1766, Robert **Dunn**, of Baltimore Co., Maryland to Robert **Adair**, of same, £200, negro woman Fortune, negro woman Easter and her child Pegg and one negro boy Jeffery and livestock. Signed Robert **Dunn**. Wit: Benjamin **Rogers** and Vachel **Worthington**.

4 Feb 1766, Samuel **Cresswell** to Samuel **Cross** and Samuel **Patterson**, chattel goods. Signed Samuel **Cresswell**. Wit: Amos **Garrett**, John Lee **Webster**, John **Rogers** and Abraham (x) **Robinson**.

13 Aug 1766, John **Chairs**, of Baltimore Co., Maryland to Thomas **Ewings**, of same, £30, negro woman Sarah. Signed John **Chairs**. Wit: William **Aisquith** and Jacob **Hart**.

25 May 1766, David & Mary **Chilson**, (daughter and heir of John **York**) to John **Day**, (son of Edward and husband of Sarah **York**, widow of John **York**), £15.8. Signed David **Chilson** and Mary (x) **Chilson**. Wit: William **Debrular** and Edward **York**.

18 Jun 1766, William & Ann **Allender**, (Ann is the daughter and heir of Edward **Day**) to John **Day**, £96.45, estate settlement... Ann is also the sister of Nicholas **Day**. Signed William **Allender** and Ann

Allender. Wit: James **Maxwell** and Thomas **Walham**.

18 Jul 1766, William **McMechan**, of Frederick Co., Virginia to Jeremiah **Skidmore**, cordwinder, of New York City, livestock. Signed William **McMechan**. Wit: Robert **Crawford** and George **Ogle**.

26 Sep 1766, Joseph **Hayward**, tanner, of Baltimore Co., Maryland to Jacob **Giles**, of same, £180, chattel goods. Signed Joseph **Hayward**. Wit: Elizabeth **Giles** and Amos **Garrett**.

22 Sep 1766, John **Hawkins**, of Baltimore Co., Maryland to Marmaduke **Tilden** Jr., of Kent Co., Maryland, £157.65, negroes: James, Caff, George, Moll, Jane and Hagar and livestock. Signed John **Hawkins**. Wit: William **Frisby** Jr.

17 Oct 1766, Francis **Smith**, planter, of Baltimore Co., Maryland to George **Smith**, blacksmith, of same, chattel goods. Signed Francis (x) **Smith**. Wit: Benkid **Wilson** and Elizabeth **Wilson**.

James **Mash** Sr., planter, of Baltimore Co., Maryland mortgage to John Hammond **Dorsey**, merchant, of same, £150, livestock and chattel goods. Signed James (x) **Mash** Sr. Wit: Richard **Wells** and Durham **Sharp**.

8 Nov 1766, Thomas **Marshall**, planter, of Baltimore Co., Maryland to William **Young**, of same, £61.6, negro man named Shrewsbury by trade a cooper. Signed Thomas (x) **Marshall**. Wit: Samuel **Owings**.

4 Nov 1766, Dr. George **Cowen**, of Baltimore Co., Maryland to James **Elliot**, £40, mulatto boy Sam. Signed George **Cowen**. Wit: Robert **Saunders** and William **Robinson**.

2 Nov 1766, Nicholas Lowe **Darnall**, farmer, of Baltimore Co., Maryland to John Hammond **Dorsey**, merchant, of same, £85 and 341.5 pounds of tobacco, negroes: Jacob, Bett and Cleare. Signed Nicholas Lowe **Darnall**. Wit: John **Peresby** and John **Cromwell**.

1 Nov 1766, Richard **Woolen**, laborer, of Baltimore Co., Maryland

to John Hammond **Dorsey**, merchant, of same, £26.6, livestock. Signed Richard (x) **Woolen**. Wit: Hammond John **Cromwell**.

4 Nov 1766, Henry **Armstrong**, of Baltimore Co., Maryland to John Hammond **Dorsey**, of same, £35.05, livestock. Signed Henry **Armstrong**. Wit: Durham **Sharpe**.

13 Nov 1766, William **Rutledge**, planter, of Baltimore Co., Maryland to John Hammond **Dorsey**, merchant, of same, £80, livestock. Signed William (x) **Rutledge**. Wit: Hammond John **Cromwell**.

17 Jan 1767, Thomas **Griffin**, collier, of Baltimore Co., Maryland mortgage to Charles **Carroll**, of Annapolis, Anne Arundel Co., Maryland, £126.4, livestock. Signed Thomas (x) **Griffin**. Wit: William **Aisquith** and Benjamin **Rogers**.

13 Jan 1767, James **Gallon**, farmer, of Baltimore Co., Maryland to Benjamin **Culvart**, of same, £9.95, livestock. Signed James **Gallon**. Wit: James (x) **Barns** and George **Buckanan**.

23 Feb 1767, James **Smith**, of Baltimore Co., Maryland to John **Hayes**, of same, £18, livestock. Signed James **Smith**. Wit: Elizabeth **Archer** and Thomas **Archer**.

12 Mar 1767, Peter **Carroll** Sr., of Baltimore Co., Maryland to his daughter Mary **Carlisle**, wife of David **Carlisle**, £0.25, negro man Manus, negro man Jack, negro woman Fanny, negro girl Linta and livestock. Signed Peter (x) **Carroll**. Wit: Thomas **Bresestly** and John **Bryarly**.

13 Mar 1767, Peter **Carroll** Sr., of Baltimore Co., Maryland to his son James **Carroll**, for love and affection, negro man Sary, one mulatto Salt, mulatto girl Mina, negro man Mike and livestock. Signed Peter (x) **Carroll**. Wit: Samuel **Moore** Jr. and William **Standford** Jr.

4 Apr 1767, Thomas **Beale**, of Baltimore Co., Maryland to John **Stevenson**, merchant, of same, £300, the ship Elizabeth & Betsey.

Signed Thomas **Beale**. Wit: Andrew **Buchanan** and William **Hammond**.

14 May 1767, James **Carroll** records his branding mark.

22 Aug 1766, Ann **Fell**, (executor of the estate of Edward **Fell**), of Baltimore Co., Maryland power of attorney to Thomas **Bond**, of same. Signed Ann **Fell**. Wit: Buthingham **Dickason** and Robert **Long**.

20 Mar 1767, Thomas **Treadway**, of Baltimore Co., Maryland to Asael **Gittings**, of same, £30, three negro men: Seam, Stepney and Joshuay, two negro women: Phillis and Dinah and chattel goods. Signed Thomas **Treadway**. Wit: Walter **Tolley** and William **Sleator**.

27 Mar 1767, John **Hall**, of Baltimore Co., Maryland to Hercules **Courtnay** and Co., £20, negro woman Nell, age 22 years. Signed John (x) **Hall**. Wit: Jacob **Hart** and William **Aisquith**.

30 Mar 1767, Philip **Cordeman** to William **Joyce**, chattel goods. Signed Philip (x) **Cordeman**. Wit: William **Shaw** and Nathan **Shaw**.

16 Mar 1767, James **Allan** to Thomas **Durbin**, £55, the negro woman Dafey and her youngest child Easter. Signed James **Allan**. Wit: Thomas **Husband**.

7 Mar 1767, Robert **Bell**, of Baltimore Co., Maryland to David **Bell**, £9.5 owed John **Warnock**, livestock. Signed Robert **Bell**. Wit: Abraham **Jarrett** and William **Anderson**.

9 Apr 1767, James **Allan**, of Baltimore Co., Maryland to Bothya **Scarlet**, £250, negro woman Daphney and negro boy Cato. Signed James **Allen**. Wit: Daniel **Maud**.

16 Apr 1767, Absolom **Barney** and Absolom **Butler**, of Baltimore Co., Maryland to Mary **Rutter**, (widow of Richard **Rutter**), of same, £0.05, property purchased of said Mary. Signed Absolom **Barney** and Absolom **Butler**. Wit: John **Buchanan** and William **Aisquith**.

11 May 1767, William **Davis**, of Baltimore Co., Maryland to William **Andrews**, of same, owed Abel **James**, Henry **Drinker** and Joseph **Jacobs**, negroes: Esther, and her children, Isaac, Jude and Sook and Pen and her children, Jake and Harvy, chattel goods and livestock. Signed William **Davis**. Wit: William **Young** and Robert **Saunders**. Additional debts to John **Roberts**, (Joppa), Christopher **Rolles**, (Back River), John **Rutledge**, Abraham **Asher**, Joshua **White**, Walter **James**, Nathan **Nichols**, Thomas Gould **Smith**, Thomas **Knight**, Benjamin **Amos**, Joseph **Elledge**, Michael **Jenkins**, Edward **Fell**, Basil **Lucas**, Edward **Bond**, Nicholas Lowe **Darnall**, John **Grant**, James **Moore**, Philip **Gittings**, Samuel **Higginson**, Joseph **Young**, Luke **bond**, James **Day**, Edward **Robinson**, John **McFaddin**, John **Galloway**, Johannah **Quinsey**, Thomas **Wells**, Edward **Day**, Zacheus **Onion**, Hugh **Lowe**, Mrs. **McKnight**, Elizabeth **Bannester**, of Parson Ladrum, Ann **Redman**, Nathan **Johnston**, John **Smith**, carpenter, Ephraim **Gadd**, Elizabeth **Polson**, Solomon **Hardwicke**, James **Selven**, Col. **Young**, Avarilla **Lynch**, Richard **Perkins**, John **Davis**, John **Henly**, Thomas **Downs**, Rebecca **Polson**, James **Richardson**, Jonathan **Actey**, Brian **Carty**, John **Copiss**, William **Gadd**, Thomas **Durbin**, Edmund **Henly**, Thomas **Richardson**, Richard **Everett** Jr., Joseph **Gibson**, James **Spencer**, Thomas **Nichols**, Joseph **Ward**, James **Fitzsimmons**, Peter **Roberts**, Indimun **Baker**, Lemuel **Baker**, Darby **Henly**, Henry **Enlow**, William **Canier**, Thomas **Lucas**, Thomas **Clark**, Samuel **Standford**, Lewis **Barton**, Joshua **Legate**, William **Edwards**, William **Deal**, John **Brown**, of Great Falls, John **McClary**, Luke **Raven**, Charles **Baker**, Samuel **Wilson**, James **Pocock**, Thomas **Wicks**, William **Pickett**, Thomas **Chamberlaine**, James **Bissett**, Robert **Walker**, John **Taylor**, son of John, John **Allender**, Thomas **Morris**, William **Bunting**, Esther **Cammeron**, Thomas **Hutchenson**, (of Nicholas), Hugh **Daugherty**, Edward **Edwards**, Henry **Dikes**, John **Edwards**, John **Jones**, John **Bond** Sr., Aquila **Johns**, Charles **Baker** Jr., William **Dimmott**, William **Deal**, William **Cunold**, Isaac **Bull**, James **Demmitt**, Richard **Williams**, James **Moore** Jr., Elizabeth **Chapman**, George **Wells**, Charles **Taylor**, Luke **White**, Sutten **Sicklemore**, Richard **Woollan**, Saban **Hicks**, Giles **Stevens**, Philip **Leach**, Mr. **Rose**, shoemaker, Mrs. **Lusby**, (widow of Jacob), Elizabeth **Jenkins**, John **Talbot** Sr., Daniel **Bond**, Charles **Robinson**, John **Pickett**, Elizabeth **Wood**, John **Clark**, of Middle

River, James **Bonniday**, Joshua **Tuder**, George **Presbury**, Mary **Polson**, Nicholas **Hutchins** Sr., Isaac **Millner**, of Fork Winters Run, Absalom **Gadd**, Margaret **Day**, James **Lynch**, John **Durham**, James **Townsly**, Martha **Marrs**, William **Towson**, Anthony **Smith**, Edward **Wiltmore**, of Cecil Co., Maryland, Jacob **Shartel**, George **Swoope**, of Somerset Co., Maryland, James **Burns** and Thomas **Wells**.

30 May 1767, William **Bond**, of Baltimore Co., Maryland to his daughter Cassander **Bond**, of same, for love and affection, mulatto Kate. Signed William **Bond**. Wit: Walter **Tolley**.

22 Mar 1766, William **Lux**, John **Bond**, William **Levely**, George **Levely**, Christian **Apple**, John **Hart**, John **Sligh**, Michael **Bowin**, Conrad **Conrode**, Peter **Sutner**, Joseph **Ensor**, Catharine **Smith**, Philip **Barnetthouse**, Solomon **Wheeler**, Catharine **Fishpaw**, John **Sigbo**, John **Smith**, Maudlin **Brown**, Rudolph **Hook** to Jacob **Lease**, release of debt. Signed William **Lux**, John **Bond**, William **Levely**, George **Levely**, Christian **Apple**, John **Hart**, John **Sligh**, Michael **Bowin**, Conrad **Conrode**, Peter **Sutner**, Joseph **Ensor**, Catharine **Smith**, Philip (x) **Barnetthouse**, Solomon **Wheeler**, Catharine (x) **Fishpaw**, John **Sigbo**, John (x) **Smith**, Maudlin **Brown**, Rudolph **Hook** and Thomas (x) **Willer**. Wit: Jacob **Brown**, Henry **Rutter** and Michael **Keaner**.

3 Jun 1767, Henry **Slack**, of Baltimore Co., Maryland to David **Davis**, £7 to Robert **Adair**, wagon. Signed Henry **Sleght**. Wit: J. **Pickett**.

2 Jun 1767, Thomas **Wilson**, of Baltimore Co., Maryland to John Hammond **Dorsey**, £15.15 and 300 pounds of tobacco, livestock. Signed Thomas (x) **Wilson**. Wit: Hammond John **Cromwell**.

22 Jun 1767, Capt. William **Frost**, of the ship Friendship to sail for London.

14 Mar 1767, Aquila **Carr**, of Baltimore Co., Maryland to Nicholas **Merryman**, planter, of same, negro girl Charity. Signed Aquila **Carr**. Wit: Joseph (x) **Parrish**.

4 May 1767, John **Hawkins**, of the north side of Deer creek, Baltimore Co., Maryland mortgage to Thomas **White**, of same, £1,285, 350 acres and negroes: James, Cuff, George, Moll, Jenny, Hagar and Jeremiah. Signed John **Hawkins**. Wit: William **Wilson** and Fergus **Mandall**.

29 Jun 1767, Sabret **Sollers**, of Chowan Co., North Carolina to Josias **Bowen**, of Baltimore Co., Maryland, £93.25, negroes: Ben and Joe in the possession of Francis **Phillips** and Will in the possession of Joseph **Taylor**. Signed Sabret **Sollers**. Wit: John **Ensor** Jr. and Charles **Ridgely** Jr.

29 Jun 1767, Sabret **Sollers**, (heir of James **Sollers**, of Baltimore Co., Maryland), of Chowan Co., North Carolina power of attorney to Josias **Bowen**, of Baltimore Co., Maryland. Signed Sabret **Sollers**. Wit: John **Ensor** Jr., Benjamin **Bowen** and Solomon **Bowen**.

10 Apr 1767, John **Stocksdale**, of Baltimore Co., Maryland is indentured to John **Botts**, of same, to learn carpenter. Signed John (x) **Stocksdale** and John **Botts**. Wit: R. **Richards** and George (x) **Bakle**.

28 Jul 1767, Bridget **Colegate**, of Joppa, Baltimore Co., Maryland to her daughter, Mary **Dale**, wife of John **Dale**, of same, for love and affection, the negro woman Rachel and her children Tom, Sam and Ben. Signed Bridget **Colegate**. Wit: Samuel **Wilson** and Deborah **Massadin**.

17 Aug 1767, Capt. Christopher **Reed**, of the ship Thornton, to sail for London.

3 Sep 1767, Mary **Shepherd**, of Baltimore Co., Maryland to her daughter Susan **Meads**, for love and affection, the negro girl Hego and livestock. Signed Mary (x) **Shepherd**. Wit: John **Hall** and J. **Mathews**.

17 Feb 1767, Joseph **Woolsey**, of Baltimore Co., Maryland to John Lee **Webster**, merchant, of same, £0.25, livestock. Signed Joseph **Woolsey**. Wit: James **Webster** and James **Giles**

6 Nov 1767, Samuel **Cross** to David **Maggie**, £10.85, livestock. Signed Samuel **Cross**. Wit: William **McChore** and John **Ingram**.

5 Sep 1767, Vachel **Worthington**, of Baltimore Co., Maryland to his daughters Elizabeth and Margaret **Worthington**, for love and affection, six female negroes: woman Tamer, girl Nell, child Hannah, girl Alice, children Dinah and Catharine. Signed Vachel **Worthington**. Wit: Stephen **Gillson** and John Beddler **Hall**.

6 Oct 1767, Nicholas Low **Darnall**, of Baltimore Co., Maryland to Francis **Hall**, gentleman, of Prince Georges Co., Maryland, £500, two negro men, Anthony and Dick, three negro women, Jenny, Castor and Charity, and eight negro children, Bell, Jacob, Clare, Cake, Charles, Leroy, Nan and Rose. Signed Nicholas Low **Darnall**. Wit: David **Howe** and Benjamin **Hall**, son of Francis.

8 Oct 1767, Samuel **Cross**, of Baltimore Co., Maryland to George **McCandless**, of same, £65.9, one white female servant, Mary **Cunningham** and livestock. Signed Samuel **Cross**. Wit: Jeremiah **Chance**.

13 Oct 1767, John **Brown**, millwright, of Baltimore Co., Maryland to Robert **Adair**, of same, £71.65, one negro man Benjamin, age 44 years. Signed John **Brown**. Wit: William **Aisquith** and Elizabeth **Aisquith**.

6 Nov 1767, Arthur **Brownley**, of Baltimore Co., Maryland to Patrick **Madden**, of same, livestock purchased of Manafish **Finney**. Signed Arthur **Brownley**. Wit: J. **Kennedy** and James **Armstrong**.

10 Nov 1767, William **Sock**, bricklayer, of Baltimore Co., Maryland to Conrad **Conrode**, joiner, of same, £14.15, chattel goods. Signed William **Sock**. Wit: Benjamin **Rogers**.

5 Nov 1767, Henry Bennett **Darnall**, of Baltimore Co., Maryland to Robert **Adair**, £69, livestock and chattel goods. Signed Henry Bennett **Darnall**. Wit: J. **Mathews** and Edward **Morgan**.

23 Oct 1767, Thomas **Sligh**, of Baltimore Co., Maryland to Godfrey **Waters**, of same, £80, negro man Adam, age 21 years. Signed Thomas **Sligh**. Wit: George **Aston** and John **Barrett**.

16 Nov 1767, Gilbert **Vansiden**, of Baltimore Co., Maryland power of attorney to Thomas Frisby **Henderson**. Signed Gilbert **Vansiden**. Wit: Samuel **Doherty** and Aquila **Nelson**.

16 Nov 1767, Gilbert **Vansiden**, of Baltimore Co., Maryland to Thomas Frisby **Henderson**, of same, £350, 122 acres, 28 acres and 147 acres, negro man Cuffa and negro woman Sally. Signed Gilbert **Vansiden**. Wit: Samuel **Doherty** and Aquila **Nelson**.

21 Oct 1767, John **Brown**, of Baltimore Co., Maryland to Thomas **Ewing**, merchant, of same, £71.05, negro woman Rachel and chattel goods. Signed John **Brown**. Wit: John **McClare** and Samuel **Beeler**.

26 Nov 1767, John **Shinton**, of Baltimore Co., Maryland to Thomas **McBride**, of same, £17.5, livestock. Signed John **Shinton**. Wit: P. **Henley**.

27 Nov 1767, George **Chancey** Sr., of Baltimore Co., Maryland to his son James **Chancey**, of same, for love and affection, negro boy Sam and livestock. Signed George **Chancey**. Wit: James **Osborne** and John Hall **Hughes**.

27 Nov 1767, George **Chancey** Sr., of Baltimore Co., Maryland to his son Benjamin **Chancey**, of same, for love and affection, negro girl Bett and livestock. Signed George **Chancey**. Wit: James **Osborne** and John Hall **Hughes**.

27 Nov 1767, George **Chancey** Sr., of Baltimore Co., Maryland to his daughter Susan **Chancey**, of same, for love and affection, negro girl Hagar and livestock. Signed George **Chancey**. Wit: James **Oxborne** and John Hall **Hughes**.

27 Nov 1767, George **Chancey** Sr., of Baltimore Co., Maryland to his son John **Chancey**, of same, for love and affection, negro boy Jacob and livestock. Signed George **Chancey**. Wit: James **Oxborne**

and John Hall **Hughes**.

5 Nov 1767, receipt to Jeremiah **Coney**, £7.6, for estate of Richard **Coleman**. Signed Christian (x) **Davis**. Wit: Mary **Stansbury**.

21 Nov 1767, John **Brown**, of Baltimore Co., Maryland to Benjamin and Nathan **Griffith**, £10, chattel goods. Signed John **Brown**. Wit: Samuel **Owings** Jr.

1 Feb 1768, Aquila **Carr**, planter, of Baltimore Co., Maryland to James **Franklin**, £124.8, negroes: Will, age 20 years, Sarah, age 18 years, Alice, age 16 years, Toby, age 50 years, Miney, age 40 years, Sam, age 40 years, Urith, age 40 years, Conny, age 6 years, Jack, age 9 months, Lucy, age 12 years, Jack, age 22 years, and Rachel, age 10 years. Signed Aquila **Carr**. Wit: Rebecca **Lawson** and Robert **Alexander**.

2 Mar 1768, James **Marsh**, of Baltimore Co., Maryland to John **Foster**, livestock. Signed James (x) **Marsh**. Wit: Benjamin **Merryman** and Charles **Cole**.

19 Feb 1768, James Townly **Rigby**, gentleman, of Baltimore Co., Maryland to Carolina **Orrick**, of same, £72.1, mulatto man Coffee, negro girl Dada. Signed James **Rigby**. Wit: Benjamin **Rogers**.

22 Mar 1768, Moses **Barney**, of Baltimore Co., Maryland to William **Goodwin**, of same, £47.5, negro boy Ned, in possession of Mary **Rutter**, mother of said Moses. Signed Moses **Barney**. Wit: David **Rusk** and William **Marsh**.

22 Mar 1768, Moses **Barney**, of Baltimore Co., Maryland to John **Ridgely**, of same, £30, negro boy Jeff, in possession of Mary **Rutter**, mother of said Moses. Signed Moses **Barney**. Wit: Charles **Ridgely**, son of John and Samuel **Davies**.

23 Mar 1768, Edward **Robinson**, of Baltimore Co., Maryland to Shelton **Standford**, of same, £30, livestock. Signed Edward **Robinson**. Wit: Thomas **Franklin**.

6 Apr 1768, Jacob **Leafe**, of Baltimore Co., Maryland to Henry **Rutter**, of same, £12.4, chattel goods. Signed Jacob **Leafe**. Wit: Benjamin **Rogers**.

6 Apr 1767, Henry **Rutter**, of Baltimore Co., Maryland to his goddaughter Eleanor **Leafe**, for love and affection, livestock. Signed Henry **Rutter**. Wit: William **Aisquith** and Job **Willmot**.

29 Mar 1768, George **Toogood**, of Baltimore Co., Maryland to Samuel **Jeffrey**, of same, £8, crops. Signed George (x) **Toogood**. Wit: John **Harris**.

5 Apr 1768, Thomas **Simmons**, carpenter, of Baltimore Co., Maryland to Joshua **Bond** and Jacob **Bond**, of same, £28, negro girl Lucy and livestock. Signed Thomas **Simmons**. Wit: John **Harris** and B. **Howard**.

15 Apr 1768, Elizabeth **Hallock** to Mary **Philpot**, £55, negro woman Dina and her children Tony and Rachel. Signed Elizabeth **Hallock**. Wit: David **Sheilds** and John **Dodge**.

15 Apr 1768, Elizabeth **Hallock**, of Baltimore Co., Maryland to Nathan and Benjamin **Griffith**, David **Sheilds** and James **Cox**, £32.2, livestock. Signed Elizabeth **Hallock**. Wit: Mary **Philpot** and John **Dodge**.

William **Galbraith**, of Baltimore Co., Maryland to William **Smith**, of same, £80, negro winch Dinah, age 19 years. Signed William **Galbraith**. Wit: David **McClellay** Jeanit (x) **Buchanan**.

15 Apr 1768, James Townley & Frances **Rigby**, gentleman, of Baltimore Co., Maryland to Constantine **Bull**, gentleman, of same, £34, mulatto boy coffee. Signed James Townley **Rigby** and Frances **Rigby**. Wit: William **Aisquith** and Thomas **Chase**.

22 Apr 1768, Berney **Binnic**, of Baltimore Co., Maryland to Eleaious **Simmon**, of same, £30.25, chattel goods. Signed Berney (x) **Binnic**. Wit: Nathan **Headington** and Joshua **Atherton**.

29 Feb 1768, Moses **Morgan**, (son and heir of Hugh **Morgan**), of Baltimore Co., Maryland to Joseph **Morgan**, of same, £28.4. Signed Moses **Morgan**. Wit: David **Morgan**, John **Morgan** Jr. and Susannah **Morgan**.

4 Apr 1768, John **Morgan**, of Baltimore Co., Maryland receipt to David **Morgan**, (executor of Hugh **Morgan**), of same, £28.4. Signed John **Morgan**. Wit: Robert **Cooke**.

25 Apr 1768, John **Colegate**, farmer, of Baltimore Co., Maryland freedom to the mulattoes: man Trader, three women, Mary, Jean and Ruth and her youngest son James. Signed John **Colegate**. Wit: Neale **Haile**, Oliver **Mathews** and Thomas Cockey **Day**.

7 May 1768, William **Reading**, ship carpenter of Adam **Burchfield**, of Baltimore Co., Maryland to Amos **Garrett**, of same, £84, trustee for Mary **Vansickleton**, wife of Gilbert **Vansickleton**, the negroes: Nan and her child Pat. Signed William **Reading**. Wit: J. **Mathews**.

13 May 1768, Richard **Carter**, of Baltimore Co., Maryland to John Robert **Holliday**, of same, £70, negro lad Ben, age 15 years. Signed Richard **Carter**. Wit: Daniel **Chamier** and Jacob **Myers**.

11 Jun 1768, the ship Friendship under Capt. William **Frost**, will sail for London.

21 Jun 1768, Francis **Brook**, of Baltimore Co., Maryland to Charles **Ridgely**, of same, £66.65, negro man Lyn. Signed Francis **Brook**. Wit: William **Goodwin** and Jacob **Myers**.

20 Jun 1768, John **Wilson**, of Baltimore Co., Maryland freedom to negro girl Norma, when she is 35 years old, she being 12 years old the 1 Nov last. Signed John **Wilson**. Wit: William **Husband**, John **Nixon** and Susannah **Hopkins**.

4 Aug 1768, George **Gwynn**, of Baltimore Co., Maryland to James and Robert **Sims**, of same, £7, livestock. Signed George **Gwynn**. Wit: R. **Richards**.

28 May 1768, Aquila Scott **Ward** to Lemuel **Howard**, £5. Wit: John **Green**.

3 Jun 1768, Zachariah **Lett**, of Baltimore Co., Maryland to Benjamin **Rogers**, of same, £16, livestock. Signed Zachariah (x) **Lett**. Wit: William Aisquith.

9 Apr 1768, James **Rigbie**, of Baltimore Co., Maryland freedom to his slaves at age 24 years, some all ready freed: Nanny, the widow of Season, Aaron **Bulram**, the Dido, widow of Terry, Bongrey, Leah sold to Benjamin **Chamley**, of Nottingham, Pennsylvania, before 1778, Luckey, Jacob, Sall, Dinah, Bill and Anthony, children of Nanny and Hannah **Tower**, Hagar, Flora and Sym, children of Dido, Villee and Catherine, the daughters of Hannah & Luckey. Signed James **Rigbie**. Wit: William **Husband** and William **Hopkins**.

20 Jun 1768, William **Cole** Jr., of Baltimore Co., Maryland freedom to negro Betty and her children Corn, Dinah and Cyrus. Signed William **Coale** Jr. Wit: Philip **Coale** and James **Bigbie**.

8 Jul 1768, George **Little**, planter, of Baltimore Co., Maryland to his sister Mary **Chancey**, (wife of George **Chancey**), of same, for love and affection, negro woman Dinah. Signed George **Little**. Wit: William **Osborn**, Agnes **Hollis** and James **Osborn** Jr.

18 Mar 1768, Charles **Anderson**, millwright, of Baltimore Co., Maryland to William **Cox**, miller, of same, £500, negroes: Phebe, age 30 years, her children; Esther, born 10 Jul 1755, Robin, born 8 Jan 1759, Jacob, born 1 Apr 1761, Dinah, born 4 Jun 1763, Sam, born 2 Apr 1766...all to be set free at the age of 31 years. Signed Charles **Anderson**. Wit: James **Rigby**.

27 Aug 1768, John **Howard**, (son of Philip) to Thomas **Towson**, £9.45, the servant woman Sarah **Bouth**. Signed John **Howard**. Wit: Thomas **Walker** and Defection **Walker**.

18 Mar 1768, William **Cox** freedom to negroes: Phebe, age 30 years, her children; Esther, born 10 Jul 1755, Robin, (boy), born 1 Aug

1759, Jacob, born 1 Apr 1761, Dinah, born 4 May 1763, Sam, born 2 Apr 1766...all to be set free at the age of 31 years. Signed William **Cox**. Wit: William **Southland** and William **Hopkins**.

7 Nov 1768, John **Howard**, (son of Philip), to Thomas **Towson** and Charles **Gorsuch**, £12.45, servant man William **Nusser**. Signed John (x) **Howard**. Wit: George **Sates** and John **Bond**.

23 Aug 1768, Judah **Legoe**, Spencer **Legoe** and Benedict **Legoe**, of Baltimore Co., Maryland to Richard **Graves**, £100, negro boy Abram, age 12 years, negro boy Charles, age 14 years, negro Naro, age 40 years, Cate, age 20 years and Sammy. Signed Judah (x) **Legoe** and Benedict **Legoe**. Wit: Mary **Legoe**.

Dorothy **Jones**, (widow of Evan **Jones**), of Baltimore Co., Maryland power of attorney to Jacob **Frizzle**, planter, of same, to recover payment from George **Bramwell**. Signed Dorothy **Jones**. Wit: David **Rowles** and Robert **Alexander**.

30 Aug 1768, John **Stewart**, of Tower Hill, London power of attorney to Alexander **Stewart**, merchant, of Baltimore Co., Maryland and William **Russell**, (now in London), merchant, of Prince Georges Co., Maryland. Signed John **Stewart**. Wit: Jeremiah **Banning** and Henry **Dillon**.

7 Jun 1768, Hannah **Richardson** freedom to negro Alexander. Signed Hannah **Richardson**. Wit: Oliver **Mathews**, Aquila **Price** and Amos **Fisher**.

8 Oct 1768, John **Chains**, mariner, of Baltimore Co., Maryland to Ewing and Brown, of same, negro woman Penelope. Signed John **Chains**. Wit: John **Hewey** and John **Charlton**.

15 Oct 1768, Thomas **Ewing**, merchant, of Baltimore Co., Maryland to Alphonso **Comegys**, £55, negro woman Rachel. Signed Thomas **Ewing**. Wit: Robert **Skinnet** and William **Barney**.

15 Oct 1768, William **Allender**, (son of Joseph), forgeman, of

Baltimore Co., Maryland to Samuel **Worthington**, of same, £86.05, chattel goods. Signed William **Allender**. Wit: Robert **Alexander** and Daniel **Chamier**.

7 Oct 1768, Vachel **Worthington**, of Baltimore Co., Maryland to Samuel **Worthington**, of same, £315, negro man Jury and livestock. Signed Vachel **Worthington**. Wit: Robert **Alexander** and John **Robinson**.

27 Oct 1768, George **Scott**, sheriff, of Frederick Co., Maryland to Samuel **Worthington**, £144, white servant named Dick, negro woman Tamar, negro woman Dinah, negro woman Cate, and negro woman Hannah and livestock...court order for the use of Moses **Mordecai**, for the use of George **Mindock** against Vachel **Worthington**. Signed George **Scott**. Wit: Daniel **Chamier**.

12 Jun 1767, Josephus **Murray** to his daughter Kerenhappuch **Bailey**, for love and affection, negro woman June and negro boy Ben. Signed Josephus **Murray**. Wit: Samuel **Owings** and R. **Richards**.

21 Nov 1768, Francis **King**, yeoman, of Baltimore Co., Maryland to Gusham **Silvers**, of same, £60, livestock. Signed Francis **King**. Wit: Edward **Mitchell** and Samuel **Swaurt**.

2 Aug 1768, Elizabeth **Buich**, spinster, of Warwick, Warwick Co. power of attorney to Thomas **Chase**, of Baltimore Co., Maryland. Signed Elizabeth **Buick**. Wit: John **Beardsly** and Abel **Palmer**.

9 Jan 1769, Dunkin **Ogg**, of Baltimore Co., Maryland to Arthur **Chinworth**, £0.25, chattel goods and livestock. Signed Dunkin **Ogg**. Wit: Richard **Richards** and William **Hammond**.

15 Apr 1769, Samuel **Vance**, farmer, of Baltimore Co., Maryland to Col. John **Hall**, of same, £9.5, livestock. Signed Samuel **Vance**. J. **Mathews** and Thomas Perrygrine **Shipley**.

21 Mar 1769, Abram **Andrews**, innholder, of Baltimore Co., Maryland to John Beale **Howard**, merchant, of same, £49.55, negro

girl Sevina, age 11 years. Signed Abram **Andrews**. Wit: John **Dale** Jr.

8 Apr 1768, Thomas **Hanson**, merchant, of Baltimore Co., Maryland to John **Bailey**, of same, £50, negroes: Ashy, Harsa, Hannah, Ben, Sharper, Jenny, Dutchep, Esther and Han. Signed Thomas **Hanson**. Wit: William **Saunders**.

6 May 1769, Sulborn **Branner**, (wife of Patrick **Banner**), of Baltimore Co., Maryland to John **Wood**, of same, £50, negro girl Jenny. Signed Sulborn (x) **Branner**. Wit: Benjamin **Wood** and Cordelia **Debrular**.

2 May 1769, John **Ross**, cordwinder, of Baltimore Co., Maryland to William **Husband**, of same, £35, negro girl Polly. Signed John **Ross**. Wit: William **Hopkins** and John **Lynch**.

6 Jun 1769, Thomas **Miller** and Simon **Leeadeger**, blacksmiths, of Baltimore Co., Maryland mortgage to Michael **Schreagle**, £36, chattel goods. Signed Thomas **Miller** and Simon **Leeadeger**. Wit: William **Spencer** and John **Buckman**.

10 Mar 1769, Thomas **Johnson**, appointed guardian to Ann, Mary and Ruth **Colegate**. Signed Edmond **Bull** and Walter **Billingsley**.

14 Jun 1769, Elijah **Bailey**, of Baltimore Co., Maryland to Zachariah **McCubbin**, of same, £80 due Daniel **Dulany**, negro girl Jona, age 14 years. Signed Elijah **Bailey** and Zachariah **McCubbin**. Wit: Thomas **Jones** and John **Merryman**.

25 Jul 1769, Abraham **Andrews**, planter, of Baltimore Co., Maryland to William **Andrews**, innholder, of same, £25.3, chattel goods. Signed Abraham **Andrews**. Wit: William **Young**.

25 Jul 1769, Abraham **Andrews**, of Baltimore Co., Maryland mortgage to Robert **Saunders** and William **Lynch**, gentlemen, of same, livestock. Signed Abraham **Andrews**. Wit: William **Young**.

29 Jul 1769, Thomas **Durbin** to his son Francis **Durbin**, a saddle and bridle. Signed Thomas **Durbin**. Wit: Daniel **Kenly**.

2 Aug 1769, William **Cox**, (attorney for Robinson & Ann **Wakefield**, ((said Ann is the only child and heir of Edward **Fell**, formerly of Baltimore Co., Maryland, but last of Gun Halloat, Palatine Co., Great Britain)), merchant, of Sunderland, Durham Co., Great Britain), merchant, of Baltimore Co., Maryland power of attorney to Wilson **Pearson**, late of Cumberland Co., Great Britain, but now of Baltimore Co., Maryland. Signed William **Cox**. Wit: Henry **Thompson** and Samuel **Owings**.

28 Jul 1769, Thomas & Mary **Treadway**, of Baltimore Co., Maryland to Thomas **Lucas**, £4, 4 acres...now in possession of Thomas **Gittings**. Signed Thomas **Treadway** and Mary **Treadway**. Wit: William **Young** and James **Gittings**.

12 Aug 1769, George **McCandless**, of Baltimore Co., Maryland to Thomas **Miller**, James **Armstrong** and Thomas **Archer**, £53 to James **Wylaughline**, of Philadelphia, Pennsylvania, negro wench Esther and three children, Sam, Peg and Judd. Signed George **McCandless**. Wit: William **McClure** and John **Archer**.

16 Aug 1769, James **Martin**, laborer, of Baltimore Co., Maryland mortgage to Paul **Gedder**, £14.75, livestock. Signed James (x) **Martin**. Wit: William **Davey** and James **Armstrong**.

22 Sep 1769, Joshua **Allender**, forgeman, of Baltimore Co., Maryland to William **Allender** and Alexander **Smyth**, £50, negro wench Jane and livestock. Signed Joshua **Allender**. Wit: Charles **Moore** and James **Moore**.

18 Dec 1769, Thomas **Renshaw**, farmer, of Baltimore Co., Maryland to his wife Mary **Renshaw**, estate of James **Brice**, her former husband. Signed Thomas **Renshaw**. Wit: John **Harris**.

16 Jan 1770, Thomas **Harris**, gentleman, of Baltimore Co., Maryland to Adam **Hoops**, of Burk Co., Pennsylvania, £260, negro man Dorry, age 32 years, negro man Ceasar, age 35 years, negro boy Sambo, age 9 months, negro boy Jim, age 2 years, negro wench Dinah, age 29 years and negro wench Lettice, age 40 years. Signed Thomas **Harris**. Wit: Joseph **Warrell** and Robert **Hoops**.

16 Jun 1769, John **Colegate**, of Baltimore Co., Maryland to his son John **Colegate**, for love and affection, slaves, Peter, Ned, Ruth and livestock. Signed John **Colegate**. Wit: Thomas **Franklin** and John **Talbot**.

16 Jun 1769, John **Colegate**, of Baltimore Co., Maryland to his daughter Ann **Colegate**, for love and affection, slaves, Fanny, Grace and Sam, son of Sue and livestock. Signed John **Colegate**. Wit: Thomas **Franklin** and John **Talbot**.

16 Jun 1769, John **Colegate**, of Baltimore Co., Maryland to his son Richard **Colegate**, for love and affection, slaves, James, Bone, Sue and livestock. Signed John **Colegate**. Wit: Thomas **Franklin** and John **Talbot**.

16 Jun 1769, John **Colegate**, of Baltimore Co., Maryland to his daughter Rebecca **Colegate**, for love and affection, slaves, Hannah, Betty and Sam, and livestock. Signed John **Colegate**. Wit: Thomas **Franklin** and John **Talbot**.

16 Jun 1769, John **Colegate**, of Baltimore Co., Maryland to his daughter Rachel **Colegate**, for love and affection, slaves, Jack, Pell, Phill, Rachel and livestock. Signed John **Colegate**. Wit: Thomas **Franklin** and John **Talbot**.

2 Mar 1770, Edward **Robinson**, innholder, of Baltimore Co., Maryland to Shelton **Standford**, of same, chattel goods. Signed Edward **Robinson**. Wit: John **Mercer** Jr. and Thomas **Franklin**.

7 Mar 1770, William **Cowen** Sr., of Baltimore Co., Maryland to John **Mahon**, of same, £7.7, livestock. Signed William (x) **Cowen**. Wit: John **Lathin**.

19 Dec 1769, Thomas **Ayers**, gentleman, of Baltimore Co., Maryland appointed guardian of Giles and John **Kimble**, sons of Robert **Kimble**, deceased, of Baltimore Co., Maryland by Amos **Garrett**, John **Wood** and George **Garrettson**. Signed John **Wood** and George **Garrettson**.

5 Mar 1770, William **Neoil** to Garrett **Garrettson**, £14, chattel goods. Signed William (x) **Neoil**. Wit: Amos **Garrett** and Lucin **Mathews**.

18 Nov 1769, John **Boyd**, merchant, of Joppa, Baltimore Co., Maryland power of attorney to James **Christie** Jr., merchant, of Baltimore, Baltimore Co., Maryland. Signed John **Boyd**. Wit: Robert **Christie** Jr.

3 Feb 1770, William **Wells** Sr., of Baltimore Co., Maryland to his sons Charles and John **Wells**, for love and affection, negro man Catoe and negro boy Jacob. Signed William **Wells**. Wit: William **Pontery** and William **Barney** Jr.

21 Apr 1770, Leakin **Dorsey**, planter, of Baltimore Co., Maryland to Charles **Wells** Sr. of same, £72, negroes Dinah and Rachel. Signed Leakin **Dorsey**. Wit: William **Ottey**.

18 Apr 1770, Burch **Swan**, of Baltimore Co., Maryland to Corbin **Lee**, £31.8, chattel goods. Signed Burch **Swan**. Wit: William **Young** and John **Howland**.

19 Apr 1770, Margaret **McCool**, widow, of Baltimore Co., Maryland to Paul **Gaddes**, yeoman, of same, £45, livestock. Signed Margaret **McCool**. Wit: Robert **Cummingham** and William **Harrison**.

Samuel **Webster**, of Baltimore Co., Maryland to his son-in-law Nathaniel & Elizabeth **Smith**, for love and affection, negro woman Rachel. Signed Samuel **Webster**. Wit: John **Mathews** and Mary **Mathews**.

21 Apr 1770, Andrew & Sarah **Bay**, of Albany, New York power of attorney to their son Elihu Hall **Bay**. Signed Andrew **Bay** and Sarah **Bay**. Wit: David **Edgar** and James **McCoca**.

26 May 1770, Benjamin **Meads**, (son of Edward **Meads**), of Baltimore Co., Maryland to John **Boyd**, of same, £62.5, negro boy James. Signed Benjamin **Meads**. Wit: John **Day**, son of Edward and Walter **James**.

8 Jun 1770, Lawrence **Clark,** of Baltimore Co., Maryland to Thomas **Porter** and Ewing Co., of Cecil Co., Maryland, £11.4, for suit by James **Russell,** mulatto Alb. Signed Lawrence(x) **Clark.** Wit: John **Harris** and William **McClure.**

22 May 1770, William **Manly,** of Baltimore Co., Maryland to George **Little,** of same, £20, livestock. Signed William **Manly.** Wit: James **Osborn** and Amos **Garrett.**

26 Jun 1770, William **Dickenson** to John **Smith** and Moses **Morgan,** merchants, of Britain, £379.5. Signed Samuel **Morrall.**

26 Sep 1769, William **Boner,** of Baltimore Co., Maryland to his brother Barnaby **Boner,** £28.2, to be paid to Col. Thomas **White,** livestock and chattel goods. Signed William **Boner.** Wit: Daniel **McTheil** and John **Williams.**

5 Oct 1769, John **Dumer,** merchant, of Baltimore Co., Maryland to Amos **Garrett,** merchant, of same, £60, in trust for Mary **Vansickleton,** wife of Gilbert **Vansickleton,** negro Dorothy. Signed John **Dumer.** Wit: James **Webster** and John **Mathews.**

15 Aug 1769, John **McClain** will not pay bills of his wife Sarah **McClain.** Signed John (x) **McClain.**

18 May 1770, Thomas **Renshaw,** farmer, of Baltimore Co., Maryland to Edward **Morgan,** planter, of same, £66.8, negro man Tom and livestock. Signed Thomas **Renshaw.** Wit: Francis **Neall** and Joseph **Renshaw.**

21 Jul 1769, John **Crosby,** (son of Richard and Elizabeth), age 14 on Nov 12, of Baltimore Co., Maryland indentured to William **McNutt,** farmer, for seven years. Signed Richard **Crosby,** Elizabeth (x) **Crosby** and William **McNutt.**

4 Mar 1758, Humphry Wells **Stokes,** of Baltimore Co., Maryland to Perry **Frisby,** £500, 100 acres. Signed Humphry Wells **Stokes.** Wit: William **Dallam** and John **Stokes.**

3 Jan 1769, Abraham **Andrews**, innholder, of Baltimore Co., Maryland mortgage to John Beale **Howard**, merchant, of same, £25, negro girl Lovich, age seven years. Signed Abraham **Andrews**. Wit: William **Young**.

17 Apr 1770, William **Bosley**, planter, of Baltimore Co., Maryland to Jonathan **Plowman**, merchant, of same, £134, negroes: Dinah, Fern, Jim, Hagar and Samuel. Signed William **Bosley**. Wit: Daniel **Chamier** and W. **McBiggs**.

11 Jun 1770, Thomas **Bond**, of Baltimore Co., Maryland to Daniel **Campbell**, ditcher, of same, £10, livestock. Signed Thomas (x) **Bond**. Wit: Amos **Garrett** and Daniel **Maud** Jr.

28 Jun 1770, Edward **Scott**, late of Kent Co., Maryland, but now of Baltimore Co., Maryland to Amos **Garrett**, of Baltimore Co., Maryland, £24.05, chattel goods. Signed Edward **Scott**. Wit: Thomas Peregrine **Frisby**.

17 Jul 1770, James Lloyd **Rogers**, (eldest son and heir of Nicholas **Rogers**), of Baltimore Co., Maryland power of attorney to John **Merryman** Jr., of same. Signed James Lloyd **Rogers**. Wit: Robert **Lockhead** and John **Easson**.

17 Jul 1770, George **Brown**, magistrate, of Glasgow, Great Britain, witness John **McNabb**, merchant, of same, late of Baltimore Co., Maryland power of attorney to James Lloyd **Rogers**. Signed George **Brown**.

27 Jul 1770, Capt. Dougle **McDougle**, of ship Thornton to sail for London.

28 Jul 1770, deposition of John **Davis**, age 35 years, of Baltimore Co., Maryland...10 years ago, James **Denton**, son of William, died of small pox as a soldier under General **Holson** at Hallifax, Nova Scotia. Signed John (x) **Davis**. Wit: John **Moale**.

14 Aug 1770, William **Welsh**, of Baltimore Co., Maryland to Moses **Ruth**, of same, £45, chattel goods. Signed William **Welsh**. Wit:

Joshua **Allender** and John **Bond**.

13 Jan 1770, Benedict Leonard **Wheeler**, of Baltimore Co., Maryland to Richard Bennet **Mitchell**, of Charles Co., Maryland, £100, negroes: Sarty, and her two children George and John, Swan and her two children, Henry and Clarder. Signed Benedict Leonard **Wheeler**. Wit: Thomas **Talbot**.

7 Jun 1765, James **Gildwell**, of Liverpool, Lancaster Co., Great Britain power of attorney to John **Ashburne**, mariner, of same. Signed James **Goldart**. Wit: Thomas **Jones** and John **Baswick**.

23 Jun 1770, Edward **Scott**, merchant, late of Kent Co., Maryland, but now of Baltimore Co., Maryland to William **Smith**, of Baltimore Co., Maryland, £102.1, chattel goods. Signed Edward **Scott**. Wit: James **Taylor** and Amos **Garrett**.

4 Sep 1770, Aquila **Carr** and James **Franklin** to Nicholas **Merryman**, £80, negro woman Sarah. Signed Aquila **Carr** and James **Franklin**. Wit: James **Carey**.

15 Oct 1770, John **Ensor** Jr., farmer, of Baltimore Co., Maryland power of attorney to Nathan **Griffith**, merchant, of same. Signed John **Ensor**. Wit: Elisha **Dorsey** and John **Griffith**.

25 Oct 1770, John **Lewis**, of Baltimore Co., Maryland to John **Moale**, of same, £11.55, chattel goods. Signed John **Lewis**. Wit: Andrew **Buchanan** and William **Cockey**.

2 Jul 1770, Francis **Jenkins**, husband of Casander, daughter of William **Grafton** and Thomas **Smith**, husband of Margaret, another daughter of said William, of Rowan Co., North Carolina to John **Love**, of Baltimore Co., Maryland, £60, slaves: Ceasar, Nam, Jack, Sall, Easter, Salt and Hannah and Tom with Sarah **Grafton**. Signed Francis **Jenkins** and Thomas **Smith**. Wit: John **Harris** and William **Morgan**.

25 Oct 1770, Nicholas **Merryman**, of Baltimore Co., Maryland to James **Franklin**, of same, £80, negro girl Charity. Signed Nicholas

Merryman. Wit: James **Cary**.

31 Oct 1770, Mayberrel **Elliott**, planter, of Baltimore Co., Maryland to John Beale **Howard**, of same, £49, chattel goods. Signed Mayberrel **Elliott**. Wit: Samuel **Bond**.

20 Oct 1770, James **Williams**, of Baltimore Co., Maryland to James **Christie**, merchant, of same, £64, negro girl Poll. Signed James **Williams**. Wit: John **James**.

3 Nov 1770, Robert **Christie**, of Baltimore Co., Maryland to James **Christie** Sr., merchant of London and James **Christie** Jr., merchant, of Maryland, £600, partnership. Signed Robert **Christie**. Wit: Robert **Christie** Jr. and James **Jeffrey**.

19 Nov 1770, Jacob **Shakon**, weaver, of Baltimore Co., Maryland to John **Elder**, planter, of same, £12.35, chattel goods. Signed Jacob **Shakon**. Wit: Edward **Talbot** and Vachel **Dorsey**.

3 Dec 1770, Samuel **Budd**, of Baltimore Co., Maryland to John **Rogers**, innholder and Rubin **Perkins**, of same, bail to Dr. James **Spavold**, John Bolton **Henderson**, Daughtery **Harris** and William **McGill**. Signed Samuel **Budd**. Wit: Amos **Garrett** and Thomas **Newland**.

7 Dec 1770, Nathaniel **Smith**, planter, of Baltimore Co., Maryland to Richard **Dallam**, of same, £30, negro woman Rachel and negro girl Esther. Signed Nathaniel **Smith**. Wit: James **Horne**.

3 Oct 1770, Elizabeth **Huston**, of Baltimore Co., Maryland freedom to negro girl Hannah, age 1 year and 8 months, when she is 25 years. Signed Elizabeth (x) **Huston**. Wit: Joseph **Husband**, Thomas **Bennett** and Joseph **Baldwin**.

4 Dec 1770, Samuel **Budd**, of Baltimore Co., Maryland to Amos **Garrett**, of same, £93.6, chattel goods. Signed Samuel **Budd**. Wit: Amos **Soney** and Thomas **Newland**.

23 Nov 1770, Richard **Anderson**, merchant, of Baltimore Co., Maryland to William **Henderson**, merchant, of Philadelphia, Pennsylvania, £175, the ship Nancy. Signed Richard **Anderson**. Wit: Ruth **Spry** and William **Hopper**.

9 Jan 1771, John **Boyd**, of Baltimore Co., Maryland power of attorney to Joseph **Ensor**, of same. Signed John **Boyd**. Wit: John **Ewing**.

9 Jan 1771, John **Lloyd**, mariner, of Baltimore Co., Maryland to Joseph **Ensor**, of Cecil Co., Maryland, £30, chattel goods. Signed John **Lloyd**. Wit: John **Ewing**.

5 Feb 1771, Andrew **Gearing**, cordwinder, of Baltimore Co., Maryland to Michael **Kramer**, farmer, of same, bail, chattel goods. Signed Andrew **Gearing**. Wit: Ishmael **Morris** and William **Spencer**.

7 Feb 1771, John **O'Daniel**, farmer, of Baltimore Co., Maryland mortgage to John Beale **Howard**, merchant, of same, £50, chattel goods. Signed John (x) **O'Daniel**. Wit: William **Young**.

8 Mar 1771, Joseph **Smith**, blacksmith, of Baltimore Co., Maryland to James **Holmes** and his son Alexander **Smith**, £14.65, livestock. Signed Joseph **Smith**. Wit: Aquila **Hall** and James **Giles**.

15 Sep 1770, James **Patterson**, of Baltimore Co., Maryland to his grandson Robert **McCandless**, son of George and Sarah **McCandless**, for love and affection, negro girl Sake, age 3 years. Signed James (x) **Patterson**. Wit: Thomas **Talbot** and Thomas **Bond**.

8 Mar 1771, Thomas **Edwards**, yeoman, of Baltimore Co., Maryland to Mary **Wightwick**, William **Pellet**, William and Thomas **Russell** and Osgood **Gee**, for bills, chattel goods and livestock. Signed Thomas (x) **Edwards**. Wit: Thomas **Davis** and Richard **Ireland**.

23 Mar 1771, Sarah **Stevens**, widow, of Baltimore Co., Maryland to her daughter Pamila **Stevens**, for love and affection, livestock. Signed Sarah (x) **Stevens**. Wit: Daniel **Bowley**.

23 Mar 1771, Sarah **Stevens**, widow, of Baltimore Co., Maryland to her daughter Elizabeth **Green**, wife of Isaac **Green**, of same, for love and affection, livestock. Signed Sarah (x) **Stevens**. Wit: Daniel **Bowley**.

23 Mar 1771, Sarah **Stevens**, widow, of Baltimore Co., Maryland to her son John **Stevens**, of same, for love and affection, negro woman Tamar, age 25 years. Signed Sarah (x) **Stevens**. Wit: Daniel **Bowley**.

23 Mar 1771, Sarah **Stevens**, widow, of Baltimore Co., Maryland to her son Nathan **Stevens**, of same, for love and affection, negro boy Sam. Signed Sarah (x) **Stevens**. Wit: Daniel **Bowley**.

10 Feb 1771, Benjamin **Young**, of Cecil Co., Maryland to Andrew **Hooke**, of Baltimore Co., Maryland, indenture of two negroes: Ned and Lucy. Signed Benjamin **Young** and Andrew **Hooke**. Wit: Andrew **Buchanan**.

26 Mar 1771, Gilbert **Vansickle**, carpenter, of Baltimore Co., Maryland to Garrett **Garrettson**, debt owed, livestock. Signed Gilbert **Vansickle**. Wit: Amos **Garrett**.

17 Nov 1771, Thomas & Mary **Renshaw**, (said Mary is the widow of James **Brice**), of Baltimore Co., Maryland to Thomas **Johnson**, £0.25, estate, negroes: Peter, Dinah, George and Rachel and chattel goods. Signed Thomas **Renshaw**. Wit: Thomas **Bond**.

17 Nov 1771, Thomas **Johnson**, of Baltimore Co., Maryland to Mary **Renshaw**, wife of Thomas **Renshaw**, of same, £0.25, estate, negroes: and chattel goods, to her children after her death. Signed Thomas **Johnson**. Wit: Thomas **Bond**.

9 Mar 1771, George **Baxter**, of Baltimore Co., Maryland to Nathaniel **Smith** and Absolom **Price**, of same, £55, servant man John **Read** and livestock. Signed George (x) **Baxter**. Wit: William **Spencer** and William **Young**.

9 Feb 1770, Henry **Cotterell**, of Baltimore Co., Maryland to Richard **Hooker**, £7, chattel goods. Signed Henry **Cotterell**. Wit:

Ruth (x) **Osborn** and John (x) **Comby**.

2 Apr 1771, George **Wells**, shipwright, of Baltimore Co., Maryland mortgage to Thomas **Rutter**, of same, £380.05, chattel goods. Signed George **Wells**. Wit: Andrew **Buchanan** and William **Spencer**.

10 Apr 1771, John **Scholfield**, of Baltimore Co., Maryland to David **Scholfield**, of same, £125, servants Mary **Kelly** and John **Tebrow**. Signed John **Scholfield**. Wit: Jacob **Way** and William **Scholfield**.

2 Apr 1771, Dr. Thomas **Lingham**, of Baltimore Co., Maryland to Nicholas **Maccubbin**, merchant, of Anne Arundel Co., Maryland, £764.7, negro man George, age 30 years, negro man Joe, age 28 years, negro man Nace, age 22 years, negro woman Pegg, age 26 years, negro woman Cola, age 40 years, negro boy Andrew, age 8 years and negro girl Sally, age 4 years. Signed Thomas **Lingham**. Wit: Daniel of Thomas **Jenifer** and John **Johnson**.

3 May 1771, Mary **Vansicklen**, (wife of Gilbert **Vansicklen**) and Amos **Garrett**, of Baltimore Co., Maryland to John **Day**, (son of Edward), of same, £75, negro woman Nan and her male child Will. Signed Mary (x) **Vansicklen** and Amos **Garrett**.

1 Jun 1771, Joseph **Renshaw**, of Baltimore Co., Maryland to William **Morgan**, of same, £56.05, negro Peter. Signed Joseph **Renshaw**. Wit: John **Renshaw** and Elizabeth (x) **Renshaw**.

22 Oct 1767, John **Harrison** paid Thomas **Contee**, £72, account of Richard and John **Day**, merchants, of London. Signed John **Harrison**. Wit: Allen **Davis** and Charles **Wallace**.

26 Mar 1771, Jonathan **Jones**, blacksmith, of Baltimore Co., Maryland to James **Lee** Sr., planter, of same, £34.7, chattel goods. Signed Jonathan **Jones**. Wit: William **Morgan** and George **Broadhead**.

21 Jun 1771, Abraham **Clay**, blacksmith, of Baltimore Co., Maryland to Thomas **West**, £20, chattel goods. Signed Abraham **Clay**. Wit: David **Judah** and William **Askew**.

11 Jun 1771, John **McClure**, of Baltimore Co., Maryland to Charles **Vashon**, of same, £45, negro boy Frank, age 12 years. Signed John **McClure**. Wit: Charles **Daffin**.

1 Jul 1771, Anthony **Edwards** to Henry **Wilson** Jr., £8, crops. Signed Anthony (x) **Edwards**. Wit: Henry **Wilson** and John **Fulton**.

1 Jul 1771, Henry **Downs** to Henry **Wilson** Jr. and Lemuel **Howard**, £51.5, livestock. Signed Henry (x) **Downs**. Wit: Henry **Wilson** and John **Fulton**.

6 Aug 1771, Abraham **Norris**, planter, of Baltimore Co., Maryland to William **Kitely**, of same, £120, negro woman Emelia, negro woman Patience, negro girl Jemima and negro boy Jacob. Signed Abraham **Norris**. Wit: Francis **Moore** and Ruxton **Moore**.

22 Apr 1771, William **Grafton**, of Baltimore Co., Maryland to John **Love**, of same, £32.5, one eighth part of seven slaves: Cezar, Jack, Nan, Easter, Hannah, Sarah and Sall. Signed William **Grafton**. Wit: John **Harris** and John **Lathim**.

28 Aug 1771, Dr. Patrick **Vance**, of Pennsylvania to John **Boyd**, chemist, of Baltimore Co., Maryland, £32.9, negro woman Geary. Signed Patrick **Vance**. Wit: Patrick **Kennedy** and Owen **Allen**.

3 Sep 1771, Robert **Lusby**, planter, of Baltimore Co., Maryland to Col. Thomas **White**, gentleman, of Philadelphia, Pennsylvania, £8.2, negro woman Grace, age 50 years, negro wench Nan, age 23 years, negro man London, age 25 years, negro boy Samuel, age 11 years, negro child Able, age 2 years, negro girl Abigail, age 11 years, negro girl Hagar, age 11 years, negro girl Perine, age 9 years, and negro girl Hannah, age 5 years. Signed Robert **Lusby**. Wit: John Beale **Howard**.

26 Aug 1771, Rachel **Thorpe**, of Baltimore Co., Maryland to her cousin Thomas & Rachel **Chinoworth**, for love and affection, negro lad James, age 16 years. Signed Rachel **Thorpe**. Wit: John Beale **Howard**.

6 Mar 1771, Aquila **Duley**, of Baltimore Co., Maryland to James **Holmes**, of same, £45.75, livestock. Signed Aquila **Duley**. Wit: Theaphillis **Baker** and William **Baker**.

20 Sep 1771, John **Moale** to Ann **Lewis**, (widow of John **Lewis**), chattel goods. Signed John **Moale**. Wit: William **Locke**.

2 Nov 1771, Robert **Bell**, farmer, of Baltimore Co., Maryland to Thomas **Street** Jr., of same, £12, livestock. Signed Robert **Bell**. Wit: John **Crow** and William **Hill**.

4 Nov 1771, Roger **Randall**, planter, of Baltimore Co., Maryland to Stephen **West**, merchant, of Prince Georges Co., Maryland, £40, crops. Signed Roger **Randall**. Wit: William **Ottey**.

5 Nov 1771, John **Forwood**, of Baltimore Co., Maryland freedom to Sarah and her son Ralph on 7 Aug 1783. Signed John **Forwood**. Wit: Andrew **Buchanan** and William **Cockey**.

7 Nov 1771, Mary **Banneker**, widow, of Baltimore Co., Maryland freedom to Thomas. Signed Mary (x) **Banneker**. Wit: Andrew **Buchanan** and Peter **Teves**.

29 Oct 1771, Thomas **McBride**, ditcher, of Baltimore Co., Maryland to John **Rogers**, merchant, of same, £31.5, chattel goods. Signed Thomas **McBride**. Wit: Amos **Garrett**.

3 Jan 1772, Thomas **Rutter**, of Baltimore Co., Maryland to George **Wells**, of same, £80, negroes: Nat and Dick, paid off mortgage. Signed Thomas **Rutter**.1 Wit: Joshua **Hall** and John **Moale**.

15 Feb 1772, William **Bosley**, planter, of Baltimore Co., Maryland to John Robert **Holliday**, gentleman, of same, £133.35, negro woman Dianna, negro boy Jim, negro girl Hagar and negro boy Samuel. Signed William **Bosley**. Wit: Daniel **Chamier** and William **McBiggs**.

15 Feb 1772, John **Lathem**, merchant, of Baltimore Co., Maryland to Samuel **Hudson** and James **Stewart**, £70, livestock. Signed John

Lathem. Wit: Francis Curtis and William Killgore.

Daniel Whitacre, farmer, of Baltimore Co., Maryland to Isaac Umble, joiner, of same, £26.5, livestock. Signed Daniel Whitacre. Wit: Francis Maybury and Richard Krocsen.

10 Mar 1772, Aquila Johns, of Baltimore Co., Maryland to John Bond, of same, £125 and 549 pounds of tobacco, negro woman Phebe, negro girl Sall, negro boy Ben and negro boy Hamlet and chattel goods. Signed Aquila Johns. Wit: Richard Clark and Thomas Long.

10 Mar 1772, John Green, of Baltimore Co., Maryland to James Kennedy, of same, £20, livestock. Signed John Green. Wit: Thomas Kennedy and Mary Bay.

4 Apr 1772, Roebuck Lynch, of Baltimore Co., Maryland to Nathaniel Smith, merchant, of same, £40, negro man Harry. Signed for my father Roebuck Lynch, Patrick Lynch. Wit: Armstrong Buchanan and William Butler.

11 Jan 1772, Alexander Frazer, of Baltimore Co., Maryland power of attorney to Benjamin Rogers, of same. Signed Alexander Frazer. Wit: John Addison and Smith and Charles Rogers.

24 Mar 1772, William Gill, of Baltimore Co., Maryland to his brother Stephen Gill, (son of John), of same, £0.25, negro man James, negro boy Ralf and livestock. Signed William Gill. Wit: Samuel Worthington and Mary Worthington.

11 Jul 1771, received of Capt. Thomas Bracton £10 on account of Thomas Martin. Signed Graham.

18 May 1772, Richard Graham, gentleman, of Baltimore Co., Maryland to Mordecai Gist, merchant, of same, £92.65, livestock. Signed Richard Graham. Wit: Thomas Muir and John Boges.

16 Jun 1772, Thomas Smith, of Baltimore Co., Maryland to John

Willmott, £12, livestock purchased of John **Cowman**. Signed Thomas (x) **Smith**. Wit: John (x) **Bartley**.

19 Jun 1772, Casandra **Bond** and Elizabeth **Bond**, (widow of William) to Nicholas **Hutchins** Jr., £66, mulatto girl Cate. Signed Casandra **Bond** and Elizabeth **Bond**. Wit: Elizabeth **Sligh** and Thomas **Bond**.

19 Jun 1772, Elizabeth **Bond**, (widow of William) to Casandra **Bond**, £65, one negro girl Nell and negro child Rose. Singed Elizabeth **Bond**. Wit: Elizabeth **Sligh** and Thomas **Bond**.

25 Jul 1772, Sarah **Bailey**, widow, of Baltimore Co., Maryland to her son John **Bailey**, of same, for love and affection, estate. Signed Sarah (x) **Bailey**. Wit: Elijah **Bailey**, John Nusom **Bailey** and Mary **Bailey**.

1 Aug 1772, Thomas **Usher**, merchant, of Baltimore Co., Maryland to John **Henry**, gentleman, of same, £80, negro slave Dick. Signed Thomas **Usher**. Wit: Thomas **Jones** and William **Harris**.

29 Jul 1772, John **Smith** to Aquila **Rose**, £20, livestock. Signed John (x) **Smith**. Wit: John **Nelson**.

29 Jul 1772, John **Wilson**, of Baltimore Co., Maryland freedom to Nan, age 16 years 1 Nov last. Signed John **Wilson**. Wit: Greggs **Faris** and William **Ras**.

10 Sep 1772, Charles **Throughman**, of Baltimore Co., Maryland to William **Morgan**, of same, £8.3, livestock. Signed Charles (x) **Throughman**.

3 Sep 1772, Jean **Butler**, widow, of Baltimore Co., Maryland to William & Bethiah **Watson**, for love and affection, chattel goods. Signed Jean (x) **Butler**. Wit: Thomas **Bond**, Nathan (x) **Johnson** and John **Stevenson** Jr.

17 Sep 1772, David **Maxwell**, of Baltimore Co., Maryland to William **Montgomery**, £36.3, chattel goods. Signed David **Maxwell**.

Wit: John **Montgomery**.

29 Jul 1768, Peter **Paris**, of Philadelphia, Pennsylvania to Magdaline **Tripolet**, (widow of Abraham **Tripolet**), of Baltimore Co., Maryland, £250, lot in the town of Baltimore. Signed Peter **Paris**. Wit: William **Spencer** and **Wersler**.

14 Mar 1772, Robert and Nathan **Hide**, merchants, of Manchester, Lancaster Co., Great Britain power of attorney to William **Wild**, of same. Signed Robert **Hide** and Nathan **Hide**. Wit: Robert **Wilson** and Hans **Nicholson**.

25 Sep 1772, Spencer **Legoe** to John **Boyd**, of Baltimore Co., Maryland, negro girl Nell, age 4 years and negro boy, age 6 years. Signed Spencer **Legoe**. Wit: John **Roberts** and William **Scott**.

8 Oct 1772, James **Riddle**, innholder, of Baltimore Co., Maryland to Robert **Moore**, cabinet maker, of same, £25, chattel goods. Signed James **Riddle**. Wit: Owen **Allen**.

12 Oct 1772, Anthony **Corby**, of Baltimore Co., Maryland to Nicholas **Britton**, of same, £39, livestock. Signed Anthony (x) **Corby**. Wit: James **Hall** and Jonathan (x) **Tipton**.

21 Oct 1772, Amos **Garrett**, gentleman and Robert & Elizabeth **Lusby**, planter, of Baltimore Co., Maryland to Benjamin **Rumsey**, of same, £0.25, negro woman Nan, age 24 years, negro Sam, age 12 years and negro girl Abigail, age 10 years. Signed Amos **Garrett** and Robert **Lusby**. Wit: John Beale **Howard** and Robert **Bishop**.

31 Oct 1772, Elisha **Thatcher**, of Boston, New England to Mark **Alexander**, of Baltimore Co., Maryland, £300, the ship Nancy. Signed Elisha **Thatcher**. Wit: John **Moale** and Isaac **Alexander**.

23 Nov 1772, Isaac **Few**, of Baltimore Co., Maryland to Thomas **Bond**, £60, negro girl Phebe. Signed Isaac **Few**. Wit: Robert **Bryarley**.

22 Nov 1772, William **Barney** Sr., of Baltimore Co., Maryland to

John **Barney**, of same, £25, livestock. Signed William **Barney**. Wit: Nathan **Bond** and William **Bond**.

16 Nov 1772, Francis **Wood**, planter, of Baltimore Co., Maryland to John **Hood**, £42.8, crops. Signed Francis **Wood**. Wit: John **Hood**, son of James.

23 Nov 1772, John **France**, farmer, of Baltimore Co., Maryland to George **Myers**, £18.1, chattel goods. Signed John (x) **France**. Wit: R. **Richards**.

19 Sep 1772, Jacob **Giles**, of Baltimore Co., Maryland to his son Jacob **Giles** Jr., of same, £250, ship Chatham. Signed Jacob **Giles**. Wit: William **Smith** and William **Cox**.

6 Jun 1772, William **Gorrill**, of Baltimore Co., Maryland to Jacob **Giles**, of same, £38.35, livestock. Signed William **Gorrill**. Wit: Abraham **Gorrill** and William **Cox**.

3 Oct 1772, Charles **Wells**, of Baltimore Co., Maryland to Leakin **Dorsey**, planter, of same, £22, negroes: Jue, Dinah and Rachel. Signed Charles **Wells**. Wit: Andrew **Buchanan** and William **Cockey**.

16 Jan 1773, Charles **Orrick**, of Anne Arundell Co., Maryland to Nicholas **Orrick**, debt of John **Marimas**, two negro men, Korah and Peater, two negro women, Suck and Beck, three negro boys, Cato, David and Korah, three negro girls, Price, Hannah and Flora and livestock. Signed Charles **Orrick**. Wit: Charles **Ridgely**.

18 Feb 1773, Received £135.2, of Robert **Megay**, administrator of Alice **Lester**, for Norris and William **Lester**. Signed Richard **Webster**. Wit: Samuel **Brookhouse**.

10 Feb 1773, Received £67.6, from Robert **Megay**, for my wife's share of her mothers estate, (Alice **Lester**). Signed Richard **Webster**. Wit: Samuel **Brookhouse**.

10 Feb 1773, Received £67.6, from Robert **Megay**, for my wife's share of her mothers estate, (Alice **Lester**). Signed William **How**.

Wit: Edward **Garrettson**.

18 Feb 1773, received £50.25, from mother's estate. Signed Mary **Lester**. Wit: Nathaniel **Smith**.

15 Feb 1773, Stephen **Hair**, farmer, of Baltimore Co., Maryland to Conrad **Crisbom**, £12, livestock. Signed Stephen (x) **Hair**. Wit: R. **Richards** and Thomas **Gist** Jr.

1764, reporting stray livestock: Joshua **Hardesty**, John **Touchstone**, Daniel **Reese**, Joseph **Goodwin**, Isaac **Myers**, James **Lowry**, Adam **Shipley**, William **Scott**, Richard **Shipley**, Stephen **Hargest**, Nicholas **Britton**, John **Jones**, Daniel **Faulway**, John **Wells**, Charles **Dorsey**, Mondecai **Amos**, John **Baker**, Peter **Gosnell**, William **Gosnell**, Richard **Ireland** Jr., John **Griner**, Richard **Hill**, John **Hallon**, Abel **Wyley**, William **Andrews**, Thomas **Grundy**, Nicholas **Orrick**, John **Maddox**, Robert **Chapman**, William **Nathanleft**, Isaac **Richards**, John **Little**, William **Seabrook**, Joseph **Heske**, Henry **King**.

1765, reporting of stray livestock: William **Ambrose**, Benjamin **Goodwin**, Benjamin **Deaver**, Enoch **Bailey**, Warnell **Gornell**, John **Lowe**, Benjamin **Ford**, Bious **Paine**, Samuel **Smith**, Abraham **Walker**, Thomas **Johnson**, Robert **Burridge**, Robert **Tevis**, Richard **King**, Joshua **Amos**, Robert **Collister**, Thomas **McCool**, John **Young**, James **Hill**, Jacob **Bull**, Andrew **Armstrong**, John **Giles**, Henry **Thomas**, John **Parish** Sr., Samuel **Webb**, Cumgo **Haile**, Robert **West**, Samuel **Litton**, Thomas **Franklin**, Micajah **Greenfield**, Philip **Clark**, Jonathan **Edy**, Henry **Warnell**, William **Cross**, Richard **Cross**, John **Warner**.

1766, reporting of stray livestock: Mordecai **Ford**, Samuel **Smithfield**, John **Clark**, Conrad **Suink**, Aquila **Durham**, John **James**, William **Twain**, Charles **Babbington**, Greenbury **Dorsey** Jr., George Goldsmith **Presbury**, William **Parish** Jr., Edward **Talbot**, Philip **Burk**, Michael **Webster**, Lettice **Raven**, Joseph **Morgan** Jr., Roger **Randall**, Thomas **Renshaw**, Benjamin **Gooding**, William **Bell**, Charles **Baker** Sr., Francis **Wells**, James **Wiser**, Michael **Wolfer**.

1767, reporting of stray livestock: John **Garrett**, Charles **Orrick**, Charles **Hissey**, John **Owings**, James **Johnson**, Thomas **Norris**, son of Benjamin, William **Gissop**, Basil **Lucas**, John **Prunts**, John **Paca**, Richard **Miller**, Jacob **Rolls**, Joseph **Stapleton**, Richard **Cooley**, Christopher **Cole**, John **Parish**, William **Andrews**, Thomas **Jacks**, John **Hall**, son of Joshua, John **Gardner**, son of James, William **Jessup**, William **Robinson**, William **McLane**, James **Scott**, Hugh **Brierly**, John **Cummings**, Edward **Norris**, Sarah **Johnson**, John Hammond **Dorsey**, John **Gosnell**, John **Brisk**, Edward **Teale**, Mayberry **Helm** Sr., Emanuel **Teal**, Andrew **White**, Edmund **Neale**, Nathan **Brothers**, Thomas **Brothers**, Daniel **Thompson**, William Robinson **Presbury**.

1768, reporting of stray livestock: Charles **Ridgely** Jr., Henry **Gassaway**, Samuel **Webb**, James **Watson**, Thomas **Lingan**, Abraham **Walker**, William **Horton**, John **Pitts**, Conjice **Gash**, John **Penn**, John Addison **Smith**, John **Nash**, Elizabeth **Smith**, John **Mahon**, John **Mattox**, Isaac **Daws**, Shadwick **Murray**, James **Kimbull**, John **Mainer**, Benjamin **Bowen** Jr., James **Kennedy**, Joseph **Woolsey**, Philip **Grover**, Edmond **Talbot**, Mary **Cook**, John **Wood**, John **Roberts**, Joseph **Glune**, Alexander **McMasters**, Edward **Tropp**, Nathaniel **Davis**, Mary **Bannaker**, John **Conaway**, William **Parish**, John **Parish** Sr., Robert **Jordan**, Lawrence **Hammond**, Benjamin **Powel**, Robert **Gordan**, Jacob **Wildman**.

1769, reporting of stray livestock: John **Seddin**, Peter **Brunts**, George **Risteau**, Daniel **Kieth**, William **Murphey**, Nicholas **Dorsey**, Benjamin **Miller**, Joseph **Beavers**, Daniel **Bowen**, Arthur **Inghram**, William **Andrews**, John **Smith**, John **Baker**, Warnel **Gosling**, William **Frosh**, Thomas **Ashew**, Patrick **Crayton**, Thomas **Stwins**, John **Hah**, Thomas **Gouldsmith**, Joseph **Cromwell**, George **Goldsmith**, Aquila **Clark**, George **Bramwell**, James **Giles**, William **Adey**, John **Gosnell**, Edward **Hudson**, John **Lynch**, Christopher **Randall**, William **Andrews**, Peter **Bennett**, William **Darnhill**.

1770, reporting of stray livestock: Edward **Ramsey**, David **Gorsuch**, John **Hilms**, William **Williams**, John **Stillwell**, John **Davis**, Francis **Hays**, Adam **McClung**, Edward **Preston**, John **Haile**, Ann **Sligh**, Emanuel **Teal**, Thomas **Brothers**, Lancelot **Dorsey**, Joshua **Brown**,

Benjamin **Bayles**, Robert **Cook**, William **Murphy**, Patrick **Roberts**, James **Majors**, William **Reading**, David **Parks**, Richard **Shipley**, Edward **Day**, John **Stansbury**, P. **Chapman**, David **Mummy**, Samuel **Lane** Jr., Bennitt **Hurst**, Daniel **McComas**, William **Foard**, Thomas **Turner**, Ginger **Moore**, Lodowick **Rater**, Luke **While**, John **Howard**, Thomas **Mayberry**, Abraham **Brittain**, William **Gill**, John **Bindal**, Aquila **Carr**.

1771, reporting of stray livestock: John **Logan**, Jacob **Hook**, John **Hilton**, Aquilla **Randall**, Simon **Pines**, Philip **Wiley**, Thomas **Kitely**, Edward **Preston**, Charles **Stewart**, John **Haile**, John **Wilson**, John **Bond** Jr., Nancy **Graham**, John **Bryley**, Frederick **Kenchart**, Aquila **Standford**, Thomas **Hatton**, John **Moale**, George **Wheeler**, Michael **Gladman**, John **Osborn**, James **Smith**, Thomas **Witting**, Robert **Willmott**, Absolum **Bowen**, Jacob **Dean**, John **Burmham** Jr., James **Wagen**, Peater **Carlile**, Elijah **Bailey**, Henry **James**, Thomas **Jacks**, John **Botts**, Oliver **Cromwell**, Charles **Pierpoint**, Greenbury **Wilson**, Samuel **Palmer**, Simon **Thatford**, Charles **Baker**, Charles **Baker** Jr., Melas **Love**, Henry **Warrell**, Richard **Acton**, George **Teal**, John **Cain**, Joseph **Shall**, Samuel **Norwood**, George **Barns**, Thomas **Chamberlain**.

1772, reporting of stray livestock: John **Young**, William **Otty**, Robert **Sollerman**, Catharine **Hall**, Thomas **Gest**, John **Fredzek**, John **Rutlidge**, Joseph **Beavens**, Samuel **McCray**, George **English**, Charles **Stewart**, Charles **Wells**, Henry **Hessey**, Robert **Wir**, Thomas **Oram**, Benjamin **Eagleston**, Peter **Fouble**, John **Hicks**, Rowland **Spencer**, John **Griffith**, Robert **Crawford**, Jacob **Bond**, Edward **Balboty**, John **Gorsuch**, Philip **Porter**, Thomas **Rogers**, William **Murphy**, Joseph **Ward**, Nathan **Dorsey**, Josias **Green**, Samuel **Beal**, Charles **Lewis**, William **Culliun**, Thomas **Morris** Jr., Richard **Acton**, Charles **Smith**, William **Heuth**, William **Jessop**, Joseph **Norris**, son of Edward, Frederick **Daker**, John **Gardiner**, John **Thaker**, William **Kitely**, William **McKnight**, John **Peddicoat**, William **Reily**, Darby **Burk**, Stephen **Hail**, James **Richardson**, Johnze **Sellman**.

Chapter 7
Baltimore Co., Maryland
Deed Records
Liber B. No. L.
1763

23 Sep 1754, Benjamin **Hooker**, of Baltimore Co., Maryland assignment of lease to William **Bell**, of same, £4.35, 75 acres. Signed Benjamin (x) **Hooker**. Wit: Nicholas Ruxton **Gay** and Watkins (x) **James**.

20 May 1756, Edward **Lloyd**, agent leases to William **Bell**, 50 acres... fork of Gunpowder River. Signed Edward **Lloyd** and William **Bell**. Wit: Nicholas Ruxton **Gay**.

1, Jan 1763, Thomas **Stoxdale**, of Baltimore Co., Maryland to John **Reister**, of same, £20, 80 acres of 83 acres...head of Gwin Falls ...patented by William **Rogers**. Signed Thomas (x) **Stoxdale**. Wit: William **Aisquith** and Edward **Lamb**.

24 Dec 1762, Stead **Lowe**, gentleman, of Anne Arundel Co., Maryland to Daniel **Carroll** and Alexander Andrew **Symmer**, of Prince Georges Co., Maryland, £126.95, 1000 acres...Bynam Run. Signed Stead **Lowe**. Wit: William **Hepburn** and Samuel **Hepburn**.

30 Nov 1762, Roger **Brooke**, planter, of Calvert Co., Maryland leases to Henry **Fennigan**, of Baltimore Co., Maryland, 150 acres. Signed Roger **Brooke** and Henry **Fennigan**. Wit: Thomas **Evans** and Charles **Flanagan**.

31 Dec 1762, Henry & Susannah **Jones**, (said Susannah formerly Susannah **Heyly**, spinster and late widow of James **Dobbins**, mariner, of London), gentleman, of St. Mary Woolchurch to Robert **Adair**, merchant, of Baltimore Co., Maryland, £200, lots #59 and 60 in the town of Baltimore. Signed Henry **Jones** and Susannah **Jones**. Wit: Richard **Lane** and William **Johnson**.

29 Dec 1762, Brian **Philpot**, merchant, of Baltimore Co., Maryland leases to Henry **Arandorf**, of same, lot #53 in the town of Baltimore. Signed Brian **Philpot** and Henry **Arandorf**. Wit: Nicholas Ruxton **Gay** and William **Aisquith**.

3 Jan 1763, Richard & French **Moale**, of Baltimore Co., Maryland to John **Merryman** Jr., of same, £20, one fourth part lot #13 in the town of Baltimore. Signed Richard **Moale**. Wit: Nicholas Ruxton **Gay** and William **Aisquith**.

29 Dec 1762, Brian **Philpot**, merchant, of Baltimore Co., Maryland leases to John Christopher **Bear**, of same, lot #54 in the town of Baltimore. Signed Brian **Philpot** and John Christopher **Bear**. Wit: Nicholas Ruxton **Gay** and William **Aisquith**.

30 Dec 1762, Brian **Philpot**, merchant, of Baltimore Co., Maryland leases to Thomas **Day**, blacksmith, of same, lot #189 in the town of Baltimore. Signed Brian **Philpot** and Thomas **Day**. Wit: Nicholas Ruxton **Gay** and William **Aisquith**.

8 Dec 1762, Brian **Philpot**, merchant, of Baltimore Co., Maryland leases to Martin **Murphy**, of same, lot in the town of Baltimore. Signed Brian **Philpot** and Martin **Murphy**. Wit: Nicholas Ruxton **Gay** and William **Aisquith**.

9 Dec 1762, Brian **Philpot**, merchant, of Baltimore Co., Maryland leases to Michael **Shriak**, vump maker, of same, lot #206 in the town of Baltimore. Signed Brian **Philpot** and Michael **Shriak**. Wit: Nicholas Ruxton **Gay** and William **Aisquith**.

22 Oct 1762, Brian **Philpot**, merchant, of Baltimore Co., Maryland leases to James **Ventris**, painter, of same, lot #187 in the town of

Baltimore. Signed Brian **Philpot** and James **Ventris**. Wit: Nicholas Ruxton **Gay** and William **Aisquith**.

16 Jan 1763, James **Richards**, gentleman, formerly of Rochel, France, now of Baltimore Co., Maryland leases to James **Bower**, gentleman, of Baltimore Co., Maryland, can not assign to felon convict Mathias **Nichols**. Signed James **Richards** and James **Bower**. Wit: Nathaniel **Orrick** and Francis (x) **Brothers**.

27 Jan 1763, Jacob **Leafe**, brick maker, of Baltimore Co., Maryland leases to William **Lovely**, baker, of same, lot #113 in the town of Baltimore. Signed Jacob **Leafe**. Wit: Nicholas Ruxton **Gay** and William **Aisquith**.

10 Jan 1763, James **Heath**, (son and heir of James Paul **Heath**, formerly of Cecil Co., Maryland), gentleman, of Baltimore Co., Maryland to James **Russell**, Walter **Ensor**, John **Ensor**, John **Buchanan** and Alexander **Lawson**, Nottingham Iron Works, of same, £0.25, good deed on 1000 acres...near falls of Gunpowder River...said James Paul sold to James **Johnson**. Signed James **Heath**. Wit: E. **Andrews** and Beale **Bordley**.

11 Jan 1763, John & Hannah **Hall**, of Baltimore Co., Maryland to Corbin **Lee**, of same, £10, 0.25 acres...south side of Joppa Town. Signed John **Hall**, Hannah **Hall** and Corbin **Lee**. Wit: E. **Andrews** and John **Hall**.

8 Feb 1763, Edward **Fell**, gentleman, of Baltimore Co., Maryland leases to John **Brown**, merchant, of same, lots #7, #8 and #9 in the town of Baltimore. Signed Edward **Fell** and John **Brown**. Wit: James **Steret** and William **Aisquith**.

31 Jan 1763, Edward **Fell**, gentleman, of Baltimore Co., Maryland leases to Edward **Wallis**, shipwright, of same, 1 acres. Signed Edward **Fell** and Edward **Wallis**. Wit: John **Moale** and William **Aisquith**.

28 Dec 1762, Brian **Philpot**, merchant, of Baltimore Co., Maryland leases to John **Neal**, of same, lot #199 in the town of Baltimore. Signed Brian **Philpot** and John (x) **Neal**. Wit: Nicholas Ruxton **Gay**

and William **Aisquith**.

15 Feb 1763, Andrew & Mary **Stigar**, of Baltimore Co., Maryland to Peter **Earepp**, of same, £10, one half of 63 acres. Signed Andrew **Stigar**. Wit: Nicholas Ruxton **Gay**.

27 Dec 1762, Brian **Philpot**, of Baltimore Co., Maryland leases to Robert **Eade**, of same, one half of lots #212 and #213 in the town of Baltimore. Signed Brian **Philpot** and Robert **Eade**. Wit: Nicholas Ruxton **Gay** and William **Aisquith**.

31 Dec 1762, Brian **Philpot**, of Baltimore Co., Maryland leases to Asher **Williams**, of same, one half of lots #212 and 213 in the town of Baltimore. Signed Brian **Philpot** and Asher **Williams**.

1 Mar 1763, Adam **Shack**, of Baltimore Co., Maryland to Andrew **Stigar** and Samuel **Owings**, of same, £150, 368 acres. Signed Adam **Shack**. Wit: Nicholas Ruxton **Gay**.

25 Sep 1762, Charles **Ridgeley** Sr., merchant, of Baltimore Co., Maryland to John **Ridgeley**, merchant and Charles **Ridgeley** Jr., gentleman, of same, £0.25, one third of 2500 acres. Signed Charles **Ridgeley**, John **Ridgeley** and Charles **Ridgeley** Jr. Wit: Nicholas Ruxton **Gay** and Thomas **Franklin**.

1 Dec 1762, William & Elizabeth **Watson**, planter, of Baltimore Co., Maryland to Samuel **Manner**, farmer, of same, £29, 50 acres...head of the main falls of the Patapsco River...patented by Thomas **Mathews**. Signed William (x) **Watson**. Wit: Thomas **Franklin** and Roger **Boyce**.

11 Oct 1762, Col. John & Hannah **Hall**, of Baltimore Co., Maryland leases to John **McFaddin**, of same, lot in Joppa Town. Signed John **Hall** and Hannah **Hall**. Wit: John **Mathews** and John **Hall**.

21 Feb 1763, Mordecai & Rachel **Price**, planter, of Baltimore Co., Maryland to Thomas **Mathews**, of same, £0.5, 100 acres. Signed Mordecai **Price**. Wit: John **Willmott** and Thomas **Franklin**.

19 Feb 1763, Richard & Elinor **Croxall**, merchant, of Baltimore Co., Maryland to Nathan **Bower**, planter, of same, £25, 145 acres. Signed Richard **Croxall**. Wit: Clement **Brook**.

21 Mar 1763, Evan & Hannah **Evans**, farmer, of Baltimore Co., Maryland to John Hammond **Dorsey**, of same, £55, 100 acres...between Winters Run and Deer creek. Signed Evan **Evans**. Wit: Thomas **Franklin** and William **Young**.

21 Mar 1763, John & Rebecca **Mayjors**, (said Rebecca is the daughter and heir of John **Polland**), of Baltimore Co., Maryland to Moses **Ruth**, of same, £75, 300 acres...purchased of said Moses. Signed John **Mayjors** and Rebecca (x) **Mayjors**. Wit: William **Young** and Aquila **Johns**.

25 Feb 1763, Edward **Thorp** release of mortgage to William **Oldham**. Signed Edward **Thorp**. Wit: William **Perins** and Edward **Talbot**.

25 Feb 1763, Robert **West**, planter, of Baltimore Co., Maryland to Col. John **Hall**, gentleman, of same, £40. Signed Robert **West**. Wit: Edward **Hall** and Samuel **Periman**.

31 Oct 1762, Nicholas & Ruth **Haile**, planter, of Baltimore Co., Maryland to Isaac **Risteau**, planter, of same, £250, patented by John **Thorabrough**, who sold to Nicholas **Haile**, who devised to his son the said Nicholas. Signed Nicholas **Haile** and Isaac **Risteau**. Wit: Nicholas Ruxton **Gay** and William **Lyon**.

9 Oct 1762, Mordecai **Price** and Samuel **Price**, (sons and heirs of Benjamin **Price**), planters, of Baltimore Co., Maryland assignment of lease to Mordecai **Ford**, of same, £15, 65 acres. Signed Mordecai **Price** and Samuel **Price**. Wit: William **Smith** and James **Everett**.

12 Mar 1763, Aberilla **Boring**, widow, of Baltimore Co., Maryland to Nicholas **Britton**, of same, £130, 355 acres...adjoining Col. **Ridgeley**, Thomas **Stansbury**, Walter **Dulany** and Robert **Willmott**. Signed Aberilla **Boring**. Wit: William **Aisquith**.

26 Mar 1763, Francis & Mary **Thornbury**, (son and heir of Rowland **Thornbury** Jr.), planter, of Baltimore Co., Maryland to Thomas **Cockey**, gentleman, of same, £10, 220 acres. Signed Francis (x) **Thornbury**. Wit: William **Aisquith** and Jenifer **Taylor**.

18 Mar 1763, John **Green** Sr., of Baltimore Co., Maryland to Isaac **Green**, of same, £40, 80 acres. Signed John (x) **Green**. Wit: Ruth **Franklin** and Thomas **Franklin**.

31 Mar 1763, William & Mary **Moore**, miller, of Baltimore Co., Maryland to Benjamin **Griffith**, of same, £370, lot #4 in the town of Baltimore. Signed William **Moore**. Wit: Nicholas Ruxton **Gay**.

11 Mar 1763, Mason **Wheeler**, of Baltimore Co., Maryland to James **Brian**, of same, £55, 50 acres. Signed Mason (x) **Wheeler**. Wit: Nicholas Ruxton **Gay**.

12 Apr 1763, Isaac **Risteau**, (son of John **Risteau** and brother and heir of Talbot **Risteau**), of Baltimore Co., Maryland to David **McCullock**, merchant, of same, £150, 200 acres...little falls of Gunpowder River. Signed Isaac **Risteau**. Wit: Nicholas Ruxton **Gay** and William **Aisquith**.

28 Mar 1763, Charles **Carroll**, of Annapolis, Anne Arundel Co., Maryland to John **Robinson**, merchant, of Baltimore Co., Maryland, £136.5, 26 acres in the town of Baltimore. Signed Charles **Carroll**. Wit: Henry **Carroll** and John **Reresby**.

25 Mar 1763, James **Taylor**, (son and heir of Lawrence **Taylor** and brother of Abraham **Taylor**), of Baltimore Co., Maryland to Andrew **Lendrum**, 9 acres...boundary agreement. Signed James **Taylor** and Andrew **Lendrum**. Wit: John **Hall** and James **Spavold**.

30 Mar 1763, Daniel & Elizabeth **Adleman**, farmer, of Baltimore Co., Maryland to John **Kittinger**, carpenter, of same, £86, 150 acres...Georges Run. Signed Daniel **Adleman**. Wit: Christopher **Vaughan** and Samuel **Owings**.

30 Mar 1763, Philip & Lurania **Baker**, weaver, of Baltimore Co.,

Maryland to Avarilla **Boring**, spinster, of same, £113, 178 acres. Signed Philip **Baker**. Wit: R. **Richards** and Christopher **Vaughan**.

18 Apr 1763, Patrick **Irons**, yeoman, of Baltimore Co., Maryland to Richard **Richards**, of same, £0.25, 2 acres...north fork of Patapsco Falls. Signed Patrick (x) **Irons**. Wit: John **Merryman** Jr. and Gist **Vaughan**.

27 Dec 1762, Brian **Philpot**, merchant, of Baltimore Co., Maryland leases to James **Bondfield**, of same, lot #202 in the town of Baltimore. Signed Brian **Philpot** and James **Bondfield**. Wit: Nicholas Ruxton **Gay** and William **Aisquith**.

11 Apr 1763, Jacob & Elizabeth **Thrash**, farmer, of Baltimore Co., Maryland to Austin **Frogg**, yeoman, of same, £7, 16 acres...western fork of Patapsco Falls. Signed Jacob (x) **Thrash**. Wit: R. **Richards** and Dieter **Hawk**.

5 May 1763, David & Catharine **Idleman**, of Baltimore Co., Maryland to George **Myers**, of same, £140, 150 acres...drafts of the great falls of Gunpowder River. Signed David **Idleman**. Wit: Nicholas Ruxton **Gay** and William **Aisquith**.

16 Apr 1763, Abell **Brown**, of Baltimore Co., Maryland to his son David **Brown**, of same, for love and affection, 300 acres. Signed Abell **Brown**. Wit: Nicholas Ruxton **Gay** and William **Aisquith**.

16 Apr 1763, Abell **Brown** Sr., of Baltimore Co., Maryland to his son Abell **Brown** Jr., of same, for love and affection, 300 acres. Signed Abell **Brown**. Wit: Nicholas Ruxton **Gay** and William **Aisquith**.

16 Apr 1763, Abell **Brown**, of Baltimore Co., Maryland to his son Jacob **Brown**, of same, for love and affection, 150 acres. Signed Abell **Brown**. Wit: Nicholas Ruxton **Gay** and William **Aisquith**.

16 Apr 1763, Abell **Brown**, of Baltimore Co., Maryland to his son John **Brown**, of same, for love and affection, 200 acres. Signed Abell **Brown**. Wit: Nicholas Ruxton **Gay** and William **Aisquith**.

23 Apr 1763, Edward **Digges**, William **Digges** and Henry **Digges**, gentlemen to Richard **McCollister**, planter, of Baltimore Co., Maryland, £241, 241 acres. Signed Edward **Digges**, William **Digges** and Henry **Digges**. Wit: J. **Hepburn**, Benjamin **Hanson** and Thomas **Franklin**.

13 Apr 1763, Isaac **Webster**, of Baltimore Co., Maryland to Patrick **Murray**, of same, 2,000 pounds of tobacco, 50 acres. Signed Isaac **Webster**. Wit: John **Hall** and Carvil **Hall**.

14 May 1763, William **Ashew**, of Baltimore Co., Maryland leases to Daniel **Chamier**, of same, lots #100 and #101 in the town of Baltimore. Signed William **Ashew** and Daniel **Chamier**. Wit: Nicholas Ruxton **Gay** and William **Aisquith**.

23 Nov 1762, Charles **Bailey**, of Baltimore Co., Maryland assignment of lease to Joseph **Thomas**, of same, £85, 61 acres. Signed Charles **Bailey**. Wit: William **Smith** and James **Everett**.

13 May 1763, William & Hannah **Herment**, of Baltimore Co., Maryland to Joseph **Morgan** Sr., farmer, of same, £36, 88 acres...north side of Deer creek. Signed William (x) **Herment**. Wit: John **Hall** Jr. and James **Mathews**.

9 May 1763, William & Elinor **Roberts**, farmer, of Baltimore Co., Maryland to Isaac **Dehaven**, farmer, of Pennsylvania, £220, 275 acres...forks of Beaver Dam Run...line of Henry **Neff**. Signed William **Roberts**. Wit: Nicholas Ruxton **Gay** and William **Aisquith**.

4 May 1763, Thomas **Harrison**, merchant, of Baltimore Co., Maryland leases to John **Shrim**, of same, lot #107 in the town of Baltimore. Signed Thomas **Harrison** and Johannes **Schum**. Wit: Nicholas Ruxton **Gay** and William **Aisquith**.

23 Feb 1763, deposition of Rev. Andrew **Lendrum**, of St. George Parish...

10 Dec 1762, deposition of Thomas **Franklin**, age 58 years...

13 Apr 1761, deposition of William **Green**, age 70 years...deposition of Mathew **Hawkins**, age 75 years...deposition of John **Price**, age 70 years...deposition of Joseph **Murray**, (**Merrryman**), age 45 years... Thomas **Roberts** said his father John Christian **Roberts**...deposition of Joseph **Gorsuch**, of Frederick Co., Maryland, age 35 years...

22 Nov 1762, deposition of Henry **Green**, (son of William **Green**), age 31 years...deposition of Samuel **Merryman**, age 40 years...

4 Mar 1763, deposition of John **Jackson**, age 53 years...deposition of John **Garrettson**, age 56 years...

20 May 1763, John & Belinda **Little**, planter, of Baltimore Co., Maryland to Thomas **Stevens**, planter, of same, £60, 65 acres. Signed John **Littel**. Wit: Thomas **Franklin** and Thomas **Talbot**.

28 May 1763, Samuel & Jenne **Merryman**, of Baltimore Co., Maryland to Thomas **Stansbury** Jr., of same, £28, 56 acres... north side of a branch of the great falls of Gunpowder River. Signed Samuel **Merryman**. Wit: William **Aisquith**.

8 Jun 1763, Daniel **Askleman** Jr., yeoman, of Lancaster Co., Pennsylvania to Jacob **Erb**, yeoman, of same, £184, 100 acres of 290 acres... patented, 10 Aug 1732, by Daniel **Askleman** Sr....81 acres ...patented, 13 Jul 1730, by Jacob **Herrington**. Signed Daniel **Askleman**. Wit: Samuel **Harris** and William **Cox**.

18 Apr 1763, Thomas **Amoss**, of Baltimore Co., Maryland assignment of lease to Nicholas Day **Amoss**, of same, £40, 196 acres. Signed Thomas **Amoss**. Wit: William **Smith** and James **Everett**.

18 Apr 1763, Thomas **Amoss**, of Baltimore Co., Maryland assignment of lease to James **Amoss**, of same, £40, 196 acres. Signed Thomas **Amoss**. Wit: William **Smith** and James **Everett**.

21 May 1763, Jonathan & Elinor **West**, farmer, of Baltimore Co., Maryland to Robert **Simm**, merchant, of same and Robert **Ewing**, of York Co. Pennsylvania, £145, 152 acres. Signed Jonathan (x) **West**. Wit: John **Hall** and Rebecca **Mathews**.

9 Apr 1763, Moses & Sarah **Barney**, of Baltimore Co., Maryland to Thomas **Rutter**, of same, £110, 100 acres. Signed Moses **Barney**. Wit: Nicholas Ruxton **Gay** and William **Aisquith**.

14 May 1763, Christopher **Carnan**, of Baltimore Co., Maryland leases to William **Askew**, of same, lot #31 in the town of Baltimore. Signed Christopher **Carnan** and William **Askew**. Wit: Nicholas Ruxton **Gay** and William **Aisquith**.

30 Dec 1762, Brian **Philpot**, merchant, of Baltimore Co., Maryland leases to Darby **Drisher**, of same, lot #201 in the town of Baltimore. Signed Brian **Philpot** and Darby (x) **Drisher**. Wit: Nicholas Ruxton **Gay** and William **Aisquith**.

31 May 1763, Edward & Anne **Fell**, (son of William **Fell**), of Baltimore Co., Maryland to Richard **Fowler**, of same, £50, 100 acres and 16 acres. Signed Edward **Fell**. Wit: Nicholas Ruxton **Gay** and John **Bond**.

19 May 1763, William & Sarah **Mitchell**, of Baltimore Co., Maryland to Michael **Taylor**, of same, £150, 100 acres...branches of Swan creek... line of John **Caven**. Signed William **Mitchell**. Wit: John **Hall** Jr. and James **Taylor**.

16 May 1763, Wendall **Bright**, of Baltimore Co., Maryland leases to John **Read**, of same, lot #110 in the town of Baltimore. Signed Wendall **Bright** and John **Read**. Wit: Nicholas Ruxton **Gay** and William **Aisquith**.

21 Mar 1763, John **Struthers**, farmer, of Pennsylvania assignment of lease to Robert **Patterson**, of Baltimore Co., Maryland, £23, 113 acres. Signed John **Struthers**. Wit: William **Smith**.

27 Dec 1762, Brian **Philpot**, of Baltimore Co., Maryland leases to William **Askew**, of same, lots #203, #204 and #205 in the town of Baltimore. Signed Brian **Philpot** and William **Askew**. Wit: Nicholas Ruxton **Gay** and William **Aisquith**.

9 Jun 1763, John **Oram**, planter, of Baltimore Co., Maryland to

Enoch **Bailey** and James **Calder**, planters, of same, £50, 225 acres. Signed John **Orum**. Wit: Samuel **Owings** and R. **Richards**.

4 Jun 1763, Thomas **Harrison**, merchant, of Baltimore Co., Maryland leases to William **Lyon**, Nicholas Ruxton **Gay**, John **Moale** and Andrew **Buchanan**, of same, lot #71 in the town of Baltimore. Signed Thomas **Harrison**, William **Lyon**, Nicholas Ruxton **Gay**, John **Moale** and Andrew **Buchanan**. Wit: Benjamin **Rogers** and William **Aisquith**.

1 Jan 1763, John **Harts**, shopkeeper, of Baltimore Co., Maryland leases to William **Davis**, of same, lot #76 in the town of Baltimore. Signed John **Harts** and William **Davis**. Wit: Nicholas Ruxton **Gay** and William **Aisquith**.

27 Dec 1762, Brian **Philpot**, merchant, of Baltimore Co., Maryland leases to William **Davis**, saddler, of same, lot #207 in the town of Baltimore. Signed Brian **Philpot** and William **Davis**. Wit: Nicholas Ruxton **Gay** and William **Aisquith**.

9 Jun 1763, John **Love**, of Baltimore Co., Maryland to Walter **Billingsley**, planter, of same, £12, 15 acres. Signed John **Love**. Wit: Thomas **Johnson** Jr. and Mordecai **Amos**.

9 Jun 1763, Walter **Billingsley**, planter, of Baltimore Co., Maryland to John **Love**, planter, of same, 5.25 acres. Signed Walter **Billingsley**. Wit: Thomas **Johnson** Jr. and Mordecai **Amos**.

27 Apr 1763, Thomas & Ann **Johnson**, planter, of Baltimore Co., Maryland to William **Crooks**, of Bucks Co., Pennsylvania, £215.6, 200 acres... Broad creek. Signed Thomas **Johnson**. Wit: Daniel **Henley** and John **Smith**.

3 May 1763, Godfrey & Elizabeth **Lourery**, farmer, of Baltimore Co., Maryland to William **Winchester**, farmer, of same, £15, 25 acres. Signed Godfrey **Lourery**. Wit: William **Aisquith** and Thomas (x) **Carter**.

7 Jun 1763, Richard **Hooker**, planter, of Baltimore Co., Maryland

to Jonathan **Griffith**, planter, of same, £5.2, 84 acres. Signed Richard **Hooker**. Wit: Samuel **Owings** and Alexander **Wells**.

9 Apr 1763, John **Willmott**, planter, of Baltimore Co., Maryland to Thomas **Steins**, of same, £8, 23 acres. Signed John **Willmott**. Wit: Benjamin **Rogers** and William **Aisquith**.

10 Mar 1763, Morris & Mary **Collins**, farmer, of Baltimore Co., Maryland leases to Robert **Stevenson**, 10 acres...line of James **Smith**. Signed Robert **Stevenson** and Morris (x) **Collins**. Wit: James **Armstrong** and James **Smith**.

25 May 1763, Mary **Settlemore**, (widow of Sebastian **Settlemore**), of Baltimore Co., Maryland to Conrad **Conrade**, of same, £40, lot #29 in the town of Baltimore. Signed Mary (x) **Settlemore**. Wit: Nicholas Ruxton **Gay** and R. **Richards**.

11 Jun 1763, Daniel **Chamier**, merchant, of Baltimore Co., Maryland leases to Peter **Sitzing**, mason, of same, lot #113 in the town of Baltimore. Signed Daniel **Chamier** and Peter **Sitzing**. Wit: Nicholas Ruxton **Gay** and Benjamin **Rogers**.

15 Jun 1763, Thomas **Goldsmith**, tailor, of Baltimore Co., Maryland leases to George **Levely**, of same, lot #114 in the town of Baltimore. Signed Thomas **Goldsmith** and George **Levely**. Wit: William **Aisquith** and Bale **Owings**.

18 Jun 1763, Edward **Mattingly**, of St. Marys Co., Maryland to Henry **Green** and Benjamin **Green**, of Baltimore Co., Maryland, £325, 122 acres, 56 acres and 603 acres...purchased of Thomas **Bond**. Signed Edward **Mattingly**. Wit: William **Webb** and Robert **Dunn**.

3 Jun 1763, Nehemiah **Hicks** and his son William **Hecks**, of Baltimore Co., Maryland to William **Bond**, of same, £25, 100 acres. Signed Nehemiah (x) **Hicks** and William **Hicks**. Wit: Samuel **Owings** and Thomas **Franklin**.

7 Mar 1763, William **Moore**, of Baltimore Co., Maryland assignment of lease to Joseph **Elliott**, John **Burgess** and Hugh **Burgess**, of same,

£400, 20 acres...Jones Falls. Signed William **Moore**, Joseph **Elliott**, John **Burgess** and Hugh **Burgess**. Wit: Nicholas Ruxton **Gay**.

9 Mar 1763, Joseph **Elliott**, of Baltimore Co., Maryland to John **Burgess** and Hugh **Burgess**, of same, £750, 9.5 acres of 20 acres. Signed Joseph **Elliott**. Wit: Joseph **Ensor** and Thomas **Elliott**.

23 Jun 1763, Thomas & Ann **Sligh**, of Baltimore Co., Maryland to Melchior **Keener**, of same, £11.25, 1 acre. Signed Thomas **Sligh**. Wit: Nicholas Ruxton **Gay**.

16 Jun 1763, Charles **Ridgeley**, merchant, of Baltimore Co., Maryland to Arthur **Chenwith**, blacksmith, of same, £30, 50 acres... north side of Patapsco River. Signed Charles **Ridgeley**. Wit: Benjamin **Rogers**.

15 Jan 1763, Christopher **Carnan**, of Baltimore Co., Maryland leases to Darby **Henley**, of same, lot #31 in the town of Baltimore. Signed Christopher **Carnan** and Darby **Henley**. Wit: Nicholas Ruxton **Gay** and William **Aisquith**.

15 Jan 1763, Christopher **Carnan**, of Baltimore Co., Maryland leases to Robert **Manly**, of same, lot #31 in the town of Baltimore. Signed Christopher **Carnan** and Robert **Manly**. Wit: Nicholas Ruxton **Gay** and William **Aisquith**.

8 Jun 1763, Thomas & Elizabeth **Amos**, of Baltimore Co., Maryland to Robert **Adair**, merchant, of same, £105, 85 acres of 400 acres...patented by William **Amos**, father of said Thomas...79 acres...fork of Winters Run. Signed Thomas **Amos**. Wit: Thomas **Sligh** and William **Dixon**.

13 Jul 1763, Michael & Mary **Taylor**, of Baltimore Co., Maryland to James **Taylor**, of same, £75, 100 acres...branches of Swan creek...purchased of William **Mitchell**. Signed Michael **Taylor**. Wit: John **Hall** and John **Hall** Jr.

30 Jun 1763, William & Clare **Young**, of Baltimore Co., Maryland to George **Young**, minor, of same, £10, 52 acres...fork of

Gunpowder River... purchased of Sutton **Sicklemore**. Signed William **Young**. Wit: Walter **Tolley** and William **Smith**.

2 Jul 1763, Edward **Lewis**, planter, of Baltimore Co., Maryland to Edward **Smith**, planter, of same, £15, 14 acres...Gwin Falls... patented by William **Miller**. Signed Edward **Lewis**. Wit: Nicholas Ruxton **Gay**.

2 Jul 1763, William & Mary **Miller**, carpenter, of Baltimore Co., Maryland to Edward **Smith**, planter, of same, £60, 78 acres...Gwin Falls. Signed William (x) **Miller**. Wit: Nicholas Ruxton **Gay**.

8 Jun 1763, Daniel **Askleman** Jr., of Lancaster Co., Pennsylvania to John **Bare**, yeoman, of same, £184, 290 acres...patented by William **Smith**...81 acres...patented by Jacob **Herrington**. Signed Daniel **Askleman**. Wit: Samuel **Harris** and William **Cox**.

19 Jul 1763, Thomas **Harrison**, merchant, of Baltimore Co., Maryland leases to Melchior **Keener**, innholder, of same, lot #115 in the town of Baltimore. Signed Thomas **Harrison** and Melchior **Keener**. Wit: Nicholas Ruxton **Gay** and William **Aisquith**.

16 May 1763, Wendall **Bright**, of Baltimore Co., Maryland leases to John **Red**, of same, lot #110 in the town of Baltimore. Signed Wendall **Bright** and John **Red**. Wit: Nicholas Ruxton **Gay** and William **Aisquith**.

8 Jun 1763, Daniel **Askleman** Jr., yeoman, of Lancaster Co., Pennsylvania to Henry **Bare**, yeoman, of same, £184, 290 acres...east side of Susquehanna River...patented by William **Smith**...81 acres... east side of Susquehanna River...patented by Jacob **Herrington**. Signed Daniel **Askleman**. Wit: Samuel **Harris** and William **Cox**.

18 Jul 1763, William **Smith**, merchant, of Baltimore Co., Maryland to James **Steret**, of same, £0.25, his share of lot #63 in the town of Baltimore. Signed William **Smith** and James **Steret**. Wit: Nicholas Ruxton **Gay** and Benjamin **Rogers**.

25 Apr 1763, William & Elizabeth **Stansbury**, (son and heir of

Daniel **Stansbury**), planter, of Baltimore Co., Maryland to his brother Richard **Stansbury**, of same, £0.25, 100 acres...north side of Patapsco River. Signed William **Stansbury**. Wit: Nicholas Ruxton **Gay**.

25 Apr 1763, William & Elizabeth **Stansbury**, (son and heir of Daniel **Stansbury**), planter, of Baltimore Co., Maryland to his brother Daniel **Stansbury**, of same, £0.25, 80 acres...west side of Bush River. Signed William **Stansbury**. Wit: Nicholas Ruxton **Gay**.

13 Jun 1763, Edward **Fell**, of Baltimore Co., Maryland to Daniel **Thorn**, of Long Island, New York, £50, 5 acres...near Baltimore. Signed Edward **Fell**. Wit: William **Aisquith** and Jenifer **Taylor**.

13 Jun 1763, Edward **Fell**, of Baltimore Co., Maryland to John **Bond**, of same, £150, lots #17, #18, #59 and #60. Signed Edward **Fell**. Wit: William **Aisquith** and Jenifer **Taylor**.

9 Mar 1763, Joseph **Elliott**, John **Burgess** and Hugh **Burgess**, of Baltimore Co., Maryland to William **Moore**, John **Moore** and John **Bond**, of same, £750, 9.5 acres of 20 acres...leases of Edward **Fell**. Signed Joseph **Elliott**, John **Burgess** and Hugh **Burgess**. Wit: Brian **Philpot** and Joseph **Ensor**.

2 Jul 1763, Daniel & Hannah **Lane**, of Baltimore Co., Maryland to Daniel Sulivan **Osborn**, of same, £30, 50 acres. Signed Daniel (x) **Lane**. Wit: William **Bond** and R. **Richards**.

8 Aug 1763, Barnabas & Elizabeth **Hughs**, merchant, of Baltimore Co., Maryland and William **Baxter**, iron master, formerly of same, but now of Cecil Co., Maryland to Andrew **Stigar**, butcher, of Baltimore Co., Maryland, £300, 11 acres...line of John **Moale**...Thomas **Sligh** sold to Joseph **Cary**, who sold to said Barnabas and William. Signed Barnabas **Hughs** and William **Baxter**. Wit: Nicholas Ruxton **Gay** and William **Aisquith**.

16 Jun 1763, Charles **Ridgeley**, of Baltimore Co., Maryland to Dr. Charles **Carroll**, son of Charles, of Annapolis, Anne Arundel Co., Maryland, good deed...line of John **Parish** and William **Hamilton**.

Signed Charles **Ridgeley**. Wit: Nicholas Ruxton **Gay** and Benjamin **Rogers**.

5 Apr 1763, John & Sarah **Balch**, planter, of Baltimore Co., Maryland to Frederick **Ashmore**, white smith, of same, £40 and £15 paid by Samuel **Webb**, of same, near Deer creek. Signed John **Balch**. Wit: Ashberry **Cord** and John **Hall**.

20 Aug 1763, John **Mercer**, of Baltimore Co., Maryland leases to Samuel **Owings** Jr., of same, lot #47 in the town of Baltimore. Signed John **Mercer** and Samuel **Owings** Jr. Wit: Nicholas Ruxton **Gay** and William **Smith**.

30 Jun 1763, Peter **Whittacre**, of Baltimore Co., Maryland to Abraham **Whittacre**, of same, £80, 160 acres. Signed Peter (x) **Whittacre**. Wit: Thomas **Franklin** and William **Smith**.

12 Jul 1763, Daniel **Chamier**, merchant, of Baltimore Co., Maryland to Dr. Alexander **Stenhouse**, of same, £50, lot #21 in the town of Baltimore. Signed Daniel **Chamier**. Wit: Nicholas Ruxton **Gay** and William **Aisquith**.

23 May 1763, James **Maddin**, of Baltimore Co., Maryland assignment of lease to Evan **Evans**, of same, £55, 86 acres. Signed James **Maddin**. Wit: William **Smith** and James **Everett**.

18 Jun 1763, Christopher & Mary **Sewell**, of Baltimore Co., Maryland to Richard **Willmott**, of same, £20, 40 acres...north side of Patapsco River. Signed Christopher (x) **Sewell**. Wit: Samuel **Owings** and R. **Richards**.

10 Aug 1763, John & Rachel **Denton** Sr. (son and heir of William **Denton**) and John **Denton** Jr., planters, of Baltimore Co., Maryland to William **Andrews**, of same, $100.00 and 120 pounds of tobacco. Signed John **Denton** and John **Denton**. Wit: John **Parks** and William (x) **Jarman**.

17 May 1763, Thomas **Tipton**, (son and heir of Jonathan **Tipton**) and Thomas **Sheredine** Jr., of Baltimore Co., Maryland to Thomas

Cockey, of same, £10.75, 50 acres and 100 acres. Signed Thomas Tipton and Thomas Sheredine. Wit: John Daughday and Abraham Britton.

31 Aug 1763, John & Hannah Hall, of Baltimore Co., Maryland to Edward Day, of same, £10, 0,25 acre...between Gunpowder River and Joppa Town. Signed John Hall and Hannah Hall. Wit: John Mathews and John Hall.

30 Apr 1763, James Richards, gentleman, of Baltimore Co., Maryland to Thomas Cockey, planter, of same, £33.75, 27 acres ...north side of the west fork of Rock Stone Run. Signed James Richards. Wit: James Bondfield and N. Bowen.

31 Aug 1763, Robert & Sarah Kimble, Samuel Kimble and James Kimble, (sons and heirs of Arland Kimble), of Baltimore Co., Maryland to Aquila Hall, of same, £210, 86 acres. Signed Robert Kimble, Samuel Kimble and James Kimble. Wit: John Hall and John Mathews.

17 Sep 1763, Bezaleel and Elijah Owings, (sons and heirs of Henry Owings and his widow Helen Owings), of Baltimore Co., Maryland to Arthur Chenwith, blacksmith, of same, £138, 150 acres...north side of the main falls of Patapsco River. Signed Bezaleel Owings and Elijah Owings. Wit: William (x) Kelley.

20 Jul 1763, Melchior & Margaret Keener, innholder, of Baltimore Co., Maryland to Phillip Creafe, of same, £20, lot #19 in the town of Baltimore. Signed Melchior Keener. Wit: Nicholas Ruxton Gay and Benjamin Rogers.

31 Aug 1763, John & Hannah Hall, of Baltimore Co., Maryland to John Hammond Dorsey, of same, £10, 0.25 acres...between Gunpowder River and Joppa Town. Signed John Hall and Hannah Hall. Wit: John Mathews and John Hall.

30 Jun 1763, Zackeus Baret Onion, iron master, of Baltimore Co., Maryland to William Young, merchant, of same, £20. Signed Zackeus Baret Onion. Wit: William Smith and Walter Tolley.

7 Sep 1763, Isaac **Right**, of Baltimore Co., Maryland to Isaac **Mires**, of York Co., Pennsylvania, £112, 118 acres. Signed Isaac (x) **Right**. Wit: R. **Richards** and William **Brown**.

13 Sep 1763, William **Brown**, of Baltimore Co., Maryland to Isaac **Mires**, of York Co., Pennsylvania, £2, 3.25 acres. Signed William **Brown**. Wit: R. **Richards** and Isaac (x) **Right**.

1 Oct 1763, Isaac **Right**, of Baltimore Co., Maryland to Henry **Rees**, of same, £25, 24 acres, 160 acres and 61 acres. Signed Isaac (x) **Right**. Wit: R. **Richards** and Thomas **McQueen**.

1 Oct 1763, Isaac **Right**, of Baltimore Co., Maryland to Thomas **McQueen**, of same, £12, 115 acres. Signed Isaac (x) **Right**. Wit: R. **Richards** and William **Brown**.

1 Oct 1763, Isaac **Right**, of Baltimore Co., Maryland to Melchior **Rees**, of same, £1.5, 14 acres. Signed Isaac (x) **Right**. Wit: R. **Richards** and William **Brown**.

1 Oct 1763, Isaac **Right**, of Baltimore Co., Maryland to Robert **Story**, of same, £3.55, 34 acres. Signed Isaac (x) **Right**. Wit: R. **Richards** and Thomas **McQueen**.

7 Sep 1763, Isaac **Right**, of Baltimore Co., Maryland to William **Brown**, of same, £1, 30 acres. Signed Isaac (x) **Right**. Wit: R. **Richards** and Henry (x) **Baker**.

1 Oct 1763, Isaac **Right**, of Baltimore Co., Maryland to Adam **Rees**, of same, £6, 62 acres. Signed Isaac (x) **Right**. Wit: R. **Richards** and Thomas **McQueen**.

1 Oct 1763, Isaac **Right**, of Baltimore Co., Maryland to John **Brown**, of same, £11, 104 acres. Signed Isaac (x) **Right**. Wit: R. **Richards** and Christopher **Vaugh**.

24 Sep 1763, William **Bond**, planter, of Baltimore Co., Maryland to Josiah **Dyer**, farmer, of Bucks Co., Pennsylvania, £200, 304 acres... Allens Run...line of Joshua **Bond**. Signed William **Bond**. Wit: Vachel

Worthington, Luke **Raven** and John **Worthington**.

13 Apr 1763, Mary **Holms**, (widow of Peter **Holms**, daughter and heir of Mary **Woodward** and sister of William **Woodward**), of Newington Butts, Surry Co., England to William **Jones**, carpenter, of Baltimore Co., Maryland, £100, her share of 300 acres...patented by Henry **Jowles**, of St. Marys Co., Maryland, who devised to his sister Elizabeth **Gin** and Mary **Woodward**. Signed Mary **Holms**. Wit: David **Lewis**, Mathew **Spencer** and Richard **Carr**.

12 Apr 1763, Joseph **Ensor**, of Baltimore Co., Maryland to John **Ensor** Jr., of same, £319.1, several tracts. Signed Joseph **Ensor**. Wit: Nicholas Ruxton **Gay** and William **Aisquith**.

11 Aug 1763, James **Phillips**, gentleman, of Baltimore Co., Maryland leases to Thomas **Frisby**, of same, 142 acres...Waltertons creek. Signed James **Phillips** and Thomas **Frisby**, by **Henderson**.

19 Jul 1763, Thomas **Harrison**, merchant, of Baltimore Co., Maryland leases to Dr. John **Sayre** and James **Halso**, of same and Samuel **Purviance** Jr., of Philadelphia, Pennsylvania, lot #55 in the town of Baltimore. Signed Thomas **Harrison**, John **Sayre**, James **Helso** and Samuel **Purviance** Jr. Wit: Nicholas Ruxton **Gay** and William **Aisquith**.

23 Sep 1763, William & Mary **Hawkins**, (son and heir of Robert **Hawkins**), of Baltimore Co., Maryland to his brother Robert **Hawkins**, of same, £82, called Margaret's Mount...south side of Deer creek. Signed William **Hawkins**. Wit: James **Mathews** and John **Hall**.

27 Aug 1763, Sarah **Bailey**, (widow of George **Bailey** and daughter of Hector **McClain**), of Baltimore Co., Maryland to Elijah **Bailey** and Samuel **Bailey**, of same, £10, 80 acres. Signed Sarah (x) **Bailey**. Wit: Nicholas Ruxton **Gay** and William **Aisquith**.

20 Oct 1763, Thomas & Martha **Asken**, of Baltimore Co., Maryland to Nathan **Chapman**, of same, £110, 132 acres. Signed Thomas **Asken**. Wit: R. **Richards** and John **Griffith**.

6 Oct 1763, John **Mercer**, of Baltimore Co., Maryland leases to William **Aisquith**, of same, lot #47 in the town of Baltimore. Signed John **Mercer** and William **Aisquith**. Wit: Nicholas Ruxton **Gay** and Benjamin **Rogers**.

13 Oct 1763, John **Mercer**, of Baltimore Co., Maryland leases to William **Smith**, of same, lot #47 in the town of Baltimore. Signed John **Mercer** and William **Smith**. Wit: Nicholas Ruxton **Gay** and Benjamin **Rogers**.

28 Oct 1763, Edward **Morgan**, of Baltimore Co., Maryland assignment of lease to Silas **Billingsley**, of same, £20, 50 acres. Signed Edward **Morgan**. Wit: Samuel **Owings** and Thomas **Franklin**.

6 Oct 1763, John **Mercer**, of Baltimore Co., Maryland leases to Jonathan **Plowman**, of same, lot #47 in the town of Baltimore. Signed John **Mercer** and Jonathan **Plowman**. Wit: Nicholas Ruxton **Gay** and William **Aisquith**.

24 Aug 1763, John **Mercer**, of Baltimore Co., Maryland leases to Benjamin **Howard**, of same, lot #47 in the town of Baltimore. Signed John **Mercer** and Benjamin **Howard**. Wit: Nicholas Ruxton **Gay** and William **Aisquith**.

18 Jul 1763, Jacob & Sarah **Leafe**, of Baltimore Co., Maryland to Jonathan **Plowman**, of same, £26.25, lot in the town of Baltimore..corner to lot #52. Signed Jacob **Leafe**. Wit: Nicholas Ruxton **Gay** and Benjamin **Rogers**.

4 Jan 1763, deposition of Adam **Burchfield**, age 80 years... deposition of Mary **Burchfield**, wife of Adam, age 78 years... deposition of Guy **Little**, age 44 years...deposition of Archibald **Johnson**, age 46 years...deposition of Adam **Burchfield** Jr., age 30 years...deposition of John **Garrettson**, age 51 years...deposition of James **Moore** Jr., age 44 years...deposition of Capt. John **Hall**, age 43 years...

11 Oct 1763, Aquila & Sarah **Nelson**, planter, of Baltimore Co., Maryland to James **Whitaker**, planter, of same, £125, 130

acres...purchased of James **Carroll**. Signed Aquila **Nelson**. Wit: John **Hall** Jr. and James **Mathews**.

3 Jun 1763, Walter **Bosley**, planter, of Baltimore Co., Maryland to his father John **Bosley**, for love and affection, 50 acres. Signed Walter **Bosley**. Wit: Samuel **Owings** and Thomas **Franklin**.

29 Aug 1763, Valentine & Mary **Larsh**, Conrad & Margaret **Smith** and Jacob & Elizabeth **Keepaut**, of Baltimore Co., Maryland to the elders of the Dutch reformed Church, of same, £18, lots #151 and #152 in the town of Baltimore. Signed Valentine **Larsh**, Conrad **Smith** and Jacob **Keepaut**. Wit: Nicholas Ruxton **Gay** and Benjamin **Rogers**.

29 Aug 1763, Alexander **Smith**, of Baltimore Co., Maryland assignment of lease to Joseph **Lewis**, of same, 100 acres...north branch of Gunpowder River...from John **Brook**, of Calvert Co., Maryland. Signed Alexander (x) **Smith**. Wit: Thomas **Franklin** and Henry (x) **Quiton**.

25 May 1763, John **Brook**, gentleman, of Calvert Co., Maryland leases to Alexander **Smith**, of Baltimore Co., Maryland, 100 acres... little falls of Gunpowder River. Signed John **Brook** and Alexander (x) **Smith**. Wit: James **Wums** and William **Allnuth**.

17 May 1763, Charles **Carroll**, (son and heir of Dr. Charles **Carroll**), of Annapolis, Anne Arundel Co., Maryland leases to Charles **Ridgeley**, of Baltimore Co., Maryland, line of John **Breish**. Signed Charles **Carroll**. Wit: R. **Croxall** and Clem **Brooke**.

28 Sep 1763, Ann **Burck**, (widow of Christopher **Randall**), of Baltimore Co., Maryland to Roger **Boyce**, of same, £2.5, 33.3 acres. Signed Ann **Bush**. Wit: Nicholas Ruxton **Gay** and William **Aisquith**.

17 Oct 1763, Nicholas Low **Darnall**, of Baltimore Co., Maryland leases to William **Eade**, of same, 50 acres...fork of Gunpowder River. Signed Nicholas Low **Darnall** and William **Eade**. Wit: Nicholas Ruxton **Gay**.

4 Mar 1763, Colen **Dunlop** and Robert **Christie**, merchants, of Glasgow, Scotland), of Maryland power of attorney to James **Christie** Jr., of Baltimore Co., Maryland, to collect monies from Isaac & Elizabeth **Risteau**. Signed Colen **Dunlop** and Robert **Christie**. Wit: Thomas **Graham** and Archibald **McAdam**.

2 May 1763, James **Christie**, merchant, late, of Baltimore Co., Maryland, but now of London, England power of attorney to James **Christie** Jr., merchant, of Baltimore Co., Maryland, to sell two tracts, 160 acres...sold by William **Smith** to Thomas **Tredway**. Signed James **Christie**. Wit: James **McKenzie**, John **McLawrin** and John **Cockey**.

13 Apr 1763, Mary **Holms**, (widow of Peter **Holms**, daughter and heir of Mary **Woodward** and sister of William **Woodward**), of Newington Butts, Surry Co., England to William **Bradford**, carpenter, of Baltimore Co., Maryland, £92, her share of 391 acres...patented by Henry **Jowles**, of St. Marys Co., Maryland, who devised to his sister Elizabeth **Gin** and Mary **Woodward**. Signed Mary **Holms**. Wit: David **Lewis**, Mathew **Spencer** and Richard **Carr**.

29 Dec 1763, Richard **Richards**, of Baltimore Co., Maryland to William **Merryman**, of same, £10, 75 acres. Signed Richard **Richards**. Wit: John **Sappington**.

Chapter 8
Baltimore Co., Maryland
Deed Records
Liber B. No. M.
1763-1764

3 Sep 1763, John **Mercer**, of Baltimore Co., Maryland leases to Philip **Henderson**, of same, lot #47 in the town of Baltimore. Signed John **Mercer** and Philip **Henderson**. Wit: Nicholas Ruxton **Gay** and Walter **Tolley**.

9 Jul 1754, William **Winchester**, yeoman, of Baltimore Co., Maryland to Bennett **Hooker** Jr., of York Co., Pennsylvania, £80, 150 acres. Signed William **Winchester**. Wit: Fredrick **Tramborg** and Edward (x) **Tramborg**.

17 Oct 1763, William **Pontany**, of Baltimore Co., Maryland to John **Ridgely**, of same, £40, 100 acres. Signed William **Pontany**. Wit: William **Goodwin** and Samuel **Bailey**.

6 Jun 1763, Capt. John **Stinchcomb**, of Baltimore Co., Maryland to David **Rowles**, planter, of same, £15, 41 acres and 4 acres. Signed John **Stinchcomb**. Wit: Nicholas Ruxton **Gay** and William **Aisquith**.

25 Oct 1762, Thomas **Johnson**, of Baltimore Co., Maryland leases to Paul **Adams**, of same, 50 acres...Garrison Ridge. Signed Thomas **Johnson** and Paul (x) **Adams**. Wit: Nicholas Ruxton **Gay** and William **Lyon**.

3 Sep 1763, John **Mercer**, of Baltimore Co., Maryland leases to John **Merryman** Jr., of same, lot #47 in the town of Baltimore. Signed John **Mercer** and John **Merryman** Jr. Wit: Nicholas Ruxton **Gay** and Walter **Tolley**.

26 Oct 1763, John **Cockey**, (son and heir of William **Cockey**), of Baltimore Co., Maryland to Joshua **Cockey**, of same, £80, one negro woman Nan and two negro children Jane and Hannah. Signed John **Cockey**. Wit: William **Harvey** Jr.

1 Nov 1763, Jacob & Sarah **Leafe**, of Baltimore Co., Maryland to Conrod **Conrade**, of same, £70, 1 acre...purchased of Thomas **Sligh**. Signed Jacob **Leafe**. Wit: Nicholas Ruxton **Gay** and William **Aisquith**.

4 Aug 1763, John **Basey**, planter, of Baltimore Co., Maryland to Valentine **Larsh**, merchant, of same, £61.5, 100 acres...purchased of Brian **Philpot**. Signed John **Basey**. Wit: Robert **Alexander** and William **Buchanan**.

19 Nov 1763, Mary **Sittlemore**, of Baltimore Co., Maryland and Christopher **Sittlemore**, of Norfolk, Virginia to Nicholas **Maccubbin**, of Annapolis, Anne Arundel Co., Maryland, £200, lot #33 in the town of Baltimore. Signed Mary (x) **Sittlemore** and Christopher **Girthlemire**. Wit: Nicholas Ruxton **Gay** and William **Aisquith**.

12 Sep 1763, John **Demmitt**, of Baltimore Co., Maryland leases to Mathias **Cuirerman**, of same, 23 acres...near Baltimore. Signed John **Demmitt**. Wit: William **Aisquith**.

3 Sep 1763, John **Mercer**, of Baltimore Co., Maryland leases to John **Moale**, of same, lot #47 in the town of Baltimore. Signed John **Mercer** and John **Moale**. Wit: Nicholas Ruxton **Gay** and Walter **Tolley**.

1 Dec 1763, Walter **Billingsly**, planter, of Baltimore Co., Maryland to Thomas **Johnson**, planter, of same, 5 acres, (land exchange), 5 acres...Bynams Run. Signed Walter **Billingsly**. Wit: R. **Richards** and Barrett **Johnson**.

2 Nov 1763, Joshua **Bond**, of Baltimore Co., Maryland leases to Robert **Whiteford**, of same, called Bond's Gift. Signed Joshua **Bond** and Robert **Whiteford**. Wit: Clem **Green** and Abraham **Norris**.

19 Jul 1763, Thomas **Harrison**, merchant, of Baltimore Co., Maryland leases to John **Moale**, merchant, of same, lot #61 in the town of Baltimore. Signed Thomas **Harrison** and John **Moale**. Wit: Nicholas Ruxton **Gay** and William **Aisquith**.

28 Nov 1763, Edward **Pontany**, of Baltimore Co., Maryland to John **Sly** and Peter **Wolfe**, of same, £500, 21 acres...purchased of Philip **Jones**. Signed Edward **Pontany**. Wit: Brice **Howard** and John **Ridgely**.

20 Nov 1763, Edward **Fell**, gentleman, of Baltimore Co., Maryland leases to James **Morrison**, lot #35 in the town of Baltimore. Signed Edward **Fell** and James **Morrison**. Wit: Samuel **Bond** and Thomas **Bond**, son of John.

26 Sep 1763, Frederick & Bridahart **Ashmore**, of Baltimore Co., Maryland to John Jacob **Albert**, of same, £40, 40 acres...north side of Deer creek. Signed Frederick **Ashmore**. Wit: John **Hall** Jr. and Samuel **Perriman**.

31 Oct 1763, Hugh **Vogan**, of Baltimore Co., Maryland assignment of lease to John **Deal**, of same, £100, 12 acres. Signed Hugh **Vogan**. Wit: William **Smith** and Benjamin **Powell**.

28 Nov 1763, William **Daughty**, tailor, of Baltimore Co., Maryland to George **Daughty**, tailor, of same, £56, 68 acres. Signed William (x) **Daughty**. Wit: John **Hall** Jr. and Levin **Mathews**.

26 Nov 1763, John **Ridgely** and David **McCullock**, gentlemen, of Baltimore Co., Maryland to Edward **Pontany**, carpenter, of same, £500, 20 acres and water mill. Signed John **Ridgely** and David **McCullock**. Wit: Nicholas Ruxton **Gay** and William **Aisquith**.

1 Sep 1763, deposition of Elizabeth **Rogers**, age 65 years...walking with Urania **Shields**, wife of Henry **Shields**...deposition of Henry **Austin**, age 62 years...John **Thornbury**, son of Rowland **Thornbury** ...deposition of Jervis **Biddison**, age 48 years...deposition of Robert **Bergin**, age 44 years...deposition of John **Macconikin**, age 47 years...

5 Sep 1763, Andrew **Sheldon**, of Baltimore Co., Maryland to Barnett **Johnson**, of same, £1.5, 2 acres. Signed Andrew (x) **Sheldon**. Wit: Richard **Dixon**.

1 Dec 1763, Thomas **Johnson**, planter, of Baltimore Co., Maryland to Walter **Billingsly**, planter, of same, 5 acres, (land exchange), 5 acres. Signed Thomas **Johnson**. Wit: R. **Richards** and Barnett **Johnson**.

4 Nov 1763, Jacob & Rebecca **Richards**, late, of Baltimore Co., Maryland to William **Clause**, of same, £300, lot #82 in the town of Baltimore. Signed Jacob **Richards**. Wit: William **Aisquith**.

29 Nov 1763, Nathan **Bowen**, planter, of Baltimore Co., Maryland to Thomas **Jones**, merchant and Jacob **Colliday**, blacksmith, of same, £0.25, 25 acres. Signed Nathan **Bowen**. Wit: William **Aisquith** and Benjamin **Rogers**.

13 Nov 1763, Nathan & Mary **Bowen**, planter, of Baltimore Co., Maryland to Thomas **Jones**, merchant and Jacob **Colliday**, blacksmith, of same, £80, 25 acres. Signed Nathan **Bowen**. Wit: William **Aisquith** and Benjamin **Rogers**.

19 Nov 1763, Thomas **Ford**, of Baltimore Co., Maryland to William **Lux**, merchant, of same, £40, 86 acres...Georges Run. Signed Thomas **Ford**. Wit: Edward **Hanson**.

14 Jun 1763, Maybury & Ann **Helm**, of Baltimore Co., Maryland to his daughter Mary **McLening**, wife of John **McLening**, of same, £0.25, lot #165 in the town of Baltimore. Signed Maybury **Helm**. Wit: Nicholas Ruxton **Gay** and Benjamin **Rogers**.

20 Oct 1763, Brian **Philpot**, of Baltimore Co., Maryland leases to Peter **Hubbert**, of Dorchester Co., Maryland, lot #53 in the town of Baltimore. Signed Brian **Philpot** and Peter **Hubbert**. Wit: Nicholas Ruxton **Gay** and William **Aisquith**.

27 Oct 1763, Edward **Wonne**, of Baltimore Co., Maryland to William **Lux**, merchant, of same, £29.25, 90 acres. Signed Edward

Wonne. Wit: Edward **Hanson** and Benjamin **Rogers**.

30 Dec 1763, Nathan & Mary **Bowen**, planter, of Baltimore Co., Maryland to John **Fishpan**, planter, of same, £5, 7 acres. Signed Nathan **Bowen**. Wit: Benjamin **Rogers** and William **Aisquith**.

1 May 1762, Thomas **Ford**, of Baltimore Co., Maryland assignment of lease to Benjamin **Barney**, of same, £40, 86 acres. Signed Thomas **Ford**. Wit: William **Lux** and Charles **Walker**.

22 Jun 1762, deposition of Richard **Rhodes** Jr., age 48 years...deposition of Richard **Rhodes** Sr., age 79 years...deposition of John **Bond**, age 49 years...

14 Jun 1763, James & Rebecca **Yoe**, of Baltimore Co., Maryland to William **Yoe**, of same, £50, 100 acres...devised by Archibald **Rollo** to his daughter the said Rebecca. Signed James **Yoe** and Rebecca (x) **Yoe**. Wit: Thomas **Franklin** and William **Young**.

Jun 1763, William **Yoe**, of Baltimore Co., Maryland to James **Yoe**, of same, £20. Signed William (x) **Yoe**. Wit: Thomas **Franklin** and William **Young**.

16 Jun 1763, William **Yoe**, of Baltimore Co., Maryland to James **Yoe**, of same, £100, 100 acres...devised by Archibald **Rollo** to his daughter Rebecca **Yoe**. Signed William (x) **Yoe**. Wit: Thomas **Franklin** and William **Young**.

15 Jul 1763, George **Presbury**, planter, of Baltimore Co., Maryland leases to John **Cotterall**, planter, of same, 90 acres...west side of Gunpowder River. Signed George **Presbury** and John **Cotterall**. Wit: Clement **Lewis** and Robert (x) **Parker**.

Mar 1763, deposition of Aaron **Burham**, age 61 years...deposition of Richard **Wells** Sr., age 66 years...

5 Dec 1763, Thomas **Dick**, merchant, of Baltimore Co., Maryland leases to John **Smith**, William **Buchanan**, William **Smith**, James **Steret**, John **Stevenson**, William **Lyon** and Jonathan **Plowman**,

representatives of the Presbyterian Church, of same, lots #72 and #73 in the town of Baltimore. Signed Thomas **Dick**, John **Smith**, William **Buchanan**, William **Smith**, James **Steret**, John **Stevenson**, William **Lyon** and Jonathan **Plowman**. Wit: Nicholas Ruxton **Gay**.

20 Jun 1763, Dr. John **Stevenson**, of Baltimore Co., Maryland to Nicholas Ruxton **Gay**, of same, £450, lot #33 in the town of Baltimore. Signed John **Stevenson**. Wit: Benjamin **Rogers** and William **Aisquith**.

6 Sep 1763, deposition of Samuel **Harryman**, age 68 years... deposition of William **Shaw**, age 38 years...

29 Oct 1763, Henry Ward & Annastatia **Pearce**, gentleman, of Cecil Co., Maryland to Jacob **Giles**, merchant, of Baltimore Co., Maryland, £500, 275 acres...purchased of Henry **Ward**, grandfather of said Henry. Signed Henry Ward **Pearce**. Wit: Andrew **Pearce** and Sidney **George**.

24 Sep 1763, John **Mercer**, of Baltimore Co., Maryland leases to Mathias **Galman**, of same, lot #48 in the town of Baltimore. Signed John **Mercer** and Mathias **Galman**. Wit: Nicholas Ruxton **Gay** and William **Aisquith**.

8 Dec 1763, Conrod **Conrade**, of Baltimore Co., Maryland assignment of lease to William **Levely**, of same, one half of lot #113 in the town of Baltimore. Signed Conrod **Conrade**. Wit: Nicholas Ruxton **Gay** and William **Aisquith**.

19 Dec 1763, Michael **Taylor**, of Baltimore Co., Maryland mortgage to James **Taylor**, of same, £35.35, 40 acres. Signed Michael **Taylor**. Wit: Amos **Garrett** and John **Lusby**.

22 Dec 1763, Abraham **Vaughan**, of Baltimore Co., Maryland assignment of lease to James **Standford**, of same, £20, 48 acres. Signed Abraham **Vaughan**. Wit: William **Aisquith** and Benjamin **Rogers**.

26 Sep 1763, Thomas **Dick**, merchant, of Baltimore Co., Maryland

power of attorney to James **Dick**, merchant, of London, England. Signed Thomas **Dick**. Wit: Mordecai **Gist**.

5 Dec 1763, George & Barbara **Pickett**, of Baltimore Co., Maryland to Abraham **Ensor**, of same, £10, part of lot #39 in the town of Baltimore. Signed George **Pickett**. Wit: William **Aisquith**.

12 Dec 1763, Thomas & Ann **Sheredine** and John & Mary **Worthington**, planters, of Baltimore Co., Maryland to Nicholas **Merryman**, son of John, of same, good deed on 75 acres. Signed Thomas **Sheredine**, Ann **Sheredine**, John **Worthington** and Mary **Worthington**. Wit: Benjamin **Rogers** and William **Aisquith**.

20 Oct 1762, Benjamin **Tracey**, of Baltimore Co., Maryland to Abraham **Ensor**, of same, £10, 67 acres. Signed Benjamin **Tracey**. Wit: Nicholas Ruxton **Gay** and William **Lyon**.

28 Dec 1763, Conrod & Elizabeth **Conrade**, of Baltimore Co., Maryland mortgage to Charles **Ridgely** Jr., of same, £200, lot #29 in the town of Baltimore. Signed Conrod **Conrade**. Wit: Nicholas Ruxton **Gay** and William **Aisquith**.

16 Nov 1763, Daniel & Catharine **Barnett**, of Baltimore Co., Maryland to Jacob **Myers**, of same, £50, part of lot #47 in the town of Baltimore. Signed Daniel **Barnett**. Wit: Nicholas Ruxton **Gay** and William **Aisquith**.

12 Nov 1763, Daniel **Chamier**, merchant, of Baltimore Co., Maryland to Christian **Hanson**, of Frederick Co., Maryland, £15, lot #6 in the town of Baltimore. Signed Daniel **Chamier**. Wit: Nicholas Ruxton **Gay**.

24 Aug 1763, John **Brooke**, of Rattle creek, Calvert Co., Maryland leases to Underwood **Gayton**, planter, of Baltimore Co., Maryland, 100 acres...near the little falls of Gunpowder River. Signed John **Brooke** and Underwood (x) **Gayton**. Wit: William **Allnutt** and Samuel **Chase**.

31 Dec 1763, Dorsey & Sarah **Peddicoat**, planter, of Baltimore Co.,

Maryland to William **Watson**, planter, of same, £18, 54 acres...Piney Run. Signed Dorsey **Peddicoat**. Wit: William **Smith** and Thomas **Franklin**.

1 Dec 1763, Samuel **Bull**, planter, of Baltimore Co., Maryland mortgage to James **Christie**, merchant and John **Boyd**, of same, £60, 100 acres...leased to Samuel **Bull**, William **Bull** and Jacob **Bull** Jr. Signed Samuel **Bull**. Wit: Benjamin **Rogers** and William **Aisquith**.

8 Apr 1763, Dr. Alexander & Cordelia **Stenhouse**, (Cordelia is the widow of Charles **Christie**), of Baltimore Co., Maryland to Samuel **Young** and John **Boyd**, of same, £0.25, 1710 acres...as a legacy to said Cordelia and her children. Signed Alexander **Stenhouse** and Cordelia **Stenhouse**. Wit: Benjamin **Rogers** and John **Hall** Jr.

6 Mar 1760, Thomas **Elledge**, of Baltimore Co., Maryland assignment of lease to John **Green**, of same, £100. Signed Thomas **Elledge**. Wit: Nicholas Ruxton **Gay**.

11 Jan 1764, Andrew **Stigar**, of Baltimore Co., Maryland leases to William **Levely**, of same, lot in the town of Baltimore. Signed Andrew **Stigar** and William **Levely**. Wit: Nicholas Ruxton **Gay** and Benjamin **Rogers**.

26 Oct 1763, Thomas **White**, of Philadelphia, Pennsylvania leases to Henry **Cady**, of Baltimore Co., Maryland, 37 acres...Thomas Run... line of John **Paca**. Signed Thomas **White**. Wit: Sophia **Hall** and Samuel **Budd**.

18 Jan 1764, John & Ann **Hampton**, of Baltimore Co., Maryland to Thomas **Everest**, of same, £80, 50 acres. Signed John **Hampton**. Wit: John **Hall** and John **Antle**.

1 Sep 1763, Hannah **Giles**, of Baltimore Co., Maryland leases to John **McDow**, farmer, of same, 300 acres. Signed Hannah (x) **Giles** and John **McDow**. Wit: William **McComas** and Elizabeth **McComas**.

16 Jan 1764, John & Hannah **Hall**, of Baltimore Co., Maryland

leases to Samuel **Higginson**, of same, lot #15 in Joppa Town. Signed John **Hall** and Hannah **Hall**. Wit: Andrew **Lendrum** and William **Young**.

9 Jan 1764, Martin **Murphy**, of Baltimore Co., Maryland leases to Edward **How** and Samuel **How**, of same, lot #50 in the town of Baltimore. Signed Martin (x) **Murphy** and Edward **How**. Wit: Nicholas Ruxton **Gay** and William **Aisquith**.

17 Feb 1764, Thomas **Hooker**, of Baltimore Co., Maryland leases to Nicholas **Peace**, of same, 30 acres. Signed Thomas **Hooker** and Nicholas **Peace**. Wit: R. **Richards** and Christopher **Vaughan**.

17 Feb 1764, Thomas & Hannah **Hooker**, of Baltimore Co., Maryland to Peter **Snapth** Jr., of same, £7, 50 acres. Signed Thomas **Hooker**. Wit: R. **Richards**.

17 Feb 1764, Christopher **Vaughan**, yeoman, of Baltimore Co., Maryland to Thomas **Hooker**, planter, of same, £4, 20 acres. Signed Christopher **Vaughan**. Wit: R. **Richards** and John **Sappington**.

7 Feb 1764, Thomas & Hannah **Hooker**, of Baltimore Co., Maryland to John **Sappington**, of same, £10, 106 acres. Signed Thomas **Hooker**. Wit: R. **Richards** and William **Morrow**.

17 Feb 1764, Thomas & Hannah **Hooker**, of Baltimore Co., Maryland to Jacob **Algier**, of same, £4, 36 acres. Signed Christopher **Vaughan**. Wit: R. **Richards** and John **Sappington**.

5 Dec 1763, William **Demmitt**, of Baltimore Co., Maryland to his son James **Demmitt**, of same, £25, 100 acres...purchased of Ebenezer **Cook**. Signed William **Demmitt**. Wit: William **Smith** and Richard **Dixon**.

24 Dec 1763, William & Hannah **Bennett**, iron master, of York Co., Pennsylvania to Thomas **Rigbie**, iron master, late of Lancaster Co., Pennsylvania, but now, of Baltimore Co., Maryland, £1000, 336 acres...Deer creek...sold to said William, Edward **Neale** and Ralph **Faulkner** by Joseph **Crockett** and Samuel **Crockett**...purchased of

John **Hall**, (son of Alexander & Eleanor **Hall**), late of Baltimore Co., Maryland, but now of Fawn Twp., York Co., Pennsylvania...line of Francis **Jenkins**. Signed William **Bennett**. Wit: John **Hall** and Nathan John **Giles**.

11 Jan 1764, Andrew **Stigar**, of Baltimore Co., Maryland leases to Samuel **Messersmith**, of same, lot in the town of Baltimore. Signed Andrew **Stigar** and Samuel **Messersmith**. Wit: Nicholas Ruxton **Gay** and Benjamin **Rogers**.

23 Jan 1764, Valentine **Larsh**, of Baltimore Co., Maryland leases to Henry **Klein**, of same, lot #20 in the town of Baltimore. Signed Valentine **Larsh** and Henry **Klein**. Wit: Nicholas Ruxton **Gay** and Benjamin **Rogers**.

6 Feb 1764, William **Hammond**, planter, of Baltimore Co., Maryland to Thomas Cockey **Dye**, planter, of same, £0.25, 1687 acres...patented by John and Thomas **Colegate**. Signed William **Hammond**. Wit: Nicholas Ruxton **Gay** and Benjamin **Rogers**.

24 Sep 1763, John **Mercer**, of Baltimore Co., Maryland leases to Upton **Sheredine**, of same, lot #47 in the town of Baltimore. Signed John **Mercer** and Upton **Sheredine**. Wit: Nicholas Ruxton **Gay** and William **Aisquith**.

28 Feb 1764, William **Bond**, of Baltimore Co., Maryland to John **Bond**, of same, £150, 190.67 acres...little falls of Gunpowder River ...purchased with John **Bond** and Joshua **Bond** of Thomas **Bond** and Jacob **Bond**. Signed William **Bond**. Wit: Benjamin **Rogers**.

17 Feb 1764, Thomas & Hannah **Hooker**, of Baltimore Co., Maryland to George **Lowderman**, of same, £4, 37 acres. Signed Thomas **Hooker**. Wit: R. **Richards** and John **Sappington**.

17 Feb 1764, Thomas & Hannah **Hooker**, of Baltimore Co., Maryland to William **Morrow**, of same, £11, 108 acres. Signed Thomas **Hooker**. Wit: R. **Richards** and John **Sappington**.

17 Feb 1764, Thomas & Hannah **Hooker**, of Baltimore Co.,

Maryland to George **Lowderman**, of same, £14, 149 acres. Signed Thomas **Hooker**. Wit: R. **Richards** and John **Sappington**.

17 Feb 1764, Thomas & Hannah **Hooker**, of Baltimore Co., Maryland to Adam **Shack**, of same, £6, 46 acres. Signed Thomas **Hooker**. Wit: R. **Richards** and John **Sappington**.

5 Dec 1763, Thomas & Sarah **Randall**, of Baltimore Co., Maryland to Christopher **Randall** Jr., of same, £50, 49 acres. Signed Thomas **Randall**. Wit: Thomas **Franklin**.

12 Nov 1763, Thomas **Hart** and Robert **Harper**, (executors of the estate of Nathaniel **Thomas**), of Frederick Co., Virginia assignment of lease to Benjamin **Powell**, £35, 141 acres...co-owned by Samuel **Manning**. Signed Thomas **Hart** and Robert **Harper**. Wit: Thomas **Franklin** and William **Smith**.

16 Feb 1764, Nicholas **Maccubbin**, merchant, of Annapolis, Anne Arundel Co., Maryland to Mayberry **Helm** Jr., of Baltimore Co., Maryland, £0.25, good deed on 101 acres. Signed Nicholas **Maccubbin**. Wit: Thomas **Harwood** and Joseph **Gaither**.

3 Mar 1764, deposition of James **Lance**, age 60 years...deposition of John **Day**, (son of Edward), age 44 years...deposition of John **Bond**, age 50 years...deposition of Capt. William **Bond**, age 55 years...deposition of Col. William **Young**, age 50 years...

17 Dec 1763, Aquila **Duly**, mason, of Baltimore Co., Maryland to Robert **Adair**, merchant, of same, £45, 100 acres...Ruffs Branch. Signed Aquila **Duly**. Wit: John **Norris** and James **Carroll** Jr.

22 Dec 1763, Edward **Ward** Jr., of Baltimore Co., Maryland leases to William **Wilkinson**, of same, north sided of Great Road. Signed Edward **Ward** Jr. and William **Wilkinson**. Wit: Mathew **Laughlin** and John **Maragh**.

22 Dec 1763, Hance **Rudolph**, innholder, of Baltimore Co., Maryland assignment of lease to James **Heath** and John **Mercer**, gentlemen, of same, lots #13, #14 and #15 in the town of Baltimore.

Signed Hance **Rudolph** and John **Mercer**. Wit: Nicholas Ruxton **Gay** and William **Aisquith**.

14 Feb 1764, Brian **Philpot**, merchant, of Baltimore Co., Maryland leases to William **Scorce**, of same, lot #190 in the town of Baltimore. Signed Brian **Philpot** and William **Scorce**. Wit: Nicholas Ruxton **Gay** and William **Aisquith**.

6 Mar 1764, Job **Garrettson**, of Baltimore Co., Maryland to William **Lux**, merchant, of same, £135.25, 50 acres. Signed Job **Garrettson**. Wit: Robert **Lux** and Charles **Walker**.

17 Feb 1764, Thomas & Hannah **Hooker**, of Baltimore Co., Maryland to Francis **Shuster**, of same, £1, 12 acres. Signed Thomas **Hooker**. Wit: R. **Richards** and John **Sappington**.

17 Feb 1764, Thomas & Hannah **Hooker**, of Baltimore Co., Maryland to William **Schrafer**, of same, £27, 288 acres. Signed Thomas **Hooker**. Wit: R. **Richards** and John **Sappington**.

17 Dec 1763, Mayberry & Ann **Helm** Sr. and Mayberry & Mary **Helm** Jr., of Baltimore Co., Maryland to Nicholas **Maccubbin**, of Annapolis, Anne Arundel Co., Maryland, £334.5, lot in town of Baltimore. Signed Mayberry **Helm** and Mayberry **Helm** Jr. Wit: William **Aisquith** and Benjamin **Rogers**.

2 Dec 1763, Samuel & Margaret **Harris**, of Baltimore Co., Maryland to Stephen **Collins**, merchant, of Philadelphia, Pennsylvania, £865, 400 acres... west side of Susquehanna River, negro man Thom, negro lad Ceasar, negro boy Tommy and negro girl Dinah. Signed Samuel **Harris**. Wit: Henry **Watson** and William **Cox**.

11 Jan 1764, Andrew **Stigar**, of Baltimore Co., Maryland leases to Samuel **Messersmith**, of same, lot #73 in town of Baltimore. Signed Andrew **Stigar** and Samuel **Messersmith**. Wit: Nicholas Ruxton **Gay**.

11 Jan 1764, Andrew **Stigar**, of Baltimore Co., Maryland leases to William **Hackle**, of same, lots #5 and #6 in town of Baltimore.

Signed Andrew **Stigar** and William **Hackle**. Wit: Nicholas Ruxton **Gay** and Benjamin **Rogers**.

7 Jan 1764, Andrew **Stigar**, of Baltimore Co., Maryland leases to George **Londenburgher**, of same, lots #34 and #35. Signed Andrew **Stigar** and George **Londenburgher**. Wit: Nicholas Ruxton **Gay** and Benjamin **Rogers**.

27 Jan 1764, Andrew **Stigar**, of Baltimore Co., Maryland leases to John **Fowle**, of same, lot #41 in town of Baltimore. Signed Andrew **Stigar** and John **Fowle**. Wit: Nicholas Ruxton **Gay** and Benjamin **Rogers**.

29 Dec 1763, Michael **Webster**, of Baltimore Co., Maryland to Robert **Adair**, of same, £10, 11 acres. Signed Michael **Webster**. Wit: Nicholas Ruxton **Gay** and Benjamin **Rogers**.

11 Jan 1764, Andrew **Stigar**, of Baltimore Co., Maryland leases to William **Levely**, of same, lot #56 in town of Baltimore. Signed Andrew **Stigar** and William **Levely**. Wit: Nicholas Ruxton **Gay** and Benjamin **Rogers**.

27 Feb 1764, Thomas **Harrison**, merchant, of Baltimore Co., Maryland leases to Balsher **Myer**, of same, lots #94 and #95 in town of Baltimore. Signed Thomas **Harrison** and Balsher **Myer**. Wit: Nicholas Ruxton **Gay** and Benjamin **Rogers**.

7 Dec 1763, John **Norris**, planter, of Baltimore Co., Maryland to Robert **Adair**, merchant, of same, £350, 120 acres...head of Bush River... patented by James **Carroll**, who sold to Michael **Taylor**, who sold to Benjamin **Norris**, father of said John. Signed John **Norris**. Wit: John **Hall** and James **Carroll** Jr.

18 Feb 1764, John & Rebecca **Oram**, planter, of Baltimore Co., Maryland to James **Calder**, of same, £57, 114 acres. Signed John **Oram**. Wit: Edward **Hanson** and Richard **Taylor**.

11 Jan 1764, Andrew **Stigar**, of Baltimore Co., Maryland leases to Balsher **Myer**, of same, part of lot #28 in town of Baltimore. Signed

Andrew **Stigar** and Balsher **Myer**. Wit: Nicholas Ruxton **Gay** and Benjamin **Rogers**.

11 Jan 1764, Andrew **Stigar**, of Baltimore Co., Maryland leases to Balsher **Myer**, of same, part of lot #28 in town of Baltimore. Signed Andrew **Stigar** and Balsher **Myer**. Wit: Nicholas Ruxton **Gay** and Benjamin **Rogers**.

6 Mar 1764, Benjamin & Ann **Rogers**, (son and heir of William **Rogers**), of Baltimore Co., Maryland to Brian **Philpot**, of same, £1.5, 5.75 acres... head of northwest branch of Patapsco River. Signed Benjamin **Rogers**. Wit: Nicholas Ruxton **Gay** and William **Aisquith**.

11 Jan 1764, Andrew **Stigar**, of Baltimore Co., Maryland leases to George **Levely**, of same, part of lot #10 in town of Baltimore. Signed Andrew **Stigar** and George **Levely**. Wit: Nicholas Ruxton **Gay** and Benjamin **Rogers**.

20 Feb 1764, Josias **Hitchcock**, of Baltimore Co., Maryland assignment of lease to Asael **Hitchcock**, of same, £20, 45 acres. Signed Josias **Hitchcock**. Wit: William **Smith** and John **Dallam**.

11 Mar 1764, William **Oldham**, skinner, of Baltimore Co., Maryland to John Hammond **Dorsey**, merchant, of same, £140, one half of 200 acres ...west side of Stirrup Run...purchased of Greenbury **Dorsey**. Signed William **Oldham**. Wit: William **Young** and John **Mathews**.

18 Feb 1764, Benjamin **Rogers**, (son and heir of William **Rogers**), of Baltimore Co., Maryland to Thomas **Dick**, of same, £1, 3 acres...line of Thomas **Sligh**. Signed Benjamin **Rogers**. Wit: Nicholas Ruxton **Gay** and William **Aisquith**.

11 Jan 1764, Andrew **Stigar**, of Baltimore Co., Maryland leases to George **Levely**, of same, part of lot #10 in town of Baltimore. Signed Andrew **Stigar** and George **Levely**. Wit: Nicholas Ruxton **Gay** and Benjamin **Rogers**.

23 Mar 1764, John & Elizabeth **Paca**, of Baltimore Co., Maryland to William **Thompson**, clock maker, of Prince Georges Co., Maryland, £135, 11.5 acres...Stoney Ridge. Signed John **Paca**. William **Little** and James **Kennedy**.

8 Oct 1763, Thomas **Moore**, of Baltimore Co., Maryland leases to John **Moore**, of same, 50 acres. Signed Thomas **Moore** and John **Moore**. Wit: John **Archer** and Thomas **Archer**.

5 Mar 1764, William **Collins**, of Baltimore Co., Maryland assignment of lease to Thomas **Moore**, of same, £24, 38 acres. Signed William (x) **Collins**. Wit: William **Smith** and Elizabeth **Smith** Jr.

25 Feb 1764, James **Dick**, (attorney for Thomas **Dick**), merchant, of Baltimore Co., Maryland to Melchior **Keener**, of same, £53, 6 acres... purchased of Thomas **Sligh**. Signed James **Dick** for Thomas **Dick**. Wit: Nicholas Ruxton **Gay** and Benjamin **Rogers**.

22 Mar 1764, William & Kezia **Askew**, of Baltimore Co., Maryland to John **Harty**, of same, £105, 12 acres. Signed William **Askew**. Wit: Nicholas Ruxton **Gay** and William **Aisquith**.

28 Oct 1763, Thomas **White**, of Philadelphia, Pennsylvania to John **Kirkpatrick**, (son of John of Charles Town) and his male heirs, of Cecil Co., Maryland, £1267.25, 10 acres...middle of the northern branch of Swan creek...line of Charles **Anderson**...15 acres...line of Robert **Boner**, Daniel **Donawin** and William **Arnold**. Signed Thomas **White**. Wit: Michael **Gilbert** Jr. and John **Budd**.

15 Oct 1763, John **Mercer**, of Baltimore Co., Maryland leases to Charles **Croxall**, of same, lot #48 in town of Baltimore. Signed John **Mercer** and Charles **Croxall**. Wit: Nicholas Ruxton **Gay** and William **Aisquith**.

3 Jan 1764, Nicholas **Maccubbin**, merchant, of Baltimore Co., Maryland to Charles **Croxall**, of same, £136.4, two lots in town of Baltimore... mortgaged by Joseph **Mayo** Jr., who purchased of William **Rogers**. Signed Nicholas **Maccubbin**. Wit: Joseph **Gaither** and Thomas **Harwood**.

Chapter 9
Baltimore Co., Maryland
Deed Records
Liber B. No. N.
1764

6 Dec 1763, Joseph & Henrietta **Mayo** Jr., farmer, of Baltimore Co., Maryland to Charles **Carroll**, merchant, of same, £300, lots #36 and #37 in town of Baltimore. Signed Joseph **Mayo** Jr. Wit: William **Aisquith** and John **Moale**.

13 Mar 1764, James & Elizabeth **Wells** Jr., of Baltimore Co., Maryland to Barnett **Hooke** and Michael **Hooke**, of same, £15, 50 acres. Signed James (x) **Wells** Jr. Wit: Nicholas Ruxton **Gay**.

25 Mar 1764, Samuel & Mileah **Budd**, of Baltimore Co., Maryland and William & Mary **Frisby**, of Kent Co. Maryland to John **Hawkins**, of Baltimore Co., Maryland, £150, 350 acres...north side of Deer creek. Signed Samuel **Budd**, Mileah **Budd**, William **Frisby** and Mary **Frisby**. Wit: Ralph **Smith** and William **Frisby** Jr.

8 Mar 1764, James & Elizabeth **Billingsley**, planter, of Baltimore Co., Maryland to William **Grafton**, planter, of same, £60, 82 acres of 100 acres. Signed James **Billingsley**. Isaac **Webster** and Aquila **Johns**.

29 Nov 1763, Isaac & Elizabeth **Risteau**, of Baltimore Co., Maryland to Samuel **Stansbury** Jr., of same, £47, 100 acres. Signed Isaac **Risteau**. Wit: Ann **Fourcause** and William **Smith**.

2 Feb 1764, John Griniff **Howard**, iron master, of Baltimore Co.,

Maryland mortgage to Zacheus **Onion**, of same, £631.5, 400 acres and the negroes: Sam, Bob, Dick, Sacker, Mingo, Cube, Denbo, London and Ned. Signed John Griniff **Howard**. Wit: Thomas **Bond** Jr. and John **Howard**.

15 Mar 1764, Thomas **Stoxdale**, (heir of John **Stoxdale**), of Baltimore Co., Maryland to John **Risteau**, of same, £120, 83 acres...William **Rogers**, devised to his heir, the said John **Stoxdale**. Signed Thomas (x) **Stoxdale**. Wit: Nicholas Ruxton **Gay** and William **Aisquith**.

10 Apr 1764, Christopher **Neice**, of Baltimore Co., Maryland leases to James **Boyd**, of same, lot #100 in town of Baltimore. Signed Christopher **Neice** and James **Boyd**. Wit: Nicholas Ruxton **Gay** and William **Aisquith**.

6 Feb 1764, Thomas **Johnson**, planter, of Baltimore Co., Maryland leases to William & Mary **Miller**, (their sons William and John **Miller**), planter, of same, 50 acres. Signed Thomas **Johnson** and William (x) **Miller**. Wit: Benjamin **Rogers**.

5 Mar 1764, John and Charles **Harryman**, (sons and heirs of John **Harryman**), of Baltimore Co., Maryland to Thomas **Harryman**, (son and heir of said John), of same, 72 acres. Signed John **Harryman** and Charles **Harryman**. Wit: William **Aisquith**.

7 Apr 1764, Charles **Taylor**, of Baltimore Co., Maryland assignment of lease to William **Purdue**, of same, £35, 104 acres. Signed Charles **Taylor**. Wit: William **Smith** and Israel (x) **Standsfer**.

23 Mar 1764, John & Elizabeth **Paca**, of Baltimore Co., Maryland to Thomas **Kennedy**, of same, £188, 238 acres...branches of James Run...line of Robert **Adair**, Thomas **McCool** and William **Thompson**. Signed John **Paca**. Wit: John **Hall** and William **Little**.

29 Mar 1764, John & Elizabeth **Paca**, of Baltimore Co., Maryland to Thomas **McCool**, of same, £196, 221 acres...branches of James Run...line of Robert & Martha **Adair**. Signed John **Paca**. Wit: William **Thompson** and Thomas **Kennedy**.

2 Apr 1764, John Cross, planter, of Baltimore Co., Maryland to Jacob Calier, of same, £100, 50 acres...fork of Gunpowder River. Signed John (x) Cross. Wit: William Smith and James Everett.

18 Feb 1764, John Cox, of Baltimore Co., Maryland assignment of lease to George Myers, of same, £50, 85 acres. Signed John (x) Cox. Wit: William Smith and John Scholfield.

8 May 1764, Windall Bright, of Baltimore Co., Maryland leases to George Myer, of same, 94 acres. Signed Windall Bright. Wit: Nicholas Ruxton Gay and William Rogers.

2 Apr 1764, Benjamin & Elizabeth Cross, planter, of Baltimore Co., Maryland to John Cross, planter, of same, £50, 50 acres...west side of the western fork of Gunpowder Falls. Signed Benjamin Cross. Wit: William Smith and James Everett.

2 Apr 1764, Benjamin & Elizabeth Cross, planter, of Baltimore Co., Maryland to William Cross, planter, of same, £50, 50 acres. Signed Benjamin Cross. Wit: William Smith and James Everett.

7 Dec 1763, Capt. Alexander Stewart, of Baltimore Co., Maryland release of mortgage to Luke Davis, of Anne Arundel Co., Maryland, £26.8, 75 acres...Little Morgans Run...patented by Robert Gilcresh. Signed Alexander Stewart. Wit: Nicholas Ruxton Gay and William Aisquith.

13 Apr 1764, Benjamin & Anna Tasker, of Annapolis, Anne Arundel Co., Maryland to Ignatius Wheeler, of Baltimore Co., Maryland, £100, 200 acres. Signed Benjamin Tasker. Wit: John Darnell and Elizabeth (x) Gedington.

14 Apr 1764, Achsah Carnan, (executor of the estate of John Carnan), of Baltimore Co., Maryland leases to John Chew, of same, lot #77 in town of Baltimore. Signed Achsah Carnan and John Chew. Wit: Nicholas Ruxton Gay and William Aisquith.

22 Nov 1763, deposition of James Cromey, age 61 years...deposition of Thomas Nisbet, age 30 years...deposition of William

Bennnington, age 30 years...

17 Apr 1764, John **Paca**, Robert **Adair** and Margaret **Hill**, (executors of the estate of John **Paca** Jr.), of Baltimore Co., Maryland to Mark **Alexander**, of same, £22, part of lot #1 in town of Baltimore. Signed John **Paca**, Robert **Adair** and Margaret **Hill**. Wit: John **Hall** and Blanch **Hall**.

4 May 1764, Henry Balsher **Myer**, of Baltimore Co., Maryland leases to Frederick **Myer**, of same, lot #64 in town of Baltimore. Signed Henry Balsher **Myer** and Frederick **Myer**. Wit: Nicholas Ruxton **Gay** and William **Aisquith**.

30 Dec 1764, Thomas **Harrison**, of Baltimore Co., Maryland leases to William **Spear**, of same, lot #61 in town of Baltimore. Signed Thomas **Harrison** and William **Spear**. Wit: Nicholas Ruxton **Gay** and Benjamin **Rogers**.

17 Apr 1764, John **Paca**, Robert **Adair** and Margaret **Hill**, (executors of the estate of John **Paca** Jr.), of Baltimore Co., Maryland to Melchior **Keener**, of same, £101, part of lot #5 in town of Baltimore. Signed John **Paca**, Robert **Adair** and Margaret **Hill**. Wit: John **Hall** and Blanch **Hall**.

17 Apr 1764, John **Paca**, Robert **Adair** and Margaret **Hill**, (executors of the estate of John **Paca** Jr.), of Baltimore Co., Maryland to Barnabas **Hughs**, of same, £93, part of lot #1 in town of Baltimore. Signed John **Paca**, Robert **Adair** and Margaret **Hill**. Wit: John **Hall** and Blanch **Hall**.

16 Apr 1764, Charles **Carroll**, esq., Benjamin **Tasker**, esq., Charles **Carroll**, lawyer, Charles **Carroll**, (son of Daniel **Carroll**), Daniel **Dulany** and Walter **Dulany**, all of Maryland to Darby **Lux**, merchant, late of Baltimore Co., Maryland, now of Barbados, £3, 50 acres. Signed Charles **Carroll**, Benjamin **Tasker**, Charles **Carroll**, Charles **Carroll**, Daniel **Dulany** and Walter **Dulany**. Wit: John **Darnell** and William **Lux**.

7 Apr 1764, Thomas **Richardson**, planter, of Baltimore Co.,

Maryland assignment of lease to John **Whitaker**, of same, £10, 80 acres. Signed Thomas (x)s **Richardson**. William **Smith** and Benjamin **Amos**.

25 Apr 1764, Henry & Anna Maria **Sower**, shoemaker, of Baltimore Co., Maryland to John **Read**, laborer, of same, £10, lot #18 in town of Baltimore. Signed Henry **Sower**. Wit: Nicholas Ruxton **Gay** and William **Aisquith**.

6 Dec 1763, James **Denny**, of Baltimore Co., Maryland assignment of lease to William **Bankhead**, of same, £50, 54 acres. Signed James **Denny**. Wit: William **Smith** and Richard **Dixon**.

15 Dec 1763, James **Denny**, of Baltimore Co., Maryland assignment of lease to William **Bankhead**, of same, £100, 51 acres. Signed James **Denny**. Wit: William **Smith** and Richard **Dixon**.

31 Mar 1764, Thomas **Smith**, of West Jersey to Samuel **Budd** and William **Frisby**, of Maryland, £450, 150 acres...north side of Deer creek. Signed Thomas **Smith**. Wit: Ralph **Smith** and William **Frisby** Jr.

12 May 1764, Robert **Sanders**, (grandson of James **Sanders** and son of Robert & Jane **Sanders**), of Anne Arundel Co., Maryland to John & Elizabeth **Howard**, of Baltimore Co., Maryland, division of 500 acres...patented by Thomas **Lytfoot**...said Jane devised to her brother, Thomas **Gassaway**, who devised to said Elizabeth. Signed Robert **Sanders**, John **Howard** and Elizabeth **Howard**. Wit: William **Bond**, James **Moore** Jr. and Aquila **Johns**.

28 May 1764, William & Anna **Bennett**, iron master, of York Co. to Ignatius **Wheeler**, planter, of Baltimore Co., Maryland, £60, 60 acres. Signed William **Bennett**. Wit: Ignatius **Wheeler** Jr. and Monica **Wheeler**.

4 Jun 1764, George **Bell**, of Baltimore Co., Maryland assignment of lease to Moses **Goodden**, £450, 310 acres. Signed George **Bell**. Wit: Thomas **Rigbie** and W. **Bell**.

22 May 1764, William **Buchanan**, merchant, of Baltimore Co., Maryland leases to Barnaby **Hughs**, of same, lot #65 in town of Baltimore. Signed William **Buchanan** and Barnaby **Hughs**. Wit: Nicholas Ruxton **Gay** and William **Aisquith**.

26 May 1764, Thomas **McMullen**, (executor of the estate of John **Maxwell**), of Baltimore Co., Maryland assignment of lease to Thomas Baker **Rigdon**, of same, £65, 28 acres. Signed Thomas (x) **McMullen**. Wit: William **Smith** and James **Everett**.

22 May 1764, William Levly, of Baltimore Co., Maryland leases to George **Levly**, of same, lot #50 in town of Baltimore. Signed William **Levly** and George **Levly**. Wit: Nicholas Ruxton **Gay** and William **Aisquith**.

17 Apr 1764, John **Paca**, Robert **Adair** and Margaret **Hill**, (executors of the estate of John **Paca** Jr.), of Baltimore Co., Maryland to Nicholas Ruxton **Gay**, of same, £105, part of lot #1 in town of Baltimore. Signed John **Paca**, Robert **Adair** and Margaret **Hill**. Wit: John **Hall** and Blanch **Hall**.

22 Mar 1764, deposition of Joseph **Morgan**, age 49 years...was with Robert **West**, (son of Robert **West**), deceased, last year and was with the father of said Robert, 23 years ago...deposition of Hannah **West**, widow of Robert...

29 May 1764, deposition of Thomas **West**, (son of Robert), age 32 years...deposition of Enoch **West**, age 43 years, brother of Robert...

17 Apr 1764, John **Paca**, Robert **Adair** and Margaret **Hill**, (executors of the estate of John **Paca** Jr.), of Baltimore Co., Maryland to Absolom **Price**, of same, £52.5, 248 acres...formerly the estate of Col. William **Hammond**. Signed John **Paca**, Robert **Adair** and Margaret **Hill**. Wit: John **Hall** and Blanch **Hall**.

29 Aug 1763, deposition of William **Parish** Jr., age 45 years...deposition of John **Frazier**, age 50 years...24 years ago he married the widow of James **Boreing** and she said the grave of said James was at the end of **Bladen**'s line... deposition of Thomas

Franklin, age 58 years... deposition of John Colegate, age 49 years... brother of Benjamin Colegate, who sold to Charles Green, deceased...

7 May 1764, deposition of George Green, (son of Charles), age 43 years...deposition of Thomas Randall, age 37 years...deposition of Peter Butler, age 49 years...deposition of Nathan Hawkins, age 40 years...

28 May 1764, deposition of William Cox, age 31 years...deposition of John Green Sr., age 62 years...deposition of Jacob Cox, age 41 years ...deposition of Maj. Thomas Franklin... deposition of James Moore Jr., age 45 years...

8 Jun 1764, Robert Dunn, of Baltimore Co., Maryland mortgage to Edward Morgan, of same, £173.6, 20 acres and 51 acres...north side of Deer creek...purchased by John Dunn of Isaac Webster and Jacob Giles. Signed Robert Dunn. Wit: William Aisquith and R. Richards.

8 Jun 1764, Thomas Renshaw, (son of Thomas), of Baltimore Co., Maryland mortgage to Edward Morgan, of same, £188.6, 250 acres...south side of Broad creek...82 acres...north side of Deer creek. Signed Thomas Renshaw. Wit: William Aisquith and R. Richards.

26 May 1764, Mathias Galman, of Baltimore Co., Maryland mortgage to Andrew Stigar, of same, £100, lot #66 in town of Baltimore. Signed Mathias Galman. Wit: Nicholas Ruxton Gay and Samuel Owings.

1763, William & Hannah Bennett, of York Co., Pennsylvania leases to Samuel Webb, tanner, of Baltimore Co., Maryland, £150, 366 acres...north side of Deer creek...Joseph and Samuel Crockett, sold to said William Bennett, Edward Neale and Ralph Faulkner...236 acres...purchased of John Hill, son of Alexander & Eleanor Hill...line of Francis Jenkins...25 acres. Signed William Bennett. Wit: Nathan Giles Jr. and John Hall.

28 May 1764, Samuel & Jane Webb, tanner, of Baltimore Co.,

Maryland leases to William **Buchanan**, iron master, of same, 366 acres... north side of Deer creek. Signed Samuel **Webb**. Wit: John **Hall** and Thomas **Rigbie**.

28 May 1764, Samuel & Jane **Webb**, tanner, of Baltimore Co., Maryland leases to William **Buchanan**, iron master, of same, 236 acres... north side of Deer creek...line of Francis **Jenkins**. Signed Samuel **Webb**. Wit: John **Hall** and Thomas **Rigbie**.

29 May 1764, Samuel & Jane **Webb**, tanner, of Baltimore Co., Maryland leases to William **Buchanan**, iron master, of same, 205 acres... south side of Deer creek...purchased of Charles **Carroll**. Signed Samuel **Webb**. Wit: John **Hall** and Thomas **Rigbie**.

29 May 1764, Samuel & Jane **Webb**, tanner, of Baltimore Co., Maryland to Thomas **Rigbie**, of same, £146, 212 acres...purchased of Charles **Carroll**. Signed Samuel **Webb**. Wit: John **Hall** and William (x) **Daugherty**.

25 May 1764, John & Comfort **Cooper**, of Baltimore Co., Maryland mortgage to Jonathan **Plowman**, of same, £33.8, 50 acres...patented by James **Gardener**. Signed John (x) **Cooper** and Jonathan **Plowman**. Wit: Benjamin **Rogers** and Josephus **Ashman**.

25 May 1764, Philip & Eleanor **Ramson**, farmer, of Baltimore Co., Maryland to Edward **Mitchell**, farmer, of same, £95, 26 acres. Signed Philip **Ramson**. Wit: John **Hall** and John **Antell**.

14 May 1764, John **Green**, of Baltimore Co., Maryland assignment of lease to Jacob **Spindler**, of same, £7, 27 acres. Signed John (x) **Green**. Wit: William **Smith** and James **Everett**.

8 Jun 1764, William **Rigdon**, of Baltimore Co., Maryland to Walter **Billingsley**, of same, £45, 40 acres. Signed William (x) **Rigdon**. Wit: William **Aisquith** and R. **Richards**.

7 Jun 1764, William & Elizabeth **Jones**, carpenter, of Baltimore Co., Maryland to Francis **Billingsley**, planter, of same, £105, 148 acres...west side of Bynams Run. Signed William (x) **Jones**. Wit:

John **Bond** and Benjamin **Amoss**.

14 May 1764, John **Green**, of Baltimore Co., Maryland assignment of lease to Jacob **Spindler**, of same, £18, 69 acres. Signed John (x) **Green**. Wit: William **Smith** and James **Everett**.

31 Aug 1757, Christopher **Randall**, planter, of Baltimore Co., Maryland to Philip **Hammond**, merchant, of Anne Arundel Co., Maryland, £172.7, 113.5 acres, 25 acres, 51 acres...purchased by Thomas **Randall**. Signed Christopher **Randall**. Wit: Edmond **Talbot** and Thomas **Franklin**.

16 Apr 1754, Charles **Hammond**, (executor of the estate of Philip **Hammond**) to William **Randall** and Jonathan **Plowman**, of Baltimore Co., Maryland, £227.1, a mortgage. Signed Charles **Hammond** Jr. Wit: John **Burgess** Jr.

4 Jun 1764, Christopher **Randall**, planter, of Baltimore Co., Maryland to William **Randall**, planter, of same, £0.25, 113.5 acres, 25 acres, 51 acres...mortgaged by Philip **Hammond**. Signed Christopher **Randall** and William **Randall**. Wit: Samuel **Owings** and William **Smith**.

22 May 1764, William **Levly**, of Baltimore Co., Maryland leases to George **Levly**, lot #50 in town of Baltimore. Signed William **Levly** and George **Levly**. Wit: Nicholas Ruxton **Gay** and William **Aisquith**.

13 Jan 1764, Richard **Summers**, (elder brother son (sic) and heir John **Summers** of Northampton Co., North Carolina to Richard **Williams**, of Baltimore Co., Maryland, £10, 100 acres...north side of the little falls of Gunpowder...patented, 1732, by John **Summers**, uncle of said Richard. Signed Richard **Summers**. Wit: John (x) **James** and Paul **Williams**.

2 Jan 1764, William **Wheeler**, of Baltimore Co., Maryland to his son Nathan **Wheeler**, of same, for love and affection, 50 acres. Signed William (x) **Wheeler**. Wit: Elexius (x) **Lemmon** and Thomas (x) **Triden**.

5 May 1764, William **Wheeler**, of Baltimore Co., Maryland to his grandson Willson **Wheeler**, of same, for love and affection, 100 acres, livestock and £40. Signed William (x) **Wheeler**. Wit: Nathan **Wheeler** and Joshua **Atherton**.

14 Apr 1764, John & Margaret **Chilcoat**, of Baltimore Co., Maryland to William **Towson**, of same, £133.5, 89 acres. Signed John (x) **Chilcoat**. Wit: Nicholas Ruxton **Gay** and William **Aisquith**.

9 May 1764, Thomas & Elizabeth **Denbo**s, of Baltimore Co., Maryland to Abraham **Jarrott**, of same, £40, 100 acres...fork of Winters Run. Signed Thomas (x) **Dembo**. Wit: Mordecai **Amos** and Josias (x) **Guyton**.

7 Jun 1764, Joseph & Elizabeth **Renshaw**, planter, of Baltimore Co., Maryland to Garrett **Crusion**, yeoman, of same, £220, 250 acres...north side off Deer creek. Signed Joseph **Renshaw**. Wit: Josiah **Lyon** and John **Hall**.

23 Jun 1764, William & Dianna **Murray**, of Baltimore Co., Maryland to Wheeler **Murray**, £5, 75 acres. Signed William (x) **Murray**. Wit: R. **Richards** and Benjamin **Cross**.

29 Mar 1764, Isaac **Milner**, of Baltimore Co., Maryland assignment of lease to Abraham **Jarrett**, of same, 80, 220 acres. Signed Isaac **Milner**. Wit: William **Smith** and James **Everett**.

9 Jun 1764, Daniel & Tabitha **McComas**, (son of William and heir of William son of William), of Baltimore Co., Maryland to Moses **McComas**, of same, £40, 45 acres...Winters Run. Signed Daniel **McComas**. Wit: Amos **Garrett** and Moses **Galloway**.

21 Jan 1764, John **Moale** releases mortgage to Gilbert **Crockett**. Signed John **Moale**. Wit: Charles **Rogers** and Nathaniel **Owings**.

23 Jun 1764, John **Demmitt**, of Baltimore Co., Maryland to Wimbard **Judah**, of same, £32.5, 6.5 acres. Signed John **Demmitt**. Wit: William **Smith** and Charles **Williams**.

29 Jun 1764, Samuel **Webb**, tanner, of Baltimore Co., Maryland mortgage to William **Webb**, saddler, of same, £300 received for security for indemnity from the executors of George & Elizabeth **Waire**...debts owed Edward **Morgan**, James **Heath**, James **Christie** Jr., Benjamin **Green**, Charles **Carroll**, Walter **Hall**, Col. William **Armstrong**...500 acres and negroes: Nebo, Big Toney, Little Toney, Sarah Betty, Bette and Sampson. Signed Samuel **Webb**. Wit: Benjamin **Rogers** and James **Brice**.

25 Mar 1764, William & Mary **Frisby**, of Kent Co., Maryland and Samuel & Miliah **Budd**, of Baltimore Co., Maryland to Thomas **Smith**, of Tewksbury, Hunterdon Co., New Jersey, £450, 150 acres... north side of Deer creek. Signed William **Frisby**, Mary **Frisby**, Samuel **Budd** and Miliah **Budd**. Wit: Ralph **Smith** and William **Frisby** Jr.

25 Jun 1764, Mary Ann **Harris**, widow, of Baltimore Co., Maryland to her son William **Johnson** Sr., of same, for love and affection, 148 acres. Signed Mary Ann (x) **Harris**. Wit: William **Aisquith** and George **Daffin**.

30 Jun 1764, Mary **Brown**, (executor of the estate of George Frederick **Brown**), of Baltimore Co., Maryland leases Philip **Lettick**, of same, lot #78 in town of Baltimore. Signed Mary **Brown** and Philip **Lettick**. Wit: Nicholas Ruxton **Gay** and Benjamin **Rogers**.

15 Feb 1764, James **Morgan**, of Baltimore Co., Maryland assignment of lease to Robert **McNear**, of same, £20, 11 acres and 18 acres. Signed James **Morgan**. Wit: William **Smith** and Mordecai **Amos**.

1 Feb 1764, George **Grover**, planter, of Baltimore Co., Maryland leases to Francis **Roach**, of same, two tracts called Walter's Town and Daniel's Town. Signed George (x) **Grover** and Francis (x) **Roach**. Wit: John **Hall** and Walter **James**.

15 Feb 1764, James **Morgan**, of Baltimore Co., Maryland assignment of lease to Robert **McNear**, of same, £25, 45 acres. Signed James **Morgan**. Wit: William **Smith** and Mordecai **Amos**.

17 Feb 1764, Enoch **Bailey** and James **Calder**, planters, of Baltimore Co., Maryland to John **Oram**, planter, of same, £50, 225 acres. Signed Enoch **Bailey** and James **Calder**. Wit: Edward **Hanson** and Richard **Taylor**.

8 Aug 1764, James **Meeds**, of Baltimore Co., Maryland to Henry **Griffith**, of Anne Arundel Co., Maryland, £20, 246 acres of 316 acres. Signed James **Meeds**. Wit: Nicholas Ruxton **Gay** and Benjamin **Rogers**.

25 Jun 1764, Thomas & Prudence **Cockey**, planter, of Baltimore Co., Maryland to Charles **Gorsuch**, planter, of same, £15, 45 acres. Signed Thomas **Cockey**. Wit: Benjamin **Rogers** and Clem **Lewis**.

25 Feb 1764, James & Hannah **Cary**, of Anne Arundel Co., Maryland to Robert **Long**, of Baltimore Co., Maryland, £262.5, 150 acres...Herring Run... patented 17 Feb 1725, by Thomas **Sheredine**, who devised to his son Thomas **Sheredine**, who sold to the said James. Signed James **Cary**. Wit: Nicholas Ruxton **Gay** and William **Aisquith**.

10 Jul 1764, Brian **Philpot**, merchant, of Baltimore Co., Maryland leases to Jonathan **Plowman**, of same, lot in town of Baltimore. Signed Brian **Philpot** and Jonathan **Plowman**. Wit: Nicholas Ruxton **Gay** and William **Smith**.

26 Jun 1764, Benjamin **Howard**, of Baltimore Co., Maryland assignment of lease to Jonathan **Plowman**, of same, £10, lot #47 in town of Baltimore. Signed Benjamin **Howard** and Jonathan **Plowman**. Wit: Benjamin **Rogers** and William **Hammond**.

13 Jul 1764, Jacob **Rock**, of Baltimore Co., Maryland assignment of lease to Andrew **Stigar**, of same, £25, lot #112 in town of Baltimore. Signed Jacob (x) **Rock**. Wit: Nicholas Ruxton **Gay**.

2 Jul 1764, deposition of John **Ensor** Sr., age 70 years, (son of John)...deposition of David **Gorsuch**, age 29 years...deposition of John **Bond**, age 51 years... deposition of James **Richards**, age 40 years...

7 May 1764, Robert **Saunders**, of Anne Arundel Co., Maryland to Hugh **Deans**, of Baltimore Co., Maryland, £109, 125 acres...purchased of Thomas **Lightfoot**, deceased. Signed Robert **Saunders**. Wit: William **Young** and Thomas **Franklin**.

2 Jun 1764, Samuel & Elizabeth **Messersmith**, gunsmith, of Baltimore Co., Maryland to Martin **Murphy**, of same, £16, lot #11 in town of Baltimore... purchased of Daniel **Chamier**. Signed Samuel **Messersmith**. Wit: Nicholas Ruxton **Gay** and Benjamin **Rogers**.

18 Aug 1764, Nathan & Rebecca **Chapman**, carpenter, of Baltimore Co., Maryland to Francis **Brothers**, of same, £35, 50 acres. Signed Nathan **Chapman**. Wit: Nicholas Ruxton **Gay** and Benjamin **Rogers**.

3 Aug 1764, Thomas & Ann **Sligh**, of Baltimore Co., Maryland to Mallica **Kener**, of same, £50, 5 acres ...head of the west branch of the Patapsco River ...line of Dr. William **Lyon**. Signed Thomas **Sligh**. Wit: William **Smith** and Benjamin **Rogers**.

3 Aug 1764, Thomas & Ann **Sligh**, of Baltimore Co., Maryland to William **Sabely**, of same, £50, 5 acres. Signed Thomas **Sligh**. Wit: William **Smith** and Benjamin **Rogers**.

17 Aug 1764, William **Green**, Wilmington, New Castle Co., Delaware to Andrew **Stigar**, of Baltimore Co., Maryland, £100, lot #14 in town of Baltimore. Signed William **Green**. Wit: Nicholas Ruxton **Gay** and William **Smith**.

6 Jun 1764, Joshua **Bond**, of Baltimore Co., Maryland leases to George **Cowin**, of same, except 100 acres that was leased to Samuel **Tally** and William **Huggins**. Signed Joshua **Bond** and George **Cowin**. Wit: Samuel **Owings** and William **Young**.

22 Aug 1764, William & Ruth **Gill**, of Baltimore Co., Maryland to Henry **Ansel**, of same, £142, 142 acres. Signed William **Gill**. Wit: Benjamin **Rogers** and William **Aisquith**.

20 Aug 1764, Benjamin & Rebecca **Wheeler** Sr., of Baltimore Co.,

Maryland to Benedict **Wheeler**, £5, 100 acres ...called Rachels Delight. Signed Benjamin **Wheeler**. Wit: Ignatius **Wheeler** Jr. and Richard B. **Mitchell**.

5 Mar 1764, Charles and Thomas **Harriman**, (sons and heirs of John **Harriman**), of Baltimore Co., Maryland to John **Harriman**, (son and heir of said John), of same, 78 acres. Signed Charles **Harriman** and Thomas **Harriman**. Wit: William **Aisquith**.

22 May 1764, Isaac & Elizabeth **Risteau**, of Baltimore Co., Maryland to Samuel **Stansbury**, of same, £30, 31 acres. Signed Isaac **Risteau**. Wit: Samuel **Owings** and Thomas **Franklin**.

17 Aug 1764, Andrew **Stigar**, of Baltimore Co., Maryland assignment of lease to Conrad **Meckell**, of same, £160, lot #115 in town of Baltimore. Signed Andrew **Stigar**. Wit: William **Aisquith**.

16 Aug 1764, Thomas & Ann **Sligh**, of Baltimore Co., Maryland to John **Seddon**, of same, £40, 100 acres. Signed Thomas **Sligh**. Wit: Benjamin **Rogers** and William **Smith**.

22 May 1764, Samuel **Stansbury**, of Baltimore Co., Maryland to Isaac **Risteau**, of same, £30, 10 acres. Signed Samuel (x) **Stansbury**. Wit: Samuel **Owings** and Thomas **Franklin**.

15 Sep 1764, Samuel **Hill**, miller, of Baltimore Co., Maryland mortgage to Jacob **Giles**, iron master, of same, £169.35, 20 acres. Signed Samuel **Hill**. Wit: Amos **Garrett** and Elizabeth **Vallette**.

18 Aug 1764, Joshua **Hall**, of Baltimore Co., Maryland to Thomas **Franklin**, of same, £100, lots #167 and #170 in town of Baltimore. Signed Joshua **Hall**. Wit: Nicholas Ruxton **Gay** and Benjamin **Rogers**.

17 Apr 1764, George **Mathews**, of Baltimore Co., Maryland to William **Buchanan**, William **Moore**, of same and Benedict **Swoope**, of Frederick Co., Maryland, £600, 158 acres...purchased of Amon **Butler**...92 acres...purchased of Thomas **Mathews** and sold to

Patrick **Duncan**...57 acres. Signed George **Mathews**. Wit: Nicholas Ruxton **Gay** and William **Aisquith**.

10 Sep 1764, James & Margaret **Crawford** and his mother Sarah **Crawford**, planter, of Baltimore Co., Maryland to Thomas **Husband**, farmer, of same, £170, 50 acres ...south side of Deer creek. Signed James **Crawford** and Sarah (x) **Crawford**. Wit: Samuel **Harris** and William **Husband**.

9 Oct 1764, Isaac **Bull**, of Baltimore Co., Maryland to his brother Jacob **Bull**, of same, £300 to Col. William **Young**. Signed Isaac **Bull**. Wit: Thomas **Franklin**.

17 Apr 1764, Joseph **Hall**, of Craven Co., North Carolina to Charles **Wells**, of Maryland, £70, 200 acres... patented 10 Apr 1730 by **Smith**, who sold to his grandson John **Hall** and descended to said Joseph ...line of Edward **Stevenson**. Signed Joseph **Hall**. Wit: Thomas **Agnis** and James **Low**.

18 Aug 1764, Benjamin & Elizabeth **Knight**, carpenter, of Baltimore Co., Maryland to Dr. John **Stevenson**, merchant, of same, £50, 50 acres. Signed Benjamin (x) **Knight**. Wit: William **Hammond** and Richard **Taylor**.

8 Oct 1764, Thomas & Ann **Shea**, of Baltimore Co., Maryland to Bennett **Neale**, gentleman, of same, £0.25, 50 acres and 65 acres. Signed Thomas (x) **Shea**. Wit: John **Harris** and Ignatius **Wheeler**.

22 Sep 1764, John & Mary **Ridgely**, of Baltimore Co., Maryland to Solomon **Stocksdall**, of same, £15, 50 acres...falls of Patapsco River. Signed John **Ridgely**. Wit: Benjamin **Rogers** and Thomas **Boone**.

3 May 1764, Roger & Rebecca **Boyce**, of Baltimore Co., Maryland to Joseph **Bosley** Jr., of same, £225.5, 200 acres...line of Kinsey **Johns**. Signed Roger **Boyce**. Wit: William **Young** and Walter **Tolley**.

28 Sep 1764, Thomas & Mary **Gilbert**, (heir of Thomas **Mitchell**), carpenter, of Baltimore Co., Maryland to Samuel **Hill**, of same, £66, 62 acres. Signed Thomas (x) **Gilbert**. Wit: John **Hall** and Richard

Dallam Jr.

30 Oct 1764, George and William **Bell**, of Baltimore Co., Maryland to William **Wells**, of same, £40. Signed George **Bell** and William **Bell**. Wit: Benjamin **Rogers** and William **Smith**.

29 Oct 1764, Jacob & Mary **Coonbest**, planter, of Baltimore Co., Maryland to John **Hall** Jr., gentleman, of same, £25, 42 acres. Signed Jacob **Coonbest** and John **Hall** Jr. Wit: Bartholomew **Crute** Jr. and George (x) **Collins**.

9 Oct 1764, Thomas & Elizabeth **Elledge**, of Bedford Co., Virginia power of attorney to Thomas **Cockey** and Benjamin **Bowen**. Signed Thomas **Elledge** and Elizabeth **Elledge**. Wit: Hannah (x) **Stansbury** and Sarah (x) **Gill**.

22 Oct 1764, Elizabeth **Myers**, of York Co., Pennsylvania power of attorney to Christian **Zangree**, yeoman, of same. Signed Elizabeth (x) **Myers**.

13 Oct 1764, Nicholas Ruxton & Ann **Gay**, of Baltimore Co., Maryland to Abraham **Raven**, of same, £105, 225 acres and 7 acres. Signed Nicholas Ruxton **Gay**. Wit: William **Aisquith** and William **Smith**.

23 Oct 1764, John **West**, farmer, of Baltimore Co., Maryland leases to John **Litton** and Robert **Cook**, of same. Signed John **West**, John **Litton** and Robert **Cook**. Wit: Daniel **Cook** and William (x) **Armont**.

5 Nov 1764, James **Stuett**, of Baltimore Co., Maryland leases to William **Smith**, of same, lots #62 and #63 in town of Baltimore. Signed James **Stuett** and William **Smith**. Wit: Nicholas Ruxton **Gay** and Benjamin **Rogers**.

30 Aug 1764, Frederick **Donbaugh**, formerly of Baltimore Co., Maryland assignment of lease to Barnabas **Hughs**, of same, £408, lot #68 in town of Baltimore. Signed Frederick **Donbaugh**. Wit: Nicholas Ruxton **Gay** and William **Aisquith**.

2 Nov 1764, Thomas **White**, of Philadelphia, Pennsylvania to Thomas **Brown** Jr., of same, £100, 100 acres...head of the eastern branch of Bush River. Signed Thomas **White**. Wit: James **Mathews** and Josias **Carvelhall**.

13 Oct 1764, James & Phebe **Gallion** and his son John & Elizabeth **Gallion**, planters, of Baltimore Co., Maryland to Benjamin **Herbert**, farmer, of same, £95, 100 acres...on road between Coxes Mill and Spesutia Church. Signed James (x) **Gallion** and John **Gallion**. Wit: James **Mathews** and Amos **Cord**.

29 Oct 1764, John & Catharine **Hendricks**, of Baltimore Co., Maryland to John **McHard**, of same, £3, 15 acres. Signed John (x) **Hendricks**. Wit: Christopher **Vaughan** and Richard **Keene**.

30 Oct 1764, John & Catharine **Hendrix**, of Baltimore Co., Maryland to Leonard **Sauble**, of same, £75, 113 acres. Signed John (x) **Hendrix**. Wit: R. **Richards** and Henour (x) **Boring**.

16 Oct 1764, Aquila **Dooley**, (son and heir of John **Dooley**), stone mason, of Baltimore Co., Maryland to Gregory **Barns**, (son and heir of Ford **Barns**), yeoman, of same, good deed on 100 acres ...patented 13 Apr 1729. Signed Aquila **Dooley**. Wit: John **Hall** and Jacob **Gallion**.

3 Oct 1764, Richard & Frances **Moale**, of Baltimore Co., Maryland to Peter **Hubbert**, of Dorchester Co., Maryland, £75.25, lot #13 in town of Baltimore. Signed Richard **Moale**. Wit: Nicholas Ruxton **Gay** and William **Aisquith**.

6 Nov 1764, William **Smith**, merchant, of Baltimore Co., Maryland leases to David **McCullan**, cooper, of same, lots #62 and #63 in town of Baltimore. Signed William **Smith** and David **McCullan**. Wit: Nicholas Ruxton **Gay** and Benjamin **Rogers**.

30 Jun 1764, Benjamin **Swopes** and George **Swopes**, of Baltimore Co., Maryland assignment of lease to James **Sterett** and William **Smith**, of same, lots #62 and #63 in town of Baltimore. Signed Benjamin **Swopes**, George **Swopes**, William **Smith** and James

Sterett. Wit: Nicholas Ruxton **Gay** and William **Aisquith**.

27 Oct 1764, Joseph & Elizabeth **Earp**, planter, of Anne Arundel Co., Maryland to Able **Brown**, planter, of Baltimore Co., Maryland, £22.5, 50 acres...draft of Piney Falls. Signed Joseph (x) **Earp**. Wit: Nicholas Ruxton **Gay** and Charles **Ridgely** Jr.

6 Sep 1764, Martin **Murphy**, of Baltimore Co., Maryland leases to John **Moore**, of same, lot #51 in town of Baltimore. Signed Martin (x) **Murphy** and John **Moore**. Wit: Nicholas Ruxton **Gay** and William **Smith**.

13 Sep 1764, John **Moore**, of Baltimore Co., Maryland assignment of lease to Robert **Foresyth**, mariner, of same, lot #51 in town of Baltimore. Signed John **Moore**. Wit: Nicholas Ruxton **Gay** and Benjamin **Rogers**.

31 Oct 1764, Richard **Moale**, of Baltimore Co., Maryland assignment of lease to Andrew **Stigar** and Melchior **Keener**, of same, lot #71 in town of Baltimore. Signed Richard **Moale**. Wit: Nicholas Ruxton **Gay** and William **Aisquith**.

29 Oct 1764, George **Bramwell**, (attorney for Thomas Rhoades **Showell**), of Baltimore Co., Maryland assignment of lease to William **Ambrose**, of same, £12, 95 acres. Signed George **Bramwell**. Wit: William **Smith** and Henry (x) **Armstrong**.

1 Dec 1764, Elizabeth **Risteau**, (widow of Isaac **Risteau**), of Baltimore Co., Maryland right of dower to David **McCullock**, of same, £14, 200 acres. Signed Elizabeth **Risteau**. Wit: Nicholas Ruxton **Gay** and William **Aisquith**.

6 Nov 1764, John **Foster**, carpenter, of Baltimore Co., Maryland to William **Andrews**, of same, £82.5. Signed John **Foster**. Wit: William **Young** and William **Bunting**.

15 Oct 1764, Thomas **Presbury**, planter, of Baltimore Co., Maryland leases to Lancelot **Holms**, weaver, of same, east side of Gunpowder Neck. Signed Thomas **Presbury** and Lancelot **Holms**. Wit: John

Presbury and John **Walters**.

5 Dec 1764, Henry Bennett **Darnall**, gentleman, of Baltimore Co., Maryland mortgage to Nicholas **Maccubbin**, merchant, of Anne Arundel Co., Maryland, £500, 1000 acres...head of Gunpowder River...negro man Peter, age 32 years, negro man John, age 37 years, negro man George, age 26 years, negro man Tom, age 19 years, negro lad Ben, age 13 years, negro boy Peter, age 9 years, negro boy James, age 9 years, negro Woman Sue, age 36 years, negro woman Peggy, age 24 years, negro woman Sue, age 19 years, negro girl Sale, age 12 years, negro girl Grace, age 10 years, negro girl Sue, age 9 years, mulatto girl Moll, age 5 years, negro girl Clare, age 5 years, negro girl Peggy, age 3 years and negro girl Nell, age 3 years. Signed Henry Bennett **Darnall**. Wit: Thomas **Harwood** and Joseph **Gaither**.

7 Sep 1764, Valentine **Larsh**, of Baltimore Co., Maryland leases to Frederick **Thomas**, of same, lot #70 in town of Baltimore. Signed Valentine **Larsh** and Frederick **Thomas**. Wit: Nicholas Ruxton **Gay**.

23 Nov 1764, Charles & Rebecca **Croxall**, gentleman, of Baltimore Co., Maryland to Nicholas Ruxton **Gay**, of same, £450, lot #37 in town of Baltimore. Signed Charles **Croxall**. Wit: William **Aisquith**.

7 May 1764, deposition of James **Lennox**, age 60 years...deposition of Thomas **Richardson**, age 69 ears...deposition of John **Hall**, age 44 years... deposition of Heathcoat **Pickett**, age 58 years... deposition of John **Roberts**, age 80 years... deposition of John **Day**, (son of Edward), age 41 years...

29 Nov 1764, Daniel & Elizabeth **Watkins**, of Baltimore Co., Maryland to James **Russell**, Walter **Ewer**, John **Ewer**, John **Buchanan** and Alexander **Lawson**, of same, £64, 100 acres...south side of Bird River. Signed Daniel (x) **Watkins**. Wit: Nicholas Ruxton **Gay** and William **Aisquith**.

10 Nov 1764, Elizabeth **England**, (widow of Joseph **England**), of Baltimore Co., Maryland mortgage to Robert **Dullen** and Henry **Wilson**, of same, £165, 170 acres...patented by James **Isham**. Signed

Elizabeth **England**. Wit: William **Aisquith** and J. **Mathews**.

13 Dec 1764, Benjamin & Hannah **Harris**, planter, of Baltimore Co., Maryland to Henry **Crooks**, of same, £100, 125 acres. Signed Benjamin (x) **Harris** and Hannah (x) **Harris**. Wit: Benjamin **Rogers** and Robert **Gileresh**.

Chapter 10
Baltimore County Deeds
Liber B. No. O
1764-1765

19 Dec 1764, James **Taylor**, of Baltimore Co., Maryland release of mortgage to Michael **Taylor**, of same, 40 acres. Signed James **Taylor**. Wit: John **Hall** and Kent **Mitchell**.

13 Dec 1764, Thomas **Mathews**, of Baltimore Co., Maryland to his son Oliver **Mathews**, of same, for love and affection, near the falls of Patapsco River. Signed Thomas **Mathews**. Wit: Sarah (x) **Wheeler** and Joshua **Allender**.

12 Oct 1764, William & Williamina **White**, shipwright, of Philadelphia, Pennsylvania to James **Wetherall**, saddler, of Baltimore Co., Maryland, £7, lot #31 in Joppa Town. Signed William **White** and Williamina (x) **White**. Wit: Samson **Levy** and Paul Isaac **Voto**. Through attorney Robert **Bishop**, tavern keeper, of Joppa, Baltimore Co., Maryland and Joseph **Presbury**, of Baltimore Co., Maryland.

28 Nov 1764, John **Boyd**, Joppa, of Baltimore Co., Maryland and James **Christie**, late of same, but now of London, England to Thomas **Lingan**, of Joppa, Baltimore Co., Maryland, £25, 0.5 acres ...line of David **McCullock**. Signed John **Boyd**. Wit: Walter **Tolley** and William **Aisquith**.

14 Jan 1765, Amos & Frances **Garrett**, of Baltimore Co., Maryland to John **Hall**, of Swan Town, Baltimore Co., Maryland, £48.1, 19 acres. Signed Amos **Garrett**. Wit: John **Hall** and James **Heath**.

29 Oct 1764, Jacob & Mary **Combest**, of Baltimore Co., Maryland to Amos **Garrett**, of same, £6.15, 323.5 acres...Rummey creek, Signed Jacob **Combest**. Wit: John **Hall** Jr. and Nathaniel John **Giles**.

9 Aug 1764, William **Bond**, (son of Thomas **Bond**), of Baltimore Co., Maryland to his son Luke Stansbury **Bond**, of same, for love and affection, 410 acres...between little falls of Gunpowder River and Winters Run. Signed William **Bond**. Wit: Thomas **Franklin** and Samuel **Owings**.

29 Oct 1764, Col. John & Hannah **Hall**, gentleman, of Baltimore Co., Maryland to Jacob **Combest**, planter, of same, £5, 6 acres...between Swan creek and Bush River. Signed John **Hall** and Jacob **Combest**. Wit: Bartholomew **Greele** and George (x) **Collins**.

17 Nov 1764, William **Lux**, merchant, of Baltimore Co., Maryland to Edward **Hanson**, of same, £53.3, lot #29 in town of Baltimore. Signed William **Lux**. Wit: Nicholas Ruxton **Gay**.

13 Dec 1764, James **Christie** Jr., (attorney for Colen **Dunlop** and Robert **Christie**, merchants, of Glasgow, Scotland), of Maryland power of attorney to Robert **Kay**, of Baltimore Co., Maryland...monies from Isaac & Elizabeth **Risteau**, gentleman, of Baltimore Co., Maryland. Signed James **Christie** Jr. Wit: Alexander **Stenhouse** and Samuel **Young**.

14 Jan 1765, William **Webb**, saddler, of Baltimore Co., Maryland release of mortgage to Samuel **Webb**, tanner, of same, £300. Signed William **Webb**. Wit: John **Harris** and Edward **Morgan**.

14 Jan 1765, Samuel **Webb**, of Baltimore Co., Maryland to Edward **Morgan**, of same, £1000, 500 acres... patented by Michael **Taylor**, who sold to Charles **Carroll** and Dr. Charles **Carroll**, who sold to said Samuel. Signed Samuel **Webb**. Wit: John **Harris** and William **Webb**.

13 Oct 1764, Isaac **Hilner**, of Baltimore Co., Maryland leases to Abraham **Jarrett**, of same, 270 acres. Signed Isaac **Hilner**. Wit:

Samuel **Patterson** and Thomas **Gibson**.

13 Dec 1764, James **Christie** Sr., merchant, of London, England and James **Christie** Jr., merchant, of Baltimore Co., Maryland to Dr. Alexander **Stenhouse**, of Baltimore Co., Maryland,£0.35, 90 acres...purchased of William **Smith**. Signed James **Christie** Sr. by James **Christie** Jr. and James **Christie** Jr. Wit: Robert **Couden** and George **Stewart**.

14 Feb 1765, Richard **Ledgewick**, of Baltimore Co., Maryland to Benjamin **Rogers**, of same, £27.5, 33.75 acres. Signed Richard **Ledgewick**. Wit: William **Smith**.

8 Sep 1764, Edward & Ann **Fell**, of Baltimore Co., Maryland to Benjamin **Nelson**, ship carpenter, of Cecil Co., Maryland, £150, lots #46 and #106 in town of Baltimore. Signed Edward **Fell**. Wit: William **Aisquith** and Benjamin **Rogers**.

25 Feb 1765, Francis **Thornburgh**, planter, of Baltimore Co., Maryland leases to Samuel **Norwood**, of same, purchased of Rowland **Thornburgh**, grandfather of said Francis. Signed Francis (x) **Thornburgh** and Samuel **Norwood**. Wit: George **Risteau**, Bale **Owings**, Nathan **Brown** and John **Cockey**.

25 Feb 1765, Richard **Johns** Jr., of Baltimore Co., Maryland mortgage to Jacob **Giles**, of same, £187.55. Signed Richard **Johns**. Wit: William **Young** and John **Hall**.

31 Aug 1764, Anthony & Sarah **Chamness**, gentleman, of North Carolina to Joseph **Ensor**, of Maryland, £10, 100 acres...east side of Jones Falls. Signed Anthony (x) **Chamness** and Sarah (x) **Chamness**. Wit: William (x) **Cole**, Thomas **Stevens** and Joseph **Chamness**.

7 Feb 1765, Benjamin **Knight**, of Baltimore Co., Maryland to William **Hammond**, of same, £67.5, 50 acres...adjoining Gwin Falls. Signed Benjamin (x) **Knight**. Wit: William **Smith** and William **Hammond**, son of Lawrence **Hammond**.

13 Feb 1765, John & Mary **Edwards**, of Baltimore Co., Maryland

to Charles **Ridgeley** Jr., of same, £140, 218 acres...purchased of Moses **Edwards**, father of said John. Signed John **Edwards**. Wit: Nicholas Ruxton **Gay** and John **Merryman** Jr.

31 Aug 1764, Anthony & Sarah **Chamness**, of North Carolina to William **Cole**, planter, of Baltimore Co., Maryland, £10, 220 acres. Signed Anthony (x) **Chamness** and Sarah (x) **Chamness**. Wit: William (x) **Cole**, Thomas **Stevens** and Joseph **Chamness**.

2 Mar 1765, Jacob **Scott**, of Baltimore Co., Maryland to William **Moore**, miller, of same, £170, 100 acres...patented by John **Bosley**, who sold to Samuel **Tipton**, who sold to said Jacob. Signed Jacob **Scott**. Wit: Nicholas Ruxton **Gay** and William **Aisquith**.

24 Oct 1764, Thomas & Ann **Stockett**, planter, of Anne Arundel Co., Maryland leases to John **Sheckle**, planter, of same, 150 acres. Signed Thomas **Stockett**, Ann **Stockett** and John **Sheckle**. Wit: Benjamin **Beall**.

24 Jan 1765, Wendall **Bright**, of Baltimore Co., Maryland assignment of lease to Christian **Deal**, of same, lot #109 in town of Baltimore. Signed Wendall **Bright** and Christian **Deal**. Wit: Nicholas Ruxton **Gay** and William **Smith**.

22 Feb 1765, Samuel **Bond**, of Baltimore Co., Maryland to Michael **Gore**, planter, of same, £106.25, 112 acres. Signed Samuel **Bond**. Wit: William **Winchester** and Bale **Owings**. Susannah **Bond**, mother of said Samuel, releases her right of dower.

23 Feb 1765, Michael & Sevela **Gore**, of Baltimore Co., Maryland to Andrew **Buchanan**, of same, £106.25, 112 acres...purchased of Samuel **Bond**. Signed Michael **Gore**. Wit: Nicholas Ruxton **Gay** and William **Aisquith**.

17 Nov 1764, Thomas **Sheredine** and Thomas & Sarah **Stoxdale**, of Baltimore Co., Maryland to Benjamin **Barnes**, of same, £45, 100 acres. Signed Thomas **Sheredine**, Thomas **Stoxdale** and Sarah (x) **Stoxdale**. Wit: Benjamin **Rogers**.

27 Nov 1764, John **Hawkins**, innkeeper, of Anne Arundel Co., Maryland to Shadrick **Williams**, (son of Benjamin), of same, £0.25, 100 acres...west side of the main falls of Patapsco River. Signed John **Hawkins**. Wit: Sarah **Smith** and William **Smith**.

15 Jan 1765, Samuel **Young**, attorney, of Baltimore Co., Maryland to Jonathan **Plowman**, merchant, of same, £55, 4 acres. Signed Samuel **Young**. Wit: Nicholas Ruxton **Gay** and Robert **Adair**.

9 Oct 1764, Thomas & Elizabeth **Elledge**, (said Elizabeth is a daughter and heir of John **Thornburg**, late, of Baltimore Co., Maryland), of Bedford Co., Virginia to Benjamin **Bowen**, of Baltimore Co., Maryland, £50, 100 acres. Signed Thomas **Elledge** and Elizabeth (x) **Elledge**. Wit: Hannah (x) **Stansbury** and Sarah (x) **Gill**.

9 Oct 1764, Thomas & Elizabeth **Elledge**, (said Elizabeth is a daughter and heir of John **Thornburg**, late, of Baltimore Co., Maryland), of Bedford Co., Virginia to Thomas **Cockey**, of Baltimore Co., Maryland, £125, 250 acres. Signed Thomas **Elledge** and Elizabeth (x) **Elledge**. Wit: Hannah (x) **Stansbury** and Sarah (x) **Gill**.

6 Mar 1765, Nicholas Lowe **Darnall**, of Baltimore Co., Maryland to William **Lux**, merchant, of same, £220.25, 760 acres. Signed Nicholas Lowe **Darnall**. Wit: William **Aisquith** and Daniel **Chamier**.

8 Mar 1765, Joshua **Hall**, of Baltimore Co., Maryland to Aquila **Hall**, £165, lots #185 and #186 in town of Baltimore. Signed Joshua **Hall**. Wit: John **Mathews** and E. **Andrews**.

16 Jan 1765, deposition of John **Pribble**, age 68 years...deposition of James **Gallion** Sr., age 58 years...heard his father John **Gallion**...

12 May 1764, deposition of William **Grafton**, age 79 years...deposition of Morris **Baker**, age 62 years...deposition of Daniel **McComas**, age 60 years...deposition of Thomas **Bond**, (second son of Thomas **Bond**, deceased), age 59 years... deposition of John **Paca**, age 52 years...

26 Jan 1765, Gilbert & Mary **Donohu**, carpenter, of Baltimore Co., Maryland to James **Moore**, tanner, of same, £150, 125 acres...Bynams Run...line of Simon **Denney**. Signed Gilbert **Donohu**. Wit: Benjamin Edward **Hall** and Josias Carroll **Hall**.

21 Sep 1764, Thomas **Cockey**, planter, of Baltimore Co., Maryland to William **Smith**, gentleman, of same, £0.25, 50 acres of 900 ...sold by Francis **Thornbury** to Thomas **Tipton**. Signed Thomas **Cockey** and William **Smith**. Wit: William (x) **Cole** and James **Brice**.

21 Sep 1764, Thomas **Cockey**, planter, of Baltimore Co., Maryland to Benjamin **Bowen**, planter, of same, £0.25, 100 acres of 900 acres. Signed Thomas **Cockey** and Benjamin **Bowen**. Wit: William (x) **Cole** and James **Brice**.

1 Aug 1764, William & Ann **Yates**, (said Ann is a daughter and heir of John **Thornburg**, who was the oldest son of Rowland **Thornburg**), planter, of Bedford Co., Virginia to Thomas **Cockey**, planter and Joseph **Ensor**, of same, £100, 250 acres of 900 acres. Signed William (x) **Yates**, Ann (x) **Yates**. Wit: William (x) **Cole** and James **Brice**.

2 Jul 1764, William **Smith**, gentleman, of Baltimore Co., Maryland to Thomas **Cockey**, planter, of same, £0.25, 40 acres of 900 acres. Signed William **Smith** and Thomas **Cockey**. Wit: William (x) **Cole** and James **Brice**.

16 Mar 1765, Thomas & Ann **Sligh**, of Baltimore Co., Maryland to Andrew **Stigar**, of same, £52.5, 5.5 acres...line of Samuel **Young** and Col. William **Young**. Signed Thomas **Sligh**. Wit: Nicholas Ruxton **Gay** and Beale **Bordley**.

26 Mar 1765, Michael & Elizabeth **Webster**, (said Elizabeth is the widow of Joseph **Bankson**), mariner, of Baltimore Co., Maryland to John **Ridgeley** and Brian **Philpot**, merchants, of same, £0.25 and debts, lots #43 and #44 in town of Baltimore. Signed Michael **Webster**, Elizabeth **Webster**, John **Ridgeley** and Brian **Philpot**. Wit: William **Aisquith** and Benjamin **Rogers**.

23 Mar 1765, Obediah **Pritchard**, (son of Samuel & Isabella **Pritchard**, (said Isabella is a daughter and heir of John **Cotterall** and sister of Sarah **Bailey**, wife of Charles **Bailey**), of Baltimore Co., Maryland to Amos **Garrett**, of same, £36.5, 50 acres of 100 acres. Signed Obediah (x) **Pritchard**. Wit: John **Lusby** and J. **Pickett**.

29 Sep 1764, William **Knowland**, of Baltimore Co., Maryland assignment of lease to Richardson **Stansbury**, of same, £150, 91 acres. Signed William **Noland**. Wit: William **Smith**.

1 Apr 1765, William & Dinah **Murray**, planter, of Baltimore Co., Maryland to John **Tester**, planter, of same, £5, 53 acres. Signed William (x) **Murray**. Wit: R. **Richards** and Joseph **Leseartt**.

30 Mar 1765, Edward & Jemina **Tipton**, planter, of Baltimore Co., Maryland to John **Foster**, planter, of same, £20, 50 acres...branch of Grave Run. Signed Edward (x) **Tipton**. Wit: Abraham **Garrett** and Thomas **Franklin**.

12 Nov 1764, Benjamin **Tasker**, Charles **Carroll**, of Annapolis, Anne Arundel Co., Maryland, Charles **Carroll**, (son of Charles), barrister, Charles **Carroll**, (son of Daniel), Daniel **Dulany** and Walter **Dulany**, leases to Charles **Croxall**, gentleman, of Baltimore Co., Maryland. Signed Benjamin **Tasker**, Walter **Dulany**, Charles **Carroll** Jr., Charles **Carroll**, Charles **Carroll**, Charles **Carroll** and Daniel **Dulany**. Wit: Rachel **Darnall**, Mary **Darnall**, Richard **Sprigg** and John **Hepbourn**.

18 Mar 1765, Jacob **Myer**, of Baltimore Co., Maryland to Mark **Alexander**, of same, £105, lot #160 in town of Baltimore. Signed Jacob **Myer**. Wit: Nicholas Ruxton **Gay** and Benjamin **Rogers**.

6 Apr 1765, Henry **Crellinger**, shoemaker, of Baltimore Co., Maryland to George **Copperstone**, potter, of same, £45, 100 acres...south side of Grave Run. Signed Henry (x) **Crellinger**. Wit: R. **Richards** and Shadrick **Murray**.

12 Apr 1765, William **Giles**, laborer, of Baltimore Co., Maryland to Robert **Story**, of same, £13, 36 acres. Signed William (x) **Giles**. Wit:

Peter **Payne**, G. **Branwell** and Richard **Fort**.

13 Apr 1765, Robert & Prudence **Story**, laborer, of Baltimore Co., Maryland to Richard **Fort**, of same, £40, 24.75 acres and 36 acres. Signed Robert (x) **Story**. Wit: Peter **Payne** and G. **Branwell**.

20 Apr 1765, William & Sarah **Gosnell**, of Baltimore Co., Maryland to John **Ford**, of same, £31, 31 acres. Signed William **Gosnell**. Wit: Nicholas Ruxton **Gay** and William **Aisquith**.

13 Mar 1765, John **Cockey**, (son and heir of William **Cockey**), of Baltimore Co., Maryland to Thomas **Sligh**, of same, £15.75, lot #7 in town of Baltimore. Signed John **Cockey**. Wit: William **Aisquith** and Benjamin **Rogers**.

4 Mar 1765, Isaac **Webster**, (son an heir of Isaac **Webster**), of Baltimore Co., Maryland to Ignatius **Wheeler**, assignee of Col. John **Hall** and William **Bennett**, £260, 605 acres...16 acres to the heirs of John **Renshaw**. Signed Isaac **Webster**. Wit: William **Green** and James **Osborn**.

9 Apr 1765, Rebecca **Stokes**, (widow of Robert **Stokes**), of Baltimore Co., Maryland leases to William **Young**, gentleman, of same. Signed Rebecca **Stokes** and William **Young**. Wit: John **Hall** and Rebecca **Godsgrace**.

17 Dec 1764, Walter **Smith**, of Calvert Co., Maryland leases to his mother Elizabeth **Hunt**, of same, for love and affection, 500 acres...his father exchanged with John **Smith**. Signed Walter **Smith** and Elizabeth **Hunt**. Wit: David **Arnold** and Charles **Graham**.

17 Apr 1765, Melchior & Margaret **Keener**, of Baltimore Co., Maryland to Mark **Turney**, of same, £136, lot #5 in town of Baltimore. Signed Melchior **Keener**. Wit: Nicholas Ruxton **Gay**.

6 Apr 1765, Abner & Rachel **Baker**, of Baltimore Co., Maryland to Christopher **Sewell**, innholder, of same, 40 acres, (land exchange), 12 acres. Signed Abner (x) **Baker**. Wit: Samuel **Owings** and Charles **Gosnall**.

20 Apr 1765, Robert & Helen **Gileresh**, planter, of Baltimore Co., Maryland to John Baptist **Snowden**, planter, of same, £40, 100 acres. Signed Robert **Gileresh**. Wit: Nicholas Ruxton **Gay** and Benjamin **Rogers**.

20 Apr 1765, Benjamin **Wayger**, planter, of Baltimore Co., Maryland to John Baptist **Snowden**, planter, of same, £160, 115 acres. Signed Benjamin (x) **Wayger**. Wit: Nicholas Ruxton **Gay** and Robert **Gileresh**.

21 Dec 1764, Andrew **Stigar**, of Baltimore Co., Maryland assignment of lease to Adam **Burn**, of same, £150, 215 acres. Signed Andrew **Stigar**. Wit: William **Smith**.

14 Nov 1764, Robert **Nichols**, of Baltimore Co., Maryland leases to Cornelius **McDaniel**, of same, 110 acres. Signed Robert **Nichols**. Wit: William **Smith**.

14 Nov 1764, Robert **Nichols** and John **Ross**, of Baltimore Co., Maryland leases to Cornelius **McDaniel**, of same, 66 acres. Signed Robert **Nichols** and John **Ross**. Wit: William **Smith** and James **Everett**.

29 Apr 1765, Robert & Jemina **Cross**, planter, of Baltimore Co., Maryland to Francis **Trish**, of same, £35, 35 acres. Signed Robert **Cross**. Wit: Samuel **Owings** and G. **Branwell**.

12 Feb 1765, Owen & Ann **Rogers**, of Baltimore Co., Maryland to Abraham **Whittaker**, of same, £15, 21 acres. Signed Owen **Rogers**. Wit: George **Pifey** and Timothy **Keen**.

18 May 1765, Jacob & Catharine **Epough**, of Baltimore Co., Maryland to Henry **Salbuker**, of same, £12, 29 acres. Signed Jacob (x) **Epough**. Wit: R. **Richards** and Christopher (x) **Kityear**.

12 May 1765, James **Demmitt**, of Baltimore Co., Maryland assignment of lease to John **Cross**, of same, £70, 68 acres. Signed James **Demmitt**. Wit: William **Smith** and Asahel **Cross**.

22 Apr 1765, Benjamin **Cross**, of Baltimore Co., Maryland assignment of lease to Richard **Cross**, of same, £70, 76 acres. Signed Benjamin **Cross**. Wit: Nicholas Ruxton **Gay** and Benjamin **Rogers**.

20 May 1765, Thomas **Slade** assignment of lease to Robert **Bishop**, £100. Signed Thomas **Slade**. Wit: William **Smith**.

20 May 1765, Thomas **Slade** assignment of lease to Robert **Bishop**, £115. Signed Thomas **Slade**. Wit: William **Smith**.

20 Apr 1765, Benjamin & Elinor **Waygers**, planter, of Baltimore Co., Maryland to Harman **Gratehouse**, blacksmith, of same, £30, 10 acres...between the northern and western falls of Patapsco River. Signed Benjamin (x) **Waygers**. Wit: Nicholas Ruxton **Gay** and Benjamin **Rogers**.

27 May 1765, Martin & Barbary **Cummill**, of Baltimore Co., Maryland to William **Clink**, of same, £3, 8 acres...patented by Paul **Everhart**. Signed Martin (x) **Cummill**. Wit: R. **Richards** and Peter **Lesley**.

27 May 1765, Martin & Barbary **Cummill**, of Baltimore Co., Maryland to Peter **Lesley**, of same, £20, 65 acres. Signed Martin (x) **Cummill**. Wit: R. **Richards**.

26 Apr 1765, Charles **Graham**, (executor of the estate of Thomas **Dick**), of Calvert Co., Maryland to Charles **Ridgely** Jr., of Baltimore Co., Maryland, £77, lot #10 in the town of Baltimore. Signed Charles **Graham**. Wit: Nicholas Ruxton **Gay** and William **Smith**.

26 Apr 1765, Charles **Graham**, (executor of the estate of Thomas **Dick**), of Calvert Co., Maryland to Charles **Ridgely** Jr., of Baltimore Co., Maryland, £405, lots #72 and #73 in the town of Baltimore. Signed Charles **Graham**. Wit: Nicholas Ruxton **Gay** and William **Smith**.

26 Apr 1765, John **Smith**, William **Buchanan**, William **Smith**, James **Sterett**, John **Stevenson**, William **Lyon** and Jonathan

Plowman, on behalf of the Presbyterian Church, of Baltimore Co., Maryland assignment of lease to Charles **Ridgely** Jr., of same, £100, lots #72 and #73 in the town of Baltimore. Signed John **Smith**, William **Buchanan**, William **Smith**, James **Sterett**, John **Stevenson**, William **Lyon** and Jonathan **Plowman**. Wit: Nicholas Ruxton **Gay** and William **Smith**.

13 Apr 1765, Darby & Rachel **Lux**, merchant, of Barbados, now of Baltimore Co., Maryland to William **Lux**, merchant, of Baltimore Co., Maryland, £600, 450 acres...Western Run near Jones Falls. Signed Darby **Lux**. Wit: Nicholas Ruxton **Gay** and Charles **Walker**.

24 May 1765, David & Mary **Malsby**, of Baltimore Co., Maryland to Charles **Baker**, of same, £120, 100 acres...patented by Nehemiah **Hicks** and 82 acres...little falls of Gunpowder River. Signed David **Malsby**. Wit: John **Willmott** and Thomas **Franklin**.

15 Oct 1765, Edmund **Deadman**, of Baltimore Co., Maryland to John **Malone**, of same, £40, 74 acres. Signed Edmund (x) **Deadman**. Wit: Henry **Stevenson** and William **Smith**.

18 May 1765, Andrew & Mary **Stigar**, of Baltimore Co., Maryland to John **Stover**, of same, £150, lot #86 in the town of Baltimore. Signed Andrew **Stigar**. Wit: Nicholas Ruxton **Gay** and Benjamin **Rogers**.

5 Jun 1765, Joseph **Bulkley**, joiner, of Baltimore Co., Maryland to Zacheus **Onion**, gentleman, of same, for services and £0.25, 50 acres ...between the branches of Gunpowder River and Bush River. Signed Joseph **Bulkley**. Wit: Thomas **Bond** Jr. and Vachel **Worthington**.

13 May 1765, Absolom & Mary **Butler**, of Baltimore Co., Maryland to Jacob **Anders**, of same, £23.65, 25 acres. Signed Absolom **Butler**. Wit: Nicholas Ruxton **Gay** and William **Smith**.

27 May 1765, Dorsey & Sarah **Peddicoat**, planter, of Baltimore Co., Maryland to Henry **Wade**, farmer, of same, £115, 331 acres. Signed Dorsey **Peddicoat**. Wit: Samuel **Owings** and Edward **Owings**.

6 Jun 1765, Benjamin **Culver**, of Baltimore Co., Maryland to Andrew & Lydia **Wilson**, (said Lydia is the daughter of said Benjamin), of same, for love and affection, 75 acres. Signed Benjamin **Culver**. Wit: John **Hall** and Samuel **Kimble**.

6 Jun 1765, Benjamin **Culver**, of Baltimore Co., Maryland to James & Elizabeth **Barnes**, (said Elizabeth is the daughter of said Benjamin), of same, for love and affection, 100 acres. Signed Benjamin **Culver**. Wit: John **Hall** and Samuel **Kimble**.

23 May 1765, Michael & Mary **Taylor**, planter, of Baltimore Co., Maryland to Kent **Mitchell**, planter, of same, £65, 40 acres...branches of Swan creek. Signed Michael **Taylor**. Wit: John **Hall** and William M. **Garhen**.

1 Jun 1765, James & Mary **Chambers**, (said Mary is the daughter and heir of John **Tipton**), of Baltimore Co., Maryland to John **Ridgely**, gentleman, of same, £36.7, 53 acres...Mary **Tipton**, widow of said John, lives. Signed James (x) **Chambers** and Mary (x) **Chambers**. Wit: William **Goodwin** and Charles **Ridgely**.

27 May 1765, John & Sarah **Gibins**, of Baltimore Co., Maryland to Joseph **Cromwell**, of same, £91, 100 acres. Signed John (x) **Gibins**. Wit: Samuel **Owings**, H. **Stevenson** and Edward **Owings**.

10 Jan 1765, William **Hughes**, planter, of Baltimore Co., Maryland leases to James **Bonar**, of same, 10 acres...line of John **Hughes**. Signed William **Hughes**. Wit: Moses **Campbell** and John **Bonar**.

27 May 1765, Martin & Barbary **Cummill**, farmer, of Baltimore Co., Maryland to Michael **Fisher**, farmer, of same, £7.5, 6 acres. Signed Martin (x) **Cummill**. Wit: R. **Richards** and Peter **Lesley**.

13 May 1765, George Peter & Susannah **Baum**, tanner, of Baltimore Co., Maryland to Adam **Hoopart**, wheelwright, of York Co., Pennsylvania, £75, 50 acres. Signed George Peter (x) **Baum**. Wit: R. **Richards** and Mary (x) **Green**.

7 Jun 1765, William **Moore**, tailor, of Baltimore Co., Maryland to

Samuel Cross, of same, £325, 153 acres...branches of James Run. Signed William Moore. Wit: William Smith and John Harris.

20 Apr 1765, Job & Elizabeth Garrison, joiner, of Baltimore Co., Maryland to John Harkin, brasier, of same, £6, 3 acres. Signed Job Garrison. Wit: William Aisquith and William Smith.

30 May 1765, James & Barbara Demmitt, of Baltimore Co., Maryland assignment of lease to William Lux, of same, £50, 60 acres ...south side of the great falls of Gunpowder River. Signed James Demmitt and Barbara Demmitt. Wit: Charles Walker, Nicholas Gardner and John Minor.

16 May 1765, Sarah Deaver, widow, of Baltimore Co., Maryland mortgage to Thomas White, of Philadelphia, Pennsylvania, £72.45 and 14,720 pounds of tobacco, head of Bush River...where said Sarah now dwells and parts of thereof conveyed to her son and daughter, John and Elizabeth Deaver. Signed Sarah Deaver. Wit: John Hall and Sophia Hall.

7 Jun 1765, Robert Adair, sheriff, of Baltimore Co., Maryland to Jacob Giles, of same, £5, mill and 20 acres...Swan creek...to pay Nicholas Maccubbin debt owed by Samuel Hill. Signed Robert Adair. Wit: Robert Kay and Amos Garrett.

13 May 1765, Thomas White, of Philadelphia, Pennsylvania to Aquila Hall, of Baltimore Co., Maryland, £0.25, his share of mill and 5.25 acres jointly owned by him and said Aquila. Signed Thomas White. Wit: John Hall and John Hall Jr.

12 Mar 1765, William & Elizabeth Smith, surveyor, of Baltimore Co., Maryland to Richard Dallam Jr., merchant, of same, £251, lot #5 in the town of Baltimore. Signed William Smith. Wit: Thomas Tisker and Edward Hall.

4 Jun 1764, Edward Day, of Baltimore Co., Maryland leases to Edmund Key, of Annapolis, Anne Arundel Co., Maryland. Signed Edward Day and Edmund Key. Wit: Joshua Hall and James

Armstrong.

3 Jun 1765, Thomas **Harrison**, merchant, of Baltimore Co., Maryland leases to Charles **Ridgely** Jr., lot #71 in the town of Baltimore. Signed Thomas **Harrison** and Charles **Ridgely** Jr. Wit: Nicholas Ruxton **Gay** and Benjamin **Rogers**.

10 Jun 1765, Benjamin & Mary **Cross**, of Baltimore Co., Maryland to Andrew **Bergebile**, of same, £100, 70 acres...south side of George Cabin Branch of the great falls of Gunpowder River. Signed Benjamin **Cross**, son of William. Wit: R. **Richards** and John (x) **Price**.

6 Jun 1765, Thomas & Elizabeth **Bond**, (son and heir of Thomas **Bond**), of Baltimore Co., Maryland to Charles **Anderson**, of same, £25, 20 acres...west side of Winters Run. Signed Thomas **Bond**. Wit: Walter **Tolley** and William **Husband**.

5 Mar 1765, John **Pickett**, of Baltimore Co., Maryland to James **Russell**, Walter **Ewer**, John **Ewer**, John **Buchanan** and Alexander **Lawson**, iron masters, of same, £75, 50 acres. Signed John **Pickett**. Wit: William **Young** and Walter **Tolley**.

17 Jun 1765, Thomas **Durbin**, farmer, of Baltimore Co., Maryland to Edward **Mitchell**, planter, of same, £160, 100 acres. Signed Thomas **Durbin**. Wit: E. **Andrews** and William **Mitchell**.

8 Jun 1765, Henry **Cross**, (assignee of Thomas **Broad**), of Baltimore Co., Maryland assignment of lease to William **Stansbury**, of same, £100, 242 acres. Signed Henry **Cross**. Wit: William **Smith** and James **Everett**.

8 Jun 1765, Henry **Cross**, of Baltimore Co., Maryland assignment of lease to William **Stansbury**, of same, £5, 27 acres. Signed Henry **Cross**. Wit: William **Smith** and James **Everett**.

17 Apr 1764, John **Paca**, Robert **Adair** and Margaret **Hill**, (executors of the estate of John **Paca** Jr.), of Baltimore Co., Maryland to Capt. William **Smith**, surveyor, of same, £251, lots #1 and #5 in the town

of Baltimore. Signed John **Paca**, Robert **Adair** and Margaret **Hill**. Wit: John **Hall** and Blanche **Hall**.

28 Apr 1764, Thomas **Bissett**, (father and heir of James **Bissett**, attorney, late, of Baltimore Co., Maryland), of Glenalbert, parish of Little Dunkeld, shire of Perth, Scotland to Jacob **Giles**, merchant, of Baltimore Co., Maryland, £482.6, 314 acres...John **Atkinson**, devised to his wife Ann, who married David **Bissett**, gentleman, of Baltimore Co., Maryland and younger brother of said James. Signed Thomas **Bissett**. Wit: Robert **Bryce** and Robert **Hunter**.

15 Feb 1765, Dr. Charles **Bissett**, (oldest son and heir apparent of Thomas **Bissett**, of Glenalbert, parish of Little Dunkeld, shire of Perth, Scotland and brother and heir of James **Bissett**), of York Co., England power of attorney to Alexander **Stenhouse** and Robert **Kay**, of Baltimore Co., Maryland. Signed Charles **Bissett**. Wit: John **Yeoman** and Thomas **Boulby**.

15 Feb 1765, Dr. Charles **Bissett**, (oldest son and heir apparent of Thomas **Bissett**, of Glenalbert, parish of Little Dunkeld, shire of Perth, Scotland and brother and heir of James **Bissett**), of Skelton in Cloveland in the north riding of York Co., England to Jacob **Giles**, merchant, of Baltimore Co., Maryland, £482.6, 314 acres. Signed Charles **Bissett**. Wit: John **Yeoman** and Thomas **Boulby**.

15 Jul 1765, George & Jemina **Ashman**, planter, of Baltimore Co., Maryland to John **Shelmedine**, planter, of same, £2, 8 acres. Signed George **Ashman**. Wit: William **Smith**.

20 Jun 1765, John **Simkins**, planter, of Baltimore Co., Maryland to John **Shelmedine**, planter, of same, £1.75, 5.25 acres. Signed John **Simkins**. Wit: William **Hammond** and David **Brown**.

8 Jun 1765, William & Mary **Andrews**, of Baltimore Co., Maryland to Thomas **Sligh**, of same, £115, sold by said Thomas some years ago to John **Lynch**, deceased. Signed William **Andrews**. Wit: John **Litten**.

28 Jan 1765, William **Bond** Jr., planter, of Baltimore Co., Maryland

to William **Andrews**, of same, £100, 150 acres. Signed William **Bond**. Wit: Amos (x) **Holbrook** and Abraham **Andrews**.

7 Jun 1765, Daniel & Elizabeth **Watkins**, (son of Francis **Watkins**), of Baltimore Co., Maryland to William **Andrews**, of same, £18, purchased of John **Arnal**...line of William **Woods**. Signed Daniel (x) **Watkins**. Wit: John **Bond** Jr. and David **Clark**.

19 Jul 1765, Edward **Fell**, gentleman, of Baltimore Co., Maryland leases to William **Smith** and James **Sterett**, gentlemen, of same, lot #182 in the town of Baltimore. Signed Edward **Fell**, William **Smith** and James **Sterett**. Wit: Nicholas Ruxton **Gay** and Benjamin **Rogers**.

27 Jul 1765, Absolom & Ann **Boreing**, (son and heir of John **Boreing**), of Baltimore Co., Maryland to Charles **Ridgeley**, John **Ridgeley** and Charles **Ridgeley** Jr., of same, £100, 355 acres...between main falls of Gunpowder River and Jones Falls. Signed Absolom (x) **Boreing**. Wit: Nicholas Ruxton **Gay** and Benjamin **Rogers**.

31 Jan 1765, John **Ensor** Sr. (attorney for James **Tracey**, of Craven Co., North Carolina to sell to John **Cole**) and Thomas **Sligh**, (attorney for John **Cole**), of Baltimore Co., Maryland to George **Haile**, of same, £20, 100 acres. Signed John **Ensor** and Thomas **Sligh**. Wit: William **Smith** and Moses **Galloway**.

3 Jul 1765, Thomas & Ann **Sligh**, of Baltimore Co., Maryland to William **Andrews**, of same, £120, lots #11 and #12 in the town of Baltimore. Signed Thomas **Sligh**. Wit: William **Aisquith** and Benjamin **Rogers**.

19 Jul 1765, Richard & Sarah **Richards**, of Baltimore Co., Maryland to Andrew **Stigar** and Peter **Earp** Sr., of same, £50, 33.75 acres and 16.25 acres. Signed Richard **Richards**. Wit: Samuel **Owings** and Hannah **Owings**.

1 Aug 1765, Nicholas Ruxton & Ann **Gay**, of Baltimore Co., Maryland to Lodowick **Righter**, of same, £25, 60 acres. Signed

Nicholas Ruxton **Gay**. Wit: William **Lux** and William **Smith**.

6 Jul 1765, Thomas **Harrison**, merchant, of Baltimore Co., Maryland leases to Nicholas **Hassalback**, printer, of same, lot #71 in the town of Baltimore. Signed Thomas **Harrison** and Nicholas **Hassalback**. Wit: Nicholas Ruxton **Gay** and William **Smith**.

31 Jul 1765, Peter **Stump**, of Baltimore Co., Maryland to Henry **Crottinger**, of same, £50, 50 acres...south side of Dugg Hill. Signed Peter **Stump**. Wit: R. **Richards**.

10 Jul 1765, Isaac **Webster**, (son and heir of Isaac **Webster**), of Baltimore Co., Maryland to Jacob **Giles**, of same, £300, 100 acres...north side of Deer creek. Signed Isaac **Webster**. Wit: Daniel **Robertson** and Michael (x) **Temple**.

6 Jul 1765, Thomas **Harrison**, merchant, of Baltimore Co., Maryland leases to Richard **Dallam**, merchant, of same, lot #54 in the town of Baltimore. Signed Thomas **Harrison** and Richard **Dallam**. Wit: Nicholas Ruxton **Gay** and William **Smith**.

22 Feb 1765, John **Oram**, (heir of John **Wright**), farmer, of Baltimore Co., Maryland to James **Calder**, mariner, of same, £38.1, 111 acres. Signed John **Oram**. Wit: John **Ridgely** and Samuel **Bailey**.

7 Jun 1765, Owen & Ann **Rogers**, of Baltimore Co., Maryland to Abraham **Whittaker**, of same, £50, 79 acres...between draughts of Deer creek and Winters Run. Signed Owen **Rogers**. Wit: Thomas **Johnson** Jr. and William **Oldham**.

19 Jul 1765, Isaac **Webster**, (son and heir of Isaac **Webster**), of Baltimore Co., Maryland to Thomas **White**, of Philadelphia, Pennsylvania, good deed, 238 acres...purchased of John **Parrans** and sold to Benjamin **Deaver**, who sold to said Thomas and to Thomas **Jackson** and Edmund **Morris**. Signed Isaac **Webster**. Wit: John **Hall** and Aquila **Hall**.

16 Jul 1765, Thomas **Courtney**, (son and heir of Jonas **Courtney**), of Baltimore Co., Maryland to Thomas **White**, of Philadelphia,

Pennsylvania, £15, 15 acres...head of Swan creek...purchased of Robert **Courtney**. Signed Thomas **Courtney**. Wit: John **Hall** and Samuel **Budd**.

19 Jul 1765, Philip & Elinor **Ramson**, of Baltimore Co., Maryland to William **Mitchell**, of same, £37.5, 50 acres. Signed Philip **Ramson**. Wit: John **Hall** and Aquila **Hall**.

19 Jul 1765, Philip **Ramson**, of Baltimore Co., Maryland mortgage to William **Mitchell**, of same, £35, 50 acres...purchased of the heirs of Joshua **Wood**. Signed Philip **Ramson**. Wit: John **Hall** and Aquila **Hall**.

1 Aug 1765, Thomas **Harrison**, merchant, of Baltimore Co., Maryland to William **Levely**, of same, lot #95 in the town of Baltimore. Signed Thomas **Harrison** and William **Levely**. Wit: Nicholas Ruxton **Gay** and William **Aisquith**.

1 Jul 1765, Joshua **Hall**, of Baltimore Co., Maryland to his son John **Hall**, of same, for love and affection, lot #169 in the town of Baltimore. Signed Joshua **Hall**. Wit: William **Smith** and James **Everett**.

15 Mar 1765, Richard **Dallam**, (son of William **Dallam**), of Baltimore Co., Maryland to Christian **Deal**, of same, £250, lot #5 in the town of Baltimore. Signed Richard **Dallam**. Wit: Nicholas Ruxton **Gay** and William **Smith**.

5 Aug 1765, Michael **Huff**, of Baltimore Co., Maryland to Samuel **Manning**, of same, £163, 308 acres...east side of Patapsco Falls. Signed Michael **Huff**. Wit: John **Willmott** and Thomas **Franklin**.

17 Jun 1765, William **Boreing** and Reuben & Nancy **Boreing**, (two of the grandsons of John **Boreing**), of Baltimore Co., Maryland to Mark **Alexander**, of same, £30.5, lot #17 in the town of Baltimore. Signed William **Boreing** and Reuben (x) **Boreing**. Wit: Nicholas Ruxton **Gay** and William **Aisquith**.

4 Jun 1765, Christopher **Carnan**, of Baltimore Co., Maryland release

to Richard **Croxall**, claims on 200 acres...south side of Jones Falls...purchased of Nicholas Ruxton **Gay**, William **Lyon**, Brian **Philpot** and William **Lux**. Signed Christopher **Carnan**. Wit: Nicholas Ruxton **Gay** and William **Smith**.

17 Aug 1765, Martin **Smurr** release of right to Andrew **Stigar**, lot #66 in the town of Baltimore. Signed Martin **Smurr**. Wit: Nicholas Ruxton **Gay** and Benjamin **Rogers**.

1 Aug 1765, Nicholas Ruxton & Ann **Gay**, William & Mary **Lyon**, Brian & Mary **Philpot** and William & Agnes **Lux**, of Baltimore Co., Maryland to Richard **Croxall**, of same, £185, 185 acres. Signed Nicholas Ruxton **Gay**, William **Lyon**, Brian **Philpot** and William **Lux**. Wit: William **Aisquith** and William **Smith**.

27 Feb 1765, Joseph **Ensor**, gentleman, of Baltimore Co., Maryland to John **Ensor**, merchant, of same, £300, 100 acres. Signed Joseph **Ensor**. Wit: Nicholas Ruxton **Gay** and William **Buchanan**.

5 Aug 1765, Thomas **Broad**, of Baltimore Co., Maryland assignment of lease to John **Lemond**, of same, £40, 33 acres. Signed Thomas **Broad**. Wit: William **Smith** and Thomas **Ford**.

17 Aug 1765, Andrew **Stigar**, of Baltimore Co., Maryland leases to John **Roarer**, of same, lots #36 and #37 in the town of Baltimore. Signed Andrew **Stigar** and John **Roarer**. Wit: Nicholas Ruxton **Gay** and Benjamin **Rogers**.

5 Sep 1765, Martin **Murphy**, of Baltimore Co., Maryland to William **Andrews**, of same, £16, Daniel **Chamier** sold to Samuel **Messersmith**, who sold to said Martin. Signed Martin (x) **Murphy**. Wit: Nicholas Ruxton **Gay** and William **Aisquith**.

9 Sep 1765, Henry **Charlton**, saddler, of Chester Co., Pennsylvania to James **Barclay**, farmer, of same, £210, 210 acres...north side of Broad creek. Signed Henry **Charlton**. Wit: William **Husband** and George **Ewing**.

10 Sep 1765, Leaven & Mary **Roberts**, planter, of Baltimore Co.,

Maryland to Catharine **Allen**, of same, £38, 25 acres...south side of Settle Hill Run. Signed Leaven (x) **Roberts**. Wit: William **Smith** and Jacob **Bond**.

31 Aug 1765, Henry & Mary **Fites**, of Baltimore Co., Maryland to John **Hoopman**, of same, £80, 145 acres. Signed Henry **Fites**. Wit: Nicholas Ruxton **Gay** and Benjamin **Rogers**.

20 Aug 1765, Samuel **Owings** Jr. and Adam **Shacke**, of Baltimore Co., Maryland to Daniel **Sap**, of same, £180, 9 acres...drafts of Patapsco Falls. Signed Samuel **Owings** Jr. and Adam **Shacke**. Wit: Nicholas Ruxton **Gay**.

14 Jun 1765, Richard **Cross**, of Baltimore Co., Maryland assignment of lease to Michael **Fogle** and Martin **Houk**, of same, £45, 76 acres. Signed Richard (x) **Cross**. Wit: Benjamin **Rogers** and James **Everett**.

29 Aug 1765, Isaac & Henrietta **Hershey**, of New Castle Co., Pennsylvania to Gregory **Barns**, of Baltimore Co., Maryland, £140, 195 acres...patented by Josias **Middlemore**, who devised to his wife Frances **Middlemore**, who devised to Henrietta **Holland**, the wife of said Isaac. Signed Isaac **Hershey** and Henrietta **Hershey**. Wit: John **Hall** and Mary **Webster**.

31 Aug 1765, James & Ruth **Gallion**, (son of John), of Baltimore Co., Maryland to Henry **Knight**, of same, £12, 12 acres. Signed James **Gallion**. Wit: John **Hall** and James **Kirkpatrick**.

2 Sep 1765, Samuel **Webb**, tanner, of Baltimore Co., Maryland to Jacob **Giles**, gentleman, of same, £450, 500 acres...north side of Deer creek and seven slaves: Neebs, Toney Sr., Toney Jr., Sarah, Nann, Belt and Sampson. Signed Samuel **Webb**. Wit: Gilbert **Crockett** and Amos **Garrett**.

3 Oct 1765, Benjamin **Griffith**, of Baltimore Co., Maryland to Hugh **Burgess**, of same, £550, 9.5 acres and grist mill. Signed Benjamin **Griffith**. Wit: William **Aisquith** and William **Hallock**.

2 Oct 1765, Hugh **Burgess** and Sarah **Burgess**, (executors of the

estate of John **Burgess**), of Baltimore Co., Maryland to Benjamin **Griffith**, of same, £550, one half of 9.5 acres and grist mill. Signed Hugh **Burgess** and Sarah **Burgess**. Wit: William **Aisquith** and George **Daffin**.

20 Sep 1765, James & Ruth **Gallion**, (son and heir of John **Gallion**), of Baltimore Co., Maryland to William **Virchwart**, carpenter, of same, £62, 50 acres...patented by John **Whitaker**, who sold to said John. Signed James **Gallion**. Wit: Richard **Deaver** and William **Husband**.

14 Sep 1765, William & Mary **Pike**, planter, of Baltimore Co., Maryland to William **Virchwart**, carpenter, of same, £18, 50 acres...purchased of James **Gallion**. Signed William (x) **Pike**. Wit: John **Hall** and James **Kirkpatrick**.

23 Sep 1765, James & Ruth **Gallion**, (son and heir of John **Gallion**), of Baltimore Co., Maryland to William **Virchwart**, carpenter, of same, £42, 36 acres. Signed James **Gallion**. Wit: Richard **Deaver** and William **Husband**.

30 Sep 1765, Brian **Philpot**, of Baltimore Co., Maryland to Peter **Hubbert**, of same, lot #52 in the town of Baltimore. Signed Brian **Philpot** and Peter **Hubbert**. Wit: Nicholas Ruxton **Gay** and William **Young**.

9 Sep 1765, James **Webster**, of Baltimore Co., Maryland mortgage to Isaac **Webster** and John Lee **Webster**, 300 acres, store at Bush River, iron works. Signed James **Webster**. Wit: John **Hall** and James **Spavold**.

9 Sep 1765, John Lee **Webster**, of Baltimore Co., Maryland to Isaac **Webster** and James **Webster**, of same, his interest in store at Bush River. Signed James Lee **Webster**. Wit: John **Hall** and James **Spavold**.

9 Sep 1765, Isaac **Webster**, of Baltimore Co., Maryland mortgage to John Lee **Webster** and James **Webster**, of same, 300 acres, store at Bush River, iron works. Signed Isaac **Webster**. Wit: John **Hall** and

James **Spavold**.

15 Oct 1765, Henry & Rachel **Clark**, of Baltimore Co., Maryland to Edward **Stoxdale**, of same, £10, 35 acres. Signed Henry **Clark**. Wit: Nicholas Ruxton **Gay**.

15 Oct 1765, John **Ridgely** and Henry & Rachel **Clark**, of Baltimore Co., Maryland to Gilbert **Israel**, of same, £0.25, 211 acres...correction of deed. Signed John **Ridgely** and Henry **Clark**. Wit: Charles **Ridgely** and Richard **Parish** Sr.

15 Oct 1765, Henry & Rachel **Clark**, of Baltimore Co., Maryland to Gilbert **Israel**, of same, £14.5, 14 acres. Signed Henry **Clark**. Wit: John **Ridgely**.

15 Oct 1765, Henry & Rachel **Clark**, of Baltimore Co., Maryland to Richard **Parish** Sr., of same, £2, 14.5 acres. Signed Henry **Clark**. Wit: John **Ridgely** and Charles **Ridgely**.

24 Aug 1765, Edward & Ruth **Lewis** Jr., planter, of Baltimore Co., Maryland to Edward **Smith**, planter, of same, £30, 21 acres. Signed Edward **Lewis**. Wit: Nicholas Ruxton **Gay**.

21 Sep 1765, Richard & Sarah **Vaughan**, of Baltimore Co., Maryland to Mathias **Havener**, of same, £12, 27 acres. Signed Richard **Vaughan**. Wit: R. **Richards** and Francis (x) **Shuster**.

10 Oct 1765, Charles **Croxall**, gentleman, of Baltimore Co., Maryland leases to John **Taylor**, and Presly **Thornton**, of Virginia, 83.5 acres, iron mine. Signed Charles **Croxall**. Wit: Richard **Croxall** and Mary **Rummey**.

16 Sep 1765, Nicholas Ruxton & Ann **Gay**, of Baltimore Co., Maryland to Levin **Roberts**, of same, £40, 100 acres...south side of the great falls of Gunpowder River...line of Sarah **Stewart**. Signed Nicholas Ruxton **Gay**. Wit: William **Aisquith** and Jeremiah **Johnson**.

17 Oct 1765, John & Hannah **Hall**, of Baltimore Co., Maryland leases to Joseph **Polson**, of same, lot in Joppa Town. Signed John **Hall** and Hannah **Hall**. Wit: John **Mathews** and Mary **Mathews**.

1 Jun 1765, William & Jane **Porine**, farmer, of Baltimore Co., Maryland to Edward **Thorp**, planter, of same, £115.55, 200 acres. Signed William **Porine**. Wit: William **Amos** and Benjamin **Amos**.

6 Aug 1765, Aquila & Hannah **Johns**, (son of Richard **Johns**, deceased), of Baltimore Co., Maryland to Jacob **Giles**, of same, £627.35, 239 acres...west side of Susquehanna River. Signed Aquila **Johns**. Wit: Nicholas Ruxton **Gay** and William **Smith**.

11 Sep 1765, Achsah **Carnan**, (executor of the estate of John **Carnan**), of Baltimore Co., Maryland assignment of lease to Alexander **McMechan**, of same, £50, lot #77 in the town of Baltimore. Signed Achsah **Carnan** and Alexander **McMechan**. Wit: Benjamin **Rogers** and Daniel **Chamier**.

21 Oct 1765, Luther & Mary **Loveall**, farmer, of Baltimore Co., Maryland to William **Winchester** and David **Shriner**, of Frederick Co., Maryland, £15, 25 acres. Signed Luther **Loveall**. Wit: Samuel **Owings**.

21 Oct 1765, William & Hester **Buchanan**, merchant, of Baltimore Co., Maryland to John & Mary **Smith**, merchant, of same, £0.25, division of lot #96 in the town of Baltimore. Signed William **Buchanan** and John **Smith**. Wit: Daniel **Chamier**.

11 Oct 1765, Nathan **Cromwell**, of Baltimore Co., Maryland leases to Jeremiah **Morris**, planter, of same, 100 acres. Signed Nathan **Cromwell**. Wit: George **Hammond**.

21 Oct 1765, William & Leah **Wilson**, of Baltimore Co., Maryland to Duncan **McCowyen**, farmer, of same, £150, 78 acres. Signed William **Wilson** and Leah (x) **Wilson**. Wit: Philip **Rigbie** and George **Stewart**.

24 Oct 1765, Robert **Adair**, of Baltimore Co., Maryland to John

McAdow, of same, £200, 250 acres. Signed Robert **Adair**. Wit: John **Hall** and Benjamin **Rogers**.

21 Oct 1765, Henry **Clark**, (son and heir of Robert **Clark**), of Baltimore Co., Maryland to his brother Richard **Clark**, of same, £0.25, 50 acres. Signed Henry **Clark**. Wit: William **Goodwin** and Charles **Ridgeley**.

21 Oct 1765, Henry & Rachel **Clark**, (son and heir of Robert **Clark**), of Baltimore Co., Maryland to his brother Richard **Clark**, of same, £0.25, 50 acres. Signed Henry **Clark**. Wit: William **Goodwin** and Charles **Ridgeley**.

7 Oct 1765, Alexander & Agnes **Young**, farmer, of Baltimore Co., Maryland to Moses **Ruth**, farmer, of same, £150.5, 150 acres...sold to Andrew **Thomson** by William **Courts**, son and heir of John **Courts**. Signed Alexander **Young**. Wit: E. **Andrews** and John **Harris**.

17 Jun 1765, John **Paca**, Robert **Adair** and Margaret **Hill**, (executors of the estate of John **Paca** Jr.), of Baltimore Co., Maryland to William **Lux**, of same, £400, lots #1 and #5 in the town of Baltimore and 67 acres. Signed John **Paca**, Robert **Adair** and Margaret **Hill**. Wit: John **Hall** and Blanche **Hall**.

23 Oct 1765, William & Agnes **Lux**, merchant, of Baltimore Co., Maryland to Daniel **Hughes**, Samuel **Hughes**, John **Hughes** and Barnabas **Hughes**, of same, £185, lots #1 and #5 in the town of Baltimore. Signed William **Lux**. Wit: Nicholas Ruxton **Gay** and William **Aisquith**.

23 Oct 1765, William & Agnes **Lux**, of Baltimore Co., Maryland to Robert **Adair**, of same, £208, 67 acres. Signed William **Lux**. Wit: Nicholas Ruxton **Gay** and William **Aisquith**.

24 Oct 1765, Thomas **Franklin** to his wife's daughter Ruth **Ingram**, £0.25, 475 acres...patented by Richard **Wells**, planter, of Baltimore Co., Maryland...surveyed for Patrick **Forrist**...said Thomas purchased of Richard **Forrist**. Signed Thomas **Franklin**. Wit:

Nicholas Ruxton **Gay** and William **Young**.

21 Oct 1765, Henry & Rachel **Clark**, (son and heir of Robert **Clark**), of Baltimore Co., Maryland to his brother John **Clark**, of same, £0.25, 50 acres. Signed Henry **Clark**. Wit: William **Goodwin** and Charles **Ridgeley**.

15 Oct 1765, John & Mary **Ridgeley**, merchant, of Baltimore Co., Maryland to Peter **Warner**, farmer, of Frederick Co., Maryland, £33, 75 acres. Signed John **Ridgeley**. Wit: Charles **Ridgeley** and Gilbert **Israel**.

22 Oct 1765, John & Mary **Ridgeley**, merchant, of Baltimore Co., Maryland to John **Crider**, farmer, of Frederick Co., Maryland, £25, 50 acres. Signed John **Ridgeley**. Wit: Charles **Ridgeley** and Gilbert **Israel**.

15 Oct 1765, John & Mary **Ridgeley**, merchant, of Baltimore Co., Maryland to Jacob **Lemon**, farmer, of Frederick Co., Maryland, £10, 8 acres. Signed John **Ridgeley**. Wit: Charles **Ridgeley** and Gilbert **Israel**.

24 Oct 1765, John & Philiszene **Cross**, planter, of Baltimore Co., Maryland to George **Myers**, farmer, of same, £77.1, 50 acres. Signed John (x) **Cross**. Wit: Samuel **Owings** and Thomas **Franklin**.

2 Jul 1765, Melchior **Keener** and Andrew **Stigar**, of Baltimore Co., Maryland assignment of lease to Charles **Ridgely** Jr., of same, lot #71 in the town of Baltimore. Signed Melchior **Keener** and Andrew **Stigar**. Wit: Nicholas Ruxton **Gay** and Benjamin **Rogers**.

26 Oct 1765, John **Ford**, of Baltimore Co., Maryland to Nicholas **Orrick** and Alexander **Wells**, of same, £0.45, 9 acres...main falls of Patapsco River. Signed John **Ford**. Wit: Nicholas Ruxton **Gay** and Samuel **Owings**.

26 Sep 1765, William **Lux** and William **Lyon**, of Baltimore Co., Maryland, Charles **Graham**, of Calvert Co., Maryland and James **Dick**, of Anne Arundel Co., Maryland to William **Ogg**, of

Baltimore Co., Maryland, £51, 102 acres. Signed William **Lux**, William **Lyon**, Charles **Graham** and James **Dick**. Wit: Thomas **Richardson** and James **Dundass**.

21 Aug 1765, John & Mary **Hawkins**, gentleman, of Anne Arundel Co., Maryland to William **Ogg**, farmer, of Baltimore Co., Maryland, £0.25, 125 acres. Signed John **Hawkins**. Wit: William **Lux** and Joseph **Hall**.

26 Sep 1765, James **Dick**, of Anne Arundel Co., Maryland, William **Lux** and William **Lyon**, of Baltimore Co., Maryland and Charles **Graham**, of Calvert Co., Maryland to George **Ogg** Jr., of Baltimore Co., Maryland, £0.25, 271 acres, 296 acres, 111 acres and 30 acres. Signed William **Lux**, William **Lyon**, Charles **Graham** and James **Dick**. Wit: Thomas **Richardson** and James **Dundass**.

20 Aug 1765, Samuel **Owings** Jr., of Baltimore Co., Maryland to William **Lux** and William **Lyon**, of Baltimore Co., Maryland, Charles **Graham**, of Calvert Co., Maryland and James **Dick**, of Anne Arundel Co., Maryland, £30, 50 acres. Signed Samuel **Owings** Jr. Wit: Nicholas Ruxton **Gay** and Samuel **Owings**.

31 Aug 1765, Richard & Sophia **Barnes**, planter, of Baltimore Co., Maryland to George **Shipley**, of Anne Arundel Co., Maryland, £20, 20 acres...Morgans Run. Signed Richard (x) **Barnes**. Wit: William **Lux** and Philip **Allingham**.

31 Aug 1765, Thomas & Mary **Stevens**, planter, of Baltimore Co., Maryland to Thomas **Gorsuch** Jr., planter, of same, £100, 100 acres...patented by Charles **Carroll**, who sold to John **Little**, who sold to said Thomas. Signed Thomas (x) **Stevens**. Wit: William **Lux** and Charles **Walker**.

14 Oct 1765, Luke & Ann **Raven**, farmer, of Baltimore Co., Maryland to Nicholas **Merryman**, (son of Samuel **Merryman**), farmer, of same, £275, 200 acres. Signed Luke **Raven**. Wit: Nicholas Ruxton **Gay** and William **Aisquith**.

22 Oct 1765, Amos & Frances **Garrett**, of Baltimore Co., Maryland

to Aquila **Hall**, of same, £60, 107.5 acres...drafts of Rummey creek. Signed Amos **Garrett**. Wit: John **Lusby** and John **Hall**.

25 Oct 1765, John & Margaret **Grabtree**, planter, of Baltimore Co., Maryland to Thomas **Johnson**, farmer, of same, £70, 150 acres. Signed John (x) **Grabtree**. Wit: Thomas **Archer** and John **Love**.

25 Oct 1765, John & Margaret **Grabtree**, planter, of Baltimore Co., Maryland to Barnett **Johnson**, farmer, of same, £150, 150 acres. Signed John (x) **Grabtree**. Wit: Thomas **Archer** and John **Love**.

23 Oct 1765, Jacob & Mary **Combest**, planter, of Baltimore Co., Maryland to Aquila **Hall**, merchant, of same, £108.5, 47 acres. Signed Jacob **Combest**. Wit: John **Hall** and Michael **Gilbert** Jr.

26 Oct 1765, Thomas & Mary **Rubye** and their son Thomas **Rubye**, of Baltimore Co., Maryland assignment of lease to John Hammond **Dorsey**, of same, £95, 79 acres. Signed Thomas **Rubye**. Wit: Thomas **Hutchins** and Durham **Sharpe**.

4 May 1733, John **Parran**, of Calvert Co., Maryland to Isaac **Webster**, planter, of Baltimore Co., Maryland. Signed John **Parran**. Wit: Sarah **Deaver** and Edward **Burrage**.

25 Jul 1760, Sarah **Deaver**, age 63 years, stated she remembered the deed between John **Parran** and Isaac **Webster**...John **Parran** devised his land to his natural daughters, Esther Parran **Abbott** and Mary Parran **Abbott** in common for life and after their death to his brother Moses **Parran**...the widow now alive and single again, she having two husbands since James **Duke** and John **Gray**, both dead, Moses **Parran** is dead, young **Parran** now alive being his eldest brother...Mary Parran **Abbott** is married to Jacob **Bowen**, of Calvert Co., Maryland...John **Parran** died 1733.

23 Oct 1765, Nicholas Ruxton & Ann **Gay**, of Baltimore Co., Maryland to David **McCulloch**, of same, £100, 140 acres...fork of Gunpowder River. Signed Nicholas Ruxton **Gay**. Wit: William **Smith** and Benjamin **Rogers**.

24 Oct 1765, Edward & Sarah **Morgan**, planter, of Baltimore Co., Maryland to Alexander **Murra**, farmer and forge man, of same, £60, 50 acres...north side of Deer creek. Signed Edward **Morgan**. Wit: William **Husband** and John **Harris**.

19 Oct 1765, Thomas **Stansbury** Jr., planter, of Baltimore Co., Maryland to Reuben **Boreing**, planter, of same, £3.05, 61 acres. Signed Thomas **Stansbury** Jr. Wit: Nicholas Ruxton **Gay** and William **Smith**.

28 Oct 1765, John & Elizabeth **Paca**, of Baltimore Co., Maryland to John **Blackburn**, of same, £75, 150 acres...Stoney Ridge. Signed John **Paca**. Wit: James **Dickson** and George **Buchanan**.

28 Oct 1765, John & Elizabeth **Paca**, of Baltimore Co., Maryland to Robert **Jefferies**, of same, £25, 25 acres...a branch of James Run. Signed John **Paca**. Wit: James **Dickson** and George **Buchanan**.

28 Oct 1765, John & Elizabeth **Paca**, of Baltimore Co., Maryland to Thomas **Jefferies**, of same, £61, 106 acres...line of John **Blackburn**. Signed John **Paca**. Wit: James **Dickson** and John **Blackburn**.

28 Oct 1765, John & Elizabeth **Paca**, of Baltimore Co., Maryland to James **Dickson**, of same, £75, 75 acres. Signed John **Paca**. Wit: John **Blackburn** and George **Buchanan**.

28 Oct 1765, John & Elizabeth **Paca**, of Baltimore Co., Maryland to George **Buchanan**, of same, £156, 156 acres...Stoney Ridge...line of Thomas **Jefferies**. Signed John **Paca**. Wit: John **Blackburn** and James **Dickson**.

29 Oct 1765, Adam **Shipley** and Absolom **Shipley**, planters, of Baltimore Co., Maryland to Richard **Shipley** Jr., planter, of same, £20, 125 acres. Signed Absolom (x) **Shipley** and Adam (x) **Shipley**. Wit: Nicholas Ruxton **Gay** and William **Aisquith**.

29 Oct 1765, Edward & Rachel **Hewitt**, planter, of Baltimore Co., Maryland to Samuel **Bennett**, planter, of same, £50, 140 acres. Signed Edward **Hewitt**. Wit: Nicholas Ruxton **Gay** and William

Aisquith.

29 Oct 1765, Michael & Barbara **Coutz**, farmer, of Baltimore Co., Maryland to Nicholas **Britton**, £100, 100 acres...Georges Run...27 acres...Compass Run. Signed Michael **Coutz**. Wit: Nicholas Ruxton **Gay** and William **Aisquith**.

29 Oct 1765, Richard & Anne **Jacks**, planter, of Baltimore Co., Maryland to Robert **Wier**, farmer, of same, £300, 249 acres...north side of the main falls of Patapsco River. Signed Richard **Jacks**. Wit: Nicholas Ruxton **Gay** and Samuel **Owings**.

30 Oct 1765, Brian **Philpot**, of Baltimore Co., Maryland leases to John **Shrak**, of same, lot #54 in the town of Baltimore. Signed Brian **Philpot** and John **Shrak**. Wit: Nicholas Ruxton **Gay** and William **Aisquith**.

21 Oct 1765, Mayberry **Helm** Sr., of Baltimore Co., Maryland to his son Leonard **Helm**, of same, £53, lot #165 in the town of Baltimore. Signed Mayberry **Helm**. Wit: Nicholas Ruxton **Gay** and Benjamin **Rogers**.

28 Oct 1765, Edward **Pontany**, carpenter, of Baltimore Co., Maryland assignment of lease to John **Moale**, merchant, of same, £13, 60 acres and 256 acres. Signed Edward **Pontany**. Wit: Nicholas Ruxton **Gay** and William **Aisquith**.

17 Jun 1765, William & Martha **Boreing** and Reuben & Nancy **Boreing**, (two of the grandsons of John **Boreing**, deceased), of Baltimore Co., Maryland to Gest **Vaughan**, of same, £30.5, lot #17 in the town of Baltimore. Signed William **Boreing** and Reuben (x) **Boreing**. Wit: Nicholas Ruxton **Gay** and William **Aisquith**.

17 Aug 1765, William & Martha **Boreing**, of Baltimore Co., Maryland to Reuben **Boreing**, of same, division of 150 acres. Signed William **Boreing** and Reuben (x) **Boreing**. Wit: Nicholas Ruxton **Gay** and William **Aisquith**.

30 Oct 1765, Brian **Philpot**, of Baltimore Co., Maryland leases to

Andrew **Gearing**, of same, lot #50 in the town of Baltimore. Signed Brian **Philpot** and Andrew **Gearing**. Wit: Nicholas Ruxton **Gay** and William **Aisquith**.

30 Oct 1765, Brian **Philpot**, of Baltimore Co., Maryland leases to William **Currie**, of same, lot #191 in the town of Baltimore. Signed Brian **Philpot** and William **Currie**. Wit: Nicholas Ruxton **Gay** and William **Aisquith**.

21 Oct 1765, Alexander & Elizabeth **Lawson**, gentleman, of Baltimore Co., Maryland to John **Smith**, William **Smith**, William **Lyon**, James **Steret**, Jonathan **Plowman**, Alexander **Stenhouse** and Alexander **McMechan**, gentleman, of same, £100. Signed Alexander **Lawson**. Wit: Nicholas Ruxton **Gay**.

30 Oct 1765, Sarah **Owings**, of Baltimore Co., Maryland to Aquila **Conoway**, of same, £5, 83 acres. Signed Sarah (x) **Owings**. Wit: Nicholas Ruxton **Gay** and Samuel **Owings**.

30 Oct 1765, Sarah **Owings**, of Baltimore Co., Maryland to Stephen Hart **Owings**, of same, £5, 48 acres. Signed Sarah (x) **Owings**. Wit: Nicholas Ruxton **Gay** and Samuel **Owings**.

30 Oct 1765, Sarah **Owings**, of Baltimore Co., Maryland to John **Owings**, of same, £10, 106 acres. Signed Sarah (x) **Owings**. Wit: Nicholas Ruxton **Gay** and Samuel **Owings**.

30 Oct 1765, Edward & Sarah **Lee**, of Baltimore Co., Maryland to Benjamin **Wells**, of same, £130. Signed Edward (x) **Lee**. Wit: John **Ridgely** and William **Randall**.

19 Oct 1765, Edward & Sarah **Smith**, of Baltimore Co., Maryland to Joseph **Peck**, of same, £130, 100 acres. Signed Edward **Smith**. Wit: Nicholas Ruxton **Gay** and Benjamin **Rogers**.

30 Oct 1765, Sarah **Owings**, of Baltimore Co., Maryland to John **Owings**, of same, £5, 2.5 acres. Signed Sarah (x) **Owings**. Wit: Nicholas Ruxton **Gay** and Samuel **Owings**.

27 Sep 1765, Walter **Smith** leases to William **Odle**, planter, 50 acres. Signed Walter **Smith** and William (x) **Odle**.

30 Oct 1765, John **Love**, of Baltimore Co., Maryland to David **Clark**, of same, £9.5. Signed John **Love**. Wit: Robert **Clark** and Samuel **Harwood**.

30 Oct 1765, Robert & Elizabeth **Clark**, of Baltimore Co., Maryland to David **Clark**, of same, £50.95, 88 acres. Signed Robert **Clark**. Wit: John **Love** and Samuel **Harwood**.

31 Oct 1765, William **Peddicoat**, planter, of Baltimore Co., Maryland to John **Stewart** and Duncan **Campbell**, merchants, of same, £163.9, 203 acres. Signed William **Peddicoat**. Wit: Nicholas Ruxton **Gay** and Alexander **Stewart**.

30 Oct 1765, Daniel **Igow**, farmer, of Baltimore Co., Maryland to William **Lyon**, £100, 100 acres...patented by Lewis **Igow**, father of said Daniel. Signed Daniel **Igow**. Wit: William **Lux** and Philip **Allingham**.

28 Oct 1765, Isaac **Webster**, of Baltimore Co., Maryland to John Lee **Webster**, of same, one third of Bush River iron works, obtained from his mother, brothers and sisters and brothers-in-law. Signed Isaac **Webster**. Wit: John **Talbot** and William **Coale** Jr.

8 Sep 1765, Margaret **Webster**, (widow of Isaac **Webster**), Hanson **Richardson**, John & Margaret **Talbot**, Jonathan & Cassandra **Massey**, Elizabeth **Webster**, William & Sarah **Cole** and John & Alizana **Wilson**, of Baltimore Co., Maryland to Isaac **Webster**, of same, £311, Bush River iron works. Signed Margaret **Webster**, Hanson **Richardson**, John **Talbot**, Margaret **Talbot**, Jonathan **Massey**, Cassandra **Massey**, Elizabeth **Webster**, William **Cole**, Sarah **Cole**, John **Wilson** and Alizana **Wilson**. Wit: John **Hall** and James **Henley**.

29 Oct 1765, Isaac **Webster**, (son and heir of Isaac **Webster**), of Baltimore Co., Maryland to Edward **Hanson**, good deed on 300 acres...purchased of John **Parran**. Signed Isaac **Webster**. Wit: John

Talbot.

13 Mar 1765, John Grenif & Bridget **Howard**, iron master, of Baltimore Co., Maryland to Zacheus **Onion**, gentleman, of same, £1150, 410 acres ...patented by John **Crockett**. Signed John Grenif **Howard**. Wit: Walter **Tolley**.

Chapter 11
Baltimore County Deeds
Liber B. No. P
1765-1767

28 Oct 1765, Thomas & Elizabeth **Towson**, planter, of Baltimore Co., Maryland to Thomas Cockey **Deye**, of same, £80, 50 acres...east side of Compass Run. Signed Thomas **Towson**. Wit: James **Tibbett** and Thomas **Franklin**.

30 Oct 1765, Robert & Elizabeth **Clark**, of Baltimore Co., Maryland to Samuel **Forwood**, of same, £74.5, 11.5 acres. Signed Robert **Clark**. Wit: John **Love** and David **Clark**.

2 Aug 1765, John **Clark**, of Saint Marys Co., Maryland to Thomas **Franklin**, of Baltimore Co., Maryland, £375, 720 acres...line of Richard **Smith**. Signed John **Clark**. Wit: Alexander **Ferguson** and Francis **Hays**.

30 Oct 1765, William **Andrews**, planter, of Baltimore Co., Maryland to Nicholas **Maccubbin**, merchant, of Annapolis, Anne Arundel Co., Maryland, £500, 250 acres...patented, 24 Mar 1725, by Daniel **Scott**. Signed William **Andrews**. Wit: Robert **Saunders** and Thomas **Franklin**.

29 Oct 1765, Basil **Burgess**, of Prince Georges Co., Maryland to Thomas **Sly**, gentleman, of Baltimore Co., Maryland, £100, 500 acres ...south side of the main falls of Gunpowder River...patented by William **Burgess**...line of Walter **Smith**. Signed Basil **Burgess**. Wit: Tobias **Beltz** and Benjamin **Brooks**.

30 Oct 1765, Col. John **Hall**, gentleman, of Baltimore Co., Maryland to John **Hall**, of Cranberry, Baltimore Co., Maryland, £5,

10 acres. Signed John **Hall** and John **Hall**. Wit: Nicholas **Gilbert** and Jacob **Gallion**.

13 Sep 1765, John **Simkin**, planter, of Baltimore Co., Maryland to Richard **Croxall**, of same, £51.7, 100 acres. Signed John **Simkin**. Wit: George **Ashman** and Mary **Rumney**.

31 Oct 1765, Rev. Andrew & Sarah **Bay**, of Baltimore Co., Maryland leases to Robert **Mills**, planter, of same, 7200 square feet. Signed Andrew **Bay**. Wit: John **Thompson** and Augustus **Hart**.

31 Oct 1765, Rev. Andrew & Sarah **Bay**, of Baltimore Co., Maryland leases to Samuel **Cross**, merchant, of same, £4.5, 27,300 square feet. Signed Andrew **Bay**. Wit: John **Thompson** and Augustus **Hart**.

31 Oct 1765, Rev. Andrew & Sarah **Bay**, of Baltimore Co., Maryland leases to Augustus **Hart**, schoolmaster, of same, £1.1, 7,200 square feet. Signed Andrew **Bay**. Wit: John **Thompson** and Robert **Mills**.

1 Nov 1765, John Grenif **Howard**, iron master, of Baltimore Co., Maryland agreement with William **Andrews**, planter, of same, to lease iron works. Signed John Grenif **Howard** and William **Andrews**. Wit: Robert **Saunders** and Ezekiel **Slade**.

14 Jun 1765, Robert **Patterson**, of Baltimore Co., Maryland assignment of lease to George **McHenley**, of same, £700, 345 acres. Signed Robert **Patterson**. Wit: William **Smith** and James **Everett**.

31 Oct 1765, Patrick & Martha **Morrow**, of Baltimore Co., Maryland to John **Thomson**, of same, £50, 50 acres...James Run...purchased of Isaac **Webster**. Signed Patrick **Morrow**. Wit: Augustus **Hart** and Robert **Mills**.

31 Oct 1765, Rev. Andrew & Sarah **Bay**, of Baltimore Co., Maryland leases to Augustus **Hart**, schoolmaster, of same, £0.75 144200 square feet...purchased of Charles **Carroll**, (executor of the estate of James **Carroll**). Signed Andrew **Bay**. Wit: Augustus **Hart**

and Robert **Mills**.

31 Oct 1765, Richard & Sarah **Hendon**, planter, of Baltimore Co., Maryland to Edmund **Stansbury**, of same, 50 acres. Signed Richard (x) **Hendon**. Wit: Henry (x) **Hendon** and John (x) **Warrington**.

19 Feb 1766, William **Bell**, of Baltimore Co., Maryland assignment of lease to Benjamin **Merryman**, of same, £50, 75 acres and 50 acres. Signed William **Bell**. Wit: William **Smith** and Elizabeth **Smith**.

26 Oct 1765, Nicholas **Merryman**, of Baltimore Co., Maryland assignment of lease to Samuel **Tipton**, of same, £10, 27.5 acres. Signed Nicholas **Merryman**. Wit: Benjamin **Rogers** and Joshua **Hall**.

30 Oct 1765, Ann **Holt**, of Baltimore Co., Maryland to Henry **Quiton**, £0.25, 200 acres...patented, 20 Mar 1728, by Thomas **Cole**, sold devised it to be sold to highest bidder through his executor Samuel **Richardson**...purchased by John **Holt**, father of said Ann, who devised to his daughter Sarah **Holt**, now the wife of Henry **Quiton**. Signed Nancy (sic) **Holt**. Wit: Samuel **Meredith** and Thomas **Franklin**.

19 Apr 1766, James **Freeman**, of Baltimore Co., Maryland assignment of lease to Thomas **Mathews**, of same, £80, 82 acres. Signed James (x) **Freeman**. Wit: William **Smith** and James (x) **Kelley**.

29 Apr 1766, Nicholas **Merryman** and William **Worthington** release of mortgage to Thomas **Sheredine**, £135.7. Signed Nicholas **Merryman** and William **Worthington**. Wit: Benjamin **Rogers**.

12 May 1766, George Philip **Minkey**, of Baltimore Co., Maryland to George **Groomrine**, of same, £75, 100 acres and 25 acres. Signed George Philip (x) **Minkey**. Wit: R. **Richards** and Henry (x) **Minkey**.

1 Jun 1766, Thomas & Elizabeth **Crabtree**, planter, of Baltimore Co., Maryland to Thomas **Brierly**, farmer, of same, £70, 100 acres...west side of Broad Run. Signed Thomas (x) **Crabtree**. Wit: William **Young**.

28 Jan 1766, deposition of Zebediah **Baker**, (son of William **Baker**), age 66 years...

17 May 1766, Charles **Hammond** Jr., (executor of the estate of Philip **Hammond**), release of mortgage to Aquila **Carr**. Signed Charles **Hammond** Jr. Wit: Nelly (x) **Porter**.

25 Oct 1765, James **Morrow**, of Baltimore Co., Maryland assignment of lease to James **Stewart**, of same, £30, 48 acres. Signed James (x) **Morrow**. Wit: James **Everett**.

26 Apr 1766, Thomas **Harrison**, merchant, of Baltimore Co., Maryland leases to William **Moore** Jr., merchant, of same, lot #54 in the town of Baltimore. Signed Thomas **Harrison** and William **Moore** Jr. Wit: William **Aisquith** and Benjamin **Rogers**.

10 Jun 1766, William **Isgrig**, farmer, of Baltimore Co., Maryland mortgage to John **Ridgeley**, merchant, of same, £130.65, 142 acres and livestock. Signed William **Isgrig** Sr. Wit: William **Goodwin** and Charles **Ridgely**.

24 Jun 1766, Samuel **Cross**, of Baltimore Co., Maryland mortgage to Samuel **Jackson**, merchant, of Philadelphia, Pennsylvania, £200, 103 acres. Signed Samuel **Cross**. Wit: George **Stewart** and Thomas **Ewing**.

21 May 1766, Samuel **Bond**, merchant, of Philadelphia, Pennsylvania mortgage to George **Dillwyn**, of Burlington, New Jersey, £317, 286 acres...little falls of Gunpowder River. Signed Samuel **Bond**. Wit: Benjamin **Chapman** and William **Wilson**.

2 Jun 1766, Andrew & Ann **Thompson**, planter, of Baltimore Co., Maryland to James **Thompson**, planter, of same, £35, 21.75 acres of 60 acres...north side of Bynams Run...line of Thomas **Thompson**. Signed Andrew **Thompson**. Wit: Samuel **Webster**, John **Antill** and Richard **Webster**.

11 Jun 1766, John **Robinson**, merchant, of Baltimore Co., Maryland mortgage to John **Hart** and Daniel **Chamier**, merchants, of same,

£0.25, 26 acres...Jones Falls...line of Jonathan **Hanson** and John **Moale**...court actions by John **Foxcroft** and Benjamin **Franklin**. Signed John **Robinson**. Wit: Henry **James** and William **Aisquith**.

18 Jun 1766, John & Ellen **Moale**, (said Ellen is a sister and heir of Thomas **North**), of Baltimore Co., Maryland to Christopher **Carnan**, of same, £0.25, lot #62 in the town of Baltimore. Signed John **Moale** and Ellen **Moale**. Wit: Benjamin **Rogers** and William **Aisquith**.

18 Jun 1766, John & Ellen **Moale**, (said Ellen is a sister and heir of Thomas **North**), of Baltimore Co., Maryland to Robert North **Carnan**, of same, £0.25, lot #33 in the town of Baltimore. Signed John **Moale** and Ellen **Moale**. Wit: Benjamin **Rogers** and William **Aisquith**.

6 Apr 1766, Thomas **Harrison**, merchant, of Baltimore Co., Maryland leases to Thomas **Worthington**, merchant, of same, lot #71 in the town of Baltimore. Signed Thomas **Harrison** and Thomas **Worthington**. Wit: Benjamin **Rogers** and William **Aisquith**.

18 May 1766, Valentine **Larsch**, of Baltimore Co., Maryland leases to Jacob **Myers**, of same, lot #70 in the town of Baltimore...line of John **Hoaler**. Signed Valentine **Larsch** and Jacob **Myers**. Wit: Joseph **Smith** and Torlob **Riisboect**.

25 Jun 1766, Benjamin & Margaret **Hawkins**, William **Hawkins**, Abraham & Susannah **Hawkins** and Elizabeth **Hawkins**, of Baltimore Co., Maryland to Anthony **Haines**, of same, £215, 277 acres. Signed Benjamin (x) **Hawkins**, William (x) **Hawkins**, Abraham (x) **Hawkins** and Elizabeth (x) **Hawkins**. Wit: Samuel **Owings** and R. **Richards**.

25 Jun 1766, Benjamin **Barnes**, of Baltimore Co., Maryland to Jacob **Houke**, of same, £130, 125 acres. Signed Benjamin (x) **Barnes**. Wit: Samuel **Owings** and R. **Richards**.

25 Jun 1766, Benjamin **Barnes**, of Baltimore Co., Maryland to Jacob **Houke**, of same, £50, 57.5 acres. Signed Benjamin (x) **Barnes**. Wit:

Samuel **Owings** and R. **Richards**.

31 May 1766, Thomas & Ann **Sligh**, gentleman, of Baltimore Co., Maryland to Jacob **Myers**, saddler, of same, £68.6, 6 acres...east side of northwest branch of Patapsco River. Signed Thomas **Sligh**. Wit: Benjamin **Rogers** and William **Aisquith**.

8 Jun 1766, William & Agnes **Lux**, merchant, of Baltimore Co., Maryland to Robert **McCollister**, Joseph **Griffith** and James **Lewis**, (executors of the estate of James **McCollister**, of Bucks Co., Pennsylvania), of same, £600, 450 acres...devised by said James to his daughter Mary **Brooks** and his two sons, James and Joseph **McCollister** ...bonded by said William **Lux** to Darby **Lux**. Signed William **Lux**. Wit: Daniel **Bowly** and Benjamin **Rogers**.

20 Jul 1766, John **Thompson**, of Baltimore Co., Maryland to Allen **Gillespie**, of New Castle Co., Delaware, £250, 14,400 square feet... Charles **Carroll** sold to Andrew **Bay**, who sold to said John. Signed John **Thompson**. Wit: William **Longwell** and John **Dodds**. Joseph **Gilpin** and George **Catto**, of Cecil Co., Maryland.

20 Jul 1766, John **Thompson**, of Baltimore Co., Maryland to Allen **Gillespie**, of New Castle Co., Delaware, £50, 50 acres. Signed John **Thompson**. Wit: William **Longwell** and John **Dodds**. Joseph **Gilpin** and George **Catto**, of Cecil Co., Maryland.

15 Jul 1766, Andrew & Mary **Stigar** and Frederick **Myers**, of Baltimore Co., Maryland to Jacob **Doudell**, of York Town, Pennsylvania, £300, lot #104 in the town of Baltimore. Signed Andrew **Stigar** and Frederick **Myers**. Wit: Metisnir **Kiner** and William **Aisquith**.

28 May 1766, Thomas & Rosanna **Norris**, of Baltimore Co., Maryland to Samuel **Bale**, £89, 65 acres and 4 acres. Signed Thomas (x) **Norris**. Wit: William **Aisquith**.

12 Apr 1766, Thomas **Bradley**, planter, of Baltimore Co., Maryland to William **Porter**, farmer, of same, £82.5, 96 acres...north side of Deer creek. Signed Thomas **Bradley**. Wit: William **Husband** Jr. and

John **Harris**.

3 May 1766, Elijah & Hannah **Owings**, blacksmith, of Baltimore Co., Maryland to Clement **Brooke**, gentleman, of same, £248.6, 250 acres...west side of Gwin Falls. Signed Elijah **Owings**. Wit: William **Aisquith** and Benjamin **Rogers**.

31 Oct 1765, Henry & Elizabeth **Green**, planter, of Baltimore Co., Maryland to John **McGoverane**, tailor, of same, £65, 100 acres. Signed Henry **Green**. Wit: E. **Andrews** and Thomas **Andrews**.

16 Jun 1766, Thomas **Hawkins**, of Baltimore Co., Maryland assignment of lease to Robert **Hawkins**, of same, £20, 63 acres. Signed Thomas **Hawkins**. Wit: William **Smith**.

25 Jul 1766, Nicholas Ruxton & Ann **Gay**, of Baltimore Co., Maryland to Charles **Ridgely** Jr., of same, £1500, 400 acres and 100 acres...line of Philip **Jones** and John **Worthington**. Signed Thomas Ruxton **Gay**. Wit: Benjamin **Rogers** and William **Aisquith**.

20 Sep 1765, deposition of Nathan **Bowen**, age 44 years...his fathers sister Honour **Stansbury**...deposition of Solomon **Bowen**, age 40 years...deposition of Josias **Bowen**, age 36 years...deposition of William **Holmes**, alias William **Condeman**...

14 Dec 1765, deposition of Lewis **Poteet**, age 67 years...deposition of John **Norris**, age 43 years...brother Thomas **Norris**...deposition of Daniel **Preston**, age 50 years...deposition of Peter **Whitaker**, age 70 years...

22 Feb 1766, deposition of Edward **Sanders**, age 63 years...

31 Oct 1763, deposition of John **Cross**, age 63 years...deposition of Robert **Willmott**, age 36 years...his father John **Willmott**...

6 Jun 1763, deposition of William **Pierre**, age 50 years...deposition of William **Wheeler** Jr., age 46 years...deposition of Thomas **Stansbury**, age 50 years...

6 Aug 1766, Samuel **Owings**, planter, of Baltimore Co., Maryland to Richard **Owings**, planter, of same, £9.5, 38 acres. Signed Samuel **Owings**. Wit: R. **Richards** and John **Harris**.

17 Jul 1766, Sarah **Morris** and Ann **Yates**, (executors of the estate of Sarah **Deaver**), of Baltimore Co., Maryland to Isaac **Webster**, of same, £0.25, head of Bush River...devised to said Sarah **Deaver**, by her father John **Webster**, and Sarah sold to her son John **Deaver** and her daughter Elizabeth **Saunders**, then mortgaged to Thomas **White** and sold to said Isaac **Webster**. Signed Sarah **Morris** and Ann **Yates**. Wit: John **Hall** and Thomas **White**.

20 Oct 1765, Charles **Carroll** leases to William **Watson**, John **Watson** and William **Watson** Jr., of Baltimore Co., Maryland, 100 acres. Signed Charles **Carroll** and William **Watson**. Wit: John **Howard**, Jonathan **Slater** and Bornd **Reston**.

9 Jun 1766, Thomas **Crabtree**, of Baltimore Co., Maryland assignment of lease to Thomas **Bryarly**, of same, £50, 28 acres. Signed Thomas (x) **Crabtree**. Wit: William **Smith** and James **Everett**.

21 Jul 1766, Jacob & Rachel **Rock**, stone mason, of Baltimore Co., Maryland to Philip **Fullhart**, of same, £50, lot #8 in the town of Baltimore. Signed Jacob (x) **Rock**. Wit: David **Humphery** and William **Aisquith**.

3 Mar 1766, John **Bond**, (attorney for Edward **Fell**), of Baltimore Co., Maryland leases to Capt. Robert **Forsyth**, mariner, lot #109 in the town of Baltimore. Signed John **Bond** and Robert **Forsyth**. Wit: Thomas **Jarrold** and Benjamin **Nelson**.

24 Jul 1766, John & Mary **Worthington**, (said Mary is a daughter and heir of Capt. Thomas **Todd**), of Baltimore Co., Maryland to Nicholas Ruxton **Gay**, of same, £160, 27 acres and 15 acres. Signed John **Worthington** and Mary **Worthington**. Wt: Benjamin **Rogers** and William **Aisquith**.

12 Jun 1766, John **Porter**, (son and heir of John **Porter**) to William

Crooks, farmer, of Baltimore Co., Maryland, £100, 100 acres...south side of Broad creek. Signed John **Porter**. Wit: E. **Andrews**.

4 Aug 1766, William **Cole**, planter, of Baltimore Co., Maryland to Mark **Alexander**, merchant, of same, £50, 61 acres...run that goes into the head of Back River. Signed William **Cole**. Wit: Benjamin **Rogers** and Charles **Rogers**.

13 Jun 1766, Capt. William & Elizabeth **Dunlop**, (executor of the estate of William **Haddin**), of Baltimore Co., Maryland to John **Haddin**, of same, £300, lot #93 in the town of Baltimore. Signed William **Dunlop**. Wit: William **Aisquith** and William **Hammond**.

17 Jul 1766, Thomas **White**, of Philadelphia, Pennsylvania to Isaac **Webster**, of Baltimore Co., Maryland, £100, land mortgaged by Sarah **Deaver**. Signed Thomas **White**. Wit: John **Hall** and Sarah **Morris**.

2 Jul 1766, Edward & Ann **Fell**, of Baltimore Co., Maryland to Benjamin **Griffith**, of same, £45, lot #64 in the town of Baltimore. Signed Edward **Fell**. Wit: William **Aisquith** and Benjamin **Rogers**.

2 Jul 1766, Edward & Ann **Fell**, of Baltimore Co., Maryland to Capt. Charles **Ridgely** Jr., of same, £160, lots #69, #68 and #66 in the town of Baltimore. Signed Edward **Fell**. Wit: William **Aisquith** and Benjamin **Rogers**.

8 Aug 1766, Isaac **Bull** release of mortgage to Jacob **Bull**, £32.5 to Thomas **Smithson**. Signed Isaac **Bull**. Wit: Jesse **Bussey** and William **Johnson**.

6 Aug 1766, Stephen & Margaret **Kimble**, planter, of Baltimore Co., Maryland to James **Taylor** Sr., planter, of same, £36, 36 acres...Mosquito creek. Signed Stephen **Kimble**. Wit: John **Hall** Jr. and James **Adams**.

17 Aug 1766, Ambrose & Elizabeth **Georghegan**, yeoman, of Baltimore Co., Maryland to George **Zimmerman**, gardener, of same, £45, 125 acres. Signed Ambrose **Georghegan**. Wit: James **Cox** and

William **Aisquith**.

25 Aug 1766, Thomas **Harrison**, merchant, of Baltimore Co., Maryland to Dr. William **Lyon**, of same, £140, 28 acres. Signed Thomas **Harrison**. Wit: Nicholas Ruxton **Gay**.

18 Jun 1766, Thomas & Sarah **Whitehead**, George Abraham **Poor**, (son and heir of James **Poor**, formerly of Cecil Co., Maryland), all of New Castle Co., Delaware to Robert **Abercrombie**, of Baltimore Co., Maryland, £100, 200 acres...patented by John **Linagor**. Signed Thomas (x) **Whitehead**, Sarah (x) **Whitehead**, George Abraham (x) **Poor**. Wit: Aquila **Hattan** and James **Harris**. Attorneys were Thomas **Fisher** and Thomas **Howard**.

26 Aug 1766, Patrick & Elizabeth **Dunken**, miller, of Baltimore Co., Maryland to Dunken **Ogg**, planter, of same, £140, 118 acres. Signed Patrick **Dunken**. Wit: Samuel **Owings** and Samuel **Martin** Jr.

13 Aug 1766, Emanuel & Catharine **Teal**, farmer, of Baltimore Co., Maryland to Abraham **Walker**, carpenter, of same, £60, 100 acres. Signed Emanuel **Teal**. Wit: Benjamin **Rogers** and William **Aisquith**.

1 Sep 1766, Nicholas **Corbin**, farmer, of Baltimore Co., Maryland to William **Winchester**, of Frederick Co., Maryland, £10, 18 acres ...draft of Patapsco Falls. Signed Nicholas (x) **Corbin**. Wit: James **Ager** and Thomas **Franklin**.

20 Aug 1766, Daniel & Hannah **Lane**, planter, of Baltimore Co., Maryland to Thomas **Gist**, of same, £80, 100 acres...draft of Western Run...line of Daniel **Osborn**. Signed Daniel (x) **Lane**. Wit: R. **Richards** and Peter **Linger**.

2 Oct 1766, Elizabeth **Kitely**, widow, of Baltimore Co., Maryland, of the first part, Peter **Carroll**, of same, of second part and William **Kitely**, of same, of third part, said Elizabeth and said Peter to be married...£0.25, all estate to said William. Signed Elizabeth **Kitely**, Peter (x) **Carroll** Sr. and William **Kitely**. Wit: William **Hill**, Thomas (x) **Walters** and Elizabeth **Saunders**.

6 Oct 1766, Conrod & Elizabeth **Conrade**, joiner, of Baltimore Co., Maryland release of mortgage to Jacob **Leafe**, of same, £26.5. Signed Conrod **Conrade**. Wit: William **Aisquith** and George **Daffin**.

19 May 1766, Jacob & Sarah **Leafe**, brick maker, of Baltimore Co., Maryland to Michael **Graner**, of same, £26.5, line of Michael **Burn**. Signed Jacob **Laub**. Wit: Nicholas Ruxton **Gay** and William **Aisquith**.

20 Sep 1766, George & Margaret **Myers**, of Baltimore Co., Maryland to Francis **Adlesperger**, of same, £107, 50 acres and 10 acres. Signed George **Myers**. Wit: R. **Richards** and John **Botts**.

17 Sep 1766, Robert **Lux**, (son and heir of Darby **Lux**), mariner, of Baltimore Co., Maryland to Charles **Gorsuch**, planter, of same, £85, 100 acres. Signed Robert **Lux**. Wit: William **Lux** and Daniel **Bowly**.

7 Oct 1766, Charles & Ruth **Cole**, (son and heir of John **Cole**), of Baltimore Co., Maryland to Charles **Gorsuch**, (son of John), of same, £20, 100 acres. Signed Charles **Cole** and Ruth **Cole**. Wit: Benjamin **Rogers**.

25 Sep 1766, Jacob & Joanna **Giles**, (said Joanna is the daughter and heir of James **Phillips**), of Baltimore Co., Maryland to their son James **Giles**, of same, for love and affection, 500 acres...where John **Bennett** now lives. Signed Jacob **Giles** and Joanna **Giles**. Wit: John **Hall** and Nathan **Giles**.

29 Sep 1766, Abraham & Ann **Renshaw**, farmer, of Baltimore Co., Maryland to Samuel **Lockart**, farmer, of same, £488.3, 593 acres... south side of Broad creek. Signed Abraham **Renshaw**. Wit: William **Husband** Jr. and William **Morgan**.

10 Oct 1766, James & Margaret **Marsh** and their son James **Marsh** Jr., of Baltimore Co., Maryland assignment of lease to John Hammond **Dorsey**, of same, £150, 66.5 acres. Signed James (x) **Marsh**. Wit: William **Smith** and Walter **Tolley**.

10 Oct 1766, James & Margaret **Marsh** and their son James **Marsh**

Jr., of Baltimore Co., Maryland assignment of lease to John Hammond **Dorsey**, of same, £130, 110 acres. Signed James (x) **Marsh**. Wit: William **Smith** and Walter **Tolley**.

14 Jun 1766, Andrew & Mary **Stigar**, of Baltimore Co., Maryland to Benjamin **Griffith**, of same, £6, lot #4 in the town of Baltimore. Signed Andrew **Stigar**. Wit: Nicholas Ruxton **Gay** and William **Aisquith**.

4 Nov 1766, Dr. George **Cowen**, of Baltimore Co., Maryland to James **Elliott**, £40, mulatto boy Sam. Signed George **Cowen**. Wit: Robert **Saunders** and William **Robinson**.

30 May 1766, Jeremiah **Johnson**, planter, of Baltimore Co., Maryland to George **Ashman**, of same, security to Aquila **Hall**, sheriff, 200 acres and 100 acres and negroes: Flora, Rachel, Fry, Dine, Tom, Joe and Jack. Signed Jeremiah **Johnson** and George **Ashman**. Wit: Samuel **Owings** and Hannah **Owings**.

28 Jun 1766, Walter **Smith**, gentleman, of Baltimore Co., Maryland to Thomas **Johnson**, gentleman, of same, £255, 102 acres of 929 acres...patented, 30 Mar 1727, by Jonathan **Tipton**. Signed Walter **Smith** and Alexander **Lawson**. Wit: William **Aisquith** and Benjamin **Rogers**.

8 Nov 1766, Thomas **Marshall**, planter, of Baltimore Co., Maryland to Col. William **Young**, of same, £61, negro man Shrowsbury. Signed Thomas (x) **Marshall**. Wit: Samuel **Owings** and Robert **Saunders**.

20 Sep 1766, John & Mary **Banks**, planter, of Baltimore Co., Maryland to Andrew **Buchanan**, merchant, of same, £140, 77 acres...west side of Deep Run. Signed John **Banks**. Wit: Thomas **Franklin** and Joseph **Peregoy**.

26 Feb 1766, deposition of Joseph **Murray**, age 50 years, of Frederick Co., Maryland...deposition of Absolom **Barney**, age 48 years, planter, of Baltimore Co., Maryland...deposition of William **Govane**, age 49 years...deposition of Jacob **Young**, age 55 years,

planter, of Baltimore Co., Maryland...

27 Oct 1766, deposition of Thomas **White**, age 61 years...deposition of Richard **Wells**, age 71 years...deposition of Daniel **Preston**, age 51 years...

17 Sep 1766, John & Mary **Banks**, planter, of Baltimore Co., Maryland to Andrew **Buchanan**, merchant, of same, £140, 77 acres...west side of Deep Run. Signed John **Banks**. Wit: Thomas **Franklin** and Joseph **Peregoy**.

9 Oct 1766, James & Eleanor **Croswell**, planter, of Baltimore Co., Maryland to William **Weer**, of Pennsylvania, £190, 157 acres. Signed James **Croswell**. Wit: William **Aisquith** and Robert **Gilcresh**.

6 Nov 1766, Edmund & Mary **Talbot**, planter, of Baltimore Co., Maryland to Thomas **Talbot**, merchant, of same, £51.55, 139 acres... between the little falls of Gunpowder River and Winters Run. Signed Edmund **Talbot** and Mary (x) **Talbot**. Wit: Samuel **Owings** and R. **Richards**.

14 Jun 1766, Richard **Cole**, laborer, of Baltimore Co., Maryland to John **Ensor** Jr., gentleman, Richard **Carter**, house carpenter and James **Boreing**, millwright, of same, £30, 81 acres. Signed Richard **Cole**. Wit: William **Aisquith** and James **Skinner**.

9 Oct 1766, William **Winchester**, shopkeeper, of Frederick Co., Maryland to Peter **Stump**, blacksmith, of Baltimore Co., Maryland, £10, 50 acres...line of Henry **Feather**. Signed William **Winchester**. Wit: William **Aisquith** and Phillipp **Piler**.

4 Nov 1766, Alexander & Elizabeth **Lawson**, gentleman, of Baltimore Co., Maryland to William **Cromwell**, planter, formerly of Anne Arundel Co., Maryland, but now of Baltimore Co., Maryland, £404, 509 acres...east side of main falls of Patapsco River. Signed Alexander **Lawson**. Wit: Nicholas Ruxton **Gay** and Benjamin **Rogers**.

13 Aug 1766, Mark **Alexander**, of Baltimore Co., Maryland to John

Ensor Jr., Richard Carter and James Boreing, of same, £40, 61 acres. Signed Mark Alexander. Wit: Nicholas Sinnett and Joseph Ensor.

28 Oct 1766, William Wood, late of York Co., Pennsylvania to Kent Mitchell, farmer, of Baltimore Co., Maryland, £20, purchased by Thomas Mitchell, deceased of Richard Wood, father of said William, of Anne Arundel Co., Maryland. Signed William (x) Wood. Wit: Daniel Henly and John Williams.

26 Sep 1766, Preston Gilbert, (son and heir of Garvis Gilbert), of Bedford Co., Virginia to Thomas Gash, of Baltimore Co., Maryland, £100, 89 acres. Signed Preston Gilbert. Wit: John Hall and Daniel McDuffee.

1 Jul 1766, Jacob & Rachel Rock, stone mason, of Baltimore Co., Maryland to Peter Bond, stone mason, of same, £16, 4 acres in the town of Baltimore. Signed Jacob (x) Rock and Rachel (x) Rock. Wit: Benjamin Griffith and William Aisquith.

5 Jul 1766, Dr. Alexander & Cordelia Stenhouse, of Baltimore Co., Maryland to Peter Bond, bricklayer, of same, £66.5, lot #21 in the town of Baltimore. Signed Alexander Stenhouse. Wit: Benjamin Rogers and William Aisquith.

27 Nov 1766, John Stoxdale, (son and heir of John Stoxdale), of Baltimore Co., Maryland to John Reister, of same, £30, 83 acres... patented, 9 Jul 1730, by William Rogers, who devised to said John. Signed John (x) Stoxdale. Wit: R. Richards and C. Bramwell.

7 Nov 1766, Robert Adair, sheriff, of Baltimore Co., Maryland to Samuel McCarty, of same, £50, 62 acres...seized of Samuel Hill. Signed Robert Adair. Wit: John Mathews and John Harris.

12 Aug 1766, Avarilla Lynch, (widow and granddaughter of Arthur Taylor), of Baltimore Co., Maryland to Walter Tolley Jr., of same, £0.25, 100 acres...south side of great falls of Gunpowder River. Signed Avarilla (x) Lynch. Wit: Samuel Worthington and William Copeland.

29 Sep 1766, Nicholas Ruxton **Gay**, of Baltimore Co., Maryland to his neice Sarah **Denton**, wife of John **Denton**, of same, for love and affection, 175 acres...Levin **Roberts** sold to Joshua & Hannah **Hudson**. Signed Nicholas Ruxton **Gay**. Wit: Benjamin **Rogers** and William **Aisquith**.

29 Sep 1766, Nicholas Ruxton **Gay**, of Baltimore Co., Maryland to his neice Hannah **Hudson**, wife of Joshua **Hudson**, of same, for love and affection, 150 acres. Signed Nicholas Ruxton **Gay**. Wit: Benjamin **Rogers** and William **Aisquith**.

31 Oct 1766, John & Mary **Showers**, of Baltimore Co., Maryland to James **Hendrick**, of same, £5, 14 acres. Signed John **Showers**. Wit: R. **Richards** and Job **Cool**.

20 Oct 1766, Dr. William & Mary **Lyon**, of Baltimore Co., Maryland to John **Shelmedine**, planter and John **Simkin** Jr., of same, £75, 50 acres...John **Simkin**, devised life estate to Lawrence & Abrilla **Hammond**, now to John **Simkin**, son of said John, who sold to John **Hawkins**, who sold to John **Shelmedine**. Signed William **Lyon**. Wit: Nicholas Ruxton **Gay** and Benjamin **Rogers**.

16 Oct 1766, Samuel & Susannah **Cross**, merchant, of Baltimore Co., Maryland to George **Stewart**, innholder, of same, £40, 27,300 square feet. Signed Samuel **Cross**. Wit: John **Harris** and William **McClure**.

27 Oct 1766, Clement **Green**, planter, of Baltimore Co., Maryland assignment of lease to Thomas **Poteet**, farmer, of same, 125 acres. Signed Clement **Green**. Wit: William **Smith** and William **Young**.

26 Aug 1766, Dunkin & Hannah **Ogg**, planter, of Baltimore Co., Maryland to John **Crossman**, tanner, of same, £80, 104 acres. Signed Dunkin (x) **Ogg**. Wit: Samuel **Owings** and Samuel **Martin** Jr.

29 Sep 1766, Nicholas Ruxton **Gay**, of Baltimore Co., Maryland to his neice Rachel **Chenworth**, wife of Thomas **Chenworth** Jr., of same, for love and affection, 30 acres. Signed Nicholas Ruxton **Gay**. Wit: Benjamin **Rogers** and William **Aisquith**.

30 Oct 1766, Thomas **Simmons**, of Baltimore Co., Maryland assignment of lease to John **Kidd**, of same, £Benjamin **Rogers**, £29, 57 acres. Signed Thomas **Simmons**. Wit: John **Davis** and William **Smith**.

11 Dec 1766, Thomas **Wheeler**, planter, of Baltimore Co., Maryland to Solomon **Hillen**, (and Martha **Hillen**, his wife, daughter of said Thomas), planter, of same, £5, 50 acres...Back River. Signed Thomas **Wheeler**. Wit: William **Young** and E. **Andrews**.

3 Nov 1766, deposition of James **Lennox**, age 64 years...deposition of James **Dawney**, age 47 years...deposition of Benjamin **Debrular**, age 34 years...deposition of James **Maxwell**, age 55 years...deposition of James **Hill**, age 25 years...deposition of George Gould **Presbury**, age 29 years...deposition of Samuel **Ricketts**, age 35 years...

14 Oct 1766, George & Elizabeth **Kittyear**, of Baltimore Co., Maryland to Andrew **Stigar** and Capt. Charles **Ridgely** Jr., of same, £30, 20 acres. Signed George (x) **Kittyear**. Wit: William **Aisquith**.

18 Dec 1766, Rev. Hugh & Christine **Deans**, of Baltimore Co., Maryland to John Beale **Howard**, of same, £109, 125 acres of 500 acres. Signed Hugh **Deans**. Wit: William **Young** and Walter **Tolley**.

19 Dec 1766, William **Lux**, merchant, of Baltimore Co., Maryland to Joseph **Bosley** Sr., planter, of same, £110, 86 acres...west side of Georges Run. Signed William **Lux**. Wit: Daniel **Bowly**.

11 Sep 1766, Daniel **Chamier**, merchant, of Baltimore Co., Maryland to John **Deaver**, stone mason, of same, £36, lots #1 and #3 in the town of Baltimore. Signed Daniel **Chamier**. Wit: William **Aisquith** and Benjamin **Rogers**.

17 Jul 1766, Thomas & Ann **Sligh**, gentleman, of Baltimore Co., Maryland to John **Deaver**, bricklayer, of same, £99, 9 acres...line of Jacob **Myers**. Signed Thomas **Sligh**. Wit: Benjamin **Rogers** and William **Aisquith**.

18 Nov 1766, Christian & Catharine **Keener**, of Frederick Co.,

Maryland to John **Deaver**, bricklayer, of Baltimore Co., Maryland, £10, 4 acres in the town of Baltimore. Signed Christian (x) **Keener**. Wit: William **Luckitt** and Thomas **Price**.

11 Dec 1766, Thomas **Wheeler**, planter, of Baltimore Co., Maryland to his oldest son Benjamin **Wheeler**, of same, for love and affection, 7 acres...Deer creek. Signed Thomas **Wheeler**. Wit: William **Young** and E. **Andrews**.

19 Sep 1766, William & Elizabeth **Wood**, (son and heir of William **Wood**), of Baltimore Co., Maryland to John **Hendricks**, of same, £50, 100 acres...line of Walter & Mary **Bosley**, who sold to Charles **Whitehead**. Signed William (x) **Wood**. Wit: William **Aisquith**.

4 Dec 1766, Henry & Margaret **Crooks**, of Baltimore Co., Maryland to John Baptist **Snowden**, of same, £200, 125 acres. Signed Henry **Crooks**. Wit: Benjamin **Rogers** and William **Aisquith**.

25 Dec 1766, Moses & Esther **Ruth**, planter, of Baltimore Co., Maryland to John **Hays**, of same, £37.5, 125 acres of 1000 acres. Signed Moses **Ruth**. Wit: Thomas **Andrews** and John **Hanna**.

25 Dec 1766, Moses & Esther **Ruth**, planter, of Baltimore Co., Maryland to John **Hanna**, of same, £183.75, 125 acres of 1000 acres. Signed Moses **Ruth**. Wit: Thomas **Andrews** and John **Hanna**.

10 Nov 1766, Absolom & Mary **Butler**, of Baltimore Co., Maryland to Henry **Crooks**, of same, £38, 35.5 acres and 2.5 acres. Signed Absolom **Butler**. Wit: Henry **James** and William **Aisquith**.

19 Jan 1767, Michael & Catharine **Bair**, of York Co., Pennsylvania to Charles **Smith**, of Baltimore Co., Maryland, £6, 20 acres. Signed Michael **Bair**. Wit: Bale **Owings** and Richard **Owings**.

10 Jan 1767, Mordecai **Gosnell**, of Baltimore Co., Maryland to John **Riester**, innholder, of same, £10, 10 acres. Signed Mordecai **Gosnell**. Wit: George **Risteau** and John **Pitts**.

20 Sep 1766, John **Simkin**, planter, of Baltimore Co., Maryland to

George **Ashman** Sr. and George **Ashman** Jr., planters, of same, £0.25, 100 acres...mortgaged to Richard **Croxall**. Signed John **Simkin**, George **Ashman** and George **Ashman** Jr. Wit: William **Smith** and Thomas **Franklin**. Richard **Croxall** releases for £51.

16 Feb 1767, deposition of Cornelius **Howard**, age 59 years... deposition of George **Ashman**, age 52 years...deposition of John **Simkin**, age 45 years...deposition of John **Marsh**, age 50 years... deposition of Moses **Barney**, age 29 years...

29 Oct 1766, John & Mary **Simkin**, planter, of Baltimore Co., Maryland to George **Ashman** Sr. and George **Ashman** Jr., planters, of same, £260, 100 acres and 3.5 acres. Signed John **Simkin**. Wit: Benjamin **Rogers** and William **Aisquith**.

29 Nov 1766, Thomas & Ann **Sheredine**, (son of Col. Thomas **Sheredine**), gentleman, of Baltimore Co., Maryland to Robert **Long**, of same, £100, 200 acres of 273 acres. Signed Thomas **Sheredine**. Wit: Benjamin **Rogers** and William **Aisquith**.

31 Dec 1766, Thomas **Gist**, planter, of Baltimore Co., Maryland to Thomas **Gist** Jr., of same, £100, 76 acres. Signed Thomas **Gist**. Wit: Samuel **Owings** and Hannah **Owings**.

17 Aug 1766, Ambrose & Elizabeth **Georghegan**, gentleman, of Baltimore Co., Maryland to Andrew **Barnett**, weaver, of same, £45, 125 acres. Signed Ambrose **Georghegan**. Wit: James **Cox** and William **Aisquith**.

19 Jan 1767, Thomas & Ann **Shea**, of Baltimore Co., Maryland to Ann **Gibb**, wife of John **Gibb**, shoemaker, of same, £1.35, 50 acres. Signed Thomas (x) **Shea**. Wit: E. **Andrews** and John **Harris**.

6 Aug 1766, Owen **Rogers**, of Baltimore Co., Maryland assignment of lease to Abraham **Whitaker**, of same, £30, 63 acres. Signed Owen **Rogers**. Wit: John **Hall**.

15 Feb 1767, James **Phillips**, gentleman, of Baltimore Co., Maryland to Isaac **Webster**, of same, for consideration that John **Webster**,

deceased, paid to his grandfather, James **Phillips**. Signed James **Phillips**. Wit: John **Mathews** and Thomas **Richey**.

5 Feb 1767, Peter **Stump**, of Baltimore Co., Maryland to Daniel **Long**, of same, £14, 22.5 acres...line of Charles **Smith**. Signed Peter **Stump**. Wit: R. **Richards** and Samuel **Owings**.

8 Nov 1766, William & Ann **Lux**, merchant, of Baltimore Co., Maryland to Thomas & Ann **Johnson** Jr., attorney, of Annapolis, Anne Arundel Co., Maryland, £0.25, 550 acres. Signed William **Lux**. Wit: Robert **Sanders** and Daniel **Bowley**.

22 Jan 1767, Nicholas Ruxton & Ann **Gay**, William & Mary **Lyon**, Brian & Mary **Philpot** and William & Agnes **Lux**, gentlemen, of Baltimore Co., Maryland to Christopher **Carnan**, gentleman, of same, £0.25, 200 acres...between Gwin Falls and Jones Falls...112 acres said Christopher purchased of Roger **Boyce**...lots #57, #32 and #33 purchased of Thomas **Sligh**, negroes: Annapolis, Jack, Berkshire, Grove, Minerva, Ruth, Hannah, Clenus, Phebe, Rachel and Daniel. Signed Nicholas Ruxton **Gay**, William **Lyon**, Brian **Philpot** and William **Lux**. Wit: William **Aisquith** and Benjamin **Rogers**.

19 Dec 1766, Walter **Smith**, of Baltimore Co., Maryland leases to Edward **Cockey**, of same, 100 acres. Signed Walter **Smith** and Edward **Cockey**. Wit: Samuel **Owings** and George **Sater**.

15 Jan 1767, Benjamin **Tracey**, of Baltimore Co., Maryland assignment of lease to Andrew **Smith**, of same, £40, 99.5 acres. Signed Benjamin **Tracey**. Wit: William **Smith** and Samuel **Ashmead**.

1 Dec 1766, John **Moore** and John **Bond**, of Baltimore Co., Maryland to William **Moore**, of same, £300, 20 acres and mill. Signed John **Moore** and John **Bond**. Wit: Samuel **Owings** and Benjamin **Rogers**.

6 Mar 1767, deposition of James **Moore** Jr., age 47 years...

14 Jan 1767, Benjamin **Tracey**, of Baltimore Co., Maryland assignment of lease to Andrew **Smith**, of same, £40, 43 acres. Signed

Benjamin **Tracey**. Wit: William **Smith** and Samuel **Ashmead**.

27 Oct 1766, Daniel & Sarah **Magee**, of Baltimore Co., Maryland mortgage to John **Hall**, of Cramberry, Baltimore Co., Maryland, for debts owed Edward **Hall**, 200 acres...east side of Bush River. Signed Daniel **Magee** and Sarah **Magee**. Wit: E. **Andrews** and John **Archer**.

16 Jan 1767, Peter & Susannah **Lesly**, of Baltimore Co., Maryland to Philip **Weaver**, of same, £100, 55 acres. Signed Peter (x) **Lesly**. Wit: R. **Richards**.

16 Jan 1767, Joseph & Mary **Ensor**, of Baltimore Co., Maryland to Thomas Cole **Speigle**, Rachel Cole **Speigle** and William **Carter** Jr., of same, £10, 5.25 acres. Signed Joseph **Ensor**. Wit: Job **Garrison** and William **Aisquith**.

11 Feb 1767, Walter **Smith**, of Baltimore Co., Maryland leases to William **Odle**, planter, of same, 60 acres. Signed Walter **Smith** and William **Odle**. Wit: Samuel **Owings** and Hannah **Owings**.

18 Sep 1766, Walter **Smith**, of Baltimore Co., Maryland leases to Thomas **Walker**, carpenter, of same, 100 acres. Signed Walter **Smith** and Thomas **Walker**. Wit: Elizabeth **Hunt** and Samuel **Hunt**.

25 Feb 1767, James **Calder**, mariner, of Baltimore Co., Maryland to Jabez **Bailey**, carpenter, of same, £57.65, 111 acres...purchased of John **Oram**. Signed James **Calder**. Wit: David **Rusk**.

5 Mar 1767, Samuel & Sophia **Clark**, planter, of Baltimore Co., Maryland to James **Russell**, Walter **Ewer**, John **Ewer** and John **Buchanan**, merchants, of London, England, £30, 50 acres. Signed Samuel **Clark**. Wit: Thomas **Franklin** and William **Young**.

27 Feb 1767, Peter & Anne **Gosnell**, of Baltimore Co., Maryland to John **Botts**, of same, £50, 10 acres...great falls of Patapsco River. Signed Peter (x) **Gosnell**. Wit: Nicholas Ruxton **Gay** and William **Aisquith**.

28 Feb 1767, John & Margaret **Sappington**, of Baltimore Co.,

Maryland to Peter **Frank**, of same, £50, 106 acres. Signed John **Sappington**. Wit: R. **Richards** and Morris (x) **Baker**.

28 Feb 1767, Morris & Elizabeth **Baker**, of Baltimore Co., Maryland to Philip **Sauderslager**, of same, £8.75, 13.5 acres. Signed Morris (x) **Baker**. Wit: R. **Richards** and John **Sappington**.

30 Oct 1766, Oliver **Mathews**, of Baltimore Co., Maryland assignment of lease to Vendall **Bright**, of same, £25, 154 acres. Signed Oliver **Mathews**. Wit: William **Aisquith** and William **Smith**.

24 Dec 1766, Jacob & Mary **Combest**, planter, of Baltimore Co., Maryland to John **Hall** Jr., (son of Col. John **Hall**), of same, £55, 100 acres. Signed Jacob **Combest** and John **Hall** Jr. Wit: John **Mathews** and John **Hall**.

14 Mar 1767, John & Elizabeth **Coen**, planter, of Baltimore Co., Maryland to William **Mitchell**, £220. Signed John (x) **Coen**.

14 Mar 1767, William & Sarah **Mitchell**, planter, of Baltimore Co., Maryland to John **Coen** Sr., of same, £75, 50 acres. Signed William **Mitchell**. Wit: E. **Andrews** and John **Harris**.

30 Mar 1767, Michael & Ann Mary **Gruey**, of York Co., Pennsylvania to Leonard **Sauble**, of same, £107, 50 acres...Whislers Mill Dam. Signed Michael **Gruey**. Wit: R. **Richards** and James **Everett**.

25 Nov 1766, William **Caine**, of Baltimore Co., Maryland assignment of lease to Abraham **Jarrett**, of same, £10, 30 acres. Signed William (x) **Caine**. Wit: William **Smith** and Samuel **Ashmead**.

9 Apr 1767, John **Summers**, stay maker, of Baltimore Co., Maryland to William **Andrews**, of same, £54, 50 acres and 99 acres and negro man Toby and negro boy Kinny. Signed John **Summers**. Wit: Samuel **Owings**, R. **Richards** and Robert **Saunders**.

18 Dec 1766, John & Elizabeth **Howard**, of Baltimore Co.,

Maryland to Rev. Hugh **Deans**, of same, £69, 37 acres. Signed John **Howard**. Wit: Walter **Tolley** and William **Young**.

25 Mar 1767, Elizabeth **Risteau**, (widow of Isaac **Risteau**), of Baltimore Co., Maryland to Colin **Dunlop** and Robert **Christie**, merchants, of Scotland, release of dower, 535 acres. Signed Elizabeth **Risteau**. Wit: Nicholas Ruxton **Gay** and James **Christie** Jr.

19 Dec 1766, Walter **Smith**, of Baltimore Co., Maryland leases to George **Sater**, farmer, of same, 122 acres and 68 acres. Signed Walter **Smith** and George **Sater**. Wit: Edward **Cockey** and Thomas **Walker**.

8 Apr 1767, Thomas **Sligh**, of Baltimore Co., Maryland to Charles **Ridgely** Jr., of same, £0.25, good deed on lot #10 in the town of Baltimore. Signed Thomas **Sligh**. Wit: William **Aisquith** and Henry **James**.

15 Apr 1767, Cornelius **Howard**, planter, of Baltimore Co., Maryland leases to Francis **Thomas**, bricklayer, of same, lot #113 in the town of Baltimore. Signed Cornelius **Howard** and Francis **Thomas**. Wit: Benjamin **Rogers** and William **Aisquith**.

30 Dec 1766, William **Askew**, (by his attorneys Joseph **Ensor** and Charles Frederick **Wiesenthall**, gentlemen, of Baltimore Co., Maryland), schoolmaster, of Baltimore Co., Maryland to Thomas **Jones**, attorney, of same, £506, lots #27 and #28 in the town of Baltimore. Signed William **Askew**, Joseph **Ensor** and Charles Frederick **Wiesenthall**. Wit: Jeremiah **Chase** and Sanders **Baldwin**.

4 May 1767, John **Hawkins**, of Baltimore Co., Maryland mortgage to Thomas **White**, of Philadelphia, Pennsylvania, £642.5, 350 acres ...north side of Deer creek...purchased of Samuel & Milcah **Budd** and William & Mary **Frisby**. Signed John **Hawkins**. Wit: William **Wilson** and Feragus **Mardell**.

22 Apr 1767, Michael & Catharine **Burn**, laborer, of Baltimore Co., Maryland to William **Score**, of same, £48, line of Jonathan **Plowman**. Signed Michael **Burn**. Wit: William **Aisquith** and Benjamin **Rogers**.

24 Jul 1766, Nicholas Ruxton & Ann **Gay**, of Baltimore Co., Maryland to John & Mary **Worthington**, of same, £160, 100 acres. Signed Nicholas Ruxton **Gay**. Wit: William **Aisquith** and Benjamin **Rogers**.

6 Apr 1767, Jacob & Sarah **Leafe**, brick maker, of Baltimore Co., Maryland to Michael **Burn**, of same, £30, line of Jonathan **Plowman**. Signed Jacob **Leafe**. Wit: Nicholas Ruxton **Gay** and Benjamin **Rogers**.

27 Apr 1767, Adam & Catharine **Wise**, late, of Baltimore Co., Maryland to John **Hawz**, of York Co., Pennsylvania, £700, 252 acres and mill and 39 acres. Signed Adam **Wise**. Wit: R. **Richards** and George **Myers**.

10 Jul 1766, Thomas **Bond**, of Baltimore Co., Maryland agreement with Thomas **Russell**, of Cecil Co., Maryland, Osgood **Gee**, Mary **Wightwick** and Company, of Great Britain, owner of iron furnaces in Baltimore Co., Maryland, 10 acres for iron mine. Signed Thomas **Bond** Jr.

21 Apr 1767, Robert & Sarah **Patterson**, merchant, of Baltimore Co., Maryland to George **McCandless**, merchant, of same, £150, 50 acres. Signed Robert **Patterson**. Wit: Thomas **Harris** and William **McChere**.

23 Feb 1767, Thomas **Vaughan**, planter, of Baltimore Co., Maryland to Mordecai **Ford**, planter, of same, £25, 25 acres. Signed Thomas (x) **Vaughan**. Wit: William **Aisquith** and Mones **Sorling**.

25 May 1767, Thomas **Sligh**, of Baltimore Co., Maryland to John Hammond **Dorsey** and John **Willmott**, of same, £0.25 and debts, 440 acres, 770 acres, 50 acres and 40 acres and slaves: Jack, Dublin, Grace, Ruth, Moll, Ceasar Jr., Adam, London, Judy, Reuben, Sall, Jack, the son of Ruth, George, Thill, Rachel and Joshua. Signed Thomas **Sligh**. Wit: William **Aisquith** and John **Reresby**.

4 May 1767, Thomas **White**, of Philadelphia, Pennsylvania to Adam **Meek**, of Cecil Co., Maryland, £200, 165 acres...branches of Swan

creek. Signed Thomas **White**. Wit: William **Wilson** and Forgus **McArdell**.

31 May 1767, Emanuel & Catharine **Teal**, farmer, of Baltimore Co., Maryland to Edward **Teal**, farmer, of same, £5, 547 acres...branch of Patapsco Falls. Signed Emanuel **Teal**. Wit: William **Aisquith** and Benjamin **Rogers**.

11 May 1767, Brian & Mary **Philpot**, of Baltimore Co., Maryland to Capt. Thomas **Jarrold**, of same, £110, part of lot #47 in the town of Baltimore. Signed Brian **Philpot**. Wit: Nicholas Ruxton **Gay** and William **Aisquith**.

29 May 1767, Ann **Fell**, (executor of the estate of Edward **Fell**), and Thomas **Bond**, of Baltimore Co., Maryland to Susannah **Bond**, (widow of William **Bond**) and her daughter Catherine **Bond**, of same, £100, 100 acres. Signed Ann **Fell** and Thomas **Bond**. Wit: Buckler **Bond** and Zacheus **Onion**.

8 May 1767, Edmund & Susannah **Baxter**, (said Susannah is the widow of William **King**), of Baltimore Co., Maryland to Andrew **Buchanan**, merchant, of same, £33.3, 20 acres. Signed Edmund (x) **Baxter** and Susannah (x) **Baxter**. Wit: Archibald **Buchanan**, Henry **King** and R. **Alexander**.

3 Jun 1767, Michael **Gilbert**, of Baltimore Co., Maryland assignment of lease to Aquila **Thompson**, of same, £30, 52 acres. Signed Michael **Gilbert**. Wit: Walter **Tolley** and Robert **Bishop**.

3 Apr 1767, Dr. William & Mary **Lyon**, of Baltimore Co., Maryland to Thomas **Gist**, planter, of same, £0.25, 3 acres. Signed William **Lyon** and Thomas **Gist**. Wit: Nicholas Ruxton **Gay** and Samuel **Owings**.

4 May 1767, Henry **King**, planter, of Baltimore Co., Maryland to Andrew **Buchanan**, merchant, of same, £120, 100 acres...west fork of Beaver Dam Run. Signed Henry **King**. Wit: William **Aisquith** and Robert **Alexander**.

4 Oct 1766, Absolom **Butler** to Henry **Rutter**, £40. Signed Absolom **Butler**. Wit: William **Aisquith** and William **Goodwin**.

9 May 1767, Cornelius **Howard**, planter, of Baltimore Co., Maryland leases to Richard **Rogers**, dairyman, of same, lot #533 in the town of Baltimore. Signed Cornelius **Howard** and Richard **Rogers**. Wit: William **Aisquith** and Charles **Ridgely**.

18 Apr 1767, William **Goodwin**, (eldest son and heir of Lyde **Goodwin**), of Baltimore Co., Maryland to Nicholas Ruxton **Gay**, of same, £150, lot #33 in the town of Baltimore. Signed William **Goodwin**. Wit: Benjamin **Rogers** and William **Aisquith**.

18 Apr 1767, Nicholas Ruxton **Gay**, of Baltimore Co., Maryland to William **Goodwin**, (eldest son and heir of Lyde **Goodwin**), of same, £150, lot #5 in the town of Baltimore. Signed Nicholas Ruxton **Gay**. Wit: Benjamin **Rogers** and William **Aisquith**.

16 May 1767, Charles **Ridgely**, of Baltimore Co., Maryland release to William **Goodwin**, mortgage to William **Young** by Lyde **Goodwin**. Signed Charles **Ridgely**. Wit: John **Ridgely** and John **Hodding**.

2 Feb 1766, Thomas **Gist**, planter, of Baltimore Co., Maryland to Dr. William **Lyon**, of same, £0.25, water race for mill at Gwin Falls. Signed Thomas **Gist**. Wit: Nicholas Ruxton **Gay** and Benjamin **Rogers**.

25 Aug 1766, Thomas **Harrison**, merchant, of Baltimore Co., Maryland to Dr. William **Lyon**, £2, land for grist mill...Gwin Falls. Signed Thomas **Harrison**. Wit: Nicholas Ruxton **Gay** and William **Aisquith**.

9 Feb 1767, Samuel **Owings**, planter, of Baltimore Co., Maryland to Dr. William **Lyon**, of same, £0.7, slaves and servants to dig water race for mill. Signed Samuel **Owings**. Wit: Nicholas Ruxton **Gay** and William **Aisquith**.

9 May 1767, Cornelius & Ruth **Howard**, planter, of Baltimore Co.,

Maryland to Henrietta **Rogers**, widow, of same, £72, lots #531, #546 and #547 in the town of Baltimore. Signed Cornelius **Howard**. Wit: Lawrence **Hammond** and Charles **Ridgely**.

31 Mar 1767, Robert **McCollister**, Joseph **Griffith** and James **Lewis**, (executors of the estate of James **McCollister**, of Bucks Co., Pennsylvania) to Joseph **McCollister**, (son of said James), of Baltimore Co., Maryland, £0.25, 182 acres. Signed Robert **McCollister**, Joseph **Griffith** and James **Lewis**. Wit: William **Aisquith** and John **Ensor** Jr.

8 May 1767, Cornelius & Ruth **Howard**, planter, of Baltimore Co., Maryland to his son Joshua **Howard**, for love and affection, lots #548 and #549 in the town of Baltimore. Signed Cornelius **Howard**. Wit: Lawrence **Hammond** and Charles **Ridgely**.

22 Jun 1767, Joshua **Howard**, of Baltimore Co., Maryland to Henrietta **Rogers**, of same, £100, one half of lots #548 and #549 in the town of Baltimore. Signed Joshua **Howard**. Wit: Benjamin **Rogers** and William **Aisquith**.

9 May 1767, Cornelius & Ruth **Howard**, planter, of Baltimore Co., Maryland to James Lloyd **Rogers**, of Annapolis, Anne Arundel Co., Maryland, £20, lot #534 in the town of Baltimore. Signed Cornelius **Howard**. Wit: Lawrence **Hammond** and Charles **Ridgely**.

3 Feb 1767, Walter **Smith**, of Baltimore Co., Maryland leases to Nathan **Kelly**, of same, 100 acres. Signed Walter **Smith** and Nathan **Kelly**. Wit: Samuel **Owings** and Joshua **Jones**.

17 Apr 1767, George **Sater**, of Baltimore Co., Maryland leases to Richard **Fortt**, of same, 71 acres. Signed George **Sater** and Richard **Fortt**. Wit: Samuel **Fortt** and George **Bramwell**.

13 Jun 1767, James & Sarah **Berford** and Stephen & Susannah **Cooper**, all late, of Baltimore Co., Maryland to David **Morgan**, of same, £150, 150 acres of 250 acres...devised by Robert **Morgan**, to his daughters the said Sarah and Susannah. Signed James **Berford**, Sarah **Berford**, Stephen **Cooper** and Susannah **Cooper**. Wit: John

Harris and William **Husband**.

13 Jun 1767, James & Sarah **Berford** and Stephen & Susannah **Cooper**, all late, of Baltimore Co., Maryland to William **Ray**, of same, £100, 100 acres of 250 acres...devised by Robert **Morgan**, to his daughters the said Sarah and Susannah. Signed James **Berford**, Sarah **Berford**, Stephen **Cooper** and Susannah **Cooper**. Wit: John **Harris** and William **Husband**.

25 Jun 1767, Edward & Elizabeth **Mitchell**, merchant, of Baltimore Co., Maryland to Thomas **McCullock**, cooper, of same, £145, 200 acres...north side of Deer creek. Signed Edward **Mitchell**. Wit: John **Harris** and William **Husband**.

9 Jun 1767, Levin **Mathews**, (brother and heir of James **Mathews**), of Baltimore Co., Maryland to his brother Bennett **Mathews**, of same, land division...sold to John **Smith** and William **Paca**. Signed Levin **Mathews** and Bennett **Mathews**. Wit: John **Paca** and John **Mathews**.

20 Jun 1767, Christian & Ann **Apple**, wagoner, of Baltimore Co., Maryland to Capt. Charles **Ridgely** Jr., of same, £40, 2 acres...line of Conrod **Smith** and Vitus **Hartway**. Signed Christian **Apple**. Wit: William **Aisquith** and Christian **Carnan**.

9 Jun 1767, Bennett **Mathews**, merchant and Levin & Mary **Mathews**, planter, of Baltimore Co., Maryland to John **Smith**, farmer, of same, £326.85, 153 acres...Roger **Mathews**, devised to his son James **Mathews**. Signed Bennett **Mathews** and Levin **Mathews**. Wit: John **Paca** and John **Mathews**.

28 Jul 1767, Christopher & Elizabeth **Carnan**, gentleman, of Baltimore Co., Maryland to John & Ellen **Moale**, deed of partition, 350 acres...purchased of George **Brown** and 500 acres...Robert **North** devised to his son Thomas **North**, who died without issue and went to his two sisters, the said Elizabeth and Ellen. Signed Christopher **Carnan**, Elizabeth **Carnan**, John **Moale** and Ellen **Moale**. Wit: Benjamin **Rogers** and William **Aisquith**.

10 Feb 1767, Roger **Reeves**, of Baltimore Co., Maryland to John **Scholfield**, of same, £20, 50 acres. Signed Roger (x) **Reeves**. Wit: William **Aisquith**.

15 Jun 1767, deposition of Josias **Marsh**, age 52 years, 35 years ago, Morris **Baker** was 60 years...deposition of Zebediah **Baker**, age 66 years...his father William **Baker**...deposition of John **Stinchcomb**, (brother-in-law to Emanuel **Teal**), age 77 years ...deposition of Richard **Marsh**, age 55 years...was 37 years ago, with Christopher **Randall**, age 40 to 50 years, uncle of Emanuel **Teal**...

29 Jun 1767, deposition of Robert **Chapman** Sr., age 48 years...

11 May 1767, Dr. Philip **Henderson**, of Baltimore Co., Maryland assignment of lease to William **Smith**, merchant, of same, lot 47 in the town of Baltimore. Signed Philip **Henderson**. Wit: Walter **Tolley** and James **Phillips**.

21 Jul 1767, Thomas **White**, of Philadelphia, Pennsylvania to Kent **Mitchell**, of same, £30, 50 acres...Mill Run. Signed Thomas **White**. Wit: Aquila **Hall** and Michael **Gilbert** Jr.

21 Jul 1767, Thomas **White**, of Philadelphia, Pennsylvania to James **Cole**, of same, £93, 156 acres...Mill Run. Signed Thomas **White**. Wit: Aquila **Hall** and Michael **Gilbert** Jr.

31 Jul 1767, Richard **Wells**, of Baltimore Co., Maryland assignment of lease to John **Jenkinson**, of same, £10, 17 acres. Signed Richard **Wells** Jr. Wit: William **Smith** and John **Litten**.

31 Jul 1767, Richard **Wells**, of Baltimore Co., Maryland assignment of lease to John **Jenkinson**, of same, £20, 40 acres from Nathan **Rigbie**. Signed Richard **Wells** Jr. Wit: William **Smith** and John **Litten**.

31 Jul 1767, Dutton **Lane**, of Baltimore Co., Maryland to his son Thomas **Lane**, of same, £20 and for love and affection, 100 acres and 50 acres. Signed Dutton **Lane** Sr. Wit: William **Aisquith**.

6 Aug 1767, Sarah **Howell**, (widow of Samuel **Howell**), of Baltimore Co., Maryland deed of trust to William **Andrews**, of same, £0.25, her estate. Signed Sarah **Howell** and William **Andrews**. Wit: Samuel **Owings** and R. **Richards**.

Aug 1767, Samuel **Hughes**, of Baltimore Co., Maryland to his son Adam **Hughes**, of same, for love and affection, 60 acres. Signed Samuel **Hughes**. Wit: John **Miles**, Thomas **Miles** and Abraham **Whitaker**.

29 Jul 1767, Thomas **Husband**, (son of William **Husband**), yeoman, of Baltimore Co., Maryland to Joseph **Husband**, yeoman, of same, £420, 260 acres...south side of Deer creek...line of James **Crawford**. Signed Thomas **Husband**. Wit: Ignatius **Wheeler** and Thomas **Archer**.

1 Aug 1765, came Charles **Walker**, clerk and storekeeper to William **Lux**, merchant, of Baltimore Co., Maryland stated that James **Demmett** has run away to Carolina and is in debt to said William **Lux**, the said William being gone to Norfolk, Virginia, this disponet employed Nicholas **Gardner** to go with him in quest of said James **Demmett** and they over took him in Leesburg, Virginia and said James gave them the negro man Jack and negro woman Judy, for debt. Signed Charles **Walker** and Nicholas **Gardner**. Wit: Benjamin **Rogers**.

18 Jul 1767, Nicholas Ruxton **Gay**, of Baltimore Co., Maryland to his niece Eleanor **Moore**, daughter of his half brother James **Moore** Jr., for love and affection, 65 acres. Signed Nicholas Ruxton **Gay**. Wit: Thomas **Franklin** and Benjamin **Rogers**.

18 Jul 1767, Nicholas Ruxton **Gay**, of Baltimore Co., Maryland to his nephew Ruxton **Moore**, son of his half brother James **Moore** Jr., for love and affection, 125 acres. Signed Nicholas Ruxton **Gay**. Wit: Thomas **Franklin** and Benjamin **Rogers**.

18 Jul 1767, Nicholas Ruxton **Gay**, of Baltimore Co., Maryland to his nephew James Francis **Moore**, son of his half brother James **Moore** Jr., for love and affection, 125 acres. Signed Nicholas Ruxton **Gay**. Wit: Thomas **Franklin** and Benjamin **Rogers**.

18 Jul 1767, Nicholas Ruxton **Gay**, of Baltimore Co., Maryland to his nephew John Gay **Moore**, son of his half brother James **Moore** Jr., for love and affection, 125 acres. Signed Nicholas Ruxton **Gay**. Wit: Thomas **Franklin** and Benjamin **Rogers**.

28 Apr 1767, Samuel **Standford**, of Baltimore Co., Maryland assignment of lease to James **Stewart**, of same, £10, 54 acres. Signed Samuel (x) **Standford**. Wit: William **Smith** and James **Everett**.

27 Feb 1767, Daniel Scott **Watkins**, of Baltimore Co., Maryland to William **Andrews**, of same, £60, called Arthurs Choice. Signed Daniel Scott (x) **Watkins**. Wit: William **Bunting** and George **Campbell**.

4 Aug 1767, John **Smith**, planter, of Baltimore Co., Maryland to William **Paca**, attorney, of Annapolis, Anne Arundel Co., Maryland, £107, purchased of Bennett and Levin **Mathews**. Signed John **Smith**. Wit: Samuel **Prichard** and John **Paca**.

9 Jun 1767, Bennett and Levin & Mary **Mathews**, of Baltimore Co., Maryland to William **Paca**, attorney, of Annapolis, Anne Arundel Co., Maryland, £272, 125 acres...Bynams Run. Signed Bennett **Mathews** and Levin **Mathews**. Wit: John **Paca** and John **Mathews**.

26 May 1767, John & Sarah **Gosnell**, (son and heir of William **Gosnell**), of Baltimore Co., Maryland to Zebediah **Gosnell**, planter, of same, £12, 104 acres. Signed John **Gosnell**. Wit: William **Aisquith**.

1 Aug 1767, Absolom & Mary **Butler**, innholder, of Baltimore Co., Maryland to Nathaniel **Stinchcomb**, planter, of same, £10, 16.25 acres. Signed Absolom **Butler** and Nathaniel **Stinchcomb**. Wit: William **Aisquith** and Benjamin **Rogers**.

17 Apr 1767, deposition of John **Hughes**, age 48 years...deposition of John **Pribble**, age 80 years...

25 Jul 1767, Edward & Mary **Norwood**, planter, of Baltimore Co., Maryland to Charles **Croxall**, gentleman, of same, £228, 256

acres...purchased with Zachariah **Maccubbin**...and 40 acres...except John **Israel** to Amos **Garrett**. Signed Edward **Norwood** and Charles **Croxall**. Wit: Benjamin **Rogers**.

14 Aug 1767, Robert **Adair**, merchant, of Baltimore Co., Maryland to Frederick **Thomas**, baker, of same, £150, lot in the town of Baltimore. Signed Robert **Adair**. Wit: William **Young** Jr. and Moses **Galloway**.

12 Aug 1767, John **Baker**, (son of Absolom **Baker**), of Baltimore Co., Maryland to Nicholas **Dorsey** Jr., of same, £20, 40 acres. Signed John (x) **Baker**. Wit: Benjamin **Rogers** and Charles **Dorsey**, son of Nicholas.

12 Aug 1767, Charles **Dorsey**, son of Nicholas to Nicholas **Dorsey** Jr., £5, 110 acres. Signed Charles **Dorsey**. Wit: Benjamin **Rogers** and George **Daffine**.

15 Mar 1767, Robert **Susbie**, of Baltimore Co., Maryland to Isaac **Dause**, of same, £500, two tracts...mouth of Winters Run. Signed Robert **Susbie**. Wit: Isaac **Webster** and John **Paca**.

21 Aug 1767, Valentine & Mary **Larsch**, miller, of Baltimore Co., Maryland assignment of lease to Hercules **Courtenay**, merchant, of same, £200, lot #84 in the town of Baltimore. Signed Valentine **Larsch**. Wit: Benjamin **Rogers** and William **Aisquith**.

27 Feb 1767, William & Zeporah **Seabrook**, of Baltimore Co., Maryland to Adam **Shipley**, (son of Charles **Shipley**), of same, £110, 50 acres. Signed William **Seabrook**. Wit: James **Calder** and William **Aisquith**.

24 Aug 1767, Thomas & Mary **Pribble**, of Baltimore Co., Maryland to William **Mitchell**, of same, £80, 80 acres. Signed Thomas (x) **Pribble**. Wit: Edward **Wiggins** and Edward **Mitchell**.

17 Aug 1767, James **Sterett**, merchant, of Baltimore Co., Maryland assignment of lease to William **Smith**, merchant, of same, .25, lots

#62 and #63 in the town of Baltimore. Signed James **Sterett** and William **Smith**. Wit: Nicholas Ruxton **Gay** and Benjamin **Rogers**.

INDEX

Abbott
  Esther Parran 305
  Mary Parran 305
Abell
  Samuel Jr. 104
Abercrombie
  Robert 320
Actey
  Jonathan 191
Acton
  Richard 221
Adair
  Martha 260
  Robert 9, 15, 25, 35, 53, 102, 127, 152, 186, 187, 192, 194, 223, 234, 254, 256, 260, 262, 264, 291, 292, 301, 302, 324, 341
Adams
  Henry 9, 10
  James 319
  Paul 7, 244
Addison
  John 215
Addleman
  Daniel 129
  Margaret 129
  Philip 129
Adey
  William 220
Adleman
  Daniel 227
  David 164
  Elizabeth 227
  Katharine 164
  Philip 151
Adlesperger
  Francis 321
Ager
  James 320
Agnis
  Thomas 273
Aiken
  Archibald 156
Aisquith
  Elizabeth 162, 194
  William 162, 241
Aithenhead
  George 180
Albert
  John Jacob 246
Alexander
  Isaac 217
  Mark 138, 144, 145, 217, 262, 285, 296, 319, 323
  R. 160
  Richard 157
  Robert 113, 200, 201, 245
Algier
  Jacob 252
  John 61
Allan
  James 190
Allen
  Catharine 298
  Jacob 147
  James 55, 63
  John 11
  Joseph 144
  Owen 213
  Rebecca 63
Allender
  Ann 187
  John 191
  Joseph 200
  Joshua 203, 208, 279
  William 186, 187, 200, 203
Allinder
  John 160
  Lucina 160
  Thomas 108
Allingham
  Philip 184, 304
Allnuth
  William 242
Allnutt
  William 250
Ambrose
  William 219, 276
Amos
  Benjamin 39, 150, 191, 263, 301
  Elizabeth 150, 234
  Hannah 125
  James 39, 47, 125
  Joshua 150, 186, 219

Mondecai 219
Mordecai 3, 15, 186, 232, 268
  Thomas 150, 234
  William 150, 234, 301
  William Jr. 1, 2, 15, 47
Amoss
  Benjamin 267
  James 230
  Nicholas Day 230
  Thomas 230
Anders
  Jacob 289
Anderson
  Charles 108, 136, 165, 175, 199, 258, 292
  Daniel 136, 165
  John 17
  Leonard 38, 50
  Mary 108, 136
  Richard 210
  William 84, 101, 190
Andrews
  Abraham 50, 63, 85, 125, 202, 207, 294
  Abram 201
  Edward 105, 113
  Margaret 125
  Mary 125, 293
  Thomas 317, 327
  William 19, 37, 39, 47, 62, 64, 85, 87, 91, 98, 108, 118, 125, 151, 152, 177, 191, 202, 219, 220, 237, 276, 293, 294, 297, 311, 312, 331, 339, 340
Angel
  Asailiana 171
  Charles 171
Angill
  Charles 72
Ansel
  Henry 271
Antell
  John 176, 266
Anter
  James 22, 26
  John 22
Antill
  John 314
Antle
  John 251
Appenhymer
  Andrew 77
Apple
  Ann 337
  Christian 108, 159, 165, 192, 337

Arandorf
  Henry 223
Archer
  Elizabeth 189
  John 203, 258, 330
  Thomas 51, 75, 79, 183, 189, 203, 258, 305
Armont
  William 274
Armor
  Thomas 102
Armstrong
  Andrew 219
  Henry 189, 276
  James 59, 67, 89, 174, 194, 203, 233
  Levina 174
  Martin 148
  Robert 94
  William 269
Arnal
  John 294
Arnet
  Mary 65
Arnold
  Benjamin 68, 77
  Comfort 70
  David 104, 286
  Joseph 77
  Sarah 70
  Susannah 77
  Thomas 70
  William 12, 70, 258
Arnseller
  Jacob 4
Ashburne
  John 208
Asher
  Abraham 191
  Anthony 27
Ashew
  Thomas 220
  William 229
Ashliman
  Benedict 63
Ashman
  George 2, 11, 16, 32, 55, 293, 312, 322
  George Jr. 328
  George Sr. 328
  Jemina 293
  Josephus 181, 266
Ashmead
  Samuel 329, 330
Ashmore

Bridahart 246
Frederick 237, 246
Walter 70
Asken
　Martha 240
　Thomas 240
Askew
　Heziah 151
　Kesiah 160
　Kezia 59, 258
　William 16, 18, 26, 30, 37, 54, 59, 135, 136, 151, 160, 163, 167, 184, 212, 231, 258, 332
Askleman
　Daniel Jr. 230, 235
　Daniel Sr. 230
Askren
　Thomas 24, 38, 172
Askreth
　Thomas 25
Asquith
　William 166, 176
Aston
　George 195
Atherton
　Joshua 197, 268
Atkinson
　Ann 33, 39, 293
　John 9, 33, 39, 293
Audlesburough
　John 163
Austin
　Henry 246
Ayers
　Thomas 204
Babbington
　Charles 219
Bailey
　Charles 229, 285
　Elijah 202, 216, 221, 240
　Enoch 88, 166, 219, 232, 270
　George 49, 83, 140, 240
　Jabez 140, 330
　John 202, 216
　John Nuson 216
　Kerenhappuch 201
　Macclan 140
　Mary 83, 216
　Samuel 102, 109, 118, 240, 244
　Sarah 216, 240, 285
Bair
　Catharine 327
　Michael 327
Baker
　Abner 286

Absolom 341
Charles 36, 56, 106, 191, 221, 289
Charles Jr. 191, 221
Charles Sr. 219
Elizabeth 106, 113, 331
Endemeon 10
Henry 3, 113, 152, 160, 239
Indimun 191
John 219, 220, 341
Katharine 10
Lemuel 191
Lurania 227
Morris 176, 283, 331, 338
Nathaniel 113
Nicholas 183
Philip 129, 130, 227
Rachel 286
Samuel 113, 184
Theaphillis 214
William 25, 32, 53, 214, 314, 338
Zebediah 314, 338
Bakle
　George 193
Balboty
　Edward 221
Balch
　John 237
　Sarah 237
Baldwin
　John 5
　Joseph 209
　Sanders 332
Bale
　Samuel 316
Balsh
　James 11
Balsher
　Henry 119
Bankhead
　William 263
Banks
　John 322, 323
　Mary 322, 323
Bankson
　Elizabeth 284
　Joseph 30, 92, 104, 284
Bannaker
　Mary 220
Banneker
　Mary 214
Banner
　Patrick 202
Bannester
　Elizabeth 191
Banning

345

Jeremiah 200
Barclay
  James 297
Bardell
  Joseph 37
Bare
  Henry 235
  John 235
Barkholder
  Abraham 63
Barlow
  Mary 141
  Zachariah 141
Barnes
  Benjamin 79, 282, 315
  Daniel 140
  Elizabeth 290
  Ford 142
  James 162, 164, 290
  Job 28
  Richard 304
  Sophia 304
Barnett
  Andrew 328
  Carew 147
  Catharine 144, 250
  Daniel 18, 131, 144, 250
Barnetthouse
  Philip 192
Barney
  Absolom 50, 64, 187, 190, 322
  Benjamin 51, 82, 136, 148, 248
  Delila 136, 148
  John 218
  Mary 196
  Moses 89, 185, 196, 231, 328
  Robert 2
  Sarah 231
  William 2, 156, 200
  William Jr. 64, 88, 156, 205
  William Sr. 217
Barns
  Benjamin 32, 83
  Ford 51, 275
  George 221
  Gregory 275, 298
  James 189
  John 67
  Joseph 67
  Martha 32
  William 67
Baron
  Elizabeth 124
Barrett
  John 195

Barter
  William 34
Bartley
  John 216
Barton
  James 54, 61, 102
  Lewis 191
  Phillis 54
  Thomas 54
Basey
  Ann 91
  John 26, 91, 245
  Laban 91
Baswick
  John 208
Baum
  George Peter 290
  Susannah 290
Baxter
  Edmund 334
  George 211
  Susannah 334
  William 142, 162, 236
Bay
  Andrew 89, 113, 167, 205, 312, 316
  Elihu Hall 205
  Mary 215
  Sarah 205, 312
Bayard
  P. 5
Bayles
  Benjamin 221
Beach
  Henry 49
  Jane 49
Beal
  Samuel 221
Beale
  Benjamin 18
  Thomas 189
Beall
  Benjamin 39, 282
Beally
  Helen 104
  John 104
Bear
  John Christopher 223
  Michael 171
Beardsly
  John 201
Beausley
  Joseph 40
  Walter 40
Beavens

Joseph 221
Beaver
  John 6, 75
  Sarah 6, 75
Beavers
  Joseph 220
Beck
  Elijah 42
  Mathias 82
Beeler
  Samuel 195
Bell
  David 190
  George 181, 263, 274
  Robert 190, 214
  W. 263
  William 23, 174, 181, 219, 222, 274, 313
Bellman
  Mathias 155
Belt
  Jeremiah 143
  John Jr. 143
Beltz
  Tobias 311
Bennett
  Anna 263
  Hannah 252, 265
  John 321
  Peter 220
  Richard 145
  Samuel 306
  Thomas 96, 209
  William 22, 42, 44, 89, 252, 263, 265, 286
Bennnington
  William 262
Beresby
  John 165
Berford
  James 336, 337
  Sarah 336, 337
Bergebile
  Andrew 292
Bergin
  Robert 246
Biddison
  Jervis 246
Bigbie
  Elizabeth 78
  James 78
Billingsley
  Elizabeth 259
  Francis 266
  James 259

Silas 241
Walter 202, 232, 266
Billingsly
  Elizabeth 15
  James 15, 42
  Walter 8, 245, 247
Bindal
  John 221
Binnic
  Berney 197
Birstall
  John 95
Bishop
  Robert 217, 279, 288, 334
  Roger 107
Bisset
  David 71
  James 71
  Thomas 71
Bissett
  Ann 33, 39, 293
  Charles 293
  David 4, 6, 33, 35, 39, 111, 293
  James 6, 84, 89, 111, 145, 148, 191, 293
  Thomas 4, 293
Black
  Moses 4
  William 12, 80
Blackburn
  John 183, 306
Bladen 264
Body
  Peter 104
Boges
  John 215
Bonar
  Charles 175
  James 290
  John 290
  Robert 175
Bond
  Alesanna 160
  Benjamin 24, 169
  Buckler 334
  Casandra 216
  Cassander 192
  Catherine 334
  Charles 175
  Daniel 191
  Edward 191
  Elizabeth 183, 216, 292
  Jacob 30, 41, 42, 45, 46, 79, 197, 221, 253
  James 14

John 14, 40, 42, 43, 45, 46, 55, 95, 110, 121, 125, 139, 160, 176, 177, 192, 208, 215, 236, 246, 248, 253, 254, 270, 318, 329, 334
John Jr. 221
John Sr. 191
Joseph 30
Joshua 42, 45, 46, 55, 58, 86, 129, 197, 239, 245, 271
Keturah 125
Luke 88, 191
Luke Stansbury 280
Peter 73, 108, 118, 133, 148, 324
Phebe 24, 61, 118, 137
Richard 108
Samuel 209, 246, 282, 314
Susannah 108, 282, 334
Thomas 1, 4, 7, 8, 14, 24, 42, 45, 46, 58, 61, 74, 77, 86, 89, 95, 96, 101, 107, 108, 115, 118, 137, 156, 160, 190, 207, 216, 217, 233, 246, 253, 280, 283, 292, 333, 334
Thomas Jr. 3, 30, 260, 333
William 42, 45, 46, 55, 58, 174, 183, 186, 192, 216, 233, 239, 253, 254, 280, 334
William Jr. 152, 177, 293
Zachariah 26
Bondfield
Elizabeth 132
James 132, 228, 238
Boner
Barnaby 206
Robert 258
William 206
Bonfield
James 103
Bonniday
James 192
Boone
Hump 171
Nicholas 171, 186
Susannah 171
Thomas 273
Boothay
Elizabeth 35
Frances 35
Borden
Robert 52
Bordley
Beale 14, 39, 49, 133, 224, 284
Stephen 182
Boreing

Absolom 294
Ann 294
James 174, 264, 323, 324
John 2, 294, 296, 307
Martha 307
Nancy 296, 307
Reuben 296, 306, 307
Sarah 174
William 296, 307
Boring
Aberilla 226
Avarilla 228
Henour 275
John 2, 149
Sarah 16, 26
Bosley
Charles 21, 27, 57, 139
John 45, 242, 282
Joseph 24, 43
Joseph Jr. 43, 68, 273
Joseph Sr. 326
Joshua 43
Mary 43, 327
Walter 127, 242, 327
William 207, 214
Bossey
Charles 178
Elijah 178
James 178
Rachel 178
Bott
Conrad 137, 154, 156, 175
Botts
John 193, 221, 321, 330
Boulby
Thomas 293
Bourn
Michael 32
Bouth
Sarah 199
Bowen
Absolum 221
Benjamin 19, 100, 104, 148, 159, 193, 274, 283, 284
Benjamin Jr. 220
Daniel 220
Honour 317
Jacob 305
John 125
Jonas 17
Josias 7, 17, 73, 95, 193, 317
Martha 17
Mary 247, 248
Mary Parran 305
N. 238

Nathan 247, 248, 317
Rebecca 17
Reese 101
Samuel 76
Solomon 52, 193, 317
William 174
Bower
  Daniel 148
  James 224
  Nathan 226
Bowin
  Michael 192
Bowing
  Isaac 32
Bowley
  Daniel 210
Bowly
  Daniel 316, 321
Boyce
  Rebecca 85, 95, 119, 126, 140, 159, 273
  Roger 3, 8, 9, 62, 63, 68, 78, 85, 95, 116, 119, 126, 131, 140, 141, 159, 166, 242, 273, 329
  William 126
Boyd
  James 260
  John 170, 183, 205, 210, 213, 217, 279
Bracton
  Thomas 215
Bradford
  Catherine 136
  William 9, 59, 71, 124, 136, 170, 243
Bradley
  Thomas 110, 316
Bramman
  Pat 181
Bramwell
  George 77, 146, 148, 200, 220, 276
Branner
  Sulborn 202
Branwell
  G. 286
Bratton
  Andrew 54, 84
Breast
  Conrad 87
Breish
  John 242
Bresestly
  Thomas 189
Brian
  James 58, 140, 227

Brice
  James 78, 203, 211, 269, 284
  John 18, 39, 44, 69, 91
  Mary 203, 211
  Sarah 44
Brierly
  Hugh 128, 220
  Margaret 67, 128
  Robert 42, 67, 128
  Robert Jr. 67, 128
  Thomas 42, 313
Briesly
  Robert 174
Briggs
  Edmund 185
Bright
  Vendall 122, 331
  Wendall 122, 231, 235, 282
  Windall 261
Brisk
  John 220
Brittain
  Abraham 221
Britton
  Abraham 238
  Joseph 9, 10
  Nicholas 217, 219, 226, 307
Broad
  Ann 62, 147
  Thomas 62, 66, 81, 147, 292, 297
Broadhead
  George 212
Brontz
  Daniel 115
Brook
  Clement 226
  Francis 198
  John 242
  Roger 104
Brooke
  Basil 41
  Clem 172, 242
  Clement 317
  John 250
  Roger 222
Brookhouse
  Samuel 218
Brooks
  Basil 96
  Benjamin 311
  Mary 316
  Roger Jr. 8
Brothers
  Francis 224, 271
  Nathan 220

Thomas 220
Browd
  Thomas 50
Brown
  Abel 78
  Abell 228
  Abell Jr. 228
  Abell Sr. 228
  Able 276
  Absolom 25, 144
  David 228, 293
  Frederick 124
  George 47, 207, 337
  George Frederick 87, 269
  Jacob 192, 228
  James 23
  John 191, 194-196, 224, 228, 239
  Joshua 220
  Mary 269
  Maudlin 192
  Nathan 281
  Thomas 22
  Thomas Jr. 275
  William 239
Brownley
  Arthur 194
Brunitz
  Guniel 110
Brunts
  John 80
  Peter 220
Brusbanks
  Edward 52, 53
  Margill 52, 53
Bryarley
  Robert 217
Bryarly
  John 189
  Thomas 318
Bryce
  Robert 293
Bryley
  John 221
Buchanan
  Andrew 19, 55, 67, 102, 178, 232, 282, 322, 323, 334
  Archibald 334
  Armstrong 215
  D. 1
  George 306
  Hester 301
  Jeanit 197
  John 168, 224, 277, 292, 330
  Lloyd 88, 92, 106
  Samuel 43

  William 101, 109, 154, 155, 248, 249, 264, 266, 272, 288, 301
Buck
  George 163
  John 14, 163
Buckanan
  George 189
Buckingham
  Abarillah 77
  Aberillah 78, 79
  Benjamin 77-79, 171
  John 77
Buckinham
  Benjamin 4, 30
Buckley
  Joseph 144
  Joseph Jr. 144
Buckman
  John 202
Budd
  John 258
  Milcah 122, 332
  Mileah 259
  Miliah 269
  Samuel 122, 145, 175, 209, 251, 259, 263, 269, 332
Buich
  Elizabeth 201
Buick
  Elizabeth 201
Bulkley
  Joseph 289
Bull
  Abraham 113
  Constantine 197
  Edmond 202
  Isaac 191, 273, 319
  Isaack 173
  Jacob 53, 219, 273, 319
  Jacob Jr. 251
  Samuel 10, 251
  William 251
Bulram
  Aaron 199
Bunting
  William 186, 191, 276, 340
Burchfield
  Adam 198, 241
  Adam Jr. 241
  Mary 241
Burck
  Ann 242
Burgess
  Basil 311
  George 106

    Hugh 233, 234, 236, 298
    John 233, 234, 236, 299
    John Jr. 267
    Mary 106
    Richard 106
    Sarah 298
    William 311
Burham
    Aaron 248
Burk
    Darby 221
    Philip 219
Burling
    Samuel 56
Burmham
    John Jr. 221
Burn
    Adam 287
    Catharine 332
    Michael 321, 332
Burns
    Adam 85
    James 192
Burrage
    Edward 305
Burridge
    Robert 219
Busbey
    John 57
Bush
    Ann 242
Bushman
    Peter 167
Bussey
    Edward 125
    Jesse 104, 110, 115, 119, 157, 319
    Mary 115, 169
    Samuel 169
Butler
    Aaron 165
    Absolom 28, 50, 64, 73, 75, 190, 289, 327, 335, 340
    Amon 31, 75, 272
    Elizabeth 165, 166
    James 17
    Jean 216
    Mary 289, 327, 340
    Peter 265
    William 215
Butterworth
    Charity 79
    Elizabeth 75
    Isaac 15, 44, 50, 75, 79
Butts
    Richard 115

Buzeman
    William 44
Cady
    Henry 251
Cagie
    Jacob 63
Cain
    James 156
    John 221
Caine
    William 331
Cairey
    John 54
Calder
    James 88, 232, 256, 270, 295, 330, 341
Caldwell
    Samuel 104
Calier
    Jacob 261
Call
    Frederick 72
    Johann Frederick 72
    Magdalena 72
Calman
    Mathias 155
Calver
    Benjamin 183
Calvert
    Benedict 87, 92
Cammeron
    Esther 191
Campbell
    Daniel 207
    Duncan 309
    Moses 290
Canier
    William 191
Cantwell
    Edward 31, 110, 118, 134
    John 31
Carey
    James 82, 162, 208
Carlile
    Peater 221
Carlisle
    David 189
    Mary 189
Carnan
    Achsah 138, 261, 301
    Achsale 109
    Charles 22
    Christian 337
    Christopher 8, 22, 27, 46, 62, 85, 91, 93, 95, 111, 131, 158,

231, 234, 296, 315, 329,
  337
 Elizabeth 27, 62, 111, 158, 337
 John 77, 87, 93, 103, 106, 109,
  131, 138, 261, 301
 Robert North 315
Carpenter
 Elizabeth 116
 John 116
Carr
 Aquila 117, 187, 192, 196, 208,
  221, 314
 Richard 240, 243
 Thomas 100
Carroll
 Charles 5, 18, 24, 32, 36, 51, 53,
  56, 57, 59, 60, 73, 75, 84,
  87, 91, 92, 112, 121, 147,
  149, 157, 165-167, 169, 189,
  227, 236, 242, 259, 262, 266,
  269, 280, 285, 304, 312, 316,
  318
 Charles Jr. 91, 149
 Daniel 5, 24, 73, 112, 121, 222,
  262, 285
 Dr. 3
 Elizabeth 91, 165
 Henry 167, 227
 James 41, 137, 139, 167, 189, 190,
  242, 256, 312
 James Jr. 254, 256
 Mary 189
 Peter 320
 Peter Sr. 189, 320
Carter
 John 25, 58
 Richard 52, 124, 198, 323, 324
 Thomas 232
 William 136
 William Jr. 330
Carty
 Brian 191
Carvelhall
 Josias 275
Cary
 Ann 39, 102, 108, 130
 Hannah 270
 James 20, 30, 39, 58, 93, 102, 108,
  121, 130, 270
 John 94
 Joseph 236
Casdorp
 Frances 84
 Thomas 84
Casdrop

 Thomas 156
Casdrope
 John 52
Casebolt
 Sarah 11
 Thomas 11
Catto
 Ariminta 145
 George 145, 316
Caven
 John 231
Chace
 Richard 64
Chains
 John 200
Chairs
 John 187
Chalk
 John 1, 47
Chamberlain
 Thomas 221
Chamberlaine
 Thomas 191
Chambers
 James 184, 290
 Mary 290
Chamier
 Daniel 13, 37, 77, 85, 87, 138,
  154, 155, 159, 163, 169, 173,
  229, 233, 237, 250, 271, 297,
  314, 326
 Daniel Jr. 154
Chamley
 Benjamin 199
Chamness
 Anthony 281, 282
 Joseph 281, 282
 Sarah 281, 282
Chance
 Jeremiah 194
Chancey
 Benjamin 195
 George 4, 199
 George Sr. 195
 James 195
 John 195
 Mary 199
 Susan 195
Chaney
 Benjamin Burgess 48
 Margaret 48
Chapline
 Joseph 20
Chapman
 Benjamin 314

Elizabeth 191
John 23
Luke 37
Margaret 89
Nathan 89, 240, 271
Nathaniel 81
P. 221
Rebecca 271
Robert 77, 79, 89, 219
Robert Sr. 338
William Jr. 35
Charlton
  Henry 297
  John 200
Chase
  Jeremiah 332
  Richard 49, 56, 93
  Samuel 250
  Thomas 49, 179, 197, 201
Chencoth
  Arthur 58
Chenwith
  Arthur 234, 238
Chenworth
  Rachel 325
  Thomas Jr. 325
Chew
  John 261
  Samuel 132
Chilcoat
  James 11, 109, 164
  John 46, 268
  Margaret 268
Chiles
  George 106
Chilson
  David 187
  Mary 187
Chineoth
  Heziah 147
  Richard 138, 147
Chinoworth
  Rachel 213
  Thomas 213
Chinworth
  Arthur 201
Choate
  Edward Jr. 11, 21
  Elizabaeth 11
  John 23
  Solomon 132
Christie
  Charles 40, 52, 251
  Cordelia 251
  James 127, 170, 181, 209, 243, 251, 279
  James Jr. 116, 127, 154, 183, 205, 209, 243, 269, 280, 281, 332
  James Sr. 183, 209, 281
  Robert 181, 209, 243, 280, 332
  Robert Jr. 205, 209
Church
  Elizabeth 181
  John 181
Clagett
  Martha 35
Clark
  Aquila 220
  Cornelius 107
  David 294, 309
  Elizabeth 309, 311
  Henry 132, 300, 302, 303
  James 74, 107
  John 191, 219, 303, 311
  Lawrence 79, 206
  Philip 29, 219
  Rachel 300, 302, 303
  Richard 132, 156, 215, 302
  Robert 25, 302, 303, 309, 311
  Samuel 82, 330
  Sophia 330
  Thomas 191
Clary
  Benjamin 51
  Daniel 51
  Eleanor 51
Clause
  William 247
Clay
  Abraham 212
Clements
  Ann 16
  William 8, 16
Clendenning
  Thomas 4, 20, 42, 79, 108
Clendinning
  Thomas 77
Clink
  William 288
Clyne
  Henry 138
Coale
  Ann 128
  Philip 199
  William 44, 128
  William Jr. 199, 309
Coats
  William 67
Cockey
  Edward 329

    John 57, 181, 185, 245, 281, 286
    Joshua 106, 181, 245
    Prudence 270
    Thomas 171, 227, 238, 270, 274, 283, 284
    William 245, 286
Coen
    Elizabeth 331
    John 331
    John Sr. 331
Cole
    Brian 184
    Broad 9
    Charles 196, 321
    Christopher 220
    Dennis Garrett 150
    Dennis Jr. 187
    Ephraim 137
    George 108
    James 68, 81, 137, 338
    John 294, 321
    Richard 323
    Ruth 321
    Sarah 117, 309
    Thomas 313
    Thomas Jr. 84, 117, 136
    William 150, 281, 282, 284, 309, 319
    William Jr. 199
Colegate
    Ann 202, 204
    Benjamin 65, 265
    Bridget 193
    Charity 65
    John 48, 198, 204, 253, 265
    Mary 193, 202
    Rachel 204
    Rebecca 204
    Richard 204
    Ruth 202
    Thomas 48, 180, 253
Coleman
    Richard 196
    William 185
Collet
    Moses 84
Colliday
    Jacob 120, 143, 247
    William 143
Collins
    George 274, 280
    Mary 233
    Morris 233
    Stephen 255
    William 258

Collister
    Robert 219
Combest
    Jacob 280, 305, 331
    Mary 280, 305, 331
Comby
    John 212
Comegys
    Alphonso 200
Conaway
    John 220
Conbarfus
    Jacob 140
Condeman
    William 317
Coney
    Jeremiah 196
Connaway
    Ann 168
    Charles 168
    John 168
Connell
    Elizabeth 162
    John 162
    Mary 162
Conoway
    Aquila 308
Conrade
    Conrad 233
    Conrod 245, 249, 250, 321
    Elizabeth 250, 321
Conrode
    Conrad 115, 146, 156, 170, 173, 175, 192, 194
    Elizabeth 146
Constable
    Ann 77
    Frances 29
    John 29
    Robert 8, 34, 42, 77
Contee
    Thomas 212
Cook
    Ann 127
    Daniel 274
    Ebenezer 252
    John 15, 28, 40, 73, 142, 144
    Mary 144, 220
    Robert 221, 274
    Thomas 85, 127
Cooke
    Ebenezer 140
    Edward 150
    Robert 198
Cool

Job 325
Cooley
  Richard 220
Coonbest
  Jacob 274
  Mary 274
Cooper
  Comfort 266
  John 105, 185, 266
  Stephen 336, 337
  Susannah 336, 337
Copeland
  William 324
Copiss
  John 191
Copperstone
  George 285
Corban
  Edward 74
  Jane 74
Corbin
  Nicholas 29, 320
Corbitt
  Alexander 4
Corby
  Anthony 217
Cord
  Abraham 7, 51
  Amos 275
  Ashberry 237
  Elizabeth 7
  Jacob 120
  Mary 2
  Thomas 2
Cordeman
  Philip 190
Corrine
  James 64
Cote
  Thomas 13
Cotterall
  Isabella 285
  John 11, 248, 285
  Sarah 285
  Thomas 11
Cotterell
  Henry 211
Couden
  Robert 281
Coulter
  Mathew 10, 28, 29, 42, 76, 79
Counts
  Charles 174
  John 174
  William 174

Courtenay
  Hercules 341
Courtnay
  Hercules 190
Courtney
  Jonas 295
  Robert 296
  Thomas 295
Courts
  John 302
  William 302
Coutz
  Barbara 307
  Michael 307
Cowen
  George 188, 322
  John 186
  William Sr. 204
Cowin
  Edward 77
  George 271
  Mary 77
Cowman
  John 216
Cox
  Elizabeth 57
  Jacob 57, 148, 178, 265
  James 197, 319
  John 261
  Thomas 180
  William 10, 22, 112, 114, 123, 135, 142, 199, 203, 230, 265
Crabtree
  Elizabeth 313
  John 94
  Mary 64
  Thomas 66, 313, 318
  William 64, 66, 94
Cradock
  Thomas 140
Craver
  Adolph 141, 154, 155, 170
Crawford
  James 111, 273, 339
  Margaret 273
  Mordecai 111
  Robert 188, 221
  Sarah 273
Crayton
  Patrick 220
Creafe
  Phillip 238
Creagh
  Hugh 46, 162
  Rebecca 162

Crease
  Anne 135
  Phillip 135
Crellinger
  Henry 285
Creps
  William 133
Cresap
  Thomas 74, 101
Cresswell
  Samuel 187
Creswell
  Samuel 183, 184
Cretin
  John 10, 17, 52, 79
Crider
  John 303
Crisbom
  Conrad 219
Criswell
  James 168
Crockett
  Benjamin 60
  Gilbert 27, 62, 85, 182, 268, 298
  Hannah 36
  John 36, 310
  Joseph 252, 265
  Mary 36
  Samuel 83, 252, 265
Cromey
  James 261
Cromwell
  Ann 18, 171
  Elizabeth 65, 69
  Hammond John 189, 192
  Hannah 18
  James 82
  John 18, 65, 69, 171, 188
  Joseph 96, 132, 183, 220, 290
  Margaret 18
  Nathan 61, 301
  Oliver 46, 55, 84, 221
  William 43, 61, 323
Crooks
  Henry 278, 327
  Margaret 327
  William 232, 319
Crosby
  Elizabeth 206
  John 206
  Richard 206
Cross
  Ann 41
  Asahel 287
  Asnal 184

  Benjamin 261, 268, 288, 292
  Edith 126
  Elizabeth 261
  Henry 66, 136, 292
  Henry Jr. 136
  Jemima 164
  Jemina 287
  Jerniah 83
  John 58, 126, 184, 261, 287, 303, 317
  Joseph 126
  Mary 292
  Philiszene 303
  Richard 219, 288, 298
  Robert 83, 118, 164, 287
  Samuel 187, 194, 291, 312, 314, 325
  Susannah 325
  William 41, 219, 261, 292
Crossman
  John 325
Crosswell
  James 25
Croswell
  Eleanor 323
  James 323
Crottinger
  Henry 295
Crouch
  Hannah 95
  James 95
Crouse
  Frances 87
  Jacob 65, 87
Crouss
  Jacob 83
Crow
  John 214
Croxall
  Charles 31, 38, 51, 81, 85, 106, 141, 151, 258, 277, 285, 300, 340
  Eleanor 67, 134, 172
  Elinor 19, 84, 102, 226
  Rebecca 106, 151, 277
  Richard 12, 19, 24, 32, 56, 59, 67, 84, 102, 121, 134, 149, 172, 226, 297, 312, 328
  William 113
Crudgenton
  George 101
Cruison
  Nicholas 134
Crusion
  Garrett 268

356

Crute
  Bartholomew Jr. 274
Cuirerman
  Mathias 245
Culliun
  William 221
Culvart
  Benjamin 189
Culver
  Benjamin 94, 290
  Elizabeth 290
  Lydia 290
Cummill
  Barbary 288, 290
  Martin 288, 290
Cummingham
  Robert 205
Cummings
  John 220
Cunningham
  Mary 194
Cunold
  William 191
Curback
  William 49
Currents
  William 158
Currie
  William 308
Curtis
  Francis 215
Daffin
  Charles 213
  George 269, 299, 321
Daffine
  George 341
Daker
  Frederick 221
Dale
  John 193
  John Jr. 202
  Mary 193
Dallam
  Ann 23, 36
  Frances 144
  Richard 2, 14, 97, 114, 186, 209, 295, 296
  Richard Jr. 144, 186, 274, 291
  Richard Sr. 144
  Samuel 97
  William 6, 22, 25, 36, 57, 90, 109, 118, 133, 296
Dallas
  Walter 18
Darnall

Henry Bennett 194, 277
  John 62
  Mary 285
  Nicholas Low 194, 242
  Nicholas Lowe 188, 191, 283
  Rachel 285
Darnell
  Henry Bennett 128
  John 169, 261
  Nicholas Low 117, 135
  Rachel 140
  Susannah 135
Darnhill
  William 220
Daughday
  John 238
Daugherty
  Constantine 174
  Hugh 191
  John 13, 147
  Margaret 119
  William 111, 266
Daughty
  George 246
  William 246
Dause
  Isaac 341
Davey
  William 203
Davies
  Allen 41
  Samuel 196
Davis
  Allen 212
  Ann 81, 177
  Christian 196
  David 192
  Henry 81
  Ignatius 23
  John 16, 56, 62, 136, 156, 177, 191, 207, 220
  Luke 68, 69, 261
  Nathaniel 24, 113, 220
  Richard 65
  Thomas 210
  Walter 16, 62, 136, 156, 177
  William 182, 191, 232
Dawney
  James 326
  Thomas 46
Daws
  Isaac 70, 220
Day
  Ann 46, 187
  Avarilla 143, 176, 182

Broad 63
Edward 1, 23, 46, 57, 78, 93, 104, 106, 143, 176, 182, 187, 191, 205, 212, 221, 238, 254, 277, 291
James 191
John 1, 23, 46, 57, 78, 93, 104, 143, 182, 187, 205, 212, 254, 277
Margaret 192
Mary 143
Nicholas 187
Phillizana 1, 23, 46
Richard 212
Samuel 65, 157
Sarah 157, 187
Thomas 223
Deadman
  Edmund 289
  Thomas 101
Deal
  Christian 282, 296
  John 246
  Philip 172
  William 191
Dean
  Jacob 221
Deane
  John 80
Deans
  Christine 326
  Hugh 271, 326, 332
Deaver
  Ann 72, 106, 118
  Antill 119
  Antle 72
  Benjamin 17, 219, 295
  Daniel 5, 53, 65
  Elizabeth 291, 318
  John 64, 89, 118, 291, 318, 326, 327
  Mary 53, 108
  Rachel 17
  Richard 5, 108, 161
  Sarah 72, 85, 119, 291, 305, 318, 319
  Thomas 64
Debrular
  Benjamin 326
  Cordelia 180, 202
  Eufane 180
  George 180
  James 180
  Micajah 180
  Phillis 180

William 180
Decker
  Anna Maria 124
  Christopher 158
  Rudolph 32, 124
  Stophil 124
Deeds
  Michael 126
Dehaven
  Isaac 229
Demmett
  James 339
  Thomas 91
Demmitt
  Barbara 291
  James 140, 191, 252, 287, 291
  John 245, 268
  Rachel 91
  Richard 91
  Sophia 90, 111
  Thomas 90, 111, 136
  William 91, 111, 136, 140, 252
Demmott
  James 184
Demond
  Edward 29
  George 29
Demos
  John 156
Denbo
  Elizabeth 268
  Thomas 268
Denney
  Simon 284
Denny
  James 263
Denton
  James 207
  John 88, 325
  John Jr. 237
  John Sr. 237
  Mary 136
  Rachel 237
  Sarah 325
  William 136, 177, 207, 237
  William Jr. 62
Devenbaugh
  Michael 55
Dew
  Thomas 34
  William 160
Dewitt
  William 105
Deye
  Thomas Cockey 19, 180, 311

Dick
    James 101, 250, 258, 303, 304
    Mary 2
    Thomas 86, 91, 97, 103, 142, 157, 160, 161, 248, 249, 257, 258, 288
Dickason
    Buthingham 190
Dickenson
    William 206
Dickinson
    Walter 91
Dickson
    James 306
Dido
    Negroes: 199
Digges
    Edward 229
    Henry 229
    John 62, 63
    William 229
Dikes
    Henry 191
Dillon
    Henry 200
Dillwyn
    George 314
Dimmott
    William 191
Divers
    Christopher 184
Dives
    Christopher 37
Dixon
    Richard 247, 252, 263
    William 85, 145, 234
Dobbins
    James 223
    Susannah 223
Dobbs
    Robert 183
Dodds
    John 316
Dodge
    John 197
Doherty
    Samuel 195
Donawin
    Daniel 258
Donbaugh
    Frederick 153, 274
Donohu
    Gilbert 284
    Mary 284
Dooley

    Aquila 275
    John 275
Doran
    Hugh 84
Dorsey
    Basil 92
    Benedict 41
    Benjamin 181
    Caleb 2, 145, 146
    Caleb Jr. 84, 153
    Charles 219, 341
    Edward 7, 82, 92, 97, 146
    Elisha 208
    Greenberry 3, 17, 41, 43, 53
    Greenberry Jr. 90, 160
    Greenbury Jr. 219
    Henry 111, 146
    John 63, 82, 116, 153
    John Hammond 2, 41, 53, 100, 102, 168, 184, 185, 186, 188, 189, 192, 220, 226, 238, 257, 305, 321, 322, 333
    Lancelot 220
    Leakin 205, 218
    Mary 36
    Nathan 221
    Nicholas 220, 341
    Nicholas Jr. 341
    Priscilla 145
    Samuel 146
    Vachel 209
Doudell
    Jacob 316
Dowell
    Peter 25
Dowie
    William 106
Downs
    Geliallimus 134
    Henry 213
    Thomas 134, 191
Drinker
    Henry 191
Drisher
    Darby 231
Duckart
    Valerius 17
Duke
    Christopher 104
    James 305
Dulany
    Daniel 121, 202, 262, 285
    David 105
    Dennis 105
    Rebecca 105

Walter 64, 92, 105, 121, 226, 262, 285
Duley
  Aquila 148, 159, 214
  William 148
Dullen
  Robert 277
Duly
  Aquila 254
Dumer
  John 206
Duncan
  Patrick 273
Dundass
  James 304
Dunken
  Elizabeth 320
  Patrick 320
Dunlap
  William 83
Dunlop
  Colen 243, 280
  Colin 332
  Elizabeth 142, 319
  William 142, 319
Dunn
  John 89, 265
  Robert 89, 145, 187, 233, 265
  William 186
Durany
  Walter 87
Durbin
  Ann 21
  Daniel 3, 12, 21, 117
  John 3, 83, 87, 106
  John Sr. 21
  Rachel 87
  Samuel 13, 75
  Thomas 3, 21, 190, 191, 202, 292
Durell
  Steven Davis 42
Durham
  Aquila 219
  John 192
Durlin
  John 162
Dye
  Thomas Cockey 16, 253
Dyer
  Josiah 239
Eade
  Robert 225
  William 242
Eagleston
  Benjamin 221

Eagon
  James 108, 153
Earepp
  Peter 225
Earp
  Elizabeth 276
  Joseph 17, 276
  Peter Sr. 294
Easson
  John 207
Ecrayed
  Joseph 185
Edgar
  David 205
Edwards
  Ann 80, 85
  Anthony 213
  Edward 179, 191
  John 191, 281
  Mary 281
  Moses 282
  Philip 26, 53, 80, 85
  Thomas 210
  William 191
Edy
  Jonathan 219
Elder
  Jemina 37
  John 37, 47, 142, 209
Eldman
  Philip 30
Elklear
  Ulrich 16
Elledge
  Elizabeth 274, 283
  Joseph 191
  Thomas 251, 274, 283
Elliot
  James 188
  Thomas 152
Elliott
  James 322
  Joseph 233, 234, 236
  Mayberrel 209
  Thomas 234
Empson
  Ann 63
  Anne 141
  James 63, 141
England
  Eliza 55
  Elizabeth 170, 277
  Joseph 47, 55, 277
Engle
  Margaret 49

William 49, 186
English
  George 221
Enlow
  Henry 191
Enlowes
  Anthony 152
  Elizabeth 152
Ensor
  Abraham 62, 66, 81, 92, 118, 174, 250
  Elinor 69
  George 138
  John 50, 66, 102, 103, 118, 138, 139, 224, 297
  John Jr. 10, 17, 29, 41, 46, 50, 52, 69, 102, 124, 127, 136, 193, 208, 240, 323, 324, 336
  John Sr 294
  John Sr. 270
  Joseph 2, 24, 48, 53, 102, 138, 158, 184, 186, 192, 210, 234, 240, 281, 284, 297, 330, 332
  Luke 29
  Mary 330
  Walter 139, 224
  William 180
Epough
  Catharine 287
  Jacob 287
Erb
  Jacob 230
Eshleman
  Daniel 140
Estick
  Elizabeth 183
Evans
  David 46
  Evan 136, 226, 237
  Hannah 226
  Job 2, 27, 73, 80
  John 172
  Lewis 115
  Thomas 222
Everest
  Thomas 251
Everett
  James 171, 175
  John 22
  Richard Jr. 191
Everhart
  Paul 288
  Powell 19
Ewer
  John 98, 277, 292, 330

John Jr. 168
Walter 98, 168, 277, 292, 330
Ewing
  George 171, 297
  John 210
  Robert 230
  Thomas 195, 200
Ewings
  Thomas 187
Faris
  Greggs 216
Farmer
  Elizabeth 10
  Gregory 10, 22
  Gregory Jr. 44
  Rachel 22
  Samuel 10
  Thomas 162
Fartking
  Richard 16
Faulkner
  Ralph 252, 265
Faulway
  Daniel 219
Feather
  Henry 117, 323
Fell
  Ann 93, 105, 190, 203, 281, 319, 334
  Anne 231
  Edward 80, 84, 93, 116, 157, 160, 169, 173, 176, 190, 191, 203, 224, 231, 236, 246, 281, 294, 318, 319, 334
  Eve 11
  Jennet 176
  Jennett 118
  William 11, 80, 93, 105, 118, 176, 231
Fennigan
  Henry 222
Ferguson
  Alexander 311
  Robert 145
Few
  Isaac 118, 127, 176, 217
  Jennet 176
  Jennett 118, 127
  Mary 3, 123
  William 3, 17, 69, 123, 156
Finney
  Manafish 194
Fisher
  Amos 200
  Michael 290

Thomas 184, 185, 320
William 68, 110
William Jr. 110
Fishpan
    John 248
Fishpaw
    Catharine 192
Fitch
    William 90
Fites
    Henry 298
    Mary 298
Fitzsimmons
    James 191
Flanagan
    Charles 51, 52, 222
    Edward 51
Fletcher
    Robert 186
Floyd
    John 48
    Rachel 48
    Thomas 48
Foard
    William 221
Fogg
    Amos 52, 163, 175
    Eleanor 175
Fogle
    Michael 298
Folway
    Daniel 158
Ford
    Benjamin 219
    John 11, 133, 286, 303
    Mordecai 219, 226, 333
    Philip 185
    Thomas 247, 248
Forest
    Richard 104
Foresyth
    Robert 276
Forney
    Louis 67
    Lovace 73
    Lovevees 145
    Mark 145
    Philip 65, 145
Forrist
    Patrick 302
    Richard 302
Forster
    John 150
    Thomas 160
Forsyth

Robert 318
Fort
    Richard 286
Fortt
    Richard 336
    Samuel 336
Forwood
    John 48, 214
    Samuel 26, 311
    William Jr. 48
Foster
    John 174, 196, 276, 285
Fouble
    Peter 221
Fourcause
    Ann 259
Fowble
    Peter 164
Fowle
    John 72, 154, 256
Fowler
    Richard 231
Foxcroft
    John 315
France
    John 218
Frank
    Peter 331
Franklin
    Benjamin 315
    James 25, 113, 196, 208
    Ruth 54, 227
    Thomas 8, 54, 55, 100, 104, 121,
        173, 219, 229, 265, 272, 302
    Thomas Jr. 186
Frasher
    Eleanor 51, 151
    John 51
Frasior
    Rebecca 187
Frazer
    Alexander 215
Frazier
    John 264
Frea
    Balsher 158, 166
Fredzek
    John 221
Freeman
    James 114, 313
French
    James 103
Fresh
    Francis 71, 164
Frisbie

Frances 26
Seregrine 26
Frisby
  Mary 259, 269, 332
  Perry 206
  Thomas 240
  Thomas Peregrine 207
  William 259, 263, 269, 332
  William Jr. 188, 259, 269
Frish
  Francis 118
Fritzhugh
  William 131
Frizzell
  Jason 181
Frizzle
  Jacob 200
Frogg
  Austin 228
Frosh
  William 220
Frost
  William 192, 198
Fulk
  Ulrick 154
Fulks
  Ulrick 175
Fullhart
  Philip 318
Fulton
  John 167, 213
Gadd
  Absalom 192
  Ephraim 191
  William 191
Gaddes
  Paul 205
Gaither
  Joseph 169, 254, 277
Gaiton
  Joseph 125
Galbraith
  William 148, 197
Gallen
  James 54
  Ruth 54
Gallion
  Elizabeth 275
  Jacob 275
  James 128, 133, 139, 275, 298, 299
  James Sr. 283
  John 6, 275, 283, 298, 299
  Phebe 139, 275
  Ruth 298, 299
Gallon
  James 189
Galloway
  John 191
  Moses 186, 268, 294
Galman
  John Rudy 159
  Mathias 249, 265
Gamby
  Jacob 31
Gardener
  James 266
Gardiner
  John 221
Gardner
  Christopher 141
  J. 25
  James 36, 44, 220
  John 54, 220
  Nicholas 291, 339
Garhen
  William M. 290
Garrett
  Abraham 285
  Amos 23, 106, 118, 148, 157, 180,
    198, 204, 206, 207, 209, 212,
    217, 272, 279, 280, 285, 304,
    341
  Ann 170
  Frances 23, 279, 304
  John 220
  Mary 160
Garrettson
  Edward 106, 110, 118, 134
  Elizabeth 34
  Garrett 23, 106, 154, 205, 211
  George 35, 105, 204
  James 34
  Job 158, 255
  John 230, 241
  Martha 35, 105, 176
  Richard 17, 34, 133
Garrison
  Elizabeth 291
  Job 184, 291, 330
Gash
  Conjice 220
  Johannah 12
  Michael 6
  Thomas 12, 324
Gassaway
  Henry 108, 112, 220
  Jane 263
  John 35, 58
  Martha 153
  Thomas 153, 263

Gattingbo
  William 176
Gaunt
  Feilder 103
Gay
  Ann 8, 18, 82, 117, 146, 168, 172,
    274, 294, 297, 300, 305, 317,
    329, 333
  N. Ruxton 1
  Nicholas Ruxton 8, 14, 18, 49, 64,
    67, 69, 78, 82, 86, 93, 100,
    117, 121, 132, 139, 146, 158,
    166, 168, 172, 173, 182, 232,
    249, 264, 274, 277, 294, 297,
    300, 305, 317, 318, 325, 329,
    333, 335, 339, 340
  Sarah 78
Gayton
  Underwood 250
Gearing
  Andrew 210, 308
Gedder
  Paul 203
Gedington
  Elizabeth 261
Gee
  Osgood 147, 210, 333
George
  Sidney 249
Georghegan
  Ambrose 319, 328
  Elizabeth 319, 328
Gest
  Christopher 20
  Richard 20
  Thomas 221
Gettings
  Thomas 154
Gibb
  Ann 328
  John 328
Gibins
  John 290
  Sarah 290
Gibson
  Francis 66
  Joseph 191
  Thomas 281
Gilbert
  Aquila 2, 6, 51, 75
  Charles 114, 156
  Elizabeth 6, 51
  Garvis 2, 6, 42, 324
  Martha 59, 61
  Mary 78, 114, 273

Micah 12
Michael 2, 6, 78, 89, 114, 181, 334
Michael Jr. 258, 305, 338
Preston 324
Samuel 59, 61, 75
Thomas 273
Gilcresh
  Helen 85, 172-175
  Robert 83-85, 172-175, 261
Gildwell
  James 208
Gilecresh
  Helen 142
  Robert 142
Gileresh
  Helen 68, 127, 287
  Helena 40
  Robert 16, 40, 68, 127, 278, 287
Giles
  Elizabeth 188
  Hannah 251
  Jacob 20-22, 28, 32, 44, 56, 74,
    112, 113, 141, 148, 153, 157,
    162, 181, 182, 183, 184, 188,
    218, 249, 265, 272, 281, 291,
    293, 295, 298, 301, 321
  Jacob Jr. 56, 218
  James 210, 220, 321
  James. 193
  Joanna 321
  Johannah 32
  John 219
  Nathan 321
  Nathan Jr. 265
  Nathaniel John 280
  William 285
Gill
  John 11, 55, 76, 85, 126, 146, 156,
    159, 215
  John Jr. 126, 159
  John Sr. 89
  Mary 146
  Ruth 271
  Sarah 283
  Stephen 71, 76, 86, 112, 215
  William 127, 155, 215, 221
Gillaspie
  Allen 182
Gilles
  Nash 137
Gillespie
  Allen 316
Gills
  Nathaniel 163
Gillson

Stephen 194
Gilpin
 Joseph 316
Gin
 Elizabeth 170, 240, 243
Ginn
 Elizabeth 124
Girthlemire
 Christopher 245
Gissop
 William 220
Gist
 Christopher 111
 Mordecai 215, 250
 Nathaniel 111
 Richard 101
 Thomas 35, 320, 328, 334, 335
 Thomas Jr. 328
 Violetta 20
 William 20, 51, 184
 Ziporah 101
 Zipporah 111
Gittings
 Asael] 190
 Philip 191
 Thomas 57, 203
Gladman
 Michael 221
 Michael Jr. 175
Glune
 Joseph 220
Goddin
 Phillip 143
Godsgrace
 Rebecca 286
 William 105
Goldart
 James 208
Goldsmith
 George 35, 220
 Martha 35
 Thomas 233
Goodden
 Moses 263
Gooding
 Benjamin 219
Goodwin
 Benjamin 219
 John 112
 Joseph 219
 Lyde 3, 9, 33, 335
 Pleasance 3, 9
 Plesance 3
 Rachel Lyde 3
 Samuel 52

William 129, 196, 335
Goose
 Adam 94, 102, 109
 Elizabeth 109
Gordan
 Robert 220
Gore
 Michael 30, 109, 282
 Sevela 282
Gornell
 Warnell 219
Gorrill
 Abraham 218
 William 218
Gorstoick
 John Yosten 17
Gorsuch
 Benjamin 153
 Charles 200, 270, 321
 David 153, 175, 220, 270
 John 146, 221, 321
 Joseph 230
 Lovelace 38
 Nathan 153
 Thomas 146
 Thomas Jr. 304
 William 180
Gosling
 Warnel 220
Gosnell
 Anne 330
 Dianna 145
 Dinah 90
 John 220, 340
 Mordecai 327
 Peter 67, 219, 330
 Peter Jr. 133, 145
 Sarah 83, 286, 340
 William 219, 286, 340
 William Jr. 83
 Zebediah 340
Gott
 Samuel 64
Gouldsmith
 Thomas 220
Govane
 William 65, 322
Gover
 Elizabeth 34
 Ephraim 24, 94
 Ephriam 34
 Samuel 139
Grabtree
 John 305
 Margaret 305

Grady
  John 87
Grafton
  Casander 208
  Sarah 208
  William 15, 208, 213, 259, 283
Graham 215
  Charles 104, 286, 288, 303, 304
  Nancy 221
  Richard 215
  Thomas 243
Grahamer
  Charles 131
Graner
  Michael 321
Grant
  John 191
Grantt
  Feilder 173
Gratehouse
  Harman 288
Graves
  Richard 200
Gray
  Ann 13, 34
  John 305
  Martha 17
  Patrick 12, 13, 18, 19
  Zachariah 17
Greele
  Bartholomew 280
Green
  Benjamin 108, 233, 269
  Charles 21, 27, 265
  Clem 245
  Clement 325
  Elizabeth 211, 317
  George 21, 24, 120, 265
  Henry 35, 230, 233, 317
  Isaac 211, 227
  John 199, 215, 251, 266, 267
  John Jr. 123
  John Sr. 227, 265
  Josias 221
  Mary 290
  Sarah 24, 120
  William 230, 271, 286
Greenfield
  Ann 131
  Jacob 180
  James 183
  Martha 180
  Micajah 180, 219
Greenwell
  Robert 29

Grewey
  Michael 135
Griffee
  James 24
Griffin
  Luke 9
  Thomas 189
Griffith
  Benjamin 180, 196, 197, 227, 298,
          299, 319, 322
  Henry 157, 270
  James 89
  John 89, 208, 221, 240
  Jonathan 89, 233
  Joseph 316, 336
  Luke 35, 107, 139
  Mary 107
  Nathan 180, 196, 197, 208
  Rachel 89
  Ruth 157
Grimer
  Peter 143
Grinef
  John 37
Griner
  John 219
Groom
  Moses 129
Groomrine
  George 313
Grover
  George 16, 269
  Philip 220
Gruey
  Ann Mary 331
  Michael 331
Grundy
  Thomas 219
Guishard
  Anthony 5
  Mark 101
Guyton
  Josias 268
Gwynn
  George 198
Hackett
  Nicholas 147
Hackle
  William 255
Haddin
  John 319
  William 319
Haddon
  William 138
Hade

Rachel 163
Hah
   John 220
Hahhon
   Christian 117
Hail
   James 22
   Stephen 221
Haile
   Ann 43
   Cumgo 219
   George 43, 140, 294
   John 220
   John, 221
   Neale 180, 198
   Nicholas 226
   Ruth 226
Haines
   Anthony 315
Hair
   Stephen 219
Hale
   Mathew 150
Hall
   Alexander 253
   Anne 134
   Aquila 9, 26, 30, 105, 106, 109, 167, 238, 283, 291, 305, 322
   Benjamin 194
   Benjamin Edward 152, 284
   Blanch 262, 264
   Blanche 293
   Carvil 229
   Catharine 221
   Cavel 144
   Col. 280
   Cordelia 44, 54, 185
   Cranberry 165
   Edward 22, 330
   Eleanor 253
   Francis 194
   Hannah 32, 85, 93, 170, 224, 225, 238, 251, 280, 301
   Henry 101, 116
   Henry Jr. 38
   James 217
   John 26, 28, 30, 32, 44, 45, 54, 60, 74, 93, 105, 109, 151, 152, 162, 165, 170, 177, 180, 190, 201, 220, 224, 225, 226, 238, 241, 251, 253, 273, 277, 279, 286, 296, 301, 311, 330
   John Beddler 194
   John Jr. 107, 185, 274, 331
   John Sr. 21
   Joseph 273, 304
   Joshua 17, 31, 34, 43, 59, 134, 220, 272, 283, 296
   Josias Carroll 284
   Ruth 126
   Sophia 26, 167, 251, 291
   Thomas 126
   Walter 269
   William 126
Hallock
   Elizabeth 197
   William 298
Hallon
   John 219
Halso
   James 240
Hamilton
   Sarah 100
   William 100, 236
Hammond
   Abrilla 325
   Benjamin 70, 127
   Charles 267
   Charles Jr. 52, 267, 314
   Denton 141, 149
   Harman 14, 15, 23
   John 181
   Lawrence 15, 220, 281, 325
   Margaret 70, 127
   Mordecai 74, 127
   Philip 49, 52, 56, 64, 79, 95, 267, 314
   Sarah 14
   Thomas 88, 120
   William 14, 73, 180, 253, 264, 281
Hampton
   Ann 251
   John 251
Hanna
   John 327
Hanne
   Catharine 169
   Michael 169
Hansman
   William 56
Hanson
   Benjamin 229
   Christian 250
   Edward 143, 172, 173, 247, 270, 280, 309
   Jacob 173, 180
   Jonathan 12, 26, 36, 45, 52, 119, 132, 151, 315
   Margaret 173
   Martha 180

Mary 166, 173
Thomas 202
Walter 128
Hantzman
　William 56
Hardesty
　Joshua 50, 219
　Rezia 50
Harding
　John 20
　Mary 20
　Samuel 149
Hardwicke
　Solomon 191
Hare
　Christian 63
Hargest
　Stephen 219
Harkin
　John 291
Harley
　Thomas 47, 142
　Urath 47, 142
Harman
　Peter 43
Harper
　Benjamin 140
　Robert 254
Harriman
　Charles 272
　John 272
　Thomas 272
Harrington
　Isaac 148
Harris
　Benjamin 278
　Daughtery 209
　Eleanor 72
　Elenor 81
　Hannah 278
　James 320
　James Lloyd 72
　John 130, 197, 203, 206, 273, 280
　Lloyd 72
　Margaret 255
　Mary Ann 269
　Samuel 230, 235, 255, 273
　Thomas 123, 203, 333
　William 216
Harrison
　Benjamin 38
　Elizabeth 128
　John 212
　Joseph 128
　Richard 128

Thomas 5, 10, 15, 17-21, 29, 32, 38, 44, 54, 55, 56, 59, 61, 70, 72, 75, 80, 83, 87, 95, 97, 98, 101, 102, 105, 106, 107-109, 111, 113, 119, 122, 124, 125, 126, 127, 133, 135, 137, 138, 141, 142, 148, 149, 158, 159, 166, 168, 169, 229, 232, 235, 240, 246, 256, 262, 292, 295, 296, 314, 315, 320, 335
　William 205
Harryman
　Charles 260
　Elizabeth 34
　George 104
　George Jr. 144
　John 158, 260
　Robert 34
　Samuel 249
　Thomas 260
Hart
　August 312
　Augustus 312
　Jacob 187, 190
　John 107, 138, 192, 314
　Thomas 254
Hartman
　Catharine 29
　George 56
　George Michael 10, 28, 29
　George Mitchell 6
Harts
　John 232
Hartway
　Elizabeth 165
　Vitus 131, 165, 173, 337
Harty
　John 258
Harvey
　William 182
　William Jr. 245
Harwood
　Thomas 169, 254, 277
Hassalback
　Nicholas 295
Hattan
　Aquila 320
Hattenpenny
　Thomas 18
Hatton
　Thomas 221
Haven
　John 15
Havener

Mathias 300
Haw
  Edward 2
  John 2
Hawk
  Andrew 146
  Dieter 228
Hawkins
  Abraham 315
  Benjamin 315
  Elizabeth 315
  John 24, 33, 42, 43, 51, 89, 188,
      193, 259, 283, 304, 325, 332
  Joseph 140
  Margaret 315
  Mary 43, 51, 240, 304
  Mathew 230
  Nathan 265
  Robert 14, 111, 151, 240, 317
  Susannah 315
  Thomas 72, 317
  William 159, 240, 315
Hawz
  John 333
Hayes
  John 50, 75, 89, 189
  Moses 51, 75
Hays
  Francis 220, 311
  John 327
Hayward
  Joseph 126, 188
Headington
  Nathan 197
Heath
  James 106, 224, 254, 269, 279
  James Paul 224
Heavin
  John 44
Hecks
  William 233
Hedden
  John 14, 27
Heddin
  John 23, 135
Helm
  Ann 171, 247, 255
  Leonard 143, 307
  Mary 149, 247, 255
  Mayberry 171
  Mayberry Jr. 149, 153, 254, 255
  Mayberry Sr. 149, 220, 255, 307
  Maybury 247
Helms
  Alexander 129

Maberry Jr. 18
Mabery 5
Mayberry 83
Mayberry Jr. 85
Henderson 240
  John Bolton 209
  Philip 244, 338
  Thomas Frisby 195
  William 210
Hendon
  Hannah 23
  Henry 313
  Isham 1
  Josias 1
  Keziah 1
  Lydia 64
  Richard 313
  Sarah 313
  William 64
Hendrick
  James 325
Hendricks
  Catharine 275
  James 135
  John 275, 327
Hendrix
  Catharine 275
  John 275
Henley
  Daniel 232
  Darby 234
  James 309
  Joseph 49, 174
  P. 195
Henly
  Darby 191
  Edmund 191
  John 191
Henry
  John 216
Hepbourn
  John 285
Hepburn
  J. 51, 229
  Samuel 222
  William 222
Herbert
  Benjamin 275
Herment
  Hannah 229
  William 229
Herrington
  Daniel 140
  Isaac 140, 148
  Jacob 230, 235

Jane 140, 148
Hersey
  John 118
Hershey
  Henrietta 298
  Isaac 298
Heske
  Joseph 219
Hessey
  Henry 221
Heuly
  Frances 97
  Thomas 97
Heuth
  William 221
Hewey
  John 200
Hewit
  Edward 172
Hewitt
  Edward 306
  Rachel 306
Hewlings
  Mary 105
Hewstone
  Robert 107
Heyly
  Susannah 223
Hicks
  Henry 43, 115, 160
  James 56
  John 221
  Laban 160
  Labin 41
  Mary 185
  Nehemiah 115, 160, 233, 289
  Saban 191
  William 18
  Zachariah 18
Hide
  Nathan 217
  Robert 217
Higginbottom
  Joel 76
Higginson
  Dorcas 133
  John 79, 86
  Samuel 54, 57, 70, 79, 86, 133, 191, 252
Hill
  Alexander 42, 44, 265
  Clement 116
  Eleanor 265
  Elinor 44
  James 219, 326

  John 44, 49, 265
  Margaret 182, 262, 264, 292, 302
  Moses 182
  Richard 219
  Samuel 78, 182, 185, 272, 273, 291, 324
  Sarah 57
  Will 214
  William 37, 46, 320
Hillen
  Martha 168, 326
  Solomon 107, 168, 326
Hilms
  John 220
Hilner
  Isaac 280
Hilton
  John 221
Hissey
  Charles 28, 220
Hitchcock
  Asael 257
  Isaac 40
  Josias 257
  Mary 55
  Temperence 55
  William 40, 55
Hoaler
  John 315
Hodding
  John 335
Hodghin
  Thomas 153
Holbrook
  Amos 294
Holland
  Francis 180
  Henrietta 298
  John 43
Holliday
  Aeshah 16
  Clement 116, 120
  Elinor 116
  John Robert 198, 214
Hollis
  Agnes 199
  William 4, 35, 111
  William Sr. 139
Holman
  Horaham 23
Holmes
  James 210, 214
  Mary 170
  William 111, 317
Holms

Lancelot 276
Mary 240, 243
Peter 240, 243
Holson
  General 207
Holt
  Ann 313
  John 8, 313
  Nancy 313
  Sarah 313
Hood
  James 78, 218
  John 218
  Zachariah 27, 113
Hook
  Jacob 221
  Joseph 177
  Rudolph 192
Hooke
  Andrew 142, 211
  Barnett 259
  Catharine 2, 86
  Michael 259
  Rudolph 161
  Samuel 2, 86, 112
Hooker
  Benjamin 222
  Bennett Jr. 244
  Hannah 252-255
  Richard 33, 34, 49, 139, 211, 232
  Richard Jr. 166
  Samuel 11, 45, 49, 58, 67, 74, 165
  Samuel Jr. 49
  Samuel Sr. 31
  Sarah 45
  Thomas 33, 49, 57, 252, 253, 254, 255
Hoopart
  Adam 290
Hoopman
  John 298
Hoops
  Adam 203
  Robert 203
Hopkins
  Garrett 93
  Gerald 163
  Gerard Jr. 158
  Gernard 163
  Richard 163
  Samuel 163
  Susannah 198
  William 78, 97, 186, 200
Hopper
  William 210

Horne
  James 209
  Thomas 5
Horton
  William 113, 160, 220
Houk
  Martin 298
Houke
  Jacob 315
How
  Edward 80, 252
  Mary 80
  Samuel 252
  William 218
Howard
  B. 197
  Benjamin 9, 241, 270
  Brice 246
  Bridget 310
  Charles 75, 78
  Cornelius 7, 65, 75, 328, 332, 335, 336
  Dorcas 98
  Elizabeth 263, 331
  Ephraim 156
  Ephriam 128
  Greenif 24
  Henry 128, 156
  John 5, 9, 12, 98, 184, 199, 200, 221, 260, 263, 318, 331
  John Beale 201, 207, 209, 210, 217, 326
  John Grenif 310, 312
  John Grineff 63
  John Griniff 259
  John Grinnif 185
  John Grinniff 177
  Joshua 146, 336
  Lemuel 199, 213
  Philip 199, 200
  Ruth 335, 336
  Samuel 33, 110, 137
  Thomas 320
Howe
  David 194
  John 100
Howell
  Samuel 339
  Sarah 339
Howland
  John 205
Howlings
  Mary 54
Hubbard
  William 4

Hubbert
  Peter 34, 90, 247, 275, 299
Hudge
  John 41
Hudson
  Edward 220
  Hannah 325
  Joshua 325
  Samuel 214
Huff
  Michael 38, 137, 296
Huggins
  William 271
Hughes
  Adam 339
  Barnabas 302
  Barnabie 162
  Daniel 302
  John 83, 290, 302, 340
  John Hall 195, 196
  Samuel 302, 339
  William 290
  William Sr. 82
Hughs
  Barnabas 236, 262, 274
  Barnaby 264
  Elizabeth 236
  James 186
  John 168
  Nathan 41, 102
  Samuel 15, 44, 70
Hughston
  John 2
Humphery
  David 318
Humphry
  David 176
Hunn
  Francis 25, 30
  Margaret 25, 30
Hunt
  Elizabeth 286, 330
  Samuel 330
Hunter
  Mary 48
  Robert 293
  William 48
Huntway
  Ditus 94
Hurst
  Bennett 7, 145
  Bennitt 221
Husband
  Herman 75, 162
  Joseph 209, 339
  Mary 93, 134, 162
  Thomas 72, 273, 339
  William 23, 34, 75, 94, 97, 108, 110, 114, 117, 162, 186, 202, 339
  William Jr. 97, 114, 134, 144, 151, 162, 316
Husbands
  Harman 12
Huston
  Elizabeth 209
Hutchens
  Nicholas 186
Hutchenson
  Nicholas 191
  Thomas 191
Hutchin
  Nicholas 68
Hutchins
  Nicholas 10, 65
  Nicholas Jr. 216
  Nicholas Sr. 192
  Thomas 305
Hutchison
  James 107
Hyatt
  Mesback 51
Idleman
  Catharine 228
  David 228
Igo
  William 78
Igow
  Daniel 309
  Lewis 309
Ijams
  John 101
Inghram
  Arther 220
Ingram
  Francis 14, 106
  John 194
  Ruth 55, 302
Ireland
  Gilbert 26
  Richard 59, 210
  Richard Jr. 186, 219
  William 112
Irons
  Patrick 228
Isgrig
  William 76, 314
  William Sr. 314
Isham
  James 277

Israel
  Gilbert 300
  John 341
Israelo
  Angel 32
Isreal
  John 111
  John Locan 111
Isrealo
  Angel 32
Jacks
  Anne 307
  Richard 307
  Richard Sr. 169
  Thomas 220, 221
Jackson
  Elizabeth 93
  Isaac 93
  John 28, 135, 230
  Philip 157
  Samuel 314
  Thomas 5, 295
Jacobs
  Joseph 191
  Mordecai 88
James
  Abel 191
  Henry 16, 221, 315
  John 209, 219, 267
  Margaret 20, 25
  Nicholas 25
  Thomas 17, 150
  Walter 8, 191, 205, 269
  Watkins 222
  William 1
Jamison
  David 39
Jarman
  John 87
  Thomas 87
  William 237
Jarrett
  Abraham 133, 150, 190, 268, 280, 331
  Abraham Jr. 46
  Abraham Sr. 133
  Eleanor 133
Jarrold
  Thomas 318, 334
Jarrott
  Abraham 104, 122, 268
  Elinor 76
Jefferies
  Robert 163, 306
  Thomas 306

Jeffrey
  James 209
  Samuel 197
Jenifer
  Daniel 128, 212
  Thomas 128, 212
Jenkins
  Casander 208
  Elizabeth 191
  Frances 182
  Francis 44, 208, 253, 265
  Michael 191
  Thomas 68
  William 68, 182
  William Jr. 105
Jenkinson
  John 338
Jervell
  Robert 10
Jessop
  William 48, 221
Jessup
  William 220
Jiams
  John 116
Johns 78
  Ann 35
  Aquila 47, 191, 215, 259, 301
  Hannah 301
  Hensey 132
  Isaac 35
  Kensey 38, 62, 63
  Kinsey 273
  Richard 38, 301
  Richard Jr. 281
  Susannah 132
Johnson
  Ann 232, 329
  Archibald 241
  Barnett 247, 305
  Barrett 245
  James 220, 224
  Jeremiah 29, 60, 95, 159, 300, 322
  John 212
  Johnson 24
  Mary Ann 269
  Nathan 216
  Philip 179
  Sarah 220
  Thomas 71, 202, 211, 219, 232, 244, 245, 247, 260, 305, 322
  Thomas Jr. 150, 232, 295, 329
  William 140, 223, 319
  William Sr. 269
Johnston

Elizabeth 39
John 144
Nathan 191
Thomas 39, 75
Jones
  Abraham 42
  Ann 22, 45
  Charles 175
  Dorothy 200
  Elizabeth 157, 266
  Evan 200
  Francis 23
  George 24
  Henry 223
  Hugh 59
  Johanna 121
  John 40, 64, 76, 151, 191, 219
  Jonathan 212
  Joseph 159, 181
  Joshua 336
  Mary 64, 93, 185
  Nicholas 89, 157, 180
  Patience 159
  Philip 8, 22, 40, 44, 45, 100, 246, 317
  Richard 121
  Sarah 23, 151
  Susannah 223
  Thomas 40, 72, 89, 93, 97, 98, 99, 144, 150, 157, 159, 202, 208, 216, 247, 332
  William 115, 124, 185, 240, 266
Jordan
  Robert 110, 220
Jordon
  Ann 71
  Robert 71
Jowles
  Elizabeth 240, 243
  Henry 240, 243
  Mary 240, 243
Joyce
  John 186
  William 190
Judah
  David 212
  Wimbard 268
Judd
  Michael 18
Judy
  Weimbart 137
  Weimbert 161
Jurdon
  Robert 137
Kasey

Thomas 12
Kay
  Robert 183, 280, 291
Keaner
  Michael 192
Keen
  Timothy 287
Keene
  Ann 59
  Elizabeth 89, 123, 130, 134
  Henry 35
  John 89, 123, 130, 134, 147
  Mary 123, 130, 134
  Pollard 44, 123, 130
  Precius 35
  Richard 44, 114, 275
  Samuel 94
  Timothy 59
  Vachel 94
  William 130
Keener
  Catharine 326
  Christian 326
  Margaret 238, 286
  Melchior 138, 154, 155, 234, 235, 238, 258, 262, 276, 286, 303
Keepant
  Jacob 112
Keepaut
  Elizabeth 242
  Jacob 242
Kelley
  James 313
  Thomas 77
  William 238
Kelly
  James 4, 55
  Mary 212
  Nathan 336
  Thomas 44
  William 13
Kemp
  John 35
  William 97
Kenchart
  Frederick 221
Kener
  Mallica 271
Kenly
  Daniel 202
Kennedy
  J. 194
  James 215, 220, 258
  Patrick 213
  Thomas 215, 260

William 107
Kenney
  Thomas 163
Kersey
  Henry 31
Key
  Edmund 291
  Philip 29
Keys
  John 6
Kidd
  John 326
Kieth
  Daniel 220
Kiley
  William 106
Killgore
  William 215
Kimble
  Arland 238
  Giles 204
  Hannah 121
  James 38, 51, 118, 119, 122, 238
  Jemima 118, 122
  John 38, 204
  Margaret 119, 121, 319
  Robert 118, 122, 204, 238
  Rowland 118
  Samuel 51, 118, 121, 122, 238, 290
  Sarah 122, 238
  Stephen 38, 51, 119, 121, 122, 319
  William 38, 119, 122
Kimbull
  James 220
Kiner
  Metisnir 316
King
  Francis 201
  Henry 181, 219, 334
  Richard 219
  Susannah 334
  William 334
Kippant
  Jacob 61
Kirkpatrick
  Hugh 116
  James 298
  John Sr. 258
Kitely
  Elizabeth 320
  Thomas 221
  William 213, 221, 320
Kitterings
  Sergant 25
Kittinger
  John 227
Kittyear
  Elizabeth 326
  George 326
Kityear
  Christopher 287
Klein
  Henry 253
Klink
  Sophia 75
  William 75
Knight
  Benjamin 13, 16, 54, 121, 273, 281
  Elizabeth 13, 54, 273
  Henry 298
  Thomas 15, 44, 91, 191
Knowland
  William 285
Kramer
  Michael 210
Kriese
  Philip 116
Krocsen
  Richard 215
Kroesen
  Mary 147
  Nicholas 114, 147
  Richard 147
Kuinsey
  Charles 34
  Sabrina 34
  William 34
Lable
  William 156
Lamb
  Edward 124, 222
Lamont
  Neal 182
Lance
  James 254
Landrun
  Andrew 7
Lane
  Dalton 80
  Dalton Sr. 94
  Daniel 68, 236, 320
  Dinah 13, 90
  Dulton 13
  Dulton Jr. 74
  Dulton Sr. 90
  Dutton 67, 338
  Dutton Jr. 68
  Dutton Sr. 338
  Hannah 236, 320
  Jane 83

John 58
Mary 94
Richard 223
Samuel 41, 55, 83, 146
Samuel Jr. 221
Thomas 80, 145, 338
William 80
Larkin
   John 123
Larsch
   Mary 110, 341
   Valentine 9, 19, 82, 110, 112, 115,
      147, 161, 315, 341
Larsh
   Mary 242
   Valentine 19, 242, 245, 253, 277
Lashley
   Peter 65, 83
   Susannah 65, 83
Lathem
   John 214
Lathim
   John 213
Lathin
   John 204
Laub
   Jacob 321
Laughlin
   Mathew 254
Lawson
   Alexander 10, 14, 17, 24, 40, 45,
      82, 84, 96, 98, 102, 125,
      139, 166, 168, 170, 224, 277,
      292, 308, 322, 323
   Dorothy 40, 45, 102, 166
   Elizabeth 308, 323
   Rebecca 196
   Thomas 81
Leach
   Philip 191
Leaf
   Jacob 161
Leafe
   Eleanor 197
   Jacob 173, 197, 224, 241, 245, 321,
      333
   Sarah 241, 245, 333
Lease
   Jacob 192
Ledgewick
   Richard 281
Lee
   Corbin 60-63, 69, 78, 96, 205, 224
   Edward 308
   Edward Jr. 27

Eleanor 78
Elenor 96
Elizabeth 110
James 42, 182
James Sr. 212
Joseph 110
Sarah 308
Leeadeger
   Simon 202
Lefavour
   George 161
Legate
   Joshua 191
Legoe
   Benedict 200
   Benjamin 5, 34, 41
   Judah 200
   Mary 200
   Spencer 200, 217
Leighly
   Peter 67
Lemmon
   Elexius 267
Lemon
   Alexis 89
   Jacob 303
Lemond
   John 297
Lendrum
   Andrew 2, 60, 227, 229, 252
Lennox
   James 277, 326
Leseartt
   Joseph 285
Lesley
   Peter 288
Lesly
   Peter 330
   Susannah 330
Lester
   Alice 218
   Mary 219
   Norris 218
   William 218
Lett
   Zachariah 199
Lettage
   Peter 63
Lettick
   Peter 120
   Philip 269
Leudrum
   Andrew 105
Levely
   George 192, 233, 257

William 192, 249, 251, 256, 296
Levey
   William 123
Levly
   George 267
   William 177, 264, 267
Levy
   George 149
   Samson 279
   William 133
Lewis
   Ann 214
   Charles 221
   Clem 270
   Clement 248
   David 240, 243
   Edward 164, 235
   Edward Jr. 85, 300
   James 316, 336
   John 208, 214
   Joseph 242
   Nathan 141
   Ruth 300
   Thomas 171
Lightfoot
   Thomas 271
Lilly
   Richard 62
Lin
   Charles 184
Linagor
   John 320
Lingan
   Thomas 69, 220, 279
Linger
   Peter 320
Lingham
   Thomas 212
Linn
   David 171
Lippee
   Conrad 75
Litlemyer
   Bastion 82
   Catharine 82
   Christopher 82
   Mary 82
Littel
   John 230
Littell
   Henry 156
Litten
   John 293
   Michael 111
   Samuel 111

   Thomas 110
Little
   Belinda 168, 230
   George 199, 206
   Guy 241
   Henry 142, 179
   John 168, 219, 230, 304
   Mary 179, 199
   Thomas 139
   William 136, 152, 161, 258, 260
Littlemire
   Sebastian 87
Littlemore
   Mary 146
   Sebastian 146
Litton
   John 74, 274
   Samuel 159, 219
Lloyd
   Edward 53, 57, 72, 98, 108, 170, 222
   John 210
Lockart
   Samuel 321
Locke
   William 214
Lockhead
   Robert 207
Logan
   John 221
Logsdon
   Ann 81
   William 13, 75, 81
Londenburgher
   George 256
Londons
   Philip 179
Long
   Benjamin 147
   Boztson 151
   Daniel 129, 329
   John 81, 123
   Mary 147
   Robert 190, 270, 328
   Thomas 81, 215
Longsworth
   Mary 37
   Peter 30, 37
Longwell
   William 316
Losch
   Daniel 156
   Mary 156
Losh
   Daniel 134

Lot
  Zachariah 100
Lourery
  Elizabeth 232
  Godfrey 232
Love
  Alice 1
  John 1, 8, 36, 63, 77, 157, 208,
    213, 232, 305, 309
  Melas 221
  Mike 168
Loveall
  Gabulon 13
  Henry 123
  Luther 123, 301
  Mary 301
Lovely
  William 224
Lovering
  Thomas 163
Low
  Henry 140
  James 273
  John 68, 95
Lowderman
  George 253, 254
Lowe
  Hugh 191
  John 219
  Stead 222
Lowry
  James 219
Lucas
  Basil 106, 184, 186, 191, 220
  Benjamin 152
  Thomas 96, 137, 191, 203
Luckitt
  William 327
Lusby
  Elizabeth 27, 217
  Jacob 10, 14, 191
  John 249, 285
  Joseph 35
  Mrs. 191
  Robert 213, 217
  Thomas 27
Lux
  Agnes 297, 302, 316, 329
  Ann 36, 82, 329
  Darby 15, 36, 82, 262, 289, 316,
    321
  Frances 182
  Rachel 289
  Robert 111, 184, 255, 321
  William 4, 13, 14, 36, 37, 49, 62,
    71, 82, 126, 129, 142,
    158, 180, 184, 192, 247,
    255, 280, 283, 289, 291,
    297, 302-304, 316, 326,
    329, 339
Lynch
  Avarilla 176, 191, 324
  Cornelius 66
  Elinor 12, 66
  James 34, 39, 84, 180, 192
  John 34, 220, 293
  Patrick 176, 215
  Rebecca 17
  Roebuck 215
  William 128, 202
Lynn
  David 35
Lyon
  Josiah 268
  Mary 14, 52, 66, 67, 102, 108, 166,
    297, 325, 329, 334
  William 1, 21, 28, 33, 52, 60, 66,
    67, 102, 103, 108, 127, 141,
    158, 162, 166, 232, 248, 249,
    271, 288, 297, 303, 304, 308,
    309, 320, 325, 329, 334
Lytfoot
  Thomas 263
Lytle
  Thomas 8, 27
Maccomas
  Aaron 47
  Alexander 28, 64, 148, 150
  Alexander Jr. 56
  Ann 119
  Aquila 150
  Daniel 43, 47, 119, 126
  Hannah 150
  John 28, 116
  Martha 126
  Moses 68
  Solomon 116, 119
  William 47, 119
Macconikin
  John 246
Maccubbin
  Nicholas 153, 169, 212, 245, 254,
    255, 258, 277, 291, 311
  William 179
  Zachariah 341
Mackubin
  Za. 67
  Zachariah 24
Mackyaddin
  John 39

Madden
  Patrick 194
Maddin
  James 237
Maddox
  John 219
  William 83
Maeroy
  Mary 75
  William 75
Magee
  Daniel 330
  Sarah 330
Maggie
  David 194
Magruder
  Basil 88
  Mary 88
  William 88
Mahon
  John 204, 220
Mainer
  John 220
Majors
  James 221
Malone
  John 289
Malsby
  David 115, 160, 289
  Mary 289
Mandall
  Fergus 193
Maning
  Samuel 142
Manly
  Robert 234
  William 206
Manner
  Samuel 225
Manning
  Samuel 126, 254, 296
Maragh
  John 254
Marcer
  John 101
Mardell
  Feragus 332
Marimas
  John 218
Marrs
  Martha 192
Marsh
  James 196, 321
  James Jr. 321
  John 328

Josias 338
Margaret 321
Richard 338
William 196
Marshall
  Robert 94
  Thomas 188, 322
Martin
  Benjamin 31
  Isaac 44
  James 203
  Samuel Jr. 320
  Thomas 215
Mash
  James Sr. 188
Mason
  Edward 129
  G. 81
Massadin
  Deborah 193
Massey
  Aquila 41
  Cassandra 309
  Jonathan 309
  Sarah 132
Mather
  Hannah 167
  James 124, 167
Mathew
  Leven 90
Mathews
  Ann 17
  Bennett 152, 337, 340
  George 71, 272
  Hannah 146
  Henry 53
  James 86, 90, 229, 240, 275, 337
  John 15, 33, 35, 39, 86, 90, 110,
    111, 118, 120, 148, 205, 225
  Levin 153, 157, 246, 337, 340
  Lucin 205
  Mary 205, 301, 337, 340
  Milcah 35
  Oliver 38, 50, 65, 120, 146, 198,
    279, 331
  Rebecca 106, 230
  Roger 17, 90, 337
  Sarah 24, 25, 38, 53, 71, 73
  Thomas 24, 25, 38, 71, 73, 110,
    225, 272, 279, 313
  Thomas Jr. 38, 50, 120
Mathias
  John 146
  Joseph 146
  Stephen 146

Mattingly
  Ann 26
  Clement 26
  Edward 233
  James 52
Mattox
  John 220
Maud
  Daniel 190
  Daniel Jr. 207
Maulan
  John 10
  Margaret 10
Maxwell
  David 216
  Elizabeth 96
  George 41, 96
  James 1, 23, 158, 326
  John 264
Mayberry
  Thomas 221
Maybury
  Francis 215
Mayjors
  John 226
  Rebecca 226
Mayo
  Henrietta 259
  Joseph Jr. 169, 258, 259
McAdam
  Archibald 243
  John 179
McAdow
  John 302
McArdell
  Forgus 334
McBiggs
  W. 207
  William 214
McBride
  Thomas 195, 214
McCallister
  Robert 174
Mccamis
  James 81, 159
McCandless
  George 194, 203, 210, 333
  Robert 210
  Sarah 210
McCanlis
  Alexander Jr. 70
  William 70
McCarty
  Samuel 31, 70, 324
  Sarah 70

McCaull
  John Jr. 93
McChere
  William 333
McChore
  William 194
McClain
  Hector 240
  John 44, 123, 206
  Sarah 123, 206, 240
McClains
  John 8
McClare
  John 195
McClary
  John 191
McCleary
  John 121
McClellay
  David 197
McClung
  Adam 220
McClure
  John 213
  William 203, 206, 325
McCoca
  James 205
McCollister
  James 316, 336
  Joseph 316, 336
  Mary 316
  Richard 229
  Robert 316, 336
McComas
  Alexander Jr. 2
  Alexander Sr. 2
  Ann 9
  Aquila 165
  Daniel 35, 153, 186, 268, 283
  Daniel Jr. 221
  Elizabeth 251
  Hannah 2
  James 167
  John 9
  Moses 268
  Tabitha 268
  William 5, 35, 153, 251, 268
McCool
  Elizabeth 116
  John 40, 116
  Margaret 205
  Thomas 219, 260
McCowyen
  Duncan 301
McCray

Samuel 221
McCubbin
  Zachariah 202
McCullan
  David 275
McCulloch
  David 305
McCullock
  David 14, 31, 69, 79, 184, 227,
    246, 276, 279
  Francis 113
  Thomas 337
McDaniel
  Cornelius 287
McDougel
  Dougle 182
McDougle
  Dougle 207
McDow
  John 251
McDowell
  Michael 33
McDuffee
  Daniel 324
McFadden
  Robert 80
McFaddin
  John 191, 225
McGill
  Andrew 43, 135
  James 22
  Mary 43
  William 209
McGoueran
  John 33
McGoverane
  John 317
McGuiran
  John 42
McGuire
  Michael 133
McHard
  John 275
McHarge
  John 135
McHenley
  George 312
McKenzie
  James 243
McKimsey
  Gabriel 90
  Sarah 90
McKinless
  Alexander 28
McKnight

Mrs. 191
  William 221
McLane
  John 8
  Margaret 8
  William 220
McLawrin
  John 243
McLening
  John 247
  Mary 247
McMasters
  Alexander 220
McMechan
  Alexander 301, 308
  William 188
McMullen
  Thomas 264
McNabb
  John 207
McNear
  Robert 269
McNutt
  William 206
McQueen
  Thomas 239
McQuire
  Michael 122
McTheil
  Daniel 206
McTwain
  David 158
Meades
  Anne 168
  Edward 168
  James 168
Meads
  Benjamin 205
  Edward 205
  Susan 193
Meckell
  Conrad 272
Meeds
  James 270
Meek
  Adam 333
Megay
  Robert 218
Meharge
  John 84
Meller
  William 139
Meng
  Melcher 143
  Wollre 143

Mercer
   John 185, 237, 241, 244, 245, 249, 253, 254, 258
   John Jr. 204
Meredith
   Samuel 313
Mereken
   Dinah 3
   Joseph 3
Merrryman
   Joseph 230
Merryman
   Benjamin 196, 313
   Jemina 14
   Jenne 230
   John 3, 14, 29, 95, 187, 202, 250
   John Jr. 88, 121, 179, 207, 223, 228, 244
   Moses 150
   Nichilas 187
   Nicholas 7, 51, 95, 192, 208, 250, 304, 313
   Samuel 46, 149, 172, 230, 304
   Sarah 29, 149
   Thomas Jr. 89
   William 243
Messersmith
   Elizabeth 271
   Samuel 169, 253, 255, 271, 297
Metcalf
   John 19, 33
Meyers
   Ann 112
   George Nicholas 112
Middlemore
   Frances 35, 148, 186, 298
   Jonias 35
   Josias 298
Miles
   Isaac 80
   John 339
   Thomas 339
Miller
   Benjamin 220
   Elizabeth 69
   John 69, 260
   Margaret 168
   Mary 164, 235, 260
   Michael 80, 94, 105
   Richard 69, 220
   Thomas 168, 202, 203
   Thomas Jr. 162
   William 164, 235, 260
Millhuse
   Aquila 64

Miles 64
Millner
   Isaac 192
Mills
   Edward 128
   Richard 54
   Robert 312
Milner
   Isaac 268
Mindock
   George 201
Minkey
   George Philip 313
   Henry 313
Minor
   John 291
Mirer
   Peter 73
   Sarah 73
Mires
   George 73
   Isaac 239
Mitchell
   Edward 15, 20, 44, 120, 201, 266, 292, 341
   Elizabeth 337
   Kent 54, 164, 279, 290, 324, 338
   Martha 120
   Richard B. 272
   Richard Bennet 208
   Sarah 231, 331
   Thomas 273, 324
   Thomas Jr. 134
   Thomas Sr. 15
   William 120, 231, 234, 292, 296, 331, 341
Mitehall
   William 31
Moale
   Ellen 315, 337
   Frances 275
   French 223
   John 31, 51, 72, 85, 103, 107, 111, 143, 151, 162, 165, 184, 208, 214, 221, 232, 236, 245, 246, 268, 307, 315, 337
   Richard 69, 106, 127, 157, 179, 223, 275, 276
Mollison 181
Monatt
   James 101
Monk
   Renaldo 45
   Reynold 144
Montgomery

John 217
  William 216
Moore
  Charles 203
  Eleanor 339
  Francis 213
  Ginger 221
  Hannah 55, 172, 174
  James 174, 191, 203, 284
  James Francis 53, 339
  James Jr. 17, 31, 53, 55, 57, 118,
      134, 150, 170, 171, 172-174,
      191, 241, 263, 265, 329, 339,
      340
  John 44, 72, 97, 102, 236, 258,
      276, 329
  John Gay 340
  John Jr. 27
  Mary 227
  MIcholas Ruxton 53
  Rezin 53, 170
  Robert 217
  Ruxton 213, 339
  Samuel Jr. 189
  Thomas 169, 258
  William 152, 169, 170, 173, 227,
      233, 236, 272, 282, 290, 329
  William Jr. 314
Mordecai
  Moses 201
Morgan
  David 28, 97, 198, 336
  Edward 158, 182, 194, 206, 241,
      265, 269, 280, 306
  Hugh 198
  James 269
  James Jr. 36
  John Jr. 198
  Joseph 77, 164, 198, 264
  Joseph Jr. 219
  Joseph Sr. 229
  Moses 198, 206
  Robert 336, 337
  Samuel 89
  Sarah 28, 306, 336, 337
  Susannah 28, 198, 336, 337
  William 145, 208, 212, 216, 321
Morrall
  Samuel 206
Morray
  Jabez 13, 140
  James 52
  Josephus 46
  William 140
Morris

  Edmund 295
  Ishmael 210
  Jeremiah 301
  Sarah 318, 319
  Thomas 191
  Thomas Jr. 221
Morrison
  James 246
Morrow
  James 314
  Martha 312
  Patrick 312
  William 253
Motherby
  Charles 28
Moulding
  William 163
Moyers
  George 129, 130
Muir
  Thomas 215
Mummy
  David 221
Murdock
  David 76
Murphey
  William 220
Murphy
  Elizabeth 106
  John 106
  Martin 223, 252, 271, 276, 297
  Timothy 106
  William 221
Murra
  Alexander 306
Murray
  Alexander 145
  Dianna 268
  Dinah 285
  Elizabeth 160
  Jabez 15, 19
  James 15
  John 96, 131, 160, 187
  Joseph 15, 230, 322
  Joseph Sr. 21, 24
  Josephus 165, 201
  Josephus Jr. 32, 33
  Josephus Sr. 31, 32
  Kerenhappuch 201
  Margaret 32, 33
  Mary 19
  Morgan 15
  Nathaniel 58
  Patrick 229
  Ruth 24, 31, 32

Shadwick 220
Wheeler 268
William 268, 285
Murrey
  Mary 95
Musgrove
  Anthony Jr. 78
  Margaret 78
Myer
  Balsher 256
  Frederick 262
  George 261
  George Nicholas 28
  Henry Balsher 262
  Isaac 101
  Jacob 74, 101, 134, 285
  John 74, 101
  Ludwick 161
  Margaret 161
Myers
  Elizabeth 274
  Frederick 59, 316
  George 218, 228, 261, 303, 321
  Isaac 219
  Jacob 98, 250, 315, 316, 326
  Margaret 321
  Peter 47
  Sarah 47
Naff
  Henry 71
Nash
  John 220
Nathanleft
  William 219
Neal
  John 224
Neale
  Bennett 6, 273
  Edmund 220
  Edward 252, 265
Neall
  Francis 206
Neff
  Henry 229
Negores:
  Flora 179
Negroes: 213
  Abigail 213, 217
  Able 213
  Abraham 56, 180, 186
  Abram 200
  Adam 41, 113, 195, 333
  Africa 113
  Alb 206
  Alee 187

  Alexander 200
  Alice 194, 196
  Andrew 113, 212
  Annapolis 158, 329
  Anthony 194, 199
  Ashy 202
  Barbara 181
  Beck 218
  Bell 194
  Belt 298
  Ben 41, 113, 180, 183, 193, 198,
    201, 202, 215, 277
  Benjamin 194
  Berkshire 158, 329
  Bess 41, 181
  Bett 182, 188, 195
  Bette 269
  Betty 199, 204
  Big Toney 269
  Bill 199
  Bob 89, 156, 187, 260
  Bobb 41, 182
  Bobb Jr. 113
  Bobb Sr. 113
  Bone 204
  Bongrey 199
  Caff 188
  Cake 194
  Carter 113
  Castor 194
  Cate 181, 200, 201, 216
  Catharine 194
  Catherine 199
  Cato 113, 184, 186, 190, 218
  Catoe 205
  Ceasar 113, 186, 203, 208, 255
  Ceasar Jr. 333
  Ceasarcarp 113
  Cezar 213
  Charity 192, 194, 208
  Charles 52, 194, 200
  Clarder 208
  Clare 194, 277
  Cleare 188
  Clenus 158, 329
  Coffee 196, 197
  Cola 212
  Conn 184
  Conny 196
  Corn 199
  Cube 260
  Cudjoe 113
  Cuff 193
  Cuffa 195
  Cyrus 199

Dada 196
Dafey 190
Dan 180
Daniel 113, 329
Daphney 190
Darcy 56
David 218
Denbo 260
Dianna 214
Dick 113, 194, 214, 216, 260
Dina 197
Dinah 41, 158, 184, 190, 194, 197, 199, 201, 203, 205, 207, 211, 218, 255
Dine 322
Dorothy 206
Dorry 203
Dublin 41, 333
Dutchep 202
Easter 41, 180, 187, 190, 208, 213
Emanuel 113
Emelia 213
Esther 191, 199, 202, 203, 209
Fanny 189, 204
Fern 207
Flora 181, 199, 218, 322
Fortune 187
Frank 213
Friday 180
Fry 322
Geary 213
George 96, 113, 188, 193, 208, 211, 212, 277, 333
Grace 113, 204, 213, 277, 333
Grove 158, 329
Hagar 185, 188, 193, 195, 199, 207, 213, 214
Hager 182, 184
Hamlet 215
Han 202
Hannah 41, 158, 184, 194, 201, 202, 204, 208, 209, 213, 218, 245, 329
Harry 182, 215
Harsa 202
Hart 113
Harvy 191
Hego 193
Henny 186
Henry 184, 208
Hissey 180
Ina 182
Isaac 181, 187, 191
Jack 41, 56, 96, 113, 158, 187, 189, 196, 204, 208, 213, 322, 329, 333, 339
Jacob 181, 188, 194, 195, 199, 200, 205, 213
Jake 191
James 181, 184, 188, 193, 198, 204, 205, 215, 277
Jan 182
Jane 188, 203, 245
January 113
Jean 198
Jeff 196
Jeffery 181, 187
Jemima 213
Jemm 181
Jenny 113, 184, 193, 194, 202
Jeremiah 193
Jim 203, 207, 214
Joe 113, 181, 184, 193, 212, 322
Joebank 113
John 208, 277
Jona 202
Joshua 41, 333
Joshuay 190
Judah 89
Judd 203
Jude 191
Judy 41, 52, 186, 187, 333, 339
Jue 218
June 201
Jupiter 113
Jury 201
Kate 185, 192
Kinny 331
Korah 218
Leah 199
Leroy 194
Lettice 203
Linsay 183, 186
Linta 189
Little Toney 269
Loaden 41
London 213, 260, 333
Lott 113
Lovich 207
Lucey 186
Luckey 199
Lucy 186, 196, 197, 211
Luke 182
Lydia 113, 181
Lyn 198
Manus 189
Margaret 185
Mark 113
Mary 198
Mike 189

Mina 189
Minerva 158, 329
Miney 196
Mingo 260
Mingoe Jr. 113
Mingoe Sr. 113
Moll 188, 193, 277, 333
Moryboy 113
Nace 212
Nam 208
Nan 39, 181, 184, 194, 198, 212, 213, 216, 217, 245
Nann 298
Nanny 199
Naro 200
Nat 214
Nebo 269
Ned 196, 204, 211, 260
Neebs 298
Nell 186, 190, 194, 217, 277
Nick 183, 186
Norma 198
Pat 198
Patience 182, 213
Peater 218
Peg 203
Pegg 113, 187, 212
Peggy 277
Pell 183, 204
Pen 191
Penelope 200
Perine 213
Peter 41, 52, 113, 204, 211, 212, 277
Phebe 158, 199, 215, 217, 329
Phill 113, 204
Phillis 180, 181, 190
Poll 41, 96, 186, 209
Polly 202
Pompey 113
Possone 99
Price 218
Rachel 113, 158, 181, 187, 193, 195-197, 200, 204, 205, 209, 211, 218, 322, 329, 333
Ralf 215
Ralph 214
Reuben 333
Richard 181
Robin 199
Rosa 186
Rose 194
Rubin 41
Ruth 158, 186, 198, 204, 329, 333
Ruth Nell 96

Sacker 260
Sake 210
Sal 39, 113, 180
Sale 277
Sall 199, 208, 213, 215, 333
Sally 195, 212
Salt 189, 208
Sam 181, 185, 187, 188, 193, 195, 196, 199, 200, 203, 204, 211, 217, 260, 322
Sambo 181, 203
Sammy 200
Sampson 14, 49, 56, 113, 269, 298
Samuel 207, 213, 214
Sandy 96
Sarah 113, 187, 196, 208, 213, 214, 298
Sarah Betty 269
Sarty 208
Sary 189
Scipio 113
Seam 190
Season 199
Sego 56
Seter 41
Sevina 202
Sharper 202
Shrewsbury 188
Shrowsbury 322
Sook 191
Stafford 113
Stepney 190
Suck 218
Sue 204, 277
Sun 187
Susannah 182
Swan 208
Sym 199
Tamar 201, 211
Tamer 194
Taul 39
Terry 199
Thill 333
Thom 255
Thomas 214
Toby 196, 331
Tom 41, 181, 182, 193, 206, 208, 277, 322
Tommy 255
Toney Jr. 298
Toney Sr. 298
Tony 197
Trader 198
Urith 196
Villee 199

Will 96, 179, 181, 187, 193, 196, 212
Neice
  Christopher 260
Nellson
  William 65
Nelson
  Aquila 195, 241
  Benjamin 281, 318
  John 216
  Sarah 241
Neoil
  William 205
Neve
  Timothy 25, 70
Newland
  Thomas 33, 209
Newman
  Nicholas 169
Newsum
  Helen 104
Nichalsmith
  John 129
Nichols
  Herbert 20
  Mary 20
  Mathias 224
  Nathan 191
  Robert 287
  Thomas 191
Nicholson
  Hans 217
  James 101
  John 162
  Nathan 183
  Ruth 183
  William 81, 91, 132, 162
Nillson
  William 26
Nioss
  Wom 82
Nisbet
  Thomas 261
Nivison
  James 41, 96
Nixon
  John 198
Noble
  William 22
Noland
  William 285
Noll
  Barbary 44
  Henry 5, 7, 10, 44, 97
Noon
  William 17
Norris
  Abraham 213, 245
  Benjamin 12, 220, 256
  Edward 220, 221
  John 12, 145, 254, 256, 317
  Joseph 54, 57, 221
  Joseph Jr. 79
  Phillis 54, 57, 79
  Robert 27
  Rosanna 316
  Thomas 66, 114, 175, 220, 316, 317
North
  Benjamin 20, 27
  Elizabeth 337
  Ellen 315, 337
  Robert 111, 337
  Thomas 315, 337
Norwood
  Edward 72, 74, 81, 92, 111, 340
  Mary 340
  Samuel 123, 221, 281
Nower
  James 186
Nusser
  William 200
O'Daniel
  John 210
O'Donnell
  Richard 110
Oats
  Catharine 124
  Henry 124
  Jacob 124
  Peter 124
Odle
  William 309, 330
Ogg
  Dunken 320
  Dunkin 53, 201, 325
  George 37
  George Jr. 29, 304
  George Sr. 29, 38, 53
  Hannah 325
  Helen 30
  Laban 115
  Labin 41
  Ruth 115
  William 53, 303, 304
Ogle
  George 188
Oldham
  William 43, 60, 226, 257
Oneal

Barnett 12
Henry 12
Onion
  Stephen 1, 6, 112
  Zacheus 177, 191, 260, 289, 310
  Zacheus Baret 238
Oram
  Cooper 88
  Henry Jr. 186
  John 88, 231, 256, 270, 295, 330
  Rebecca 256
  Thomas 221
Orrick
  Carolina 196
  Charles 218, 220
  Hannah 18, 65, 66, 114, 130
  John 86
  Nathaniel 224
  Nicholas 18, 45, 65, 66, 86, 114, 115, 130, 183, 218, 219, 303
Orum
  John 232
Osborn
  Benjamin 44
  Daniel 320
  Daniel Sulivan 236
  Jacob 83
  James 4, 6, 14, 148, 173, 206, 286
  James Jr. 199
  Jane 173
  John 221
  Joseph 125
  Ruth 212
  William 83, 173
Osborne
  James 152, 195
Osbourn
  Benjamin 137
Ottey
  William 205
Otty
  William 150, 221
Outenbaugh
  Jonas 173
Outser
  Michael 110
Ovi
  Hugh 100
Owens
  Samuel Jr. 79
Owings
  Asenath 146
  Bale 54, 86
  Bezaleel 238
  Edward 289

Elijah 238, 317
Hannah 86, 294, 317, 322
Helen 238
Henry 238
John 145, 146, 220, 308
Joshua 66, 126
Mary 66
Nathaniel 268
Rachel 21, 81, 155, 164
Richard 318
Robert 86
Samuel 4, 18, 21, 33, 53, 318, 335
Samuel Jr. 84, 168, 225, 237, 298, 304
Sarah 308
Stephen Hart 308
Urath 21
Urath Jr. 140
Urith 33
Oxborne
  James 195
Paca
  Elizabeth 71, 90, 113, 152, 161, 163, 258, 260, 306
  John 59, 71, 90, 110, 113, 127, 147, 148, 152, 159, 161, 163, 186, 220, 251, 258, 260, 262, 264, 283, 292, 302, 306
  John Jr. 7, 9, 41, 45, 102, 127, 262, 264, 292, 302
  Margaret 7, 127
  William 170, 337, 340
Page
  Ra. 123
Pain
  Beaver 36
  William 142
Paine
  Bious 219
Palmer
  Abel 201
  Samuel 221
Paris
  Peter 217
Parish
  Edward 4, 132, 143
  Elizabeth 4
  John 4, 118, 220, 236
  John Sr. 219, 220
  Peter 20, 143
  Rachel 132
  Richard 132
  Richard Sr. 300
  William 58, 76, 220
  William Jr. 219, 264

Parker
    Robert 248
Parks
    David 221
    John 152, 177, 237
    William 16, 147
Parran
    Ann 131
    John 305, 309
    Moses 305
    Nathaniel 131
Parrans
    John 295
Parrish
    Joseph 192
Partridge
    Danberry Buckney 30
Paterson
    Robert 95
Patterson
    James 210
    Robert 31, 64, 113, 157, 169, 231, 312, 333
    Samuel 187, 281
    Sarah 169, 210, 333
Pawley
    Judith 163
    William 163
Payne
    Peter 286
Peace
    Nicholas 252
Peale
    William 101
Pearce
    Andrew 249
    Annastatia 249
    Henry Ward 249
    William 28, 33, 79, 135
Pearson
    Wilson 203
Peck
    Joseph 308
Peddicoat
    Dorseif 174
    Dorsey 149, 176, 250, 289
    John 221
    Nathan 118
    Nicholas 13
    Sarah 149, 176, 250, 289
    William 309
Peirpoint
    Charles 6, 77, 79
Pellet
    William 210

Pemberton
    Henry 21
Penn
    John 220
Pennington
    John 76
Perdew
    Walter 184
Peregory
    Joseph 123
Peregoy
    Elizabeth 97
    Henry 151
    Joseph 97, 322, 323
Peresby
    John 188
Pergler
    Henry 179
Periman
    Samuel 176, 226
Perimore
    Samuel 174
Perins
    William 226
Perkins
    Reuben 120
    Richard 191
    Rubin 209
    William 44
Perpoint
    Charles 31
Perrigoe
    Alice 138
    Henry 138
Perriman
    Jacob 120
    Samuel 246
Perrine
    Anne 139
    James 66, 139
    Peter 124
    William 124
Perrygoe
    Joseph 27
Phelps
    Avinton 158
Philips
    Isaac 176
Phillibrown
    Thomas 22
Phillips
    Francis 193
    Isaac 24, 59
    James 50, 133, 144, 240, 321, 328, 329

Joanna 321
John 47
Philpot 231
   Brian 26, 45, 63, 112, 120, 126,
      150, 158, 159, 166, 177,
      223-225, 228, 231, 232, 245,
      247, 255, 257, 270, 284, 297,
      299, 307, 308, 329, 334
   Brian Jr. 8, 30, 62, 76, 78, 92
   John 27
   Mary 92, 197, 297, 329, 334
   Thomas 72
Picket
   Barbara 172
   Elizabeth 172
   George 172
   Mary 172
Pickett
   Barbara 153, 176, 250
   George 153, 176, 250
   Heathcoat 104, 277
   J. 117, 185, 192, 285
   John 191, 292
   William 191
Pierpoint
   Charles 221
Pierre
   William 317
Pifey
   George 287
Pike
   Mary 299
   William 100, 299
Piler
   Phillipp 323
Pimberton
   Henry 114
Pindall
   John 46
Pindell
   John 40
Pines
   Simon 221
Pinkham
   Richard 4, 133
Pipper
   Henry 114
Pitts
   John 220, 327
Plater
   Elizabeth 116
   George 116
Pleasants
   Robert 143, 167
   Thomas 143

Plowman
   Jonathan 103, 160, 181, 207, 241,
      248, 266, 267, 270, 283, 289,
      308, 332
Pocock
   James 191
Poleson
   Ann 63
   Cornelius 63
Polland
   John 226
   Rebecca 226
Pollard
   John 61, 85, 128
   Sarah 85
Polson
   Elizabeth 191
   Francis 57
   Joseph 301
   Mary 192
   Rebecca 191
Pontany
   Edward 22, 76, 102, 246, 307
   Rosanna 76
   Rosannah 109
   William 5, 8, 76, 109, 129, 244
Pontary
   William 8
Ponteny
   Edward 92
Pontery
   William 205
Poor
   George Abraham 320
   James 320
Porine
   Jane 301
   William 301
Porter
   John 318
   Nelly 314
   Philip 221
   Richard 123
   Thomas 7, 44, 133, 206
   William 316
Poteet
   Elizabeth 35
   James 21, 33
   John 35, 136, 156
   John Jr. 5
   Lewis 128, 317
   Ruth 136
   Thomas 325
Potts
   Jane 96

Thomas 50, 72, 74, 86, 96
Poulson
　　Anne 141
　　Cornelius 141
Powel
　　Benjamin 220
Powell
　　Benjamin 142, 254
Prather
　　Thomas 27
Presbury
　　George 23, 36, 47, 106, 176, 192, 248
　　George Goldsmith 219
　　George Goul. 157
　　George Gould 47, 326
　　John 277
　　Joseph 279
　　Martha 35
　　Thomas 276
　　William 39
　　William R. 118
　　William Robinson 220
Preston
　　Clemency 6
　　Daniel 3, 36, 53, 107, 177, 317, 323
　　Edward 220, 221
　　James 2, 6, 42, 71, 149
　　Samuel 173
Pribble
　　John 115, 283, 340
　　John Jr. 115
　　Mary 341
　　Thomas 341
Prible
　　John 91
　　Thomas 91
Price
　　Absolom 184, 211, 264
　　Aquila 166, 200
　　Benjamin 1, 226
　　Elizabeth 1
　　John 147, 163, 230, 292
　　Mordecai 1, 117, 225, 226
　　Pursasha 163
　　Rachel 117, 225
　　Samuel 226
　　Sarah 53, 117
　　Thomas 327
Prichard
　　Elizabeth 3
　　Samuel 3, 340
Pritchard
　　Isabella 285
　　James 21
　　Obediah 285
　　Samuel 285
Pritchet
　　John 99
Prunts
　　John 220
Pumphry
　　Ebenezer 36
　　Nathan 82, 92
Purdue
　　William 260
Purviance
　　Samuel Jr. 240
Pyle
　　John 34, 37
　　Ralph 27, 37
　　Sarah 37
Quarterman
　　John 54, 84
Quine
　　Henry 8
Quinlan
　　Charity 79
　　Philip 79
Quinsey
　　Johannah 191
Quiton
　　Henry 242, 313
　　Sarah 313
Ragh
　　Thomas 75
Raigain
　　Richard 180
Ralston
　　John 49
Ramsey
　　Charles 6
　　Edward 220
　　Isaac 156
　　Randal 156
　　William 89, 170
Ramsin
　　Philip 176
Ramson
　　Eleanor 266
　　Elinor 296
　　Philip 266, 296
Randall
　　Ann 242
　　Aquilla 221
　　Christopher 27, 52, 64, 95, 220, 242, 267, 338
　　Christopher Jr. 254
　　John 50, 79

Roger 25, 214, 219
Sarah 254
Thomas 183, 254, 265, 267
William 267, 308
Randell
  Catharine 13, 140, 141
  Christopher 12, 13, 139, 140
  Christopher Jr. 130
  Hannah 12
  John 141
  Thomas 12, 13
  William 140
Ransant
  John 25
Ras
  William 216
Rater
  Lodowick 221
Rath
  Moses 226
Rather
  Thomas 20
Raven
  Abraham 88, 90, 274
  Ann 304
  Isaac 38
  Lettice 158, 219
  Luke 191, 304
Rawlings
  Moses 104
  Richard 159
Rawlins
  John 35
Ray
  William 337
Read
  John 211, 231, 263
Reading
  William 198, 221
Red
  John 235
Reddell
  John 38
Redman
  Ann 191
Reed
  Christopher 185, 193
  James 183
Rees
  Adam 239
  Henry 239
  Melchior 239
Reese
  Daniel 219
Reeves

Roger 338
Reily
  William 221
Reister
  John 222, 324
Reiy
  William 148
Renshaw
  Abraham 321
  Ann 321
  Elizabeth 212, 268
  John 212, 286
  Joseph 144, 206, 212, 268
  Mary 203, 211
  Thomas 203, 206, 211, 219, 265
Reresby
  John 91, 147, 165, 227, 333
Reston
  Bornd 318
Reverse
  James 166
Revesby
  John 140
Rhodes
  Ann 137
  Anthony 5, 33, 58
  Catherine 137
  Frances 137
  Henry 137
  John 70
  Richard Jr. 248
  Richard Sr. 248
Ribble
  John 135
Rice
  Christopher 163
Richards
  Isaac 219
  Jacob 87, 247
  James 11, 12, 89, 174, 224, 238, 270
  James Sr. 41
  Rebecca 247
  Richard 13, 34, 80, 84, 89, 104, 112, 228, 243, 294
  Sarah 294
Richardson
  Hannah 200
  Hanson 309
  James 191, 221
  James Jr. 183
  Joseph 182
  Lawrence 104
  Nathaniel 22
  Samuel 313

Thomas 150, 151, 191, 262, 277, 304
William 107, 108
Richey
  Thomas 329
Rickells
  Samuel 168
Ricketts
  Benjamin 1, 23
  Elinor 1, 23
  Elizabeth 57
  Hannah Meriter 57
  Samuel 326
Riddle
  James 217
Ridgeley
  Charles 181, 234, 236, 242, 294
  Charles Jr. 225, 282, 294
  Charles Sr. 225
  Col. 226
  John 183, 184, 225, 284, 294, 303, 314
  Mary 303
Ridgely
  Charles 196, 335
  Charles Jr. 193, 198, 220, 250, 288, 289, 292, 303, 317, 319, 326, 332, 337
  John 196, 244, 246, 273, 290, 300
  Mary 273
Ridgley
  Aeshah 16
  Charles 3, 11, 12, 16, 39, 42, 77, 107, 125, 146
  Charles Jr. 125, 130, 168
  John 3, 4, 7, 14, 15, 28, 46, 50, 57, 73, 97, 102, 109, 115, 129, 133, 135, 141, 142, 162
  Mary 115, 162
  Plesance 3
  Rachel 9
Riely
  John 118
Riester
  John 327
Rigbie
  James 117, 148, 150, 199
  Nathan 162, 338
  Nathan Jr. 133, 162
  Nathaniel 112, 150
  Philip 301
  Sabrina 34
  Sarah 148, 150
  Thomas 252, 263, 266
Rigby
  Frances 197
  James Townley 197
  James Townly 196
Rigdon
  George 36, 48
  John 36
  Sophia 157
  Stephen 48, 119, 157
  Thomas Baker 264
  William 48, 266
Right
  Isaac 239
Righter
  Lodowick 294
Riisboect
  Torlob 315
Ringgold
  Thomas 123
Risteau
  Elizabeth 93, 243, 259, 272, 276, 280, 332
  Frances 69, 73
  George 41, 69, 70, 73, 93, 127, 220, 327
  Isaac 4, 93, 117, 138, 226, 227, 243, 259, 272, 276, 280, 332
  James 33, 35, 40
  John 41, 227, 260
  Susannah 79, 167
  Talbot 79, 227
Riston
  John 148
Roach
  Francis 269
Roads
  Elizabeth 25
  John 25
Roarer
  John 297
Roberts
  Eleanor 71
  Elinor 229
  John 49, 65, 110, 129, 157, 191, 217, 220, 277
  John Christian 230
  Leaven 297
  Levin 300, 325
  Mary 297
  Patrick 221
  Peter 191
  Stephen 1, 2, 15, 39
  Thomas 230
  William 71, 125, 186, 229
Robertson
  Daniel 4, 71, 295

Donald 4, 71
John 4, 6, 71
Mary 65
Richard 14, 65
Robert 4, 71
Sarah 4, 71
Sophia 90
Robeson
  John 16
Robinson
  Abraham 187
  Charles 191
  Daniel 157
  Edward 191, 196, 204
  John 4, 133, 173, 201, 227, 314
  Mary 140
  Richard 137, 140
  Temperance 55
  William 6, 55, 61, 75, 94, 115, 125, 139, 220, 322
Rock
  Jacob 141, 159, 175, 270, 318, 324
  Rachel 318, 324
Rogers
  Ann 257, 287, 295
  Benjamin 116, 142, 157, 185, 199, 215, 257, 281
  Charles 215, 268, 319
  Elizabeth 246
  Henrietta 336
  James Lloyd 207, 336
  John 187, 209, 214
  Nicholas 8, 17, 81, 90, 207
  Owen 139, 287, 295, 328
  Richard 335
  Smith 215
  Thomas 142, 221
  William 2, 4, 7, 15, 20, 24, 25, 30, 34, 44, 51, 55, 65, 68, 83, 92, 100, 104, 118, 132, 133, 139, 222, 257, 260, 324
  William Jr. 4, 7, 12, 15
Rolles
  Christopher 191
Rollo
  Archibald 41, 248
  Rebecca 41, 248
Rolls
  Archibald 56
  Jacob 220
Rooker
  Hannah 7
Root
  Daniel 70
Rose

Aquila 216
Mr. 191
Ross
  J. 57
  John 53, 202, 287
  Robert 74
Rowles
  David 23, 128, 129, 200, 244
  Jacob 23, 128, 129
  Patient 129
  William 23, 128, 129
Rubye
  Mary 305
  Thomas 305
Rudolph
  Hance 254
Ruff
  Richard 110
Rummey
  Mary 300
Rumney
  Mary 312
Rumsey
  Benjamin 217
  Charles 137
  William 35
Rusk
  David 196, 330
Russell
  James 98, 139, 168, 181, 206, 224, 277, 292, 330
  Thomas 210, 333
  William 147, 200, 210
Ruth
  Esther 48, 327
  Moses 48, 79, 85, 128, 139, 174, 207, 226, 302, 327
Rutledge
  Abraham 27
  John 191
  William 189
Rutlidge
  John 221
Rutter
  Henry 197, 335
  Mary 156, 185, 187, 190, 196
  Moses 71
  Richard 49, 50, 71, 190
  Sarah 132
  Solomon 128
  Thomas 26, 119, 132, 156, 212, 214, 231
Rutz
  Richard 10
Ryan

Ann 6
Benjamin 14
John 6
Sabely
  William 271
Salbuker
  Henry 287
Sanders
  Edward 317
  Elizabeth 72, 119
  James 4, 14, 263
  James Jr. 139
  Jane 263
  Robert 263
  Thomas 72
  Thomas Jr. 119
  William 88, 127
Sap
  Daniel 298
Sappington
  John 177, 243, 252, 330
  Margaret 177, 330
Sater
  Dorcas 54
  Dorcus 98
  George 329, 332, 336
  Henry 98
Sates
  George 200
Sauble
  Leonard 275, 331
Sauderslager
  Philip 331
Saunders
  Elizabeth 318, 320
  James 185
  Robert 202, 271, 311, 322
  Thomas 143
  William 202
Savory
  William 40, 78
Sayre
  John 240
Sayter
  Dorcas 98
Scarlet
  Bothya 190
Scarlett
  Stephen 12
Schartell
  Jacob 110
Schmidt
  Conrad 112
Scholfield
  David 212

John 212, 261, 338
William 212
Schrafer
  William 255
Schreagle
  Michael 202
Schum
  Johannes 229
Scorce
  William 255
Score
  William 332
Scott
  Daniel 311
  Edward 207, 208
  Elizabeth 1
  George 201
  Jacob 45, 282
  James 3, 6, 80, 220
  N. 169
  William 217, 219
Seabrook
  William 219, 341
  Zeporah 341
Seabrooks
  William 133
Seal
  William 170
Seaves
  Mary 78
  Robert 78
Seddin
  John 220
Seddlemire
  Barbara 18
  Christopher 18
Seddon
  John 272
Seeds
  Samuel 138
Seglar
  John 186
Seiver
  Henry 173
  Mary 173
Sellman
  John 79, 151
  Johnze 221
  Thomas 99
  William 99
Selman
  Ruth 48
  Thomas 48
Selven
  James 191

Sense
  Peter 169
Serjant
  John 5, 33
Settlemore
  Mary 233
  Sebastian 233
Sewell
  Christopher 97, 237, 286
  Mary 237
Shack
  Adam 225, 254
Shacke
  Adam 298
Shactar
  Frederick 149
  Martin 149
Shakon
  Jacob 209
Shall
  Joseph 221
Sharp
  Thomas 31
Sharpe
  Durham 184, 305
  Horatio 98, 113
  Horence 53
Shartel
  Jacob 192
Shaw
  Elenor 109
  Nathan 108, 109, 190
  William 190, 249
Shea
  Ann 10, 273, 328
  Thomas 10, 273, 328
Sheckle
  John 282
Sheilds
  David 197
  Henry 2
  Solomon 1
Sheldon
  Andrew 247
Shelmedine
  John 293, 325
Shelmeredine
  Johon 7
Shepard
  John 133
Shepherd
  Christopher 4, 9
  John 12, 19, 91
  Mary 193
  Rowland 9
  Susan 193
Sheppard
  Edward 36
Sheredine
  Ann 18, 56, 82, 95, 121, 171, 250, 328
  Anne 147
  Thomas 18, 48, 56, 82, 95, 121, 147, 171, 183, 186, 250, 270, 282, 313, 328
  Thomas Jr. 237
  Upton 253
Shertell
  Jacob 110
Shields
  Henry 149, 246
  Phillip 149
  Rachel 149
  Solomon 149
  Urania 246
Shilling
  Jacob 88, 151
  Jacob Jr. 13, 34
  Jacob Sr. 30, 151
  Margaret 151
Shinton
  John 195
Shipherd
  John 76
Shipley
  Absolom 306
  Adam 37, 47, 48, 219, 306, 341
  Charles 341
  George 125, 304
  Martha 7, 16
  Richard 219, 221
  Richard Jr. 306
  Ruth 37, 47, 48
  Samuel 7, 16
  Thomas Perrygrine 201
  Urath 47
Shivers
  John 9
Shon
  George 28
Shou
  George 98
Showden
  Richard 181
Showell
  Thomas Rhoades 276
Showers
  John 116, 325
  Mary 325
Shrak

John 307
Shriak
　Michael 223
Shrider
　Susannah 75
　William 13, 75
Shrim
　John 229
Shrimplin
　Honour 73, 83
　John 65, 73, 83, 124, 129, 130, 135, 151
Shriner
　David 301
Shriver
　David 163
Shuster
　Francis 255, 300
Sicklemore
　Sutten 191
　Sutton 235
Sigbo
　John 192
Sikes
　Thomas 41, 137, 148
Silvers
　Gusham 201
Simkin
　John 312, 325, 327, 328
　Mary 328
Simkins
　John 293
Simm
　Mary 179
　Robert 230
　William 179
Simmon
　Eleaious 197
Simmonds
　Charles 174
　Priscilla 174
　Thomas 174
Simmons
　Elizabeth 98
　George 98
　Josias 20, 25
　Thomas 20, 197, 326
Simms
　Mary 18, 81
　William 18, 59, 81
Sims
　James 198
　Robert 198
Sindall
　Elizabeth 52

Jacob 52, 149
　Philip 52
　Samuel 52
Sinkin
　John 134
Sinkler
　James 23
　William 8, 27
Sinnett
　Nicholas 324
Sipp
　Peter 116
Sittlemire
　Mary 114
Sittlemore
　Christopher 245
　Mary 245
Sitzing
　Peter 233
Skidmore
　Jeremiah 188
Skinner
　James 323
　John 10
Skinnet
　Robert 200
Slack
　Henry 192
Slade
　Ezeckiel 312
　Thomas 47, 288
　William 25
Slagle
　Henry 86
Slater
　Jonathan 318
Sleator
　William 190
Sleght
　Henry 192
Sligh
　Ann 120, 131, 134, 140, 143, 160-162, 164, 167, 168, 177, 220, 234, 271, 272, 284, 294, 316, 326
　Dorothy 165
　Elizabeth 216
　John 131, 158, 165, 173, 192
　Sophia 4, 45, 47, 50, 63, 66, 88, 89, 91-93, 95, 97, 103, 104, 106, 107
　Thomas 4, 11, 18-20, 34, 40, 41, 44, 45, 47, 48, 50, 52, 57, 63, 66, 76, 80, 82, 84, 85, 88, 89, 91, 92, 93, 95, 100,

   101, 102-104, 106, 107,
   112, 114, 120, 131, 134,
   140, 143, 160, 161-163,
   165, 167, 168, 173, 175,
   177, 195, 234, 236, 245,
   257, 258, 271, 272, 284,
   286, 293, 294, 316, 326,
   329, 332, 333
Sly
 John 119, 153, 246
 Thomas 311
Smarr
 Martin 175
Smith 273
 Alexander 210, 242
 Andrew 126, 329
 Anthony 192
 Catharine 192
 Charles 221, 327, 329
 Conrad 15, 55, 73, 79, 112, 114,
   126, 131, 137, 158, 159, 161,
   242
 Conrod 337
 Deborah 112, 113
 Dinah 69
 Edward 235, 300, 308
 Elizabeth 6, 40, 61, 65, 105, 127,
   128, 205, 220, 286, 291, 313
 Elizabeth Jr. 258
 Francis 188
 George 23, 84, 164, 188
 James 161, 189, 221, 233
 John 101, 104, 191, 192, 206, 216,
   220, 248, 249, 286, 288, 301,
   308, 337, 340
 John Addison 176, 220
 Joseph 27, 52, 112, 113, 160, 210,
   315
 Margaret 208, 242
 Mary 301
 Nathaniel 104, 105, 205, 209, 211,
   215
 Ralph 259, 269
 Richard 311
 Samuel 14, 53, 182, 219
 Sarah 283, 308
 Thomas 208, 215, 263, 269
 Thomas Gould 191
 Walter 8, 131, 286, 309, 311, 322,
   329, 330, 332, 336
 William 3, 5, 6, 20, 40, 53, 61, 65,
   69, 108, 119, 127, 128, 139,
   142, 171, 197, 208, 235, 241,
   243, 248, 249, 259, 274, 275,
   281, 284, 288, 291, 292,

   294, 308, 313, 338, 341
Smithers
 Blanch 26
 John 26
Smithfield
 Samuel 219
Smithson
 Thomas 319
Smitson
 Daniel 122
 Thomas 122
Smurr
 Martin 154, 297
Smyth
 Alexander 203
 Thomas 123
Snapth
 Peter Jr. 252
Snowden
 John Baptist 287, 327
 Richard 53
Sock
 William 194
Sollerman
 Robert 221
Sollers
 Hugh 45
 James 179, 193
 Joseph 25, 56
 Sabert 73
 Sabert Jr. 73
 Sabret 193
 Sabt 20
 Thomas 80, 95, 125
Soney
 Amos 209
Sorling
 Mones 333
Sorwrity
 Daniel 16
Sotters
 Thomas 55
Soundly
 Daniel 26
Southland
 William 200
Sowen
 Henry 164
Sower
 Anna Maria 263
 Henry 155, 263
Spavold
 James 209, 227
Spear
 William 262

Speigle
  Rachel Cole 330
  Thomas Cole 330
Spencer
  James 191
  Mathew 240, 243
  Rowland 221
  William 202, 210
Spicer
  Austin 149
  Rebecca 149
Spindler
  Jacob 266, 267
Sprigg
  Edward 58, 69
  Richard 166, 285
  Thomas 58
Spry
  Ruth 210
Stain
  Sarah 14
  Thomas 14
Stains
  Thomas 60
Staller
  John 93
Stamper
  John Christopher 58
Standford
  Aquila 221
  James 249
  Samuel 191, 340
  Shelton 196, 204
  Skelton 9
  William Jr. 189
Standifer
  Ann 121
  Samuel 121
Standsfer
  Israel 260
Stansbury
  Daniel 236
  Edmund 313
  Elizabeth 235, 236
  Hannah 274, 283
  Honour 317
  Jane 183
  John 17, 146, 221
  John Jr. 62, 72, 138
  Luke 183
  Mary 21, 61, 85, 146, 196
  Richard 236
  Richardson 285
  Ruth 183
  Samuel 88, 90, 272
  Samuel Jr. 259
  Thomas 226, 317
  Thomas Jr. 85, 230, 306
  Tobias 21, 61, 85, 136, 146
  Tobias Sr. 54
  William 72, 235, 236, 292
Stapleton
  Joseph 220
Starkey
  Ann 87
  Hannah 6
  John 30, 87
  Jonathan 87, 98
  Mary 98
Starkie
  Hannah 95
  Jonathan 95
  Joshua 95
Steins
  Thomas 233
Stenhough
  Alexander 87
Stenhouse
  Alexander 79, 183, 237, 251, 281,
    293, 308, 324
  Cordelia 251, 324
Steret
  James 224, 235, 248, 249, 308
Sterett
  James 275, 288, 294, 341
Sterret
  James 142
Stevens
  Elizabeth 211
  Giles 191
  John 211
  Mary 304
  Nathan 211
  Pamila 210
  Sarah 210
  Thomas 230, 281, 282, 304
Stevenson
  Edward 52, 74, 273
  Henry 16, 53, 289
  John 16, 17, 19, 30, 93, 109, 120,
    189, 248, 249, 273, 288
  John Jr. 216
  Richard King 16
  Robert 90, 233
Stewart
  Alexander 4, 69, 78, 93, 103, 146,
    151, 200, 261, 309
  Charles 221
  Cornelius 113
  George 105, 106, 125, 151, 167,

281, 301, 325
  James 6, 119, 126, 143, 214, 340
  John 63, 187, 200, 309
  Sarah 78, 93, 146, 300
  William 125
Stife
  Jacob 166
Stigar
  Andrew 59, 86, 94, 102, 105, 111,
    121, 134, 154, 155, 225, 236,
    251, 253, 255, 257, 265,
    270-272, 276, 284, 287, 289,
    294, 297, 303, 316, 322, 326
  Mary 105, 121, 225, 289, 316, 322
Stiger
  Andrew 9, 49, 69, 131, 164, 175
Stillwell
  John 220
Stinchcomb
  Catharine 125
  John 81, 125, 141, 244, 338
  Nathaniel 81, 340
Stockett
  Ann 282
  Thomas 282
Stocksdale
  Edward 167
  John 193
  Solomon 167
  Thomas 167
Stocksdall
  Solomon 273
Stocksdell
  Edward 11
  Solomon 10
Stogsdale
  Catharine 113
  Edward 113, 132
Stokes
  Humphry Wells 206
  John 26, 206
  Joseph 185
  Rebecca 286
  Robert 33, 39, 45, 286
  Susannah 26
Stoksdale
  Thomas 41
Story
  Enoch 63, 141
  Mary 141
  Prudence 286
  Robert 239, 285
Stout
  David 74
Stover

  John 289
Stoxdale
  Edward 300
  John 260, 324
  Sarah 282
  Thomas 222, 260, 282
Strangway
  Christopher 157
Street
  Thomas Jr. 214
Stringer
  Richard 46
Struthers
  John 123, 231
Stuett
  James 274
Stump
  Hannah 97
  Henry 97, 117
  John 97
  Peter 295, 323, 329
Sturup
  Peter 111
Stwins
  Thomas 220
Sty
  John 21
Suink
  Conrad 219
Summer
  John 4
Summers
  John 267, 331
  Richard 267
Susbie
  Robert 341
Sutner
  Peter 192
Sutton
  Christopher 89
  Joseph 82, 166, 175
Swan
  Burch 205
Swaurt
  Samuel 201
Swoope
  Benedict 272
  Benjamin 109, 110, 115, 142, 161
  George 109, 142, 192
Swopes
  Benjamin 275
  George 275
Symmer
  Alexander Andrew 222
Symonds

Josias 20
Tait
  Henry 171
Talbot
  Charles 11, 15, 39
  Edmond 79, 220, 267
  Edmund 3, 124, 139, 323
  Edward 27, 46, 86, 97, 144, 209, 219
  James 1, 39, 65
  John 3, 34, 42, 124, 204, 309
  John Sr. 191
  Margaret 34, 70, 309
  Mary 1, 39, 323
  Rebecca 124, 139
  Temperance 144
  Thomas 185, 230, 323
  William 1, 70, 86
Tally
  Samuel 271
Tasker
  Anna 261
  Benjamin 261, 262, 285
  Benjamin Jr. 27, 121
Taylor
  Abraham 23, 105, 106, 153, 180, 227
  Arthur 324
  Charles 72, 191, 260
  Elizabeth 72
  Frances 180
  Hannah 180
  James 23, 31, 70, 105, 118, 227, 231, 234, 249, 279
  James Sr. 319
  Jane 153
  Jenifer 227
  John 81, 123, 170, 174, 180, 184, 191, 300
  Joseph 2, 11, 48, 77, 85, 100, 163, 193
  Lawrence 7, 227
  Mary 106, 234, 290
  Michael 83, 105, 106, 153, 180, 231, 234, 249, 256, 279, 280, 290
  Richard 256, 270, 273
  Sarah 180
  Thomas 133, 153, 180
Tayman
  Aquila 9
Teal
  Catharine 102, 320, 334
  Edward 334
  Emanuel 4, 72, 102, 220, 320, 334, 338
  George 221
Teale
  Edward 220
Tebrow
  John 212
Temple
  Michael 295
Tester
  John 285
Teves
  Peter 214
Tevis
  Margaret 172
  Nathaniel 172
  Peter 172
  Robert 172, 219
Thaker
  John 221
Thatcher
  Elisha 217
Thatford
  Simon 221
Thewbarb
  Phil 102
Thomas
  Charles 100
  Daniel 179
  Edward 14
  Francis 332
  Frederick 277, 341
  Henry 26, 219
  Hugh 73
  Jane 26
  John 38, 110
  Joseph 229
  Nathaniel 142, 254
  Sarah 110
Thompson
  Andrew 11, 77, 78, 314
  Ann 314
  Aquila 334
  Daniel 220
  Dowell 5
  Elizabeth 77, 152
  Henry 203
  James 18, 80, 314
  John 77, 78, 312, 316
  Joseph 152, 158
  Margaret 78
  Thomas 171, 314
  William 258, 260
Thomson
  Andrew 302
  John 312

Thorabrough
  John 226
Thorn
  Daniel 236
Thornback
  Christopher 172
Thornburg
  Ann 284
  Elizabeth 283
  John 283, 284
  Rowland 284
Thornburgh
  Francis 281
  Rowland 281
Thornbury
  Francis 227, 284
  John 246
  Mary 227
  Rowland 246
  Rowland Jr. 227
Thornton
  Presly 300
Thorp
  Edward 60, 226, 301
Thorpe
  Rachel 213
Thrash
  Elizabeth 228
  Jacob 228
Throughman
  Charles 216
Thrush
  Elizabeth 135
  Jacob 135
Thumson
  John 153
Tibbett
  James 311
Tilden
  Marmaduke Jr. 188
Tipton
  Edward 81, 159, 285
  Elizabeth 45
  Jemina 285
  John 290
  Jonathan 217, 237, 322
  Luke 89
  Mary 290
  Samuel 45, 65, 282, 313
  Sarah 42
  Thomas 42, 237, 284
  William 92, 101, 125
Tisker
  Thomas 291
Todd

Elinor 69
Elizabeth 69
Frances 69
Mary 318
Thomas 8, 69, 318
Toile
  Philip 123
Tolley
  James 178
  John 44
  Martha 52, 68
  Walter 5, 15, 33, 52, 68, 69, 110, 186
  Walter Jr. 324
Tomer
  Christian 86
Tompson
  James 149
Toogood
  George 197
Touchstone
  John 219
Tower
  Hannah 199
Townsly
  James 192
Towry
  George 182
Towson
  Dinah 138
  Elizabeth 311
  Thomas 199, 200, 311
  William 54, 138, 142, 192, 268
Tracey
  Benjamin 126, 250, 329
  James 294
Tracy
  Benjamin 89
Tramborg
  Edwward 244
  Fredrick 244
Travice
  John 63
  Nancy 63
Treadway
  Mary 203
  Thomas 190, 203
Tredway
  Aaron 151
  Elizabeth 112
  Thomas 65, 112, 127, 243
Triden
  Thomas 267
Tripolet
  Abraham 217

Magdaline 217
Trish
  Francis 287
  Martin 143
Tropp
  Edward 220
Tucker
  Seaborn 107, 145
Tuder
  Joshua 192
Turner
  Thomas 221
Turney
  Mark 286
Turst
  Martin 40
Twain
  William 219
Tye
  Presosia 19
Tyier
  Robert 88
Umble
  Isaac 215
Unckles
  Unckle 173
Underwood
  Elizabeth 11
  Mary 11
  Samuel 11, 133
Usher
  Thomas 216
Uts
  Jacob 32
Vallette
  Elizabeth 272
Vanbibber
  Adam 5
Vance
  Patrick 213
  Samuel 201
Vanhorn
  Benjamin 132
Vansickle
  Gilbert 211
Vansicklen
  Gilbert 212
  Mary 212
Vansickleton
  Gilbert 198, 206
  Mary 198, 206
Vansiden
  Gilbert 195
Varghwart
  William 108

Vashon
  Charles 213
Vaugh
  Christopher 239
Vaughan
  Abraham 249
  Christopher 88, 112, 145, 151, 227, 252
  Gest 307
  Gist 32, 228
  Richard 300
  Sarah 300
  Thomas 333
Vaughorn
  Abraham Jr. 24
Veasey
  Thomas 20
Ventris
  James 223
Virchwart
  William 299
Vogan
  Hugh 246
Vogen
  Hugh 165
Voto
  Paul Isaac 279
Vrchwart
  William 108
Wade
  Henry 289
Wadlo
  William 23
Wagen
  James 221
Wagslate
  Richard 176
Wagstaff
  Richard 180
Waire
  Elizabeth 269
  George 269
Wakefield
  Ann 203
  Robinson 203
Walham
  Thomas 188
Walker
  Abraham 219, 220, 320
  Charles 136, 180, 185, 248, 289, 291, 339
  Defection 199
  Ezekiel 84, 94
  Jacob 158
  Lorenall 94

Robert 191
Thomas 199, 330
William 36
Wallace
  Charles 19, 212
Wallis
  Edward 224
  Grace 114
  James 41
  John 19
Walters 185
  John 277
  Thomas 320
  William 186
Waltham
  Elizabeth 23
  Thomas 23
Waltrom
  Elizabeth 1
  Thomas 1
Wann
  Edward 2, 15
Wantland
  James 104
Ward
  Aquila Scott 199
  Edward Jr. 254
  Elizabeth 19, 54, 59
  Henry 249
  John 105
  Joseph 191, 221
  Robert 43
  Thomas 19, 25, 27, 54, 59
Wardrope
  James 98
Warfield
  Joshua 111
Warm
  Edward 2
Warnell
  Henry 219
Warner
  John 219
  Peter 303
Warnock
  John 190
Warrell
  Henry 221
  Joseph 203
Warrington
  John 313
Waters
  Godfrey 195
  John Treadwell 83
  Joseph 100

Nathaniel 112
Watkins
  Daniel 277, 294
  Daniel Scott 340
  Elizabeth 277, 294
  Francis 294
  Hester 115, 116
  John 17
  John Jr. 115, 116
  Joseph 79
Watson
  Bethiah 216
  Elizabeth 225
  Henry 255
  James 220
  John 318
  Lancelot 175
  Mary 7, 26, 73, 96
  Thomas 7, 26, 42, 73, 96
  William 216, 225, 251, 318
  William Jr. 318
Wattell
  Joseph 158
Way
  Jacob 212
Wayger
  Benjamin 7, 287
  William 85
Waygers
  Anna 172
  Benjamin 288
  Elinor 288
  William 172
Wayne
  Al 145
Weatheral
  Henry 65, 157
Weaver
  Philip 330
Webb
  Jane 265, 266
  Samuel 11, 219, 220, 237, 265, 266, 269, 280, 298
  William 27, 233, 269, 280
Webster
  Elizabeth 70, 284, 309
  Frances 160
  Hannah 69
  Isaac 6, 9, 20-22, 28, 32, 34, 74, 75, 85, 143, 144, 149, 162, 164, 167, 175, 229, 265, 286, 295, 299, 305, 309, 312, 318, 319, 328
  Isaac Jr. 9, 31, 34, 42, 45, 63
  Isaac Sr. 42

James 51, 132, 193, 299
John 10, 85, 119, 143, 318, 328
John L. 144
John Lee 183, 193, 299, 309
Margaret 34, 309
Mary 48
Michael 23, 40, 70, 85, 94, 97, 143, 219, 256, 284
Michael Jr. 176
Michael Sr. 176
Richard 218, 314
Samuel 205, 314
Sarah 85, 119, 318
Susannah 143

Weems
  John 132

Weer
  William 323

Weisenthal
  Charles 120

Welch
  James 32

Welis
  Charles Jr. 77

Wells
  Alexander 102, 233, 303
  Benjamin 2, 10, 308
  Blanch 26
  Charles 10, 11, 141, 164, 205, 218, 221, 273
  Charles Jr. 50, 86, 97, 109, 115, 129, 142
  Charles Sr. 205
  Elizabeth 19, 65, 67, 85, 259
  Frances 26
  Francis 219
  George 26, 191, 212, 214
  James 67
  James Jr. 16, 19, 65, 85, 259
  John 205, 219
  Richard 302, 323, 338
  Richard Jr. 338
  Richard Sr. 248
  Sarah 164
  Susannah 26
  Temperance 10
  Thomas 191
  William 274
  William Sr. 205

Welsh
  John 94, 121
  William 40, 207

Weltey
  Andres 87

Wersler 217

West
  Elinor 230
  Enoch 152, 264
  Hannah 156, 264
  John 274
  Jonathan 230
  Robert 152, 156, 219, 226, 264
  Robert Sr. 22
  Stephen 214
  Thomas 212, 264

Weston
  Samuel 134

Wetherall
  James 279

Whayland
  Catharine 52
  Henry 52

Wheeler
  Benedict 272
  Benedict Leonard 208
  Benjamin 3, 6, 48, 53, 82, 136, 327
  Benjamin Sr. 271
  Elizabeth 107
  George 221
  Ignatius 8, 16, 261, 263, 286
  Ignatius Jr. 263, 272
  John 90
  Martha 326
  Mary 3
  Mason 227
  Monica 263
  Nathan 267
  Rebecca 271
  Sarah 279
  Solomon 192
  Thomas 21, 107, 326, 327
  William 27, 267
  William Jr. 317
  Willison 268

Wheldy
  Andrew 158

While
  Luke 221

Whips
  Benjamin 25
  John 25, 82, 99

Whistler
  Esther 171
  Ulrick 171

Whitacre
  Daniel 215
  James 136
  John 150

Whitaker
  Abraham 328, 339

James 65, 241
John 150, 263, 299
Peter 317
White
　Andrew 220
　Esther 120, 123, 164, 165, 167
　Joshua 191
　Luke 191
　Thomas 3, 10, 26, 31, 45, 50, 68, 71, 78, 81, 83, 86, 90, 94, 105, 120, 123, 128, 137, 164, 165, 167, 175, 193, 206, 213, 251, 258, 275, 291, 295, 318, 319, 323, 332, 333, 338
　William 279
　Williamina 279
Whiteford
　Robert 245
Whitehead
　Charles 327
　Sarah 320
　Thomas 320
Whittacre
　Abraham 237
　Peter 237
Whittaker
　Abraham 287, 295
Wibright
　Michael 43, 111
Wicks
　Thomas 191
Wier
　Robert 307
Wiesenthall
　Charles Frederick 332
Wiggins
　Edward 341
Wiggley
　Edward 174
Wightnick
　Mary 147
Wightwick
　Mary 210, 333
Wilburne
　Ann 6
　Edward 6
　William 6
Wild
　William 217
Wildman
　Jacob 220
Wiley
　Philip 221
Wilkins
　William 108

Wilkinson
　Hannah 94
　Robert 74, 91
　Stephen 11
　Thomas 74, 94
　William 90, 254
Wilkson
　Thomas 64
Will
　Michael 62
Willer
　Thomas 192
Williams
　Asher 225
　Benjamin 83, 151, 283
　Charles 268
　Comfort 151
　George 68, 90
　Henry 90, 115
　James 209
　John 206, 324
　Mary 25
　Paul 267
　Richard 125, 191, 267
　Shadrach 77
　Shadrick 283
　William 25, 220
Williamson
　Cornelius 9
　Eleanor 143
　Thomas 143
Willmot
　Job 197
Willmott
　John 14, 21, 50, 168, 216, 225, 233, 317, 333
　Richard 10, 51, 67, 237
　Robert 58, 221, 226, 317
Wilson
　Alizana 309
　Andrew 290
　Benkid 117, 135, 170, 188
　Cassandra 113
　Elizabeth 169, 188
　Greenbury 221
　Henry 47, 113, 126, 167, 213, 277
　Henry Jr. 213
　John 55, 184, 198, 216, 221, 309
　Joseph 94
　Jr. 213
　Leah 301
　Lydia 290
　Robert 217
　Samuel 75, 94, 191, 193
　Samuel Jr. 122

Thomas 185, 192
William 47, 54, 113, 128, 137,
 152, 169, 301, 314, 332
Wilson 193
Wiltmore
 Edward 192
Winchester
 Lydia 32, 116
 William 32, 43, 107, 111, 116,
 232, 244, 282, 301, 320, 323
Windman
 John 114
Wing
 Elizabeth 155
 Valentine 109, 155
Winn
 Richard 47
Winter
 John 96
Wir
 Robert 221
Wise
 Adam 72, 171, 333
 Catharine 333
Wiser
 James 219
Witting
 Thomas 221
Wolfe
 Peter 246
Wolfer
 Michael 219
Wonne
 Edward 248
Wood
 Benjamin 202
 Elizabeth 109, 191, 327
 Francis 218
 Isaac 109, 181
 Isaac Jr. 6
 John 56, 71, 151, 152, 176, 202,
 204, 220
 Joshua 9, 71, 106, 176, 296
 Richard 324
 Sarah 176
 William 5, 324, 327
Wooden
 John 50, 168
 John Sr. 13
 Joseph 68
 Mary 13
 Solomon 13, 38, 168
 William 13, 44, 45
Woods
 John 75

William 294
Woodward
 Elizabeth 86, 153
 Henry 2
 Jane 124, 170
 John 153
 Mary 86, 124, 170, 240, 243
 William 124, 170, 240, 243
 William Garrett 170
Woody
 John 23
 Mary 23
Woolen
 Richard 188
Woollan
 Richard 191
Woolrick
 Peter 168
Woolsey
 Joseph 193, 220
Woon
 Edward 44
 Prudence 44
Worrall
 Peter 74
Worthington
 Brice Thomas Beal 38
 Charles 93
 Elizabeth 194
 Hannah 150
 J. 171
 John 150, 171, 250, 317, 318, 333
 Margaret 194
 Mary 215, 250, 318, 333
 Samuel 201, 215, 324
 Thomas 38, 159, 315
 Vachel 144, 148, 150, 160, 177,
 180, 194, 201
 William 112, 150, 313
 William Jr. 44
Wright
 Blois 98
 Bloyce 98
 Elizabeth 22
 John 295
 Mary 98
 Thomas 22, 98
 William 47, 67, 145
Wriothesly
 Henry 174
Wums
 James 242
Wyatt
 John 15, 44, 56
Wylaughline

James 203
Wyle
  Cassandra 65
  Luke 65
Wyley
  Abel 219
Yangham
  Yanckham 105
Yates
  Ann 284, 318
  William 284
Yeoman
  John 293
Yoe
  James 41, 248
  Rebecca 41, 248
  William 248
York
  Edward 187
  John 187
  Mary 187
  Sarah 187
  William 22
Young
  Agnes 302
  Alexander 89, 302
  Ariminta 145
  Benjamin 211
  Clara 75
  Clare 37, 67, 69, 105, 234
  Col. 191
  Elizabeth 123, 130, 134
  George 12, 22, 234
  Henry 163, 181
  Jacob 322
  John 8, 123, 130, 134, 219, 221
  Joseph 122, 145, 191
  Joshua 181
  Margaret 28, 181
  Mary 123, 130, 134
  Milcah 122
  Samuel 35, 42, 64, 85, 123, 130, 134, 177, 181, 251, 280, 283, 284
  Sewell 16, 28
  Vachel 181
  William 12, 33, 37, 39, 67, 68, 70, 75, 79, 101, 104, 105, 112, 113, 162, 173, 188, 234, 238, 254, 273, 284, 286, 322, 335
  William Jr. 162, 186
Zacharias
  Daniel 97
Zangree
  Christian 274
Zetelmyer
  Bastion 82
Zimmerman
  George 164, 319

www.ingramcontent.com/pod-product-compliance
Lightning Source LLC
Chambersburg PA
CBHW050832230426
43667CB00012B/1964